THÉORIE
DES
BELLES-LETTRES

L'AME ET LES CHOSES DANS LA PAROLE

PAR

LE R. P. G. LONGHAYE

De la Compagnie de Jésus

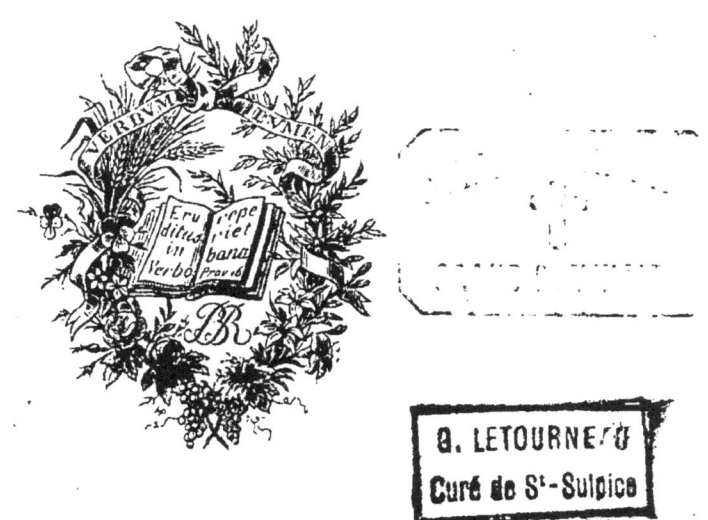

PARIS

RETAUX-BRAY, LIBRAIRE-ÉDITEUR

82, RUE BONAPARTE, 82

1885

(Droits de traduction et de reproduction réservés)

THÉORIE

DES

BELLES-LETTRES

3322. — ABBEVILLE, TYP. ET STÉR. A. RETAUX. — 1885.

AVANT-PROPOS

Espérons qu'on voudra bien ne pas nous imputer la prétention d'inventer la littérature, mais avouons sans détour celle de la raisonner un peu plus profondément qu'on n'a coutume de le faire.

Nous tenons l'art de la parole écrite ou parlée pour le plus immédiatement naturel de tous les arts, pour un art certain et sérieux. Tout le monde y souscrira-t-il sans résistance? N'osons pas trop y compter. Pourquoi? Est-ce uniquement le fait des abus dont la littérature s'est rendue complice? Ne faut-il pas s'en prendre dans une certaine mesure aux habitudes mêmes de l'enseignement?

On trouve au degré élémentaire des manuels estimables peut-être, mais quelquefois sans assez de philosophie ni de profondeur; composés d'observations incomplètes, d'aphorismes peu justifiés, d'exemples insuffisants, manque d'un choix assez judicieux ou d'une interprétation assez lumineuse. Aussi bien n'est-ce là qu'un enseignement élémentaire, et, les études achevées, on n'y revient plus.

Quant à l'enseignement supérieur, par où les lettres devraient se maintenir en estime auprès des esprit mûrs, à n'envisager que ses meilleurs côtés, il brille par une critique ingénieuse, mais trop souvent vide de principes : historien, rapporteur plutôt que juge, parfois même se faisant un système et une gloire de ne pas juger.

Les Maîtres sont là sans doute, les grands rhéteurs de l'antiquité. Mais après eux, mais d'après eux, n'y a-t-il plus rien à dire, et suffit-il d'y renvoyer purement et simplement l'intelligence chrétienne? D'ailleurs plût à Dieu que nos contemporains voulussent bien se remettre à pareille école! Hélas! l'instruction publique telle qu'elle est ne les y dispose guère, et après la perte de la foi, la perte du sens et du goût des maîtres classiques est à nos yeux la plus fatale à l'esprit français.

En somme, tandis que beaucoup écrivent et parlent à peu près au hasard, la foule apprécie au gré de la fantaisie ou de l'humeur; c'est trop dire : elle n'apprécie plus; elle s'amuse un moment et passe. Les grandes querelles littéraires éteintes ont laissé après elle l'indifférence et le scepticisme. Avouons-le sans retard : le scepticisme nous déplaît et nous effraie ici comme ailleurs. Qu'il s'enveloppe de bonhomie et de spirituelle impertinence, ou que, par un renversement bizarre, il se fasse dogmatique et tranchant; qu'il dise en souriant : « chacun son goût, » ou qu'il décrète d'autorité qu'il n'y a rien d'absolu en littérature;

nous le repoussons sous toutes ses formes comme une inconséquence, une faiblesse et un péril. On ne répudie point la certitude artistique sans compromettre logiquement toutes les autres, et la fermeté modeste des jugements littéraires entre pour une part dans ce bon sens réfléchi qui nous honore et nous défend.

Quoi donc ! avons-nous rêvé de tout démontrer en littérature ? Non certes. La littérature n'est pas une géométrie ; la parole littéraire n'est point faite de raison pure ; l'imagination et la sensibilité ont leur large rôle dans cette expression vivante de tout l'homme, et la raison ne peut régler mathématiquement toutes leurs saillies.

Mais si les problèmes de goût se refusent à une solution mathématique ; si, en matière d'éloquence et de poésie, la démonstration rigoureuse ne peut s'étendre à tout; nous osons croire que la certitude morale peut aller loin, beaucoup plus loin que ne se le figurent la légèreté du grand nombre et, pour tout dire, la mollesse d'esprit, qui est une des grandes tentations humaines. C'est chose commode que d'écrire à l'aventure et de juger par impression. Mais, en bonne foi, que vaut un style incapable de se raisonner lui-même ? Que valent des impressions quand on n'a pas la force de les éclaircir et de les fixer ? Que dans le champ de la composition et de la critique il reste toujours une part d'inconnu, soit ; mais c'est œuvre utile que de travailler à la réduire. Pour le moment il nous suffit de cette réponse ; nous aurons lieu d'y insister ailleurs.

Et maintenant sur quelle base assez large et assez solide établir la certitude de nos jugements et de nos procédés littéraires?

Sur la philosophie.

Il se peut que le mot fasse peur. La philosophie est chose sévère, et ce n'est pas là ce qu'on est accoutumé à trouver dans un livre de littérature. A vrai dire, malgré notre désir d'obliger, s'il se pouvait, tout le monde, nous ne pouvons en bonne conscience dédier ces études à qui prendrait frayeur d'une lecture quelque peu sérieuse. Nous ne les offririons pas davantage à qui confondrait l'érudition avec la science, aux curieux d'anecdotes, aux amoureux du petit fait jusqu'au dédain pour les principes et les conclusions. Certes, nous avons conscience de ne raisonner pas *à priori*, de nous appuyer largement sur l'histoire des littératures. Mais, à nos yeux, le grand fait auquel tous les autres rendent témoignage, c'est l'âme, l'âme et ses exigences légitimes, l'âme et ses appétits dépravés. Nous rappelons ou nous supposons tout ce qu'il y a de plus incontesté, de plus élémentaire, de plus expérimental dans la philosophie spiritualiste, la seule qui compte. Nous ne voulons aux lois littéraires d'autre point d'appui que le rôle manifeste de la parole, que la nature des choses et avant tout la nature de l'homme même.

Selon nous, la parole littéraire se mesure aux exigences vraies de l'âme du lecteur; et ces exigences, à leur tour, peuvent se résumer dans cette formule : écrivain, orateur, mettez votre âme dans votre parole, toute votre âme, votre âme telle que Dieu l'a faite et qu'il la veut, avec sa physionomie propre, sa puissance originale, mais encore avec les traits communs et obligés qui la font droite, haute, ordonnée, raisonnable.

S'il est un préjugé funeste à l'art de parler et d'écrire, c'est de l'imaginer comme un je ne sais quoi de factice, d'artificiel, de le concevoir comme un ornement appliqué par le dehors et qui ne tiendrait pas à la substance de l'âme. Erreur. Chez celui qui l'exerce, le talent littéraire est la fleur de l'âme; c'est l'âme elle-même qui se montre naïvement, et, avec elle, tous les objets de sa pensée, Dieu, l'homme, le monde, tous fidèlement rendus et cependant bien marqués de son empreinte personnelle. Là est à nos yeux le premier et le dernier mot de toute doctrine littéraire, et ce livre n'est que pour l'établir.

On voit qu'il ne s'adresse point aux écoliers, bien qu'on puisse, croyons-nous, en mettre facilement la doctrine à leur portée. Dans sa forme et avec ses développements, il semble devoir être plus directement utile aux professeurs, aux jeunes gens engagés dans les hautes études, aux hommes qui ont conservé le goût des jouissances de l'esprit. Il voudrait élever et augmenter pour eux ces jouissances, en leur en donnant une possession plus réfléchie. Il ambitionnerait même d'assurer en eux d'une façon indirecte mais efficace les principes de la philosophie chrétienne. Si nous ne manquons absolument notre but, quiconque voudra bien nous lire demeurera un peu plus fermement convaincu de ce fait, que la littérature jaillit comme de source de la psychologie exacte et de la saine morale ; que le beau littéraire est étroitement lié au vrai de la nature, au vrai de l'âme et des choses, mais encore au bien pour lequel les choses et l'âme ont été faites par Dieu.

Slough (Angleterre), en la fête de saint Ignace de Loyola,
31 juillet 1885.

THÉORIE
des
BELLES-LETTRES

LIVRE PREMIER

L'AME ET LES CHOSES MESURE DE LA PAROLE LITTÉRAIRE

CHAPITRE PREMIER
L'action puissante. — Concours des facultés de l'âme.

I

La Parole signe de race. — Instrument d'action sociale. — Conditions générales de cette action : puissance et ordre. — Définition de la parole littéraire.

La parole est chose humaine par excellence, vrai signe de race et bien propre à caractériser l'homme. « C'est avec une sublime raison que les Hébreux l'ont appelé *âme parlante* (1). » Et Homère ne fait-il pas de *la voix* l'attribut singulier de l'espèce ? La parole est une et double comme l'homme lui-même, comme lui corporelle et spirituelle, corporelle par le son, par *l'air battu* (2), spiri-

---

(1) J. de Maistre : *Soirées de Saint-Pétersbourg*, entretien II.
(2) Bossuet.

tuelle par la pensée qui s'y incarne; en tout, image et résumé de notre nature.

En outre, elle est le premier lien social. Avec moins d'emphase et plus d'à-propos, le docteur Pancrace aurait toute raison de dire: « Oui, la parole est *animi index et speculum*, c'est le truchement du cœur, c'est l'image de l'âme; c'est un miroir qui nous présente naïvement les secrets les plus arcanes de nos individus (1). » Notons au moins qu'elle est l'instrument du commerce des esprits et de leur action réciproque. Ainsi l'art de parler sera l'art d'agir sur l'homme par la parole.

Mais il est trop évident que cette action ne saurait être quelconque. La notion même d'art y répugne et suppose des qualités déterminées. Aussi bien toute action veut être complète, aller jusqu'au bout d'elle-même, atteindre au but et ne le point dépasser.

Atteindre au but, c'est œuvre de puissance; mesurer l'action sur le but, c'est affaire d'ordre. Puissance et ordre seront donc les attributs de toute action, de l'action de la parole entre autres.

Manifestement la parole doit ambitionner de se rendre efficace; elle doit tendre à saisir l'âme et à la dominer de toutes parts. Je conçois d'ailleurs qu'une action puisse être forte, puissante, victorieuse, tout en étant par quelque côté anormale, illégitime, funeste. Une certaine puissance peut se retrouver jusque dans le désordre qui en est l'abus. Il se peut que la parole règne noblement et doucement sur mon âme; il se peut aussi qu'elle la violente, qu'elle la bouleverse, qu'elle rompe l'équilibre voulu par la raison et par Dieu même. Je le conçois tout d'abord, et combien d'ouvrages modernes sont là pour me le prouver d'expérience! Par ailleurs, le désordre est toujours le désordre, le faux, le mal, la ruine de la nature et du plan divin. Bien qu'il se rencontre parfois avec une certaine

---

(1) Molière: *Le Mariage forcé.*

puissance, il la compromet toujours dans la mesure même où il existe et la diminue pour ainsi dire de tout lui-même.

Dès lors je vois clairement que l'action de la parole doit être puissante, mais d'une puissance légitime, réglée, ordonnée. Dès lors aussi l'art littéraire a trouvé sa définition : il est en soi l'art d'exercer sur l'homme par la parole une action puissante et ordonnée. On entrevoit ce qu'il sera dans l'artiste; mais que l'on veuille bien nous permettre de n'y arriver que pas à pas.

Quant à la définition présente, elle est incontestable; elle est féconde aussi dans son apparente banalité; car nous en verrons bientôt sortir les deux lois fondamentales. Mais encore elle s'autorise et s'éclaire de sa conformité même avec une foule de notions transcendantes où puissance et ordre figurent comme éléments essentiels.

Qu'est-ce que la vertu? L'ordre dans l'amour, *ordo amoris*, dit saint Augustin; et l'amour c'est la puissance, l'activité, l'élan, la vie.

Qu'est-ce que la beauté? La plénitude dans l'ordre, *integritas ordinis*, dit quelque part saint Thomas; la plénitude, le plein déploiement de la puissance, mais l'ordre toujours.

Qu'est-ce que le talent, le génie? Ce qu'est la vertu en morale, une puissance qui se déploie dans la règle.

Qu'est-ce que l'inspiration artistique? Un état complexe, contradictoire en apparence, où les facultés sont comme emportées et en plein vol, mais tout ensemble et sous peine de ne rien produire, gouvernées, ordonnées par la raison et la volonté souveraines.

Cicéron a défini l'éloquence, la sagesse parlant avec opulence, *copiose loquens sapientia*. L'opulence de la parole suppose toute puissance déployée; mais c'est la sagesse qui parle; donc l'ordre préside à ce déploiement. Saint Augustin met l'art de l'orateur à rendre la vérité lumineuse, agréable, émouvante, « ... *ut veritas pateat...*

placeat... moveat (1). » Lumière, couleur, chaleur, qu'est-ce que tout cela sinon la plénitude d'action de la parole humaine. Mais à la vérité seule tous ces avantages, et la notion d'ordre reparaît avec celle de puissance : tant il est vrai qu'elles se retrouvent partout comme les conditions nécessaires de la grandeur et de la beauté.

II

L'homme sur lequel agit la parole. — Premier aspect : unité, dualisme. — Conséquences littéraires.

Nous savons le rôle de la parole et par là même nous en connaissons quelque peu les deux lois premières. Entendons-les mieux et d'une façon moins abstraite. Etudions l'homme sur lequel nous devons agir. C'est ici la base véritable. Tout ce qui s'appuie là logiquement a force de loi en littérature ; tout le reste est arbitraire et de nulle valeur.

Tout d'abord l'homme nous présente ce caractère : unité dans le dualisme, union substantielle et personnelle de deux substances pourtant diverses, un esprit et un corps. Et cette union est naturelle aussi. Rien de violent ni de forcé. Ce n'est point, comme Platon l'imagine, le poids d'une faute antérieure qui retient l'âme dans cette prison de boue ; l'homme n'est pas, quoi qu'en ait dit Lamartine,

... Un Dieu tombé qui se souvient des cieux.

Gardons-nous également d'établir du corps à l'âme un rapport de pur accident, un rapport qui ne dépasse pas en intimité celui du serviteur au maître (2), du cheval au

---

(1) *De Doctrina christiana*, IV.
(2) « L'homme est une intelligence servie par des organes. » (Bonald.)

cavalier, de *la bête à l'autre,* comme dit plaisamment Xavier de Maistre. Philaminte est superbe en ses dédains.

> Le corps, cette guenille !

Mais le bon sens répond par la bouche de Chrysale :

> Ouais, mon corps est moi-même... (1).

J'entends bien qu'il ne soit pas chez moi le tout ni le principal. Je sais de plus que, dans l'ordre moral et par suite du péché originel, j'ai à me distinguer de lui, à m'en séparer, à le combattre.

> O Dieu ! la guerre cruelle !
> Je sens deux hommes en moi (2).

Mais dans l'ordre purement physique ou métaphysique — peu importe — l'unité reparaît. Unité mystérieuse et incontestable, expliquant seule le mode de nos opérations humaines, comme par ailleurs le mode de nos opérations la prouve elle-même invinciblement. Unité, harmonie que je ne puis perdre de vue sans compromettre avec la vérité psychologique la vérité littéraire.

Un médecin philosophe (3) disait énergiquement : « L'homme n'est ni ange ni bête, il est homme : ne soyons ni moralistes ni vétérinaires ; soyons médecins. » Ainsi faudrait-il dire à l'écrivain : l'homme n'est point tout esprit : ne soyez donc pas un logicien pur, un géomètre de style. Par-dessus tout, l'homme n'est point tout chair : ne soyez donc pas sensualiste, matérialiste, réaliste, naturaliste. Que votre langage se fasse esprit et corps comme l'homme qui doit l'entendre : esprit par la lumière sereine de la pensée, corps par l'image vive mais diaphane qui ne parle au sens que pour avertir l'esprit. A le bien prendre, ce livre ne dira pas autre chose et ce n'est point

---

(1) Molière : *Les Femmes savantes.*
(2) Racine : *Cantiques.*
(3) J.-P. Tessier.

sa faute s'il y a déjà là de quoi condamner bien des auteurs (1).

III

L'homme mieux connu. — Ses facultés : intelligence — imagination — volonté — sensibilité. — Leurs exigences constantes, simultanées. — Première loi fondamentale : déploiement constant et simultané des facultés chez l'écrivain.

Un second et plus profond regard nous découvre dans l'homme des puissances diverses capables d'opérations distinctes, d'objets différents. Or, ces puissances ou facultés n'étant, à le bien prendre, que les modes variés de l'activité d'un sujet unique, on voit que leur classification a quelque chose de fondé et quelque chose d'arbitraire. L'analyse moderne tend à les multiplier outre mesure ; l'ancienne philosophie, plus sobre, s'oppose d'ins-

(1) Dans un temps de libre pensée, ce n'est pas merveille si l'on rencontre ensemble toutes les extrémités de l'erreur. Tandis que, depuis un bon demi-siècle, la vogue est à la couleur excessive et au sentiment forcé, voici un écrivain qui tient en grand mépris l'image sensible et nous convie à penser et à parler en esprits purs : « Défiez-vous des peuples poétiques ; ils ne sont rien moins que spiritualistes. La poésie est bien plus matérielle qu'on ne croit... elle n'est pas le langage des hautes vérités métaphysiques, des périodes intellectuelles de la vie, des peuples assez familiers avec les idées pour se passer de ces fausses représentations appelées images et métaphores, » etc. (*Revue des Deux-Mondes*, 1ᵉʳ mai 1857, p. 133-134.) Étranges peuples ! Et quel voyageur les a rencontrés jamais ? — En manière de pendant, voici un poète — un poète ! — qui pose pour l'insensibilité parfaite et y met sa gloire. C'est Leconte de Lisle, au moins tel que le figure, dans une intention d'éloge, Théophile Gautier : « Il proscrit la passion, le drame, l'éloquence comme indignes de la poésie, et de sa main froide il arrêterait volontiers le cœur dans la poitrine marmoréenne de la Muse. Le poète, selon lui, doit voir les choses humaines comme les verrait un Dieu du haut de son olympe, les réfléchir sans intérêt dans ses vagues prunelles et leur donner, avec un détachement parfait, la vie supérieure de la forme ; telle est à ses yeux la mission de l'art. » (Th. Gautier : *Rapport sur le progrès des lettres par MM. S. de Sacy, P. Féval, Th. Gautier et Ed. Thierry*, 1868.) Ainsi tandis que la grande foule des écrivains nous jette bravement au-dessous de l'homme en plein sensualisme, d'autres essayent de nous guinder au-dessus de notre condition native pour nous faire singer l'ange et Dieu.

tinct à ces multiplications superflues. Sans entrer dans une discussion hors de propos, nous suivrons de préférence l'ancienne philosophie, et nous ne distinguerons les facultés que là où se rencontre une différence essentielle, soit entre les objets, soit dans la manière de les atteindre.

L'homme est esprit et, à ce titre, en possession de deux facultés essentielles : d'une intelligence par où il voit le vrai immédiatement ou médiatement, dans la réalité présente ou dans une représentation qui est un souvenir ; d'une volonté par où il tend au bien et s'écarte du mal.

L'homme est un corps vivant et, comme tel, doué des cinq sens qui mettent l'animal en rapport avec le monde matériel.

L'homme est esprit et corps, et de l'union de ces deux éléments procèdent en lui deux facultés nouvelles que j'appellerai mixtes, à raison de leur situation mitoyenne entre les sens et les puissances de l'esprit pur.

C'est l'imagination, dont la fonction propre est de représenter les objets sensibles absents, et, par une extension immédiate, les objets immatériels sous des images sensibles. Nous ne la confondrons pas, comme on le fait assez souvent dans le langage, avec la puissance d'invention ou de création intellectuelle, puissance qui n'est point une faculté spéciale, mais un résultat du concours de toutes les facultés supérieures.

C'est la sensibilité, puissance ou impuissance de l'âme humaine, disposition particulière à l'homme, en vertu de laquelle les mouvements de la volonté prennent un caractère d'émotion, de trouble, d'ébranlement qui les fait retentir jusque dans l'organisme physique ; faculté de percevoir les impressions morales venues d'ailleurs et de s'en affecter suivant leur nature.

Voilà donc déjà plus présent à notre vue l'être sur lequel il nous faut exercer par la parole une action puissante. Le connaissant, nous nous connaissons nous-mêmes, c'est-à-dire que nous connaissons tout ensemble et l'objet de notre action et l'instrument qui nous est donné pour agir.

Or, il est manifeste qu'agir assez puissamment sur l'homme, c'est l'atteindre vivement tout entier, saisir à la fois et avec force toutes celles de ses facultés qui sont accessibles à la parole. Chacune réclame son objet, son aliment. L'intelligence est impatiente du vrai, du vrai lumineux et facile ; la volonté appelle le bien, l'utile, l'honnête surtout ; l'imagination veut des couleurs ; la sensibilité, des émotions.

D'ailleurs qu'on y prenne garde, leurs exigences sont constantes ; entendez non-seulement qu'elles se retrouvent partout avec la nature humaine, mais qu'elles ne cessent jamais d'être en éveil. C'est dire qu'elles sont simultanées, que nulle des facultés littéraires du lecteur ne reste longtemps oisive ou assoupie, que chacune est jalouse d'agir sans trêve et réclame sans relâche sa part. Essayez de ne parler qu'à la raison pure : ce sera parfois nécessaire ; ce sera beau, glorieux, méritoire, je le veux bien ; mais l'imagination, mais la sensibilité souffriront d'être inactives, et la lassitude vous avertira bientôt que ce n'est point là, dans toute la vérité du mot, une parole complète, normale, humaine. Vous prétendez agir puissamment sur l'homme ; saisissez-le par tout lui-même, satisfaites à toutes ses facultés ensemble.

Et le moyen en est simple, si simple qu'il ne ressemble nullement à une découverte, encore bien que nombre d'esprits oublient de s'en aviser. Comment saisir chacune des facultés de l'homme ? Par le jeu de ma faculté correspondante. Comment les saisir constamment et toutes ensemble ? Par le jeu constant et moralement simultané de toutes les miennes. L'âme où je prétends agir est une harpe éolienne qui ne vibrera qu'à l'unisson de mon âme. L'intelligence du lecteur ne s'illuminera que des clartés de la mienne ; son imagination ne se colorera que des images évoquées et dès lors aperçues par moi-même ; je ne pourrai transmettre à la sensibilité d'autrui que des émotions qui m'auront ébranlé le premier. C'est la loi :

> ... Si vis me flere dolendum est
> Primum ipsi tibi...

Je n'inspirerai à une volonté étrangère que des résolutions fortement arrêtées dans la mienne. En un mot, je ne puis mettre en branle chacune des facultés où je m'adresse que par le contact de chacune de mes facultés. Donc l'âme entière ne sera constamment saisie et dominée que par un effort constant de mon âme tout entière.

Et cette vérité, banale peut-être au gré de plusieurs, est cependant en littérature la première loi fondamentale : *pour exercer par la parole une action puissante, il faut déployer à la fois et constamment dans la parole toutes les facultés capables d'y concourir.*

Quand La Bruyère mettait le mérite du style à bien définir et à bien peindre, il se trompait en oubliant la part du cœur. Votre parole veut être active, puissante : comme les Cyclopes forgeaient la foudre de rayons tordus et mêlés, fondez sans relâche dans le discours l'idée, l'image, l'ardeur généreuse, toute l'âme : la puissance est à ce prix.

Quand un ouvrage commence-t-il d'être littéraire ? Quand, procédant de toutes les facultés ensemble, il commence à les atteindre toutes. Qu'est-ce que l'écrivain ? Une intelligence qui rayonne sur une intelligence, une imagination qui se reflète dans une autre, une volonté sensible qui fait vibrer un cœur à l'unisson ? C'est tout cela ensemble, c'est l'homme parlant tout entier pour agir sur l'homme tout entier.

IV

Les facultés et leurs exigences. — Détail. — L'intelligence, la raison. — Intuition et déduction. — Caractère discursif ou déductif de la connaissance humaine. — Conséquences littéraires. — La volonté, tendance au bien. — Conséquences littéraires. — La sensibilité. —. Marche ordinaire des impressions. — Conséquences littéraires. — L'éloquence parlée : exigence de l'oreille et de l'œil. — Pleine puissance de la parole oratoire.

La loi est simple, mais les conséquences vont loin, c'est-à-dire nos devoirs. Prenons-en une idée plus complète en regardant de plus près les exigences des facultés.

L'homme est esprit, disions-nous, c'est-à-dire capable du vrai supra-sensible. Mais voici, dans l'exercice même de ce privilége, une première faiblesse qui le distingue des esprits supérieurs. Il faut nous rappeler pour l'entendre qu'il y a deux modes de connaître. C'est l'intuition, vol de l'esprit qui, sans intermédiaire, sans détour, atteint d'abord l'objet intelligible et s'y pose ; peut-être dirait-on mieux, regard de l'esprit allant droit à son but et s'y unissant immédiatement comme l'œil à l'objet qui lui est exposé sans voile. C'est la déduction, circuit laborieux, marche lente où chaque pas découvre un nouvel aspect, où la puissance connaissante rapproche, assemble ou sépare des notions successives, pour arriver enfin à cette vérité d'ensemble que l'intuition atteint d'un regard.

Évidemment l'intuition est la plus noble. Dieu donc la possède, mais avec la double perfection que le mot même indique ou suppose : pénétration intime, absolue, du fond des êtres ; — Dieu égale, épuise, mesure par sa connaissance et les éléments de chacun et ses innombrables rapports ; — universalité, simultanéité de la connaissance ; — Dieu atteint à la fois tout l'être possible et réel sans division dans l'acte, sans confusion dans l'objet, sans mutation ni succession, sans acquisition ni amoindrissement dans la lumière.

L'ange procède par une série d'intuitions bornées mais vastes ; incapable de tout voir ensemble et de pénétrer rien jusqu'à l'épuiser, par ailleurs il saisit dans chaque objet, sans délai ni circuit de pensée, tout ce que sa puissance naturelle y peut saisir (1).

L'homme a sa part d'intuition, mais aussi étroite que possible ; elle ne porte que sur un objet à la fois. Comme les mots d'une phrase passent l'un après l'autre devant son œil, ainsi les objets devant son esprit qui les fixe un moment au passage et lit en eux ce qu'ils sont : tel est l'acte propre de *l'intelligence*. Mais notre façon caractéristique de connaître est la déduction. L'esprit, *la raison*, qui est le nom précis de l'esprit dans cet office, doit cheminer lentement et péniblement d'une idée à l'autre, rapprochant, confrontant, unissant les notions sœurs et séparant les étrangères. C'est la loi de notre nature, et ce qu'on appelle parfois intuition de génie n'est jamais qu'une déduction plus rapide. Le joueur d'échecs peut combiner à l'avance plusieurs coups ; le philosophe embrasser en un instant toute une série de conséquences ; le capitaine ou le politique « voit devant tous les autres, comme dit Retz, le point de la possibilité. » De fait, ils ont couru où les autres se traînent, mais leurs pieds n'ont pas quitté la terre ; leur raison a été merveilleusement prompte, mais force lui a été de passer par toutes les étapes du chemin. Telle est bien en effet la condition de l'homme. Il va au vrai pas à pas ; comme l'ange par bonds magnifiques. Quant à Dieu, il n'y va pas, il y est.

Et voici la conséquence littéraire, avec l'exigence propre de la raison du lecteur. Dans ce long et périlleux circuit parmi les notions infiniment diverses, elle veut être guidée facilement, promptement, sûrement, en pleine aisance, en pleine lumière. Point de lenteurs, de détours inutiles, mais aussi point de heurts ni de soubresauts ;

(1) S. Thomas : *Summa Theol.*, part. 1, q, 58 ; a. 3, 4.

menez-la droit, vite et ferme. Qu'est-ce à dire ? Assemblez, pour les lui offrir, les notions les mieux assorties ; découvrez entre objets les rapports les plus naturels, les plus lumineux. Affaire de logique, dira-t-on ; — soit, mais il en résulte que la logique est le premier mérite du style, entendez une logique assez puissante et assez déliée pour ordonner les ensembles et pénétrer jusqu'aux moindres détails. Comment imaginer autrement la raison du lecteur satisfaite, et si nous manquions à la satisfaire, quel écrivain serions-nous ?

Bossuet a dit excellemment dans une note à peine rédigée : « Ce qui est le plus nécessaire pour former le style, c'est de bien comprendre la chose, c'est de pénétrer le fond et la fin de tout, et *d'en savoir beaucoup ;* parce que c'est ce qui enrichit et qui forme le style qu'on nomme savant qui consiste principalement dans des allusions et des rapports cachés (1)... » Leçon de maître. Et même, à le bien entendre, ce style savant que Bossuet semble distinguer comme une espèce particulière, n'est-ce pas celui de tout homme qui a un style ? Le premier agrément de tout écrivain, sa première puissance, n'est-ce pas une intelligence riche de notions variées, une raison prompte, déliée, sûre à découvrir et à présenter vite entre les notions des rapports vrais et lumineux ? Première qualité des esprits d'élite, mais d'ailleurs témoignage, témoignage magnifique si l'on veut, de l'infirmité de notre nature. Si Dieu nous eût donné l'intuition, nous n'aurions que faire de cet ingénieux labeur.

Pareillement, si notre âme n'était unie à un corps, nous échapperions à une autre faiblesse, au besoin du sensible comme élément ou condition de la connaissance. L'ange entend le sensible, Dieu l'entend à plus forte raison ; mais ni Dieu ni l'ange même n'en ont besoin pour entendre le

---

(1) Bossuet : *Sur le style et la lecture des écrivains et des Pères de l'Église pour former un orateur.*

reste. Il n'en va pas de même pour nous. Assurément notre intelligence le domine de toute manière : elle atteint à des notions d'un autre ordre, et, quand elle le prend lui-même pour objet, encore le conçoit-elle d'une façon qui le dépasse, d'une façon abstraite, universelle. Mais après tout, elle ne le dépasse qu'à la condition d'en faire usage. Il intervient dans son travail comme élément indispensable : signe où l'idée s'attache, corps diaphane où elle s'incarne et tout ensemble point de comparaison ou, si l'on veut, point de départ de l'esprit quand il s'élance jusqu'aux conceptions les plus sublimes, comme les vérités abstraites, l'âme et Dieu. C'est le fait d'expérience universelle ; nous le constatons en laissant à d'autres les problèmes qu'il soulève.

Mais nous tirons cette conséquence : quand même l'imagination n'aurait point d'exigences directes auxquelles la parole dût satisfaire sous peine d'agir trop peu, encore serait-il vrai que la raison même demande continuellement à l'écrivain du sensible, des images, un vêtement — c'est trop peu — un corps pour les notions de pure intelligence. Disons mieux ; Dieu a mis l'intelligence et l'imagination en collaboration nécessaire. Placée à mi-chemin entre l'esprit et les sens, l'imagination est comme la messagère de l'un aux autres. A l'esprit elle offre l'image sensible, élément premier du labeur intellectuel ; par contre elle donne aux abstractions de l'esprit ce corps léger qui les rend presque visibles aux sens. Et la collaboration est constante. Ni les sens ne perçoivent ni l'esprit ne conçoit sans mettre en branle leur actif intermédiaire. La raison, disions-nous, procède par des rapprochements continuels ; mais ce qu'elle rapproche ainsi le plus souvent, c'est le sensible et l'intelligible pur. Aidée de l'imagination, elle confronte sans relâche ces deux ordres, les éclairant l'un par l'autre.

Dans les mondes divers incessamment errante,
Entre la brute et l'homme, entre l'homme et la plante,

> Et la terre et le ciel, et l'esprit et le corps,
> Elle cherche et saisit d'ingénieux accords (1).

C'est la loi de la pensée; dès lors c'est la loi de la parole. Pour répondre à ce besoin de l'imagination et de la raison liguées, l'écrivain est tenu de connaître suffisamment les choses de l'esprit et celles de la nature sensible, il est tenu de les unir continuellement dans son style. C'est bien alors le style de l'homme, esprit et corps à la ressemblance de l'homme lui-même, et ce style agit puissamment sur l'homme en le prenant tel qu'il est.

L'idée, l'image constamment mêlées et fondues ensemble, voilà pour nos facultés connaissantes, l'intelligence, l'imagination.

La volonté aura-t-elle aussi des exigences distinctes ? Oui, sans doute, bien que moins sensibles dans le détail de la composition littéraire; on va s'en rendre compte aisément.

La volonté est cette faculté qui tend librement au bien sous la lumière de l'intelligence. Maîtresse de ses mouvements, mais sans lumière qui lui soit propre, elle est à l'intelligence à peu près ce que l'aveugle de Florian est au paralytique.

> ... A nous deux,
> Nous possédons le bien à chacun nécessaire :
> J'ai des jambes et vous des yeux......
> Je marcherai pour vous, vous y verrez pour moi (2).

Inerte jusqu'à ce que l'intelligence lui présente un objet, dès qu'un bien lui est montré, elle s'éveille. Fût-il visiblement inférieur à un autre bien également offert, elle y peut tendre de préférence, car elle est libre. Fût-il faux et définitivement contraire à la saine nature, elle peut le

---

(1) Delille : *L'Imagination,* chant I. — Le pauvre Delille, qui fut en son vivant un poète descriptif, c'est-à-dire ennuyeux, peut bien pourtant, à ses heures, dire une bonne chose en assez bons vers.
(2) Florian : *Fables,* liv. I, xx.

choisir malgré tout, car elle est finie, bornée, défectueuse, capable du mal. Toutefois supposons-la maintenue dans l'ordre et dans sa dignité vraie : c'est elle alors qui réclame, comme sa part et son aliment propre, le bien vraiment utile, c'est-à-dire avant tout *le bien honnête :* rectitude morale, élévation, noblesse, tout ce qui sied à la nature raisonnable en l'acheminant vers sa fin dernière.

C'est donc elle, c'est la volonté qui, dans le détail du style, commande la décence ; qui, dans l'ensemble de l'œuvre littéraire, aime à respirer comme une atmosphère continue de générosité ou tout au moins de bonhomie ; qui oblige l'écrivain de se montrer estimable et lui commande innocemment l'hypocrisie au défaut de la vertu. On n'offense jamais impunément sa sévère délicatesse ; toutefois, nous l'avons dit, elle regarde moins à la contexture du style qu'à l'esprit général de la composition. Dire ce qu'elle exige, ce serait établir les vrais rapports des lettres avec la morale : belle et simple question qui sera traitée à part (1).

En fait, comme l'imagination nous est apparue en collaboration intime et continue avec l'intelligence, tout de même les exigences littéraires de la volonté se mêlent étroitement à celles de la sensibilité.

Sensibilité, puissance ou faiblesse de l'homme ; passive, car elle suppose le branle reçu, active car il faut bien agir pour le recevoir, et le cadavre est insensible parce qu'il n'agit plus ; — d'ailleurs faculté mixte, habitant cette région mitoyenne et mystérieuse où l'âme touche au corps et s'unit à lui dans un tempérament étrange de dépendance et de liberté.

Une impression nous vient ; c'est une parole, une nouvelle fâcheuse, une menace, un souffle bien suffisant à rider la surface mobile de l'âme. Tout d'abord et nécessairement l'intelligence conçoit l'objet. Sur-le-champ l'ima-

(1) Voir le chapitre IV du présent livre.

gination s'en empare, le fixe, le colore et tend à le grossir. Dans un second instant logique, à peine séparable du premier, la volonté s'éveille pour se porter vers l'objet ou se rejeter en arrière. Mais ce mouvement de la faculté reine n'a pas été sans un ébranlement, sans un frémissement de tout l'être ; l'âme ne se meut pas seulement, elle est émue, et cette émotion retentissant jusque dans l'organisme est l'acte propre de la sensibilité. Ainsi des sommets de l'intelligence l'impression est descendue jusqu'à une région en partie sensitive ; tout à l'heure elle va retentir dans les nerfs et dans le sang. Arrivée là, il est rare qu'elle y meure comme un flot sur le rivage. Elle est refoulée, elle remonte de proche en proche. Les nerfs exaltés refluent à leur tour sur la sensibilité même ; l'imagination en reçoit le contre-coup et menace de le communiquer à l'intelligence. Ainsi l'âme oscille comme une eau agitée ; mais peu à peu les oscillations décroissent et l'équilibre tend à se rétablir. Tel est le mouvement ordinaire de l'impression.

On voit déjà le faible de la sensibilité. Elle est passive par une large part d'elle-même ; en outre elle tient de bien près au corps, aux sens. En Dieu donc rien de semblable : impossible de le concevoir ému, affecté, modifié par une impression du dehors. Il veut, il aime avec une intensité infinie, mais avec un calme souverain. Esprit créé, l'ange demeure susceptible des impressions étrangères ; mais esprit pur, il ne connaît pas du moins le retentissement organique dont elles s'accompagnent chez nous. N'attribuons à l'ange que ce que notre sensibilité a d'incorporel ; n'imaginons en Dieu que l'équivalent parfait et magnifique de ce qu'elle a d'énergique et d'agissant.

Telle que nous l'avons décrite, elle reste donc chose bien humaine. Que si, par son côté passif, elle nous est trop souvent une souffrance, par l'activité qu'elle suppose elle devient un des plaisirs les plus vifs de l'âme, disons mieux, c'est elle qui fait la vivacité de tous nos plaisirs. Quoi de plus doux que la conscience de l'activité facile ?

Par là même, quoi de plus doux que de se sentir ému ? Là est, par exemple, le charme de ces impressions théâtrales qui deviendraient douloureuses par leur objet, si la raison ne nous avertissait que leur objet est chimère. Il y a plus, et tel est le besoin de sentir qu'on peut aller jusqu'à préférer à l'atonie les vraies craintes et les vraies douleurs.

> Eh ! qui m'emportera sur des flots sans rivages ?
> Quand pourrai-je, la nuit, aux clartés des orages,
> Sur un vaisseau sans mâts, au gré des aquilons,
> Fendre de l'océan les liquides vallons ?...
> D'effroi, de volupté tour à tour éperdue,
> Cent fois entre la vie et la mort suspendue,
> Peut-être que mon âme, au sein de ces horreurs,
> Pourrait jouir au moins de ses propres terreurs (1). .

Exagération quelque peu malsaine d'un fait réel, d'une loi de nature, des exigences toujours vivantes et impérieuses de la sensibilité.

Voilà donc un dernier devoir pour qui veut agir puissamment par la parole : tenir sans relâche en éveil et en haleine cette sensibilité qui ne consent jamais à se reposer longtemps. Pour cela, nous le savons, pas d'autre moyen que de sentir soi-même. Ainsi l'âme de l'écrivain doit être facilement ouverte à toutes les impressions. Ainsi chaque objet, en la traversant, doit la faire vibrer dans le sens et dans la mesure où il en est naturellement capable. Point de pesanteur, de reploiement inerte sur elle-même : à ce compte, elle demeurerait froide, et la parole du même coup.

A vrai dire, tout n'est pas fini avec la sensibilité satisfaite. Si la parole ne dort pas dans les pages d'un livre, s'il lui est donné de retentir dans la voix et de s'achever dans le geste, avec ce complément de puissance voici des exigences nouvelles. L'œil et l'oreille demandent à n'être pas choqués ; mais encore et surtout à prendre

---

(1) Lamartine : *Les Préludes.*

leur part de cette claire vision de l'âme par où la parole vraiment littéraire subjugue et ravit. Nobles entre tous, ces deux sens ont en effet le privilége d'atteindre l'âme, et cela non-seulement parce qu'il faut lire et entendre le langage articulé qui en est l'expression normale, mais encore et surtout parce qu'elle se manifeste directement dans les inflexions infinies de la voix, dans les innombrables nuances du geste, de la pose, du regard. L'orateur parle trois langues à la fois, celle des sons articulés, celle de la voix, celle de l'action. La première est l'expression normale de la pensée précise, de la raison; d'ailleurs trop lente et trop rigide d'allures pour suivre le vol ondoyant de la sensibilité. Plus confuses mais bien autrement souples et rapides, les deux autres excellent à rendre la passion et ses courbes indéfiniment variées. Toutes trois ensemble achèvent la puissance de la parole en ouvrant à l'âme toutes les issues et la répandant pour ainsi dire de toutes parts. Ainsi l'orateur est plus que l'écrivain, parce qu'il peut pousser plus loin l'application de la première loi littéraire, celle qui avertit les facultés de concourir sans relâche à l'œuvre commune. Sa raison vigoureuse et fine guide la nôtre parmi le dédale des notions à comparer ; son imagination nous les rend presque visibles ; sa volonté nous élève, sa sensibilité nous émeut. C'est tout une âme qui palpite dans son langage, mais encore qui chante dans sa voix, rayonne dans ses yeux, transparaît dans son geste et son attitude. C'est la parole achevée et souveraine parce que l'homme y vit tout entier.

CHAPITRE II

Action ordonnée. — Hiérarchie essentielle des facultés.

I

L'âme qu'il faut mettre dans la parole est l'âme *ordonnée*. — La part des facultés est mesurée par la nature de l'homme et par celle des choses, seconde loi fondamentale.

La puissance n'est complète et féconde que dans l'ordre. L'âme qu'il faut mettre dans la parole n'est point l'âme quelconque, sans distinction entre les saillies repréhensibles et les mouvements avoués par la vraie et légitime nature. Qu'un matérialiste le nie, à la bonne heure! Nous n'écrivons pas pour qui ne voit dans l'ordre et le désordre que des mots vides, pour qui fait l'homme essentiellement droit, sage, infaillible, Dieu en un mot. Que l'œuvre littéraire vive donc de toute la vie de l'âme, c'est la loi; mais de l'âme saine autant que vigoureuse, sans fièvre folle comme sans langueur.

Ainsi l'intelligence, l'imagination, la volonté, la sensibilité vont concourir à la formation de la parole. Ce concours est nécessaire, il doit être moralement constant; aucune des facultés de l'écrivain n'a droit de rester oisive. Mais dans l'œuvre commune, la part de chacune sera-t-elle égale et constante? Concevez-vous la parole comme un tout mathématique où chacune entre pour un quart? Si les quatre cordes de la lyre humaine doivent vibrer ensemble, auront-elles, garderont-elles toutes les quatre une même intensité de vibration ?

Deux choses y font obstacle, qui vont régler pratiquement la répartition des forces combinées : c'est la nature de l'homme, mesure fixe, constante, invariable ; c'est la nature des objets de la parole, mesure souple et mouvante comme eux. C'est la hiérarchie essentielle des facultés humaines ; on ne la viole pas sans désordre, qui ne le voit ? C'est l'infinie variété des choses où il faut que la parole se plie pour en offrir l'expression fidèle. L'imagination, la sensibilité sont facultés inférieures : qu'elles n'usurpent jamais. Par ailleurs, dans le champ libre que cette obligation leur laisse, qu'elles s'abandonnent ou se contiennent selon l'objet qui les occupe. Gardez que la raison ne disparaisse dans le tourbillon éblouissant des images ; gardez que la volonté ne s'emporte ou ne s'endorme parmi les violences ou les mollesses du sentiment. Mais à ce prix, soyez plus riche de sentiments et d'images s'il faut par exemple émouvoir ou décrire ; soyez plus sobre où il s'agira d'argumenter et de convaincre. C'est le bon sens, manifeste, cette fois encore, jusqu'à une apparente banalité. C'est la seconde des deux grandes lois littéraires : toutes les facultés doivent agir ensemble, *mais suivant leur hiérarchie invariable et les exigences variables de leur objet commun.*

Voilà donc les deux barrières que nous opposons aux fougues de l'imagination et du cœur, à tout ce que les écoles émancipées aiment à donner comme les caprices du génie : nature de l'homme, nature des choses, rien de plus. En bonne foi, qui oserait s'en plaindre? Par contre, nous protestons de n'en reconnaître point d'autres. Demeurez homme et respectez la vérité de tout, ne surmenez pas votre nature et la nôtre, n'outrez pas celle des choses. Hors de là que rien n'arrête vos hardiesses ; ayez l'imagination forte et la sensibilité ardente, ayez la couleur et la flamme, ayez la main pleine de fleurs ou d'éclairs.

Règle large autant qu'évidente, et cependant si universellement oubliée, si décisive d'ailleurs contre tant d'œuvres en renom, qu'il importe tout particulièrement de la préciser et de l'établir.

Avant tout, dans le concours des facultés littéraires, la part de chacune se doit mesurer sur leur hiérarchie essentielle. Bornons le présent chapitre au développement de cette première partie de la loi.

II

Nature de l'homme : hiérarchie essentielle des facultés. — L'imagination inférieure à l'intelligence. — La sensibilité inférieure à la volonté. — Négations modernes. — Violations pratiques de la hiérarchie essentielle. — Prédominance de l'imagination, — de la sensibilité.

Pour peu qu'on se fasse l'honneur de s'attribuer une âme, on entend d'abord qu'elle est supérieure au corps ; on conçoit tout ce qui est de l'âme seule comme plus noble et plus digne que tout ce qui tient des sens. On met l'intelligence et la volonté, ces deux puissances nécessaires de l'esprit pur, au-dessus de l'imagination et de la sensibilité, facultés mixtes où le corps a part comme l'esprit même. Telle est la hiérarchie. Or dans le plan du Créateur, la hiérarchie ne va point sans la subordination ; les êtres inférieurs sont unis aux plus hauts pour concourir en sous-ordre à la fin commune. Ainsi l'imagination est pour aider l'intelligence, la sensibilité pour servir la volonté.

Comment contester, par exemple, que l'imagination soit au-dessous de l'intelligence ? L'une pénètre les choses, elle lit dans leur fond ; l'autre se joue aux surfaces et ne les dépasse jamais. L'une atteint l'abstrait, l'immatériel, capable même d'élever le sensible jusqu'à cette sphère supérieure, en dégageant de l'objet particulier l'essence universelle ; l'autre s'arrête aux réalités concrètes, déterminées, locales. Je conçois l'homme, le lion, le cheval ; je n'imaginerai jamais que cet homme, ce lion, ce cheval en particulier. Enfin l'esprit compare, juge, prononce, à quoi l'imagination ne peut prétendre. Elle est donc inférieure, elle est servante, mais d'un servage nécessaire pour l'esprit et glorieux pour elle. L'esprit humain y gagne l'élément naturel de son travail ; l'imagination s'y fait spirituelle par collaboration et par alliance. Rien n'est perdu même pour le plaisir légitime et sain. C'est que tout est dans l'ordre, dans l'ordre essentiel, constant comme la nature des êtres et comme Dieu.

Comparez à la volonté la sensibilité, son auxiliaire de droit, trop souvent sa rivale de fait. L'une est pur esprit, l'autre en grande partie chair et sang ; l'une est libre, l'autre est fatale. Je puis empêcher l'impression de prévaloir et de me dicter ma conduite ; je ne puis l'empêcher de naître et de m'émouvoir. Voilà pourquoi, jusqu'au mot décisif de la volonté, les passions sont et demeurent indifférentes. Voilà pourquoi aussi l'impassibilité du stoïcisme est un mensonge à la nature humaine et une sacrilége usurpation de l'immutabilité divine. « O douleur, je ne t'avouerai pas ! » crie le stoïque, et ce n'est point là le cri de l'homme. L'homme vrai, l'homme type, c'est Celui qui a dit avec une simplicité modeste : « Mon âme est triste jusqu'à la mort, » et qui, l'instant d'après, marchait droit à ses bourreaux. Telle est la supériorité du vouloir sur la sensibilité. Donc elle est pour lui, pour le servir, pour préparer le mouvement propre de la faculté souveraine, pour y ajouter l'entrain, l'élan, l'allégresse, l'enthousiasme. Ici encore tel est l'ordre essentiel.

Rien d'étrange qu'une école moderne en juge autrement, qu'elle estime « l'imagination passionnée une forme tout aussi légitime et aussi belle que la faculté métaphysique ou la puissance oratoire, » qu'elle la mette « au même rang que les autres, » qu'elle ne lui demande pas « de se diminuer, de subir l'autorité de facultés con-

traires, de se faire raisonnable et circonspecte (1). »
A l'imagination, à la sensibilité nous demandons précisément la raison et la circonspection dans les allures. Sans la rendre esclave de facultés contraires, nous la voulons subordonnée à des facultés supérieures. Loin de la diminuer, on verra tout à l'heure que nous la garantissons en la sauvant du déclassement. En un mot, quand nous revendiquons la hiérarchie essentielle des facultés, nous plaidons pour l'homme et pour les vrais intérêts de sa nature.

Grâce à la pleine licence dont jouissent aujourd'hui tous les paradoxes, le talent peut donc se faire un jeu de se nier lui-même en niant cette hiérarchie de ses éléments constitutifs. Mais avant de la contester, voilà bien longtemps qu'il la violait. Les faits abondent pour prouver que l'imagination et la sensibilité peuvent sortir de leur place naturelle, que les servantes peuvent usurper et faire abdiquer leurs maîtresses. Presque toute la littérature contemporaine atteste cette rupture de l'ordre essentiel : romantisme, fantaisisme, naturalisme, au fond tout revient là. Du reste, rien qui nous étonne : nous savons, nous autres chrétiens, l'homme en désordre et en révolte contre lui-même, et nous entendons à merveille que, la chair convoitant contre l'esprit, il y ait rupture et combat entre les facultés inférieures et les plus hautes. D'autres constatent le fait sans en vouloir admettre la cause; quant à ceux qui le nient, renvoyons-les aux philosophes. Aussi bien pouvons-nous laisser à leurs propres inconséquences le soin de les réfuter.

Mais il faut concevoir plus nettement ce qu'est dans la pratique littéraire cette rupture de la hiérarchie essentielle des facultés.

Quand l'image trop multipliée, trop éclatante, nous distrait de la pensée, quand le style devient une manière de kaléidoscope aux couleurs miroitantes mais aux dessins

---

(1) Taine : *Essais de critique et d'histoire*, article sur Michelet.

bizarres et vides de sens, n'est-il pas vrai de dire que l'imagination domine la raison? N'est-ce point là d'ailleurs une habitude, beaucoup diraient une conquête, de la littérature contemporaine et surtout de la poésie? Après le pédantisme terne et froid du dix-huitième siècle, nous avons eu tout d'abord l'excès du coloris ; Chateaubriand n'y échappait point toujours. Bientôt avec Victor Hugo — hélas! dès les belles années — viennent l'énumération infinie, le détail intarissable, la pluie de perles fines ou fausses éblouissant l'œil et couvrant mal les inégalités de l'inspiration. Qu'on relise *les Orientales* par exemple. Mais les excès ont leur logique : en littérature comme en morale, ils ne s'arrêtent pas à mi-chemin. Le vieux romantisme avait exalté l'imagination outre mesure ; les derniers venus du fantaisisme prennent totalement congé du sens commun — pourquoi pas? — et ils adressent à Dieu par exemple des vers de cette sorte :

> Et tu fis la blancheur sanglotante des lis,
> Qui, roulant sur des mers de soupirs qu'elle effleure,
> A travers l'encens bleu des horizons pâlis
> Monte rêveusement vers la lune qui pleure (1).

Nous voulions voir ce qu'est pratiquement la prédominance de l'imagination sur la faculté supérieure : nous devons être satisfaits.

Inutile de chercher loin pour voir de même la sensibilité prendre le pas sur la volonté. Mais ici la déviation est double : on peut se perdre, à la suite de Lamartine, dans la mollesse et le vague ; on peut, comme Victor Hugo et tant d'autres, confondre l'effet avec le beau, la violence avec la force, et mener l'âme à travers les heurts et les secousses de l'émotion outrée, comme un char parmi les rocs et les fondrières. Violentée ou amollie, elle est toujours mise hors de ses conditions normales ; la sensibilité emporte la volonté, l'ordre essentiel est rompu.

---

(1) Steph. Mallarmé: *Parnasse contemporain*.

III

Conséquence de la hiérarchie rompue. — Abaissement de la raison, de la volonté.

Or il faut envisager les conséquences, conséquences graves et vraiment funestes, quand le désordre passe en habitude, quand l'esprit se donne pour aliment ordinaire une littérature trop haute en couleur et trop riche d'émotion.

On a beau préconiser en prose et en vers la fée brillante du logis : devant le bon sens populaire, être homme d'imagination demeure une note assez fâcheuse. C'est que là où l'imagination domine, le jugement n'a pas accoutumé d'être bien fort. Tout d'abord il s'émousse ; l'esprit se paye volontiers de notions incomplètes. Amusé par l'image qui les enveloppe, il oublie de pénétrer plus avant et de leur demander compte d'elles-mêmes : grande faiblesse, prédisposition à toutes les servitudes de la pensée. Mais encore gardera-t-il bien longtemps la force de penser? Ce labeur lui pèse ; il s'en exempte volontiers quant à lui-même ; bientôt il en dispensera l'écrivain, ne lui demandant que de le bercer pour l'endormir. Faisons une expérience facile ; lisons quelque temps de suite du Lamartine : nous nous surprenons vite à ne plus penser. Savons-nous du moins ce que notre auteur pense ? Vraiment il est bien question de cela. Nous regardons une féerie et nous écoutons une sirène, délicieusement étourdis, enivrés, magnétisés deux fois et par la splendeur merveilleuse des images et par l'incomparable musique du vers. Certaines pièces de Victor Hugo nous fascinent de même avec leur miroitement de kaléidoscope et leur cliquetis de grelots sonores. Et maintenant supposons une intelligence mise à ce régime. Elle s'émoussera par l'inertie prolongée, elle se faussera par l'habitude des lueurs confuses et des jugements incomplets. Bientôt esclave du sensible, toute notion intellectuelle, toute idée abstraite la dépasse et la rebute. La voilà incapable de l'effort nécessaire pour réfléchir. Plus de lectures sérieuses : le roman ; plus de conversations relevées : le papillonnage d'esprit ; plus de pensées : le rêve. Tout cela est-il fantaisie ou réalité ?

En même temps que la raison fléchit sous l'effort d'une imagination développée à l'excès, le vouloir ne souffre pas moins des empiétements de la sensibilité. Croit-on par exemple que les caractères se trempent par le commerce habituel des romanciers, des dramaturges, des poètes à la moderne ? L'expérience dit le contraire. L'habitude des émotions molles ou vagues énerve une volonté toujours empressée d'abdiquer pour s'épargner un effort. L'habitude des émotions violentes la mène par l'exaltation à l'atonie, comme on arrive à la prostration par la fièvre. De part et d'autre, quand elle rompt l'équilibre entre les facultés de l'âme, la littérature travaille à faire des hommes d'impression. Voilà qui suffit à la juger.

Et le jugement ne saurait être que sévère. Qui ne voit qu'altérer dans l'homme l'harmonie essentielle, voulue de Dieu, c'est compromettre la rectitude et la dignité de notre nature ; c'est œuvre de dépravation, œuvre malsaine, œuvre immorale en soi et indépendamment des spectacles auxquels on invite la pensée ? Imaginez une composition où rien ne blesse la pudeur, mais où les facultés de second ordre soient constamment surexcitées aux dépens des autres ; cette composition peut-elle être morale, quand elle tend à mettre en nous le désordre, c'est-à-dire à nous *démoraliser ?* Grand principe et auquel on devrait bien prendre garde quand il s'agit des livres à mettre dans de jeunes mains.

Il se peut qu'on se récrie, qu'on demande avec quelque effroi, où sont, à ce compte, dans la littérature contemporaine, dans la littérature de fiction surtout, les œuvres absolument inoffensives. Nous le demandons nous-mêmes : où sont-elles ? Mais comment reculer ? La multitude des coupables n'absout personne et la conséquence est évidente comme le principe : il est moralement répréhensible de travailler à mettre le désordre dans l'âme ; or, quoi qu'il en soit des intentions personnelles, ne faut-il pas bien reconnaître qu'on y peut travailler jusque dans la littérature pieuse et dans la chaire chrétienne? Ayons, Dieu aidant, le courage du vrai.

IV

Conséquences pour les facultés inférieures elles-mêmes. — Elles se matérialisent. — Les facultés sensitives se fatiguent de leur objet. — Donc, l'imagination et la sensibilité. — Leur dépravation croissante. — Le goût de la beauté sobre généralement perdu.

Tout n'est pas dit encore sur cette rupture habituelle de la hiérarchie des puissances. Voici un résultat nouveau et digne d'attention. C'est pour l'honneur et le plaisir de l'imagination et de la sensibilité que la rupture s'est faite ; on a voulu leur complaire en leur prodiguant l'image et l'émotion. En fin de compte, est-ce profit ou perte ? La réponse n'est pas douteuse ; le déclassement ne profite point aux facultés inférieures. Les surmener, ce n'est pas attenter seulement aux droits de la raison et du vouloir ; c'est leur faire tort à elles-mêmes et commencer de les détruire, en sorte que nous, qui les voulons tenir à leur place, nous plaidons leur véritable intérêt.

Avant tout, qui les déclasse les abaisse et les avilit : rien de plus vrai que ce semblant de paradoxe. Placées pour ainsi dire à mi-hauteur entre l'esprit pur et les sens, l'imagination et la sensibilité peuvent s'élever en se spiritualisant par une alliance étroite avec l'intelligence et la volonté ; mais combien il leur est facile de se ravaler en se faisant plutôt sensuelles ! Or c'est l'effet immédiat de l'image luxuriante et de l'émotion outrée. Au lieu de fixer l'esprit en donnant à l'idée un corps visible mais délié, subtil et comme diaphane, l'imagination s'emploie alors au plaisir des sens, en les excitant par des couleurs tranchées et des tons criards. Tout de même la sensibilité avait pour rôle d'émouvoir, d'attendrir, d'échauffer doucement et fortement la volonté souveraine ; et vous la réduisez à donner des secousses aux nerfs. N'est-il pas vrai que, pour s'être émancipées de la hiérarchie essentielle des puissances, les lettres modernes sont devenues toutes sensuelles ? Ou plutôt n'est-ce pas pour le devenir à l'aise qu'il leur a plu de s'émanciper ? Le sensualisme, le sensualisme ardent et vil, coule à pleins bords dans les œuvres, dans le style même. Qui peut lire Michelet, par exemple, sans voir que ce grand poète dévoyé vise sans relâche à produire des sensations ? Mêmes visées dans le procédé réaliste qui croit rendre la passion plus frappante en l'assimilant à la convulsion animale. D'après le goût du jour, il faut qu'une mère à qui on enlève sa fille devienne « une tigresse, » qu'elle ait « des cheveux hérissés » et qu'elle se traîne « à quatre pattes comme une panthère (1). » Plus tard on érigera le procédé en système et l'on osera écrire : « Ce qui fait qu'une mère est sublime, c'est que c'est une espèce de bête. L'instinct maternel est divinement animal... (2). » Qu'est-ce au fond que ce brutal paradoxe ? La théorie du sentiment devenu sensation pure. Et d'où vient-elle ? Du besoin de remuer la sensibilité par des impressions plus fortes. On voit où cela mène, et certes le terme n'est pas glorieux.

Il est donc bien manifeste que l'on ravale les facultés inférieures dès qu'on prétend les élever au-dessus de leur rang hiérarchique. Mais là n'est pas tout le mal. Nous avons dit qu'on les use et qu'on commence de les détruire.

---

(1) V. Hugo : *Notre-Dame de Paris.*
(2) V. Hugo : *Quatre-vingt-treize*, 3ᵉ partie, liv. II, n° 6.

Bossuet, à la suite de saint Thomas et d'Aristote, remarque cette différence entre les puissances purement spirituelles et celles qui sont inséparables des organes. Les premières ne se fatiguent jamais de leur plaisir propre; les autres ne jouissent du leur et même ne le supportent que jusqu'à une certaine limite. Ce point passé, la jouissance devient peine, l'aliment se tourne en poison. « Le sens est blessé et affaibli par les objets les plus sensibles... Les yeux trop fixement arrêtés sur le soleil, c'est-à-dire sur le plus visible de tous les objets et par qui les autres se voient, y souffrent beaucoup et à la fin s'aveugleraient. Au contraire, plus un objet est clair et intelligible, plus il est certain, plus il est connu comme vrai, plus il contente l'entendement et plus il le fortifie. La recherche en peut être laborieuse, mais la contemplation en est toujours douce (1). » Non vraiment, jamais l'esprit ne souffrira d'une vérité trop éclatante, ni la volonté d'un sentiment trop généreux. Montez sans fin dans l'atmosphère rayonnante du vrai et du bien, votre âme y sera toujours plus à l'aise, il semblera qu'elle respire *cet air plus large* dont parle Virgile (2) et, avec cet air, une nouvelle vigueur. Ainsi s'affirme-t-elle d'une autre nature que l'œil, si vite ébloui et demandant grâce à la lumière. C'est la supériorité du spirituel sur le sensitif.

Or l'imagination et la sensibilité sont facultés sensitives pour une large part d'elles-mêmes; d'où il suit qu'elles éprouvent cette infirmité commune aux sens. Leur objet prodigué les fatigue, les blesse, les use. On voit peu à peu l'excès des couleurs rendre l'imagination plus exigeante, c'est-à-dire en réalité moins alerte, plus lourde à entrer en travail. On voit bien plus vite et bien plus clairement encore l'excès des émotions appesantir la sensibilité, l'endurcir aux impressions vraies et naturelles, la blaser bientôt sur

---

(1) Bossuet: *Connaissance de Dieu et de soi-même*, chap. I, § 17.
(2)   *Largior hic campos æther et lumine vestit*
   Purpureo....

toutes choses, arriver presque à l'éteindre, comme font les liqueurs fortes pour le goût. Qu'on nous pardonne la comparaison. Elle est d'une effrayante justesse. De part et d'autre il y a dépravation croissante, parce qu'il y a action et réaction continue des complaisances de la volonté et des exigences du sens perverti.

Triste tableau : mais qui le trouvera contestable? Un écrivain sans scrupule, un ambitieux d'effet violent et rapide, commence de charger les couleurs, de forcer les sentiments, d'offrir en un mot à l'imagination et à la sensibilité un aliment de trop haut goût. Mais comment l'acceptent-elles? S'il est vrai qu'il les fatigue et les blesse, comment l'instinct de nature ne le leur fait-il pas rejeter ? C'est demander comment le palais accepte des saveurs trop âcres; c'est demander comment et pourquoi le désordre est possible en nous. Rendez l'homme à sa rectitude première, et ni l'imagination ni la sensibilité ni les sens même ne se plairont plus aux impressions excessives. En attendant, le désordre est un fait, la dépravation du goût naturel est possible, et rien n'est facile comme de la provoquer.

Soit un tempérament jeune, ardent, mobile, entraîné aux spectacles et aux émotions, moitié par sa pente naturelle, moitié par l'impulsion de ce préjugé dominant qui fait prendre l'effet pour le beau. Mettez en face de cette âme un auteur atteint d'un mal semblable, ou simplement un talent jaloux de réussir et qui ne regarde pas au prix. Avec des peintures trop vives et des impressions trop poignantes, il va saisir, ébranler, violenter l'âme qui se livre : il est trop sûr de lui complaire et trop peu scrupuleux pour craindre de la dépraver. Mais ici commence fatalement une progression redoutable. Chaque degré de cette dépravation dans l'âme qui lit ou écoute appelle une complaisance plus large de qui parle ou écrit. En retour, chaque complaisance nouvelle, chaque excès de coloris ou d'émotion, en irritant l'imagination et la sensibilité, les provoque à des exigences plus impérieuses. Le goût plus faussé réclame un aliment plus malsain, et l'aliment plus malsain fausse toujours plus le goût qui le réclame. Les meilleurs vins sont devenus insipides, les liqueurs même paraissent fades ; il faudrait de l'alcool pur, du feu liquide à ces organes blasés. Est-ce un tableau fait à plaisir ? L'histoire de ces complaisances, flattant et irritant des convoitises toujours croissantes, n'est-elle pas celle de la littérature du temps? Le talent, qui a tant fait pour dépraver l'âme contemporaine, est à son tour entraîné plus loin qu'il ne voudrait par cette dépravation qui est son œuvre. Entendez-le s'en vanter ou s'en plaindre avec une naïveté cynique : « Il faut au public des astringents ou des moxas pour ranimer les sensations éteintes... Allons ! as-tu des incestes furibonds ou des adultères monstrueux, d'effrayantes bacchanales de crimes ou des passions impossibles à me raconter? Sinon, tais-toi, va mourir dans la misère et l'obscurité. — Vous l'entendez, jeunes gens ! la misère et l'obscurité ! Vous n'en voudrez pas. Alors que ferez-vous ? Vous prendrez une plume, une feuille de papier et vous écrirez en tête : *Mémoires du Diable* (1). » Pauvre excuse vraiment, mais instructive ! Ainsi pour ébranler encore ces imaginations, ces sensibilités énervées par trop de secousses, il faut aller chercher dans l'horrible des couleurs assez crues et des saveurs assez violentes. Voilà qui les montre bien telles que nous les avons dépeintes, usées et comme éteintes à force d'excès. Extinction, ruine, mort ; c'est où va la progression déjà indiquée. Joubert a bien dit : « Le pathétique outré est pour les hommes une source funeste d'endurcissement ; des tableaux trop énergiques de l'humanité souffrante rendent les cœurs inhumains. » L'abus ordinaire de l'imagination, de la sensibilité surtout, va de soi-même à l'atonie stupide, au scepticisme du cœur, c'est-à-dire à l'égoïsme et à la cruauté. Si l'on est arrêté sur la pente, si la sensi-

---

(1) Frédéric Soulié : *Mémoires du Diable,* préface.

bilité ne vient pas à se détruire, du moins se rend-elle impossible tout exercice légitime, toute véritable et naturelle émotion. Si vous n'avez plus les matrones romaines courant au cirque ou les femmes d'un certain monde empressées au spectacle des exécutions capitales, vous avez quelque chose comme ce portier du Père-Lachaise crayonné par Balzac, cet homme qui a des larmes pour les victimes de mélodrame, mais dont le cœur s'est « ossifié *(sic)* à l'endroit des véritables douleurs. » Vous avez des cœurs faussés, capables encore des agitations, des soubresauts d'une vie toute factice et nerveuse, mais morts et bien morts à toute émotion naturelle et mesurée. Voilà le terme extrême des abus de l'imagination et de la sensibilité, de la rupture dans l'équilibre des puissances humaines, du renversement de la hiérarchie essentielle. Histoire et logique sont d'accord ; l'une le raconte comme l'autre le pressentait (1).

A tout prendre, n'en sommes-nous pas tous quelque peu

---

(1) Rien de vrai comme cette alliance d'abord étrange de la cruauté avec la sensibilité exaltée outre mesure ou simplement à faux. On se rappelle l'*Iris* de Gilbert :

> C'est un cœur, mais un cœur !... C'est l'humanité même....
> Un papillon souffrant lui fait verser des larmes.
> ......Mais aussi qu'à la mort condamné
> Lally soit en spectacle à l'échafaud traîné,
> Elle ira la première à cette horrible fête
> Acheter le plaisir de voir tomber sa tête.
> (GILBERT : *Le dix-huitième siècle.*)

Un peu plus tard, pendant le procès de Louis XVI, on pleurait aux représentations de *la Mort d'Abel* par Legouvé. « Tandis que la tragédie rougissait les rues, la bergerie florissait au théâtre ; il n'était question que d'innocents pasteurs et de virginales pastourelles ; champs, ruisseaux, prairies, moutons, colombes, âge d'or sous le chaume, revivaient aux soupirs du pipeau devant les roucoulants Tircis et les naïves Tricoteuses qui sortaient du spectacle de la guillotine. Si Sanson en avait eu le temps, il aurait joué le rôle de Colin, et Mademoiselle Théroigne de Méricourt celui de Babet. Les conventionnels se piquaient d'être les plus bénins des hommes, bons pères, bons fils, bons maris. Ils menaient promener les petits enfants ; ils leur servaient de nourrices ; ils pleuraient de tendresse à leurs simples jeux ; ils prenaient doucement dans leurs bras ces petits agneaux afin de leur montrer le dada des charrettes qui conduisaient les victimes au supplice. Ils chantaient la nature, la paix, victimes ? Qu'il le sache ou l'ignore, le romantisme a été entre autres choses, il a été surtout, cette rupture mise en système. On le dit mort et nous n'osons guère y croire, tant ses héritiers lui ressemblent, en plus mal, s'entend. Mais mort ou non, il laisse dans l'âme française une plaie profonde. Il nous a dégoûtés de la beauté calme et sereine, il nous a fait un besoin de la couleur voyante et de l'impression démesurée. Tout ce qui est sobre d'éclat nous semble pâle; nous sommes tentés de juger froid tout ce qui n'est pas violent. Impossible de le méconnaître; l'imagination et la sensibilité ont pris chez nous un développement anormal et maladif. C'était fort bien fait de réagir contre la spirituelle froideur où la sensiblerie fatigante des contemporains de Voltaire; avouons même de bonne grâce qu'on pouvait, en poésie surtout, se relâcher quelque peu de la sévérité du grand siècle. Mais il fallait s'en tenir là et, tout en donnant peut-être un essor plus libre aux facultés inférieures, les maintenir rigoureusement à la place que Dieu leur a faite. La parole en serait plus saine et l'homme plus fort (1).

la pitié, la bienfaisance, la candeur, les vertus domestiques. Ces béats de philanthropie faisaient couper le cou à leur voisin avec une extrême sensibilité pour le plus grand bonheur de l'espèce humaine. » (Chateaubriand : *Mémoires d'outre-tombe*, 1792.)

(1) Qu'eût dit Fénelon de notre époque, lui qui écrivait déjà dans son beau *Traité de l'éducation des filles* : « Les gens qui ont eu le malheur de s'accoutumer aux plaisirs violents perdent le goût des plaisirs modérés et s'ennuient toujours dans une recherche inquiète de la joie. — Lisez de *l'effet*. — On se gâte le goût pour les divertissements comme pour les viandes; on s'accoutume tellement aux choses de haut goût, que les viandes communes et simplement assaisonnées deviennent fades et insipides. Craignons donc ces grands ébranlements de l'âme qui préparent l'ennui et le dégoût. Les plaisirs simples sont moins vifs et moins sensibles, il est vrai ; les autres enlèvent l'âme en remuant les ressorts des passions. Mais les plaisirs simples sont d'un meilleur usage; ils donnent une joie égale et durable sans aucune suite maligne, ils sont toujours bienfaisants ; au lieu que les autres plaisirs sont comme les vins frelatés qui plaisent d'abord plus que les naturels, mais qui altèrent et qui nuisent à la santé. Le tempérament de l'âme se gâte, aussi bien que le goût, par la recherche de ces plaisirs vifs et piquants... » (Chap. v.)

V

Une forme de la hiérarchie rompue, *le vague des passions*. — Histoire. — Nature. — Causes. — Antipathie profonde avec le christianisme.

Entre les résultats ou, si l'on veut, entre les formes de la rupture contemporaine dans l'équilibre essentiel des facultés, nous serions incomplets de ne compter pas cette maladie qu'on nomma jadis avec Chateaubriand *le vague des passions*. L'intérêt en sera plutôt historique. Ce mal romanesque n'est plus de mode et nous serions tentés de le regretter : il y avait encore là un reste de vie intellectuelle et morale où le grand nombre n'atteint même plus.

C'était un mal pourtant, un mal vieux comme le monde ou comme le péché originel, et l'auteur de *René* se vantait quand il s'en attribuait la découverte. Les anciens l'avaient connu, mais dédaigné (1). Les siècles de foi simple et active y avaient échappé de plein droit, ce qui, soit dit en passant, ruinait par avance tous les efforts de Chateaubriand pour le rattacher au christianisme. Chez nous, Rousseau le premier en avait complaisamment étalé les symptômes, avant tout cet orgueil jaloux et lâche qui fait de lui le premier des révolutionnaires (2). Le Werther de Gœthe en tient quelque chose. Parmi les fougues d'une passion très précise, il connaît à ses heures « ces pensées qui se pressent dans l'esprit sans qu'on puisse les changer en actes de la volonté, le contraste singulier d'une vie beaucoup plus monotone que celle des

---

(1) Voir le remarquable travail du P. Cahour sur la poétique de Chateaubriand et de Lamartine : *Bibliothèque critique des poètes français*, t. III. Douniol, trois in-8°.
(2) V. Laprade : *Le Sentiment de la nature chez les modernes*, liv. IV, chap. III, § 3.

anciens et d'une existence intérieure beaucoup plus agitée (1). » Mais en fin de compte il faut laisser à Chateaubriand le douteux honneur d'avoir fait de ce mal une épidémie, un genre littéraire. Il l'a peint et pour ainsi dire préconisé théoriquement dans le *Génie du christianisme* (2), il l'a mis en œuvre dans l'épisode de *René*. Malgré le faible manifeste du peintre, le portrait est étrangement confus, moitié panégyrique, moitié réquisitoire. Quant à l'épisode, Chateaubriand le juge et l'exécute lui-même dans ses *Mémoires d'outre-tombe*. Il n'écrirait plus *René*; il voudrait ne l'avoir pas écrit; il le détruirait si la chose était possible. C'était le tableau d'une infirmité spéciale du siècle : on a eu grand tort de généraliser. « Une maladie de l'âme n'est pas un état permanent et naturel ; on ne peut la reproduire, en faire une littérature, en tirer parti comme d'une passion générale (3). » L'arrêt n'est que juste, avec la pointe de mauvaise humeur qui trahit un premier coupable cherchant à faire pénitence sur le dos de ses complices.

Mais qu'y avait-il donc dans cette maladie d'exception devenue mal à propos une contagion morale et littéraire ? Au fond, une prédominance contre nature des facultés inférieures, une fièvre d'imaginer et de sentir coïncidant avec une torpeur maladive de la raison et de la volonté. C'était déjà la rupture de la hiérarchie des facultés, non pas encore glorifiée comme une conquête, mais insinuée comme un plaisir. Plaisir malsain mais dont la réalité n'est pas niable. Que s'il fallait analyser *le vague des passions* un peu plus sérieusement que n'ont fait ses panégyristes, nous y verrions quatre phénomènes habituellement successifs et liés entre eux comme l'effet à la cause. Tout d'abord c'est une inquiétude ardente, un fré-

---

(1) Madame de Staël : *De l'Allemagne*, 2ᵉ partie, chap. XXVIII.
(2) *Génie du christianisme*, 2ᵉ partie, liv. III. chap. IX.
(3) *Mémoires d'outre-tombe*, années 1802, 1803.

missement de désirs confus, manque d'objet déterminé. C'est Nisus disant à Euryale :

> ... Dine hunc ardorem mentibus addunt
> Euryale? An sua cuique Deus fit dira cupido?
> Aut pugnam aut aliquid jamdudum invadere magnum
> Mens agitat mihi nec placida contenta quiete est (1).

Ne blâmons pas ce noble et délicieux malaise. Viennent seulement la raison et la volonté ressaisir les facultés inférieures et les appliquer vigoureusement à quelque chose; alors l'inquiétude sera féconde; au lieu du vague nous aurons eu l'inspiration.

Mais la volonté abdique et la raison sommeille. C'est le rêve qui se présente pour combler le vide du cœur. Et comme il en est incapable, à sa suite voici la tristesse, la mélancolie, réalité misérable sous un nom charmant. Ne la confondez pas, comme a fait Delille par exemple (2), avec la douleur calme et reposée qui suit les catastrophes déjà lointaines. La mélancolie proprement dite est molle, voluptueuse et lâche ; elle est le reploiement égoïste d'une âme qui veut jouir d'elle-même dans une adoration attendrie. Enfin, après avoir traversé le rêve et ses ardeurs trompeuses, après *s'être ramenée en soi, n'ayant plus où se prendre,* cette âme arrive à un immense dégoût de toutes choses et d'elle-même. Voyez René, voyez Obermann (3) son héritier direct : les voilà, sans recours ni remède, livrés à l'ennui.

> Ennui, fatal ennui, monstre au pâle visage,
> A la taille voûtée et courbée avant l'âge,

---

(1) « Est-ce un Dieu qui inspire cette ardeur à nos âmes, Euryale, ou chacun se fait-il un Dieu de ses tristes désirs ? Mon âme rêve de se jeter dans le combat, dans quelque grande entreprise ; elle se sent mal à l'aise dans le calme et le repos. » (Virgile : *Énéide*, IX, 184.)

(2) Bonheur des malheureux, tendre mélancolie...
  ... De la peine au bonheur délicate nuance,
  Ce n'est point le plaisir, ce n'est plus la souffrance.
  (Delille : *L'Imagination*, chant IX.)

(3) De Senancour : *Obermann.*

> Mais aussi fort pourtant qu'un empereur romain,
> Comment se dérober à ta puissante main ?

Et le poète montre le dernier terme logique, ce terme entrevu seulement par Obermann et par René, mais réellement touché par tant d'autres, le suicide.

> A d'horribles cordons tu suspens nos enfants
> Ou leur ouvres le crâne avec tes plombs brûlants (1).

La littérature du vague, de l'imagination et de la sensibilité sans frein, est coupable de bien des morts de ce genre. Qui s'en étonnerait saurait trop peu l'histoire du temps.

Quant au mal de René et de ses pareils, il convient de l'attribuer à bien des causes. Il en est de physiques : par exemple la débilitation héréditaire des tempéraments, peine des désordres du dix-huitième siècle ou suite des émotions de la période révolutionnaire (2). Il en est de morales : hors de nous, les agitations fiévreuses de la vie moderne (3) ; en nous, le sensualisme qui s'accommode si bien du rêve, la vanité capable de prétendre, incapable d'agir. On l'a justement dit : les âmes de cette sorte « appartiennent à des générations amollies, où l'homme, s'absorbant en lui-même et s'apitoyant sur sa propre destinée, s'isole de ses semblables et concentre toute son existence dans un stérile et plaintif orgueil (4). » N'oublions pas une dernière cause plus profonde. *Le vague*

---

(1) Auguste Barbier : *Lazare ; Iambes et Poëmes.*
Voir Eugène Poitou : *Du Théâtre et du Roman contemporains,* 2º partie, chap. I, § 1.
(2) « Et l'on s'étonne que des hommes dont la vie date de ces jours sinistres aient apporté en naissant un goût de tristesse et une empreinte de mélancolie dans le génie français ? » (Lamartine : *Confidences,* liv. III, III.) — Musset n'a pas autrement parlé de cette génération « ardente, pâle et nerveuse que les mères inquiètes avaient mise au monde pendant les guerres de l'empire, de ces milliers d'enfants qui, élevés dans les collèges au roulement des tambours, se regardaient d'un air sombre en essayant leurs muscles chétifs. »
(3) George Sand : Préface d'*Obermann.*
(4) Le comte Molé à l'Académie française. (Réception d'Alfred de Vigny.)

des passions ne se confond-il pas souvent avec *cet inexorable ennui qui fait le fond de la vie humaine quand l'âme s'est dégoûtée de Dieu* (1) ? Elle est créée pour Dieu, et si Dieu lui manque, si surtout elle le connaît et le repousse, elle lui rend encore un inconscient hommage par ce sentiment profond du vide qu'il a laissé en se retirant.

> ... Malgré moi l'infini me tourmente (2) !

s'écrie éloquemment Musset. Et Lamartine :

> Je meurs de ne pouvoir nommer ce que j'adore (3).

Ainsi la religion donne le dernier mot de ce phénomène comme de tous les autres.

Mais combien Chateaubriand se trompe de la compter elle-même parmi les causes qui l'ont développé dans le monde moderne ! Quelle erreur et combien périlleuse, de confondre avec les tristesses saintes, précises et agissantes que le christianisme soulève parfois mais qui ne sont pas tout lui-même, cette ivresse somnolente, voluptueuse, coupable, d'une âme qui ne veut pas agir (4) ! Le christianisme la connaît et l'explique comme toutes choses ; mais, loin de s'y complaire, il la repousse et la combat de tout son pouvoir. L'ascète chrétien traverse, lui aussi, des phé-

---

(1) Bossuet : *Maximes et réflexions sur la Comédie.*
(2) Musset : *L'Espoir en Dieu.*
(3) Lamartine : *Novissima verba ; Harmonies,* IV, xvi.
(4) Rien de commun entre le rêve et la prière par exemple. Et voici la différence finement notée. « ... Je rêvais, ce qui n'est pas du tout, mon ami, la même chose que prier, mais ce qui en tient lieu pour les âmes du siècle, la sensation vague les dispensant commodément de tout effort de volonté. Rêver, vous le savez trop, c'est répandre au hasard sur les choses la sensation présente et se dilater démesurément par l'univers en se mêlant soi-même à chaque objet senti ; tandis que la prière est voulue, qu'elle est humble, recueillie à mains jointes, et jusqu'en ses plus chères demandes couronnée de désintéressement. Cet effort désintéressé fut surtout ce qui me manqua ce soir-là et ce qui m'eût donné la prière. Je voilais, j'enveloppais de mille façons ma chimère personnelle..... je ne l'immolai pas un seul instant. » Quel ascète a écrit ces lignes ? — Sainte-Beuve dans son roman de *Volupté.*

nomènes de vie intérieure qui, par un côté du moins, ressemblent fort *au vague des passions*. États de ténèbres et de troubles, d'attrait vers les choses infimes et terrestres, états où l'âme, poussée à la défiance, vide d'espoir et d'amour, se trouve toute paresseuse, tiède, triste et comme séparée de Dieu. Mais là s'arrête la ressemblance. Loin de se complaire dans ce malaise et d'y chercher un plaisir lâche, l'ascète bande pour en sortir tous les ressorts de la raison et du vouloir ; il change énergiquement d'attitude, il se retourne et s'évertue pour secouer la langueur malsaine qui l'envahit (1).

Élargissons la remarque et concluons par là toute cette étude. Le christianisme, le surnaturel, est le meilleur gardien de la nature. Il veut et, si on le laisse faire, il maintient l'équilibre essentiel des puissances humaines, la hiérarchie normale des facultés. En ce point capital, la loi de morale surnaturelle et la loi d'esthétique vraie s'unissent jusqu'à se confondre dans la pratique : vérité pleine de conséquences et que nous retrouverons en son lieu (2).

(1) Saint Ignace de Loyola : *Exercices spirituels ; règle du discernement des esprits,* première semaine.
(2) Voir chap. IV du présent livre.

CHAPITRE III

L'action ordonnée. — Proportion de la parole aux objets. — Naturel.

I

Influence de l'objet sur la parole. — L'objet mesure la part d'action des facultés. — Résultats : la variété, — le naturel.

Dans le concours incessant des facultés à la création de la parole littéraire, la part de chacune est réglée par deux mesures : l'une invariable, c'est leur hiérarchie essentielle ; l'autre indéfiniment variable et souple, c'est la nature des objets. Attachons-nous à cette dernière partie de la seconde loi fondamentale.

Voici donc, après les facultés qui font la parole, un élément nouveau d'étude, l'objet même que la parole exprime. Objet vaste, disons mieux, universel. Le monde, l'homme, Dieu, leurs mutuels rapports, c'est-à-dire la vie à ses degrés divers et avec la mouvante variété de ses phénomènes, tout ce qui enflamme et ravit ma curiosité, tout cela ne m'apparaît pas seulement dans mes réflexions solitaires. Tout cela m'arrive à travers la parole qui me l'enseigne ou me le rappelle, c'est-à-dire à travers une autre âme qui l'a conçu d'abord et me le rend afin que j'en jouisse à mon tour.

Et j'entends que, pour me rendre les objets tels qu'ils sont, la parole a besoin de s'accommoder à leur caractère, gracieuse ou forte, riante ou sévère, simple ou grandiose, diversement colorée et chaleureuse au gré de leurs mobiles exigences. J'entends qu'avant de me les traduire dans la parole, l'âme qui me parle a dû elle-même se plier à eux, se modeler sur eux, se faire, selon l'expression célèbre, ondoyante et diverse à leur image, en un mot et dans un sens vrai, prendre leur forme, comme fait le métal incandescent dans tous les moules où il est versé. Qu'est-ce à dire pratiquement? Que, sous leur influence fidèlement subie, chacune des puissances naturelles s'est plus ou moins déployée, chacune des quatre cordes de la lyre a vibré avec plus ou moins d'ampleur. Ici l'imagination a pris l'essor, et la sensibilité avec elle; ailleurs, sans rester inertes, elles ont cédé à la raison précise et vigoureuse une prépondérance plus marquée.

Donc l'âme d'abord et la parole ensuite ont le devoir rigoureux de se proportionner exactement à l'objet qu'elles entreprennent de me faire voir. La nécessité s'impose et toute preuve serait de trop. Mais les suites sont si vastes, et, si nous ne nous trompons, si belles, qu'il y aura plaisir et profit à nous y arrêter quelque temps.

Tout d'abord voilà qui assure à l'œuvre littéraire cette variété dont quelques esprits semblent parfois trop en peine. Non certes que nous y donnions peu d'importance, mais à quoi bon en faire un précepte spécial? Qu'on nous avertisse de varier notre ton parce que la monotonie endort; à la bonne heure! Mais le plus simple et le meilleur ne serait-il point de nous dire : suivez la nature des choses; sentez et rendez fidèlement chacune à mesure qu'elle se présente, et vous éviterez la monotonie sans avoir besoin d'y prendre garde; la variété des objets fera d'elle-même celle du discours.

Toutefois cette proportion de la parole aux objets fait plus encore. Elle achève *le naturel* déjà commencé par l'équilibre des facultés de l'auteur, le naturel, agrément victorieux de la parole, le naturel qui est excellemment puissance et ordre, puissance parce qu'il atteint à la mesure vraie des choses, ordre parce qu'il ne la dépasse point.

II

Le naturel, vrai des choses et de l'âme. — Ses nuances diverses. — Le naturel chez l'auteur, double équation : — de l'expression avec l'impression, — de l'impression avec l'objet, — par l'intelligence, l'imagination et la sensibilité.

Qu'est-ce en effet que le naturel? Le vrai, le vrai des choses et en même temps le vrai de l'âme qui me les montre. Je vois les choses telles qu'elles sont, je les vois au vrai ; mais il n'en est ainsi que parce que l'âme qu'elles ont traversée pour venir à moi est bien aussi telle qu'elle doit être, c'est-à-dire dans le vrai de la nature humaine. Supposons-la impuissante ou en désordre : le miroir infidèle ne rendra que des images menteuses, ou ternes et vagues, ou grossies et colorées à l'excès. Ainsi le vrai des choses rayonnant dans une peinture exacte accuse infailliblement le vrai de l'âme. Je jouis de l'un par l'autre, et de tous les deux réunis se compose dans l'œuvre littéraire cette qualité exquise, suprême, que j'appelle d'un mot le naturel.

Le naturel est comme une fleur unique à plusieurs nuances et dès lors à plusieurs noms, mais tous gracieux à l'égal des nuances qu'ils distinguent. Nous l'appelons simplicité s'il nous plaît surtout d'exclure l'apprêt, la recherche. Nous disons naïveté quand la simplicité est extrême et jaillit de source comme chez l'enfant. La candeur est simplicité encore, mais c'est la simplicité propre à l'âme ignorante du vice. Joignez-y un parfum de distinction native, la candeur devient l'ingénuité. Bonhomie dit simplicité joyeuse, esprit fin mais bon cœur. A le bien prendre, toutes ces aimables et délicates choses sont la simplicité, et la simplicité est, selon qu'on voudra l'entendre, fille ou mère du naturel. Revenons donc à cette qualité exquise et pénétrons-la de notre mieux : c'est commencer de nous la rendre propre.

Le naturel, chez l'homme qui écrit ou parle, naît d'une double équation : équation de l'impression intime avec les objets, équation de l'expression extérieure avec l'impression intime. Qu'on ne s'étonne pas de ce mot d'équation : nous ne l'empruntons pas aux mathématiciens ; c'est plutôt saint Thomas qui nous le suggère. Quoi qu'il en soit, voir les choses telles qu'elles sont, les montrer telles qu'on les a vues, c'est être naturel.

Or de ces deux équations indispensables, la seconde n'est pas pour nous arrêter longuement. Écrivains, sachons notre langue ; orateurs, sachons en outre la langue de la voix et celle du geste. L'instrument une fois conquis, rien qui nous empêche de traduire et notre âme et les choses ; l'expression va cadrer sans peine avec l'impression.

Le grand point est que l'impression elle-même soit à la mesure réelle des objets ; c'est que nous nous fassions tout d'abord une philosophie complète et pratique, voyant les choses telles qu'elles sont, les estimant ce qu'elles valent, et cela, non-seulement par la raison et, comme on dit, à la fine pointe de l'esprit, mais par toutes les facultés appliquées en concours et en ordre. C'est que nos puissances aient acquis cette facile souplesse et gardé cet équilibre parfait, qui les font vibrer toutes harmonieusement et dans une proportion exacte avec le coup qui les frappe. Ici, comme toujours, à l'intelligence, à la raison, le premier rôle.

La vérité, selon saint Thomas, consiste essentiellement dans l'équation d'un objet et d'une intelligence (1). Mais entre l'intelligence divine et la mienne il y a cette différence, que l'une fait la vérité des objets, tandis que l'autre, la mienne, reçoit sa vérité des objets mêmes. L'intelligence divine précède les objets, au moins dans l'ordre de la cause. Ils existeront s'il plaît au vouloir divin de les appeler à l'existence ; en attendant, ils sont possibles parce que Dieu

---

(1) Saint Thomas : *Quæst. disp.* — Q. I, *de Veritate*, art. 3.

les a conçus. Ils ont le degré de perfection, d'être et par conséquent de vérité, que leur attribue la conception divine. C'est dire que leur vérité consiste à égaler cette conception; c'est dire que cette conception les mesure à la lettre. Au contraire, la mienne se mesure nécessairement sur eux. Venue après eux, ma puissance de concevoir n'a aucune part à la constitution de leur essence. Je suis spectateur et non créateur des choses. Quand mon esprit s'est éveillé à son tour, il a rencontré le monde physique, le monde des âmes, Dieu même et les relations indéfinies qui les unissent. N'ayant rien fait de tout cela et n'y pouvant rien défaire, il n'avait que deux routes à suivre : ou se tromper sur tout cela, ou élever ses conceptions au niveau de tout cela, c'est-à-dire les mettre en équation avec tout cela. Le bon sens rompt ici en visière à l'idéalisme de Kant. Homme, ce n'est pas mon esprit qui donne leur forme aux êtres. Ils l'ont d'ailleurs, et sa gloire à lui c'est de les comprendre, c'est-à-dire de s'y conformer ou, selon la vigueur toute scolastique du mot, de *s'en informer* (1). Gloire réelle, et parce qu'elle me laisse — nous le verrons — une activité magnifique, et parce qu'en mettant ma pensée en équation avec les objets, je la mets par leur intermédiaire en équation avec celle de Dieu même. Je pense d'eux ce qu'il en pense ; passant à travers eux, je me rencontre avec lui dans le vrai.

Mais je cherche *le naturel*, et les objets conçus au vrai ne m'en donnent encore que la moitié. Par là, je pense et je puis parler conformément à leur nature ; je ne puis encore le faire conformément à toute la mienne. Je ne suis pas un esprit pur. L'impression totale, vraiment humaine, qu'il me faudra traduire par la parole, n'est pas achevée dans ma seule intelligence ; elle suppose un mouvement simul-

---

(1) Le mot est d'une vérité frappante. Apprendre une chose c'est *s'en informer*, la savoir, c'est *en être informé*. La philosophie populaire du langage nous rappelle ainsi qu'apprendre ou savoir, c'est donner ou avoir donné à notre esprit la forme propre des objets.

tané de mon imagination et de ma volonté sensible. Pour que l'impression égale les objets, il ne suffit pas que l'esprit y voie clair et en raisonne juste : encore faut-il que l'imagination les saisisse et les fixe sous l'enveloppe sensible la plus transparente et la plus opportune ; encore faut-il surtout que la sensibilité s'en affecte autant qu'ils le méritent ni plus ni moins. A ce compte l'équation est achevée : par tout moi-même, par toute ma nature d'homme, j'ai saisi tout ce que je puis saisir de la nature de l'objet. L'impression intime est exacte ; elle est deux fois naturelle, parce qu'elle est conforme à la nature de l'objet et à la mienne. Si je sais ma langue, l'expression n'a plus qu'à jaillir, elle sera naturelle comme l'impression.

III.

Le manque de naturel, l'originalité fausse. — L'originalité vraie compatible avec le naturel. — L'originalité est inégalité et dissemblance. — Le naturel n'entrave ni l'une ni l'autre.—Unité et diversité dans la beauté physique, intellectuelle, surnaturelle. — Quelle originalité ambitionner dans la pratique ?

Le naturel, c'est la mesure parfaite, *le ni plus ni moins* de tout et en tout. Donc, à parler rigoureusement, on y manque de deux manières, par excès ou par défaut. Toutefois la prétention va si bien avec l'impuissance, les écrivains médiocres semblent tellement jaloux de se distinguer en outre-passant la nature, que, dans la tradition fondée du langage, le manque de naturel devient la note propre de l'excès gauche, de la fausse originalité.

Mais que sera la véritable ? Et comment l'accorder avec le naturel que nous venons de décrire, avec l'obligation de dire le vrai des choses selon la nature vraie de l'âme ? Les choses sont les mêmes pour tous ; au fond, l'âme est chez tous de même nature. Faudra-t-il donc parler tous de même ? A ce compte, que devient l'originalité ?

Dans ce temps de fantaisie souveraine, l'objection n'est

point chimère, et d'ailleurs il importe de voir combien large et magnifique est la liberté que le sens commun nous laisse. Oui certes, avec le naturel, l'originalité nous reste permise; le vrai des choses et le vrai de la nature humaine font obstacle à la déraison capricieuse; ils n'entravent jamais l'esprit, le talent, le génie. Et comment? Il faut l'entendre en peu de mots.

Il y a, si nous y regardons de près, deux éléments qui font l'originalité ou deux originalités qui n'en font qu'une. La première ne met entre les esprits qu'une différence du plus au moins, une inégalité pure et simple. Dieu vous a donné plus de puissance à pénétrer les objets, à saisir les rapports de loin, vite et juste. Voilà qui vous sépare du vulgaire; vous êtes un esprit distingué, c'est déjà dire original. La seconde originalité peut distinguer entre elles des natures également douées. Elle est dans l'ordre de l'intelligence, comme le caractère dans l'ordre de la volonté, un certain tour spécial, une allure propre et habituelle par où se diversifient des âmes que nous supposons toutes d'élite et entre lesquelles on aurait peine à marquer les rangs. Mettez deux excellents peintres en présence d'un même modèle, faites accepter un même thème à deux poètes de valeur; il se peut fort bien qu'en fin de compte vous hésitiez sur le mérite comparé des deux tableaux ou des deux pièces; mais à coup sûr, pièces et tableaux ne seront pas identiques. Originaux déjà par leur supériorité sur le vulgaire, les deux artistes et les deux poètes, en se montrant différents l'un de l'autre, accusent une seconde et plus mystérieuse forme d'originalité.

Mais pourquoi tous deux ne seraient-ils pas naturels? Et quelle forme d'originalité s'accorde mal avec le vrai des choses ou celui de l'homme? Non pas assurément la première des deux, la simple supériorité de puissance. Pénétrer plus avant dans les objets, ce n'est pas mentir à leur nature; tout au contraire, c'est la mieux égaler. D'ailleurs on ne sort pas du vrai de l'humanité pour avoir des facultés plus vives, pour être mieux doué, c'est-à-dire plus homme. Le naturel n'est pas moins commode à l'originalité que l'on pourrait appeler de dissemblance, à la liberté du tour personnel de l'esprit. La vérité des objets n'en est pas nécessairement violée. Les objets sont multiples d'aspect, inépuisables, et dans leurs relations et dans leur être, à notre connaissance finie; les saisir de préférence et d'habitude par un certain côté, ce n'est point nécessairement les voir sous un faux jour. Quant à la nature même de l'homme, quant à cette légitime et invariable unité qui s'appelle d'un si beau nom le sens commun, l'écrivain y déroge-t-il nécessairement par l'originalité de sa manière? Pas plus qu'il ne sort du type physique de l'humanité pour avoir ses traits à lui, sa physionomie tranchée parmi d'autres également fières, nobles et belles.

Et ici comparaison vaut presque raison. Entre les jeux de la sagesse créatrice, qui n'admire cette diversité de type individuel dans un type commun de beauté humaine? Qui s'étonne ou s'embarrasse de voir la même âme, la même vie, rayonner à travers des formes toujours les mêmes et toujours différentes? Qui n'en jouit plutôt? Même diversité et plus admirable dans le monde des esprits; mais là encore le signe de race demeure et c'est plaisir de retrouver, parmi les saillies magnifiques de la nature personnelle, cette vérité large et impérieuse à la fois de l'universelle nature. Un seul spectacle est plus beau, qui achève l'analogie, celui du monde surnaturel, celui de la diversité presque infinie des âmes saintes, images différentes et pourtant fidèles d'un même type qui est Notre-Seigneur Jésus-Christ. La sainteté n'efface pas le caractère; la régularité des traits ne supprime pas la physionomie; le naturel n'étouffe pas l'originalité. On peut être soi et rester homme, et ce n'est pas un vain jeu de mots de dire que le sens commun ne condamne personne à être commun. Il ne faut que se défendre des illusions de l'amour-propre et ne prendre point l'excentricité pour le génie. La sainteté garde aux saints leur caractère : qu'est-ce à dire? elle laisse aux vertus une empreinte bien personnelle, mais elle élimine les défauts. Ainsi fait le naturel : il s'accommode du tour d'esprit de chacun, mais à condition d'en retrancher tout ce qui sortirait du bon sens ; il se retrouve sous les formes littéraires les plus diverses, mais il ne s'y retrouve jamais qu'avec la vérité des choses, transparaissant à travers une âme restée fidèle à la vérité du type humain.

En pratique, n'ambitionnons pas d'avoir un tour d'esprit particulièrement original, et, si Dieu nous l'a donné, craignons de nous y complaire. Ce serait le compromettre, à peu près comme on compromet sa modestie le jour où l'on vient à se dire : « Je suis modeste. » Mais travaillons bien plutôt à développer dans l'ordre la première des deux originalités, la pure et simple supériorité de puissance. Efforçons-nous de concevoir plus profondément, d'imaginer plus sensiblement, de sentir plus exactement ce qui s'offre à l'esprit, à l'imagination, à la sensibilité de tout le monde. Ainsi penserons-nous, ainsi dirons-nous mieux que personne ce que tout le monde dit mal pour ne l'avoir pensé qu'à demi. Plus fidèles que personne à recevoir l'empreinte, la forme des choses, en retour nous ne pouvons manquer d'y imprimer la nôtre. Comment? Les modifierons-nous en elles-mêmes? Non, certes ; mais notre parole accusera tout ensemble et leur nature exacte, et les traits communs de la belle âme humaine, et ce cachet distinctif, ce tour personnel, d'autant plus agréable qu'on le sent moins cherché. Dans les larges et généreuses limites du sens commun, nous aurons l'esprit, le talent, et, s'il plaît à Dieu, le génie, mais encore notre esprit, notre talent, notre génie bien à nous.

IV

Esprit, talent, génie. — Deux ordres de faits et d'impressions : l'un grandiose, l'autre familier. — Esprit : originalité dans l'ordre familier. — Talent, génie : originalité plutôt dans l'ordre grandiose.

Esprit, talent, génie : analysons en passant ces trois noms de l'originalité véritable (1).

Dans les objets que la parole doit rendre au naturel, dans cet ensemble infini de relations qui unissent Dieu, l'homme, le monde, deux grands ordres se détachent, séparés moins par une démarcation rigoureuse que par une distinction morale d'ailleurs très nette au bon sens et très riche en conséquences littéraires. Au premier appartiennent les objets de plus haute importance, les intérêts plus élevés, les événements plus grands qui remuent toute l'âme et amènent à la surface les grandes passions habituellement assoupies dans ses profondeurs. Là se rapportent plus directement les vérités générales et supérieures, les grandes pensées, les sentiments nobles et forts, naturel élément de l'éloquence, de l'histoire, de la haute poésie. Les conceptions s'y élèvent avec les objets et le style avec les conceptions. L'esprit est chose trop légère pour habiter ces hauteurs. Elles sont le lieu préféré, mais non réservé, du talent et du génie.

Au-dessous est la région des impressions familières qui nous effleurent plus qu'elles ne nous ébranlent, ne mettant guère en saillie que les petits défauts du caractère et ce

---

(1) L'usage qui les distingue est assez moderne. Au dix-septième siècle, par exemple, esprit se prenait pour talent. Après une représentation d'*Esther*, Louis XIV disait à Madame de Sévigné : « Racine a bien de l'esprit. » (Madame de Sévigné à Madame de Grignan, 21 février, 1689.) — Quant au génie, on s'en servait pour distinguer le talent natif, et on l'attribuait assez libéralement à tout le monde. Talent était moins employé. Par-dessus tout, on ne s'avisait pas encore de voir dans le talent et le génie deux puissances d'ordre différent.

qu'il est permis d'appeler les petites vertus. C'est l'atmosphère commune et relativement paisible où se joue d'ordinaire notre activité quotidienne. C'est le milieu propre de l'observation fine, sensée, parfois joyeuse, autant vaut dire, de l'esprit.

Qu'est-ce que l'esprit? Rien autre chose que l'originalité de bon aloi aux prises avec ces réalités familières, le bon sens vif et alerte se jouant parmi les objets de l'ordre inférieur, y marquant des rapports qui échappent au vulgaire; piquant par la justesse et l'imprévu de ses découvertes; fin s'il parle surtout à l'intelligence et lui donne à penser; gracieux si la finesse est enveloppée d'une image aimable; délicat, si elle-même sert d'enveloppe au sentiment. L'esprit n'a jamais manqué de panégyristes ni de censeurs. Nous n'avons, pour nous, qu'un mot à lui dire. Nous lui rappellerons qu'il est originalité véritable et qu'il doit se tenir dans le naturel. Chose évidente mais qui est pour donner à réfléchir à bien des gens. L'esprit a peur de l'affectation, de l'apprêt, de la recherche, il est spontané ou il n'est pas. Joubert a bien dit : « Les véritables bons mots surprennent autant ceux qui les disent que ceux qui les écoutent. Ils naissent en nous malgré nous ou du moins sans notre participation comme tout ce qui est inspiré. » Malheureux donc ceux qui sont forcés d'être spirituels à l'heure dite, aussi bien Voiture berné, — lisez tancé, — pour n'avoir pas diverti la duchesse de Longueville « dans le temps qu'on lui a donné pour cela, » que tel journaliste en qui l'on voit

L'homme de vanité pleurant dans le bouffon (1).

Originalité vraie, l'esprit n'est pas la bizarrerie du langage. « Que dites-vous? Comment! Je n'y suis pas. Vous plairait-il de recommencer?... » — Mais qui ne sait par cœur le passage de La Bruyère? — Originalité vraie, l'esprit

(1) L. Veuillot : *Satires*.

exploite plutôt le ridicule que le risible, les traits de la vie morale, les singularités de l'amour-propre, de préférence à ces rencontres fortuites, à ces chocs étranges d'idées et d'événements où le caractère n'a point de part. S'il montre le faible de l'homme, ce ne doit pas être non plus à travers une âme méchante ou basse. Qui connaît un peu son Voltaire, par exemple, sent combien le grand moqueur eût été plus spirituel, avec l'aigreur et l'indécence en moins. Mais n'abordons point prématurément les relations de l'art et de la morale. Qu'il nous suffise d'avoir, en passant, mis l'esprit à sa vraie place d'honneur, fort au-dessous du génie, au-dessous même du talent si peu que le talent s'élève, mais en étroite alliance avec le bon sens dont il est la fleur aimable, et en identité réelle avec l'originalité dont il est la forme inférieure et le nom propre quand elle s'enferme dans les objets familiers.

A vrai dire, le talent n'est point exclu de cette sphère plus basse; le génie même peut la traverser quelquefois, témoin Molière. Mais, en fin de compte et dans la noble acception que les deux mots ont prise, on les rapporte plus volontiers à cette originalité plus fière qui va au profond des choses et atteint la vie morale par les grands côtés. Génie, nom de la puissance ou de la facilité native, devenu par usage la plus haute expression de la force intellectuelle acquise et innée. Talent, métaphore toute religieuse, et même divine. C'est le plateau de la balance, la balance même, puis le poids fixe d'or et d'argent qui fait la grande unité monétaire. Un jour, Notre-Seigneur Jésus-Christ en personne le consacre, dans la parabole des *Talents*, comme symbole de tous les dons que Dieu nous mesure pour les faire valoir, et le sens divin passe en tradition dans notre langue, mais légèrement restreint aux dons de l'esprit. Ceux qu'on honore de ce mot ou qui s'en parent songent trop peu à la leçon qu'il renferme: il les avertit de leur responsabilité.

Ici talent et génie sont donc l'originalité véritable appli-

·quée de préférence aux grandes choses. Qu'il soit d'ailleurs entendu que nous les prenons dans toute l'ampleur possible unissant de part et d'autre le germe originel et le développement acquis.

Mais faut-il nous figurer deux puissances de nature diverse ou deux degrés d'une puissance identique? Du génie au talent y a-t-il différence d'espèce ou différence du plus au moins? Depuis un siècle, la première opinion est plutôt de mise, mais nous hésitons fort à la partager (1).

(1) Sans nous attarder à une discussion assez dépourvue d'utilité pratique, nous dirons vite et simplement pourquoi elle ne nous convainc pas. Avant tout c'est qu'elle est nouvelle. Le bon sens n'a-t-il point quelque peine à entendre que ni l'antiquité ni le dix-septième siècle, par exemple, parmi tant de profondes analyses de l'homme, n'aient pas soupçonné une distinction capitale et qui devait frapper les yeux? Mais encore, après cette découverte tardive, comment demeure-t-on si partagé d'avis quand il faut décider si tel homme supérieur fut un génie ou seulement un grand talent? Nous comprenons le partage dans une question de degré; nous voyons moins la difficulté à discerner un objet d'un autre. Qui ne distingue d'abord un lyrique d'un satirique, par exemple, ou, si l'on veut, une intelligence profonde d'une belle imagination? — Raisons extrinsèques, sans doute, mais capables peut-être d'embarrasser quelque peu les partisans sérieux de la différence d'espèce. Aussi bien, voici le grand embarras. Où la mettre, cette différence? Dans les facultés qui composent la parole? Mais talent ou génie, je vois toujours une intelligence, une imagination, une volonté, une sensibilité agissant en concours et en ordre. — Dans l'objet où la parole s'exerce? — Mais talent ou génie, Dieu, l'homme, le monde, leurs relations sont pour tous l'unique et commun spectacle. — Dans la façon dont les facultés atteignent leur objet? — Mais talent ou génie, l'homme n'a jamais, pour la conquête de la lumière, qu'une intuition étroite et une déduction plus ou moins prompte s'accompagnant d'imagination et de sensibilité. — Dans ce tour personnel qui fait l'originalité de dissemblance? — Mais il ne saurait être en soi spécifique du génie, puisqu'il distingue entre eux, comme une sorte de physionomie intellectuelle, et les génies eux-mêmes et ces esprits de moindre vol où l'on s'accorde à ne reconnaître que des talents. On dit — et c'est la raison unique — le génie est créateur. Soit, mais entendons bien cette hyperbole, trop ambitieuse si on la prenait à la lettre. Dieu seul crée; l'homme *trouve* et c'est toute sa gloire. Le génie découvre des rapports, il ne les établit pas; il leur donne la notoriété, il ne leur donne point l'existence. Or le talent fait moins bien la même chose, mais il fait la même chose ou il ne fait rien. A coup sûr, il est puissance intellectuelle, et le moyen d'imaginer la puissance intellectuelle sans une découverte de rapports, sans ce résultat, le seul où elle tend par nature? A parler juste, le génie n'est pas créateur, il est inventeur. Le talent l'est moins que lui, mais il l'est comme lui, ou nous avons peine à nous figurer ce qu'il peut être. Voilà pourquoi nous ne pouvons

Aussi bien de quelque façon qu'on l'entende, rien à changer aux conséquences pratiques. Divers ou simplement inégaux, le talent et le génie participent aux honneurs de l'originalité véritable et tombent sous la même loi, loi du naturel, de l'exacte proportion avec la vérité des choses et de l'homme. Comme l'esprit pique, chatouille et flatte, il leur appartient plutôt à eux de frapper et d'ébranler puissamment. A eux la profondeur, l'éclat superbe, les élans pathétiques. Ils peuvent nous étonner par la force, entendez surtout par l'imprévu dans la grandeur; la hardiesse ne leur messied pas; le sublime lui-même les invite, à moins qu'on ne le veuille réserver au seul génie (1). Le sublime, dont l'apparition nous fait, comme a dit Lacordaire, « une sorte de violence abrupte et courte (2), » mais délicieuse aussi, car s'il nous tire de notre état ordinaire, peut-être serait-il plus vrai de dire qu'il nous replace tout à coup dans notre état naturel, devant un idéal dont nous sommes capables pourvu qu'un plus fort nous tende la main pour y monter.

nous résoudre à les concevoir comme deux puissances de nature différente, et, jusqu'à preuve plus décisive du contraire, nous demandons la permission de ne voir dans le génie qu'un superlatif moralement appréciable du talent.

(1) Comme le génie nous semble être le suprême du talent, ainsi ne pouvons-nous voir dans le sublime qu'un superlatif moralement appréciable du grand et du beau. De part et d'autre, les raisons sont les mêmes, et il est facile au lecteur d'appliquer ici tout ce que nous disions dans la note précédente. Mais encore une fois cette question nous tient peu à cœur.

(2) « Tout à coup et comme par hasard, les cheveux se dressent, la respiration devient étroite, la peau se contracte et un glaive froid va jusqu'à l'âme... C'est le sublime qui est apparu. Mais ce n'est qu'une apparition, et c'est pourquoi il nous tire de notre état naturel, nous faisant une sorte de violence abrupte et courte. » (37ᵉ Conférence.)

V

Triomphe de l'originalité vraie : élever les âmes à son niveau. — Pouvoir assimilant du vrai, du beau et du bien. — Mission providentielle du talent.

Voilà bien en effet la plus haute fonction, le meilleur triomphe de l'originalité véritable : élever le commun des âmes, sinon jusqu'au sublime, du moins au-dessus de la région moyenne où elles se tiendraient sans son appel. Est-ce faiblesse native, manque de développement, indolence ou pusillanimité d'esprit ? Nous portons en nous nombre de lueurs confuses, de notions inachevées ; nous entrevoyons mille objets, nous ébauchons mille rapprochements, d'ailleurs incapables par nous-mêmes de saisir ces formes vagues, de les tirer du fond obscur où elles flottent, de les amener à la surface et de les fixer dans la lumière. C'est l'expérience continuelle. Mais vienne l'esprit, le talent ou le génie, vienne la parole originale et naturelle, la parole qui nous montre au vrai les choses rayonnant à travers une âme supérieure mais semblable à la nôtre : que se passe-t-il le plus souvent ? Recevons-nous l'aumône d'une vérité nouvelle, étrangère, venue tout entière du dehors ? Il y a mieux. Il semble que cette vérité fut captive au fond de nous-mêmes et qu'à l'appel de l'esprit supérieur elle s'en dégage pour monter au jour. C'est bien de nous qu'elle jaillit ; nous n'apprenons pas à la connaître, nous la reconnaissons. « C'est cela ! » disons-nous, et rien n'est significatif comme ce cri spontané dont nous saluons la notion lumineuse, le rapport piquant ou profond, le trait ingénieux, fort ou sublime. « C'est cela ! » Donc j'en portais en moi la forme confuse, l'ébauche et la lueur ; je la retrouve, mais transfigurée. « C'est cela ! » Tout à l'heure j'étais incapable d'achever ma pensée par moi-même, d'égaler par mon seul effort l'objet pressenti, mais fuyant. Et maintenant c'est fait : ma pensée s'est achevée tout à coup, au contact, j'allais dire au choc, d'une pensée plus puissante. A travers une intelligence amie, mon esprit est entré soudain en équation avec l'objet. Je me suis donc élevé. En me faisant lire en moi, en m'avertissant de moi, selon le mot profond de Montaigne, la pensée originale m'a fait, sans effort ni secousse, monter à sa propre hauteur. Et maintenant, en jouissant d'elle et de ce qu'elle m'a montré, je jouis de moi-même, car je retrouve en moi-même le germe de la vérité conquise et la preuve d'une force que je ne me connaissais pas.

« La vérité, dit Fontenelle, entre si naturellement dans l'esprit que, quand on l'apprend pour la première fois, il semble qu'on s'en souvienne. » D'autres, de vrais maîtres, ont rendu bien mieux encore l'action et la gloire de la véritable originalité. Le grand Condé commentait avec enthousiasme ce passage de Longin. « Tout ce qui est véritablement sublime — il pouvait dire tout ce qui est véritablement original — a cela de propre, quand on l'écoute, qu'il élève l'âme et lui fait concevoir une plus haute opinion d'elle-même, la remplissant de joie et de je ne sais quel noble orgueil, comme si c'était elle qui eût produit les choses qu'elle vient simplement d'entendre (1). »

Le rhéteur grec touchait ici à une vérité plus haute encore.

C'est le privilége du vrai, du beau, du bien, de s'assimiler, de transformer en eux-mêmes tout esprit qui les approche. La vérité des objets, égalée par notre intelligence, la rend vraie elle-même, suivant la profonde doctrine de saint Thomas. Le beau nous embellit à la lettre, en imposant à notre âme des pensées plus hautes, et quelquefois à notre corps lui-même une plus digne attitude. Winckelmann avouait que, devant l'Apollon du Belvédère, il prenait sans

---

(1) Longin : *Traité du Sublime,* chap. v, traduction de Boileau.

y songer une pose noble. La grandeur morale vivement exprimée nous fait pour ainsi dire vibrer à son unisson. Qu'elle nous apparaisse au théâtre, dans un livre ou dans les réalités vivantes, en sa présence « nous nous sentons meilleurs, » et ce mot, que l'abus seul peut rendre banal, est pour une œuvre littéraire le plus enviable des éloges. Rien d'étrange que la loi se vérifie dans le monde surnaturel comme dans celui de la nature. Contempler la gloire divine, même à travers l'humanité de Notre-Seigneur Jésus-Christ comme à travers un voile lumineux, c'est selon saint Paul, nous transformer de fait à sa ressemblance (1). Voir Dieu face à face dans le ciel et lui devenir semblable sont deux choses qui s'appellent et se tiennent sans pouvoir se séparer (2). Ainsi, comme la lumière illumine et comme le feu embrase, le vrai, le beau, le bien tendent par nature à transfigurer en eux-mêmes tout ce qui vient à leur contact immédiat. C'est la loi au ciel et sur la terre, qu'il s'agisse de les voir surnaturellement dans leur centre unique ou naturellement dans leurs innombrables reflets.

Et voilà précisément le ministère de l'originalité supérieure : élever la foule au vrai, au beau, au bien, en lui en donnant une plus claire vue. Voilà sa fonction, sa magistrature ici-bas. Voilà son charme, sa gloire et déjà sa récompense. Pascal l'a merveilleusement dit dans sa langue rude : « Quand un discours naturel peint une passion ou un effet, on trouve en soi-même la vérité de ce qu'on entend, laquelle on ne savait pas qu'elle y fût ; en sorte qu'on est porté à aimer celui qui nous la fait sentir ; car il ne nous fait pas montre de son bien, mais du nôtre ; et ainsi ce bienfait nous le rend aimable, outre que cette

---

(1) *Nos vero, revelatâ facie gloriam Domini speculantes, in eamdem imaginem transformamur.* (II Cor. III, 18.) — Voir Cornelius a Lapide sur ce passage.

(2) *Scimus quoniam, cum apparuerit, similes ei erimus, quoniam videbimus eum sicuti est.* (Joan. III, 2.)

communauté d'intelligence que nous avons avec lui incline nécessairement le cœur à l'aimer (1). »

L'orgueil est donc mauvais conseiller du génie, quand il lui présente comme préférables la vaine satisfaction d'éblouir, ou la joie d'une contemplation solitaire. Nettement raconte que Victor Hugo répondait aux observations respectueuses d'un ami — c'était à propos des *Burgraves :* — « J'ai voulu faire quelque chose que vous-même ne pourriez pas comprendre; je vois que j'ai réussi. » Selon Hégel, « satisfait de la profondeur de son idée, l'artiste s'inquiète peu du public qui doit se pourvoir lui-même, se mettre l'esprit à la torture et se tirer d'affaire comme il lui plaît et comme il peut (2). » En vérité, voilà bien mal entendre et l'intérêt de sa propre gloire et le plan de Dieu même. Non, Dieu n'a pas créé le talent, le génie, « ces belles lumières d'esprit, » comme dit Bossuet, pour l'amusement égoïste et superbe de ceux qu'il en décore. Pas plus que l'opulence, il ne les a donnés à quelques-uns pour en éblouir et en insulter le vulgaire. Dans l'ordre de l'intelligence comme de la fortune, il a fait le riche pour le pauvre. Le *talent* est responsable, son nom même le lui rappelle. La parole originale a une mission, qui est de se faire populaire et accessible en se conservant naturelle, d'élever la foule au vrai des choses et de la nature humaine; en le lui offrant à travers une âme puissante et bien ordonnée. Concevoir autrement le génie même, c'est l'idolâtrer peut-être, mais à coup sûr c'est l'avilir.

---

(1) Pascal : *Pensées*, édition Havet, art. 7, 26.
(2) Cité par Ch. Lévêque *Le Rire dans l'esprit et dans l'art.* (*Revue des Deux-Mondes*, t. XLVII, p. 112, 1ᵉʳ septembre 1863.)

CHAPITRE IV

Conditions de l'ordre. — La fin dernière. — Morale et littérature.

I

Nouvelle condition d'ordre, *la fin dernière*. — Si c'est le lieu d'en parler. — Théorie de l'art indépendant. — Différence entre l'art et la morale mais relations nécessaires.

Les deux lois développées jusqu'à présent ne sortent pas d'une esthétique élémentaire. Mettre dans la parole toutes les facultés ensemble : condition nécessaire de la puissance où l'on doit viser. Garder en même temps leur hiérarchie essentielle, et cela fait, ménager encore leur part d'action d'après les objets variés où la parole s'applique : affaire de sagesse et de rectitude, chose indiquée par la nature même. Ainsi, joignant l'ordre à la puissance, la parole atteint à sa légitime beauté.

Mais voici venir une règle d'un autre ordre, une règle supérieure, qui prétend, elle aussi, au gouvernement de la parole humaine. Cette règle, c'est la morale, ou plutôt nommons-la sans détour et de son vrai nom, c'est la fin dernière, hors de laquelle toute morale n'est que rêve ; la fin dernière, mesure nécessaire de toute activité intelligente et de la parole par conséquent ; la fin dernière qui est, en soi, Dieu poursuivi et atteint par tout l'effort de notre liberté.

Or parmi ceux-là même qui la reconnaissent et prétendent y ordonner leur vie, il n'est pas impossible que son nom, ainsi introduit dans une théorie de la parole littéraire, éveille quelque surprise, peut-être même — qui sait? — un peu d'ombrage ou d'humeur. On est si généralement déshabitué de mettre la fin dernière à sa place ; on oublie si volontiers que cette place est partout ! En matière d'art plus qu'en toute autre, on incline si facilement à traiter la morale en étrangère, tout au plus en souveraine constitutionnelle qui règne et ne gouverne pas ! Eh bien ! non ; la morale ne peut s'en tenir à ce rôle purement honorifique. C'est une souveraine très regardante et très agissante, fort maternelle au demeurant. En littérature comme partout ailleurs, elle gouverne pour le plus grand bien des gouvernés ; mais elle gouverne, et nous serions trop incomplets de ne point lui faire sa place, son trône. Aussi bien n'avons-nous qu'un goût médiocre pour cette façon de simplifier les questions, qui consisterait à les découronner, voire même à les décapiter.

L'art, l'art de la parole, a-t-il donc des relations avec la morale? Les maîtres païens eussent rougi de poser la question. Aujourd'hui on le fait bravement, et bon nombre se prononcent pour la négative. L'art est séparé, indépendant. Il ne relève que de lui-même, n'est responsable que devant lui-même. Artistes, cherchons le beau pour le beau, cultivons l'art pour l'art, gardons-nous de rapporter à une fin supérieure ce qui est à soi-même sa fin.

Contons, mais contons bien ; c'est le point principal (1).

Critiques, jugeons de l'art en lui-même et pour lui-même. Que parle-t-on de tableaux licencieux, de musique amollissante, de littérature corruptrice? L'œuvre est-elle réussie, est-elle artistique? Tout est là.

Qu'ainsi raisonnent les tenants de la morale séparée,

(1) La Fontaine.

ce n'est pas merveille, et d'ailleurs cela ne tire pas à conséquence. Peu importe que l'art se dérobe à cette morale qui n'est rien. Ce qu'il y a d'étrange et de douloureux, c'est la faiblesse de certains spiritualistes à revendiquer dans l'espèce les droits de la fin dernière ; par-dessus tout, c'est la condescendance, disons mieux, le relâchement de quelques chrétiens notoires. Le matérialiste est logique s'il va criant : « L'art pour l'art ! » Le spiritualiste éclectique, M. Cousin, par exemple, ou M. Charles Lévêque, nous étonne peu dans ses timidités. C'est le châtiment du naturalisme de soutenir mal la morale naturelle. Un chrétien nous surprend et nous afflige quand il écrit par exemple : « Si l'art ne justifie pas tout, au moins est-il vrai qu'il relève et qu'il ennoblit tout (1). » Quoi, même le vice ! même l'impudeur !

Non certes, qu'on affirme ou qu'on insinue, on n'a jamais droit de mettre ainsi l'art hors de page. Assurément l'art n'est point la morale, et Quintilien, qui examine si la rhétorique est une vertu, fait sagement de conclure d'une façon négative. La morale est la science du bien pratique, la règle des actes libres par rapport à la fin dernière ; l'art, un système de moyens pour traduire en formes sensibles le beau immatériel. Il y a différence entre les objets immédiats et spécifiques ; il y aura différence entre la morale et l'art.

Mais différence n'est point séparation ; si l'on nous permet un semblant de jeu de mots, différence n'est point indifférence. Ni l'art ne peut décliner l'autorité de la morale, ni la morale s'arrêter à la frontière de l'art. L'hypothèse est absurde par quelque endroit qu'on la veuille envisager. Veut-on descendre au concret, au pratique ? Autre n'est pas la conscience de l'artiste, autre celle de l'homme. Laissons au libéralisme à outrance cette distinction désespérée. L'homme répondra des actes du politique et des œuvres de l'artiste : c'est le bon sens. Veut-on remonter aux principes,

---

(1) M. de Sacy : *Rapport sur le progrès des lettres*, 1868.

à la théorie ? Assurément la morale touche à tout, comme la fin dernière, comme le domaine de Dieu, comme l'ordre essentiel nécessairement voulu de Dieu. S'imagine-t-on Dieu dispensant de cet ordre une série quelconque d'objets ou d'actes, c'est-à-dire Dieu manquant à l'essence des choses et dérogeant au sens commun ? Se figure-t-on l'activité libre de l'homme affranchie sur un point spécial de l'obligation de poursuivre sa fin dernière ? En particulier, se figure-t-on la parole, c'est-à-dire le commerce des âmes entre elles et leur action réciproque, échappant à Dieu, à son contrôle et à son domaine, pour peu qu'elle s'élève à la sphère de l'art ? Absurdités palpables. Dès que paraît l'acte libre, le rapport à la fin dernière se montre et la responsabilité avec ce rapport. La morale est la main même de Dieu, cette main qu'Homère appelait si justement *inévitable ;* il n'est rien où elle n'atteigne, elle ne s'arrête qu'où finit la liberté ; elle atteint donc, et elle atteint sans pouvoir lâcher prise, cette belle part de l'activité humaine qui est l'art de la parole. Dieu l'a voulu, cet art, Dieu l'a créé comme tout le reste ; impossible d'ailleurs qu'il l'ait voulu et créé pour autre chose que pour la fin de toutes choses. Ne dites pas que la parole est indépendante ; ne dites pas, l'art pour l'art : c'est dire que l'art est Dieu.

Nous excuserons-nous de tant d'insistance ? Non vraiment. Si manifeste que soit le principe, nous sommes prompts à l'oublier dans la pratique de nos jugements et il fait bon le remettre en pleine évidence. D'ailleurs l'évidence même a son danger. Content de l'apercevoir, on la salue et l'on passe outre, estimant superflu de l'envisager longuement. Ainsi lui arrive-t-il de ne point nous pénétrer à l'égal de ces vérités que la discussion enfonce dans l'âme comme un glaive. Sachons donc regarder l'évidence en face et n'estimons point perdu le temps que nous donnons à nous laisser investir et, pour ainsi dire, imprégner de sa lumière.

Deux mots résument les relations qui nous occupent :

subordination de l'art à la morale ; accord et parfois même compénétration des lois morales et des lois artistiques. L'art est soumis à l'intérêt de la fin dernière, et en ce point la soumission ne va pas seulement à l'empêcher de nuire : il faut qu'il serve ; la force des choses lui en fait une glorieuse nécessité. Mais sa subordination n'est ni un esclavage ni même une gêne. En dépit de tous les sophismes, elle ne le prive d'aucune beauté vraie. Au contraire, elle le maintient dans la voie du beau, et il est plus d'un cas où la loi morale, en même temps qu'elle s'impose à lui comme une règle supérieure, se confond avec lui jusqu'à devenir directement et immédiatement règle artistique. Autant de points à établir.

II

Subordination de l'art à la morale. — Hypothèse d'un conflit. — Elle est chimérique. — Accord réel du beau et du bien. — Métaphysique et expérience. — Preuves de détail. — Différence entre l'effet et le beau. — Objections : l'œuvre immorale et belle tout ensemble ; le talent uni au vice. — En certains cas, la loi artistique et la loi morale ne font qu'un. — Divers exemples.

Avant tout, n'imaginons pas entre l'art et la morale une manière de concordat ou de compromis fondé sur des concessions réciproques. Ici la diplomatie n'a que faire. La morale est reine ou elle n'est rien. La loi essentielle n'intervient que pour commander et non pour obéir ou pour traiter de puissance à puissance avec la liberté humaine. On ne la peut concevoir que s'imposant comme règle, c'est-à-dire comme mesure supérieure qui gouverne et juge tout. La morale représente immédiatement la fin dernière, et, comme la fin dernière domine et mesure toutes choses, ainsi doit faire la morale. Admettez le contraire ; supposez-la fléchissant devant les exigences artistiques, ou entrant en composition avec elles ; il faut, pour rendre l'hypothèse possible, admettre que la fin de l'art est supérieure ou égale à la fin de la morale, c'est-à-dire à la fin suprême de l'homme et de toute créature. En un mot, l'art est un moyen, et comme tel il relève de la fin dernière, de l'ordre essentiel ; il y est à tout jamais subordonné.

Mais on prend frayeur des conséquences. Que faire en cas de conflit? Que faire si l'artiste est mis en demeure de choisir entre le beau et le bien, entre l'art et la morale? — La réponse est simple. Que faire quand un intérêt moindre s'oppose à l'intérêt suprême, quand il y a lieu de choisir entre l'agrément et le devoir? Périssent en ce cas toutes les beautés de la parole littéraire ! Périsse l'art qu'il faudrait payer d'un sacrifice d'honneur ou de décence! Qui admet une morale n'a plus droit d'hésiter. Dieu nous garde, quant à nous, du stérile plaisir d'étonner par l'affirmation hautaine et de répondre à l'objection par la bravade! Mais en vérité nos esprits vivent dans une telle atmosphère d'inconséquence molle et de sceptique nonchaloir, qu'il leur est bon de sentir quelquefois toute la rigueur des principes, comme à un membre engourdi de sentir le froid de l'acier.

Voilà pourquoi nous devions accepter pour un moment l'hypothèse d'un conflit entre l'art et la morale, et dès lors il n'y avait qu'une conclusion. Mais, grâce à Dieu, l'hypothèse est pure chimère. Et qui n'en sent d'abord la répugnance? Le vrai, le beau et le bien sont les attributs essentiels de l'être ; le moyen de les supposer jamais en lutte? Dieu, l'être par excellence, est par là même le vrai, le beau, le bien suprême : comment ces qualités, identiques dans leur source, pourraient-elles se combattre quelque part?

Voilà une métaphysique fort simple et fort assurée. Consultons d'ailleurs l'expérience, le fait humain universel. Le beau est si étroitement lié au bien par destination originelle, que toujours il en emprunte au moins l'apparence. Il lui en faut les traits ou le masque ; autrement qui l'acceptera lui-même, qui en pourra jouir? Le démagogue est contraint de se faire pur, vertueux, incorruptible ; le romancier du dévergondage plaide l'affranchissement de l'homme et sa dignité ; le succès est à ce prix. C'est que, pour trouver la parole belle, nous avons besoin de nous la figurer bonne, juste, morale. L'illusion suffira sans doute, mais dans l'illusion même il y aura un hommage à la nécessité de nature, comme il y a dans l'hypocrisie un hommage à la vertu.

Regardons-y de plus près. Où peuvent être les beautés littéraires dont la morale exigerait le sacrifice ? ou, ce qui revient au même, quel élément contraire à la morale peut être ou produire par lui-même une beauté ?

Envisageons l'influence exercée sur les facultés humaines. La parole peut rompre leur équilibre, violer leur naturelle hiérarchie ; voilà compromettre la morale et la combattre au moins indirectement. Veut-on que la beauté puisse être dans cette violation de la constitution essentielle de l'homme ? Résultat étrange ! On irait donc au beau en allant contre la nature ? Non, ce n'est pas au beau qu'on arrive ainsi, c'est à l'extraordinaire, c'est à l'effet. Mais comment raisonner de l'art, si l'on ne commence par distinguer l'effet du beau ?

L'effet, c'est tout ce qui étonne, frappe, saisit à tort ou à raison, comme portant la marque d'une puissance quelconque. Le beau saisit et élève la nature raisonnable parce qu'il procède de la puissance ordonnée. Distinction élémentaire, mais facile à perdre de vue même dans les siècles de vie sérieuse. La Bruyère n'a-t-il pas dit de ses contemporains : « Montrez-leur un feu grégeois qui les surprenne ou un éclair qui les éblouisse : ils vous quittent du bon et du beau (1). »

Regardons maintenant les objets mêmes et les impressions que la parole nous présente. Qu'y va réprouver la morale ? Tout d'abord le sensualisme, et, à vrai dire, c'est bien avant tout pour lui que l'on plaide au nom de la

---

(1) La Bruyère : *Des Ouvrages de l'esprit*.

beauté. Mais ici, même confusion que tout à l'heure. Certes, il faut l'avouer à la honte de la nature déchue, le sensualisme est de grand effet ; mais les plus effrontés paradoxes ne le feront jamais accepter comme beau. La matière n'est belle que par l'esprit et le sensualisme noie l'esprit dans la matière comme un flambeau dans la boue. Non, ce n'est jamais la beauté qu'il faut sacrifier à la pudeur.

La parole peut encore inquiéter la morale en rendant contagieuses d'autres impressions moins immédiatement corruptrices mais toujours désordonnées, mépris, haine, vengeance et tout ce qui tient plutôt à l'orgueil. Nous dirons ailleurs comment traiter sans péril et même avec profit les vices de l'âme; qu'il nous suffise pour le moment d'établir le principe. Dans toute passion désordonnée il y a deux éléments : une puissance et un abus, de même que dans toute erreur il y a des vérités que l'on détourne. Or, de même que la vérité, la puissance garde toujours un reste de sa beauté originelle ; mais de part et d'autre l'abus n'est jamais beau en soi-même ; c'est peu dire, il décolore d'autant la puissance et la vérité. Qu'il y ait donc une part de beauté réelle dans la vive peinture des passions, c'est chose évidente et nécessaire ; mais cette beauté ne vient pas de leur désordre ; mais cette beauté n'est complète en son genre et ne satisfait pleinement qu'à la condition de profiter en définitive à l'impression de grandeur morale, comme font les ombres aux parties lumineuses d'un tableau.

Et voilà tout ensemble de quoi répondre à l'objection courante. Si la morale, dit-on, marchait toujours d'accord avec l'art, l'œuvre mauvaise ne saurait être belle ; or le contraire est un fait. On trouve l'éloquence dans des discours incendiaires, la grande poésie dans des pièces d'ailleurs condamnables, la puissance et l'intérêt dans des drames ou des romans licencieux.

Écartons encore une fois la confusion vulgaire de l'effet

et du beau ; c'est d'un seul coup renvoyer hors de cause la plupart de nos adversaires. Aux autres nous ferons observer que le faux et le mal absolus sont une pure chimère et le néant même. Une œuvre est fausse et mauvaise à tout le moins quand l'erreur et le vice y dominent ; mais qui la concevrait vicieuse et erronée dans tous ses éléments sans exception ? Si coupable qu'on se la figure, elle n'est possible qu'à la condition de contenir, dans une mesure plus ou moins large, le vrai, le bien, et par là même le beau ; chaos d'ombre et de lumière, amas de nobles ruines et de débris sans forme et sans nom. On entend bien alors que l'œuvre est belle par ces vestiges de vérité et de vertu, mais qu'elle a perdu de sa beauté possible dans la proportion rigoureuse du faux et du mal qui la déshonorent. Le vrai, le bien, même diminués, même offusqués par ce voisinage, même employés contre leur nature à servir le vice et le mensonge, gardent toujours, au contact de facultés puissantes, le privilége de nous ravir. Aussi l'œuvre que j'ai droit d'appeler mauvaise peut être belle par le vrai et le bien qu'elle garde encore et malgré le faux et le mal qui, d'eux-mêmes, ne vont qu'à l'enlaidir.

D'ailleurs point d'étonnement ni de scandale si l'on voit le talent marcher séparé de la vertu. Dieu, qui fait lever son soleil sur les bons et sur les méchants, a départi de même aux uns et aux autres avec une souveraine indifférence, disons mieux, avec un magnifique dédain, et le talent et même « cette petite flamme qu'on nomme le génie (1). » Il y aura donc des scélérats de grand esprit et des saints d'esprit médiocre, tout comme il y a des scélérats de mine fière ou gracieuse et des saints de chétif extérieur. Mais si l'abus du talent ne le tue pas du premier coup, doutera-t-on qu'il l'amoindrisse et qu'il tende à le détruire ? N'est-ce pas de l'histoire, de l'histoire universelle et surtout contempo-

(1) Lacordaire.

raine? Voyez nos poètes, par exemple. Mais encore si l'on veut juger à l'œuvre l'influence du vice ou de la vertu sur le talent naturel, il faut, en bonne justice, raisonner dans l'hypothèse de deux natures égales et également cultivées. Laquelle saura mettre dans ses œuvres la puissance et l'ordre dont l'union fait le beau? Celle où l'habitude vertueuse conserve les facultés dans leur intégrité native et leur équilibre essentiel? Celle dont le vice a usé les puissances ou tout au moins déconcerté l'harmonie? « Supposons l'impossible, disait Quintilien, supposons une égale mesure de talent, d'étude, de savoir dans un homme de bien et dans un méchant homme; qui des deux vaudra mieux comme orateur? Évidemment celui qui vaudra mieux comme homme (1). »

C'est que, entre la règle morale et la règle artistique, il n'y a pas seulement un réel accord, mais, dans bien des cas, une réelle compénétration. La règle morale ne domine pas seulement la règle artistique à titre de principe étranger et supérieur; elle ne la fortifie pas seulement comme une puissance amie; en mainte circonstance elle devient elle-même loi de l'art, en sorte que la conquête du beau est au même prix que la fidélité au bien. Nous en avons déjà vu plus d'un exemple, et il ne faut que nous souvenir.

Que veut tout d'abord la saine littérature? Le respect de la hiérarchie des facultés. Mais la morale nous y oblige, elle aussi, au moins indirectement, à titre de précaution et d'hygiène habituelle de l'âme.

Que faut-il pour être naturel? Recevoir des objets une impression exacte. Mais pour cela même, force nous est de dominer et l'égoïsme qui appesantit l'âme jusqu'à l'empêcher de sentir, et la mobilité excessive, l'impres-

---

(1) « *Demus, id quod nullo modo fieri potest, idem ingenii, studii, doctrinæ, pessimo atque optimo viro. Uter melior dicetur orator? Nimirum qui homo quoque melior.* » (Quintilien : *Inst. Orat.* XII, 1.)

sionnabilité qui ferait sentir outre mesure. C'est de l'art, mais c'est aussi de la vertu.

Et après l'impression exacte, qui garantira l'expression fidèle? Le désintéressement, le sacrifice de la gloriole toujours prompte à outrer pour éblouir. Art et morale nous le prescrivent tout d'une voix.

Enfin quel que soit l'objet, la parole a toujours le devoir de maintenir l'excellence de l'esprit et son empire sur la matière ; il lui faut être spiritualiste, c'est-à-dire n'user du sensible que pour le service de l'esprit. Qui le veut? Le bon sens et la dignité même de notre espèce. Mais ce bon sens est art et morale tout ensemble, et la même règle de dignité gouverne à la fois tous les modes de l'action humaine.

Telle est l'étroite liaison de la loi morale et de la loi littéraire. Ce sont deux fleurs poussées sur la même tige; elles sortent l'une et l'autre des profondeurs de la nature humaine et par là des profondeurs mêmes de Dieu. Encore n'est-ce pas trop dire? Ne faudrait-il pas supposer à une seule et même fleur deux aspects, deux nuances et deux parfums? Ainsi rien n'est incohérent dans l'œuvre divine. Pour en partager le bénéfice, il faut l'accepter tout entière, et c'est en matière d'art la plus grande erreur possible que de prétendre aller au beau par le mépris du bien.

III

L'art doit à la morale un concours direct ou indirect, mais positif. — Pas de milieu pratique entre nuire et servir, directement ou indirectement. — Preuve tirée des impressions communiquées. — Objection. — Preuve tirée de l'action exercée sur les facultés.

Nous avons vu la loi morale d'accord avec la loi artistique, parfois même s'identifiant avec elle. Revenons un moment à l'idée de subordination.

Est-elle purement négative ? Ne va-t-elle qu'à obliger l'art de n'offenser point la morale ? Ne lui impose-t-elle pas en outre le devoir de la servir ?

Pour le bon sens chrétien ou simplement spiritualiste, la réponse ne fait pas doute. L'art est fin dernière ou moyen ; et comment imaginer pour lui, comment imaginer pour chose au monde une situation mitoyenne entre ces deux termes ? S'il est fin dernière, il échappe à toute subordination négative ou positive, il est Dieu. S'il est moyen, la condition du moyen est de servir, et l'art ne pourra pas s'y soustraire. Encore une fois, Dieu l'a voulu, Dieu l'a créé. Il n'a pu le créer nuisible ; veut-on qu'il l'ait créé inutile, inutile au dessein unique, étranger au plan général de la création ? Nous l'avons dit : poser la question, c'est la résoudre.

Qu'on y prenne garde, au reste : ce n'est pas là un *a priori* téméraire et qui ait chance de soutenir mal l'épreuve des applications. Il suit inévitablement de l'existence et de la notion même de la morale. Contestez-le : la morale disparaît, avec l'idée d'une fin dernière et unique où tout concourt et se rapporte, alors qu'elle-même ne se rapporte à rien de supérieur. Dussions-nous trouver quelque embarras de détail, fût-il difficile de voir tout d'abord de quelle manière et dans quelle mesure telle ou telle œuvre d'art peut servir positivement la morale ; que prouverait l'embarras, la difficulté ? Ce que prouve contre un principe nécessaire l'objection demeurée sans réponse : notre faiblesse et rien de plus.

Mais l'embarras est-il sérieux, la difficulté réelle ? Nous osons croire que non. Le bon sens est en possession du principe : commençons de descendre au détail.

Nous demandions plus haut si, devant la morale, l'art ne se pourrait pas contenter d'une neutralité respectueuse. La question en appelle une autre : cette neutralité est-elle possible ? Nous ne le pensons pas. L'œuvre d'art, mais surtout, pour nous tenir à notre objet, la parole littéraire, sera toujours, de soi, plus ou moins directement et immédiatement utile ou nuisible à l'élévation de l'âme, en accord ou en opposition avec l'intérêt de la fin dernière, morale ou immorale dans son influence. Il se peut que cette proposition étonne; mettons-la donc dans tout son jour.

Il est hors de doute que l'écrivain a manqué le but, qui n'a point produit une action sur l'âme du lecteur. Si jamais pareille disgrâce lui est advenue, on a dit justement que son œuvre était insignifiante, avortée, nulle. Il n'a pas même été sifflé,

> Non pas même sifflé : ce fut la chute morne
> De l'ennuyeux parfait devant l'ennui sans borne (1).

Tant il est vrai que le moins où puisse prétendre l'écrivain, c'est d'agir sur l'âme, d'y exercer dans un sens ou dans un autre des mouvements tout d'abord indélibérés, qui sont les impressions premières, mais qui tendent à devenir délibérés, parce qu'ils sollicitent nécessairement la volonté de les admettre et de s'y laisser conduire.

L'action de l'auteur aboutit donc en dernière analyse à produire dans mon âme, par le moyen des impressions qu'elle y jette, des mouvements volontaires, délibérés, libres. Je lis votre roman, votre tragédie, votre discours, votre satire. Je traverse sous votre conduite les sentiments les plus divers : amour, haine, pitié, admiration, terreur, intérêt, gaieté, que sais-je? Et ces sentiments ne s'arrêtent pas à la partie inférieure de mon âme ; ils s'efforcent de se faire admettre par ma libre volonté et de l'entraîner à leur suite. C'est évident.

Mais vous qui en êtes cause, vous en êtes donc aussi responsable. Et si aucun mouvement de ma libre volonté n'est indifférent à ma valeur morale, si tous mes actes, à les considérer individuellement et dans leur réalité pratique, ont une relation nécessaire avec ma fin suprême,

---

(1) L. Veuillot : *Satires*.

c'est-à-dire avec la loi de ma vie, comment seraient étrangères à cette fin, à cette loi, comment seraient indifférentes à la morale les impressions par où mes actes ont commencé? Mes déterminations ne vous seront-elles pas, dans cette hypothèse, imputées pour votre part, comme elles le doivent être à qui les a provoquées, conseillées, autorisées?

Or l'hypothèse est véritable. La saine philosophie n'admet point qu'un acte délibéré se dérobe pratiquement à la responsabilité morale. Toute détermination librement posée en fait est bonne ou mauvaise sans milieu possible. Donc me provoquer par l'impression à une détermination quelconque, c'est me provoquer sans milieu possible ou au bien ou au mal. Agir sur mon âme, c'est agir en bien ou en mal : alternative rigoureuse à laquelle tous les prétextes d'art, toutes les considérations d'esthétique ne nous peuvent soustraire.

Mais la parole, dira-t-on, peut n'apporter à l'âme que des objets indifférents par eux-mêmes. Si le lecteur part de là pour arriver à des mouvements intérieurs bons ou mauvais, c'est affaire à lui; le bien ou le mal sortent de ses dispositions personnelles et de sa libre volonté; ils n'étaient point, même en germe, dans ce conte badin, par exemple, dans cette description anodine, dans ce jeu d'esprit où ma plume s'est abandonnée. Honni soit qui mal y pense! Au fond il n'y avait là ni bien ni mal.

Si vraiment, il y avait l'un ou l'autre. Sans doute l'influence morale, la bonne surtout, est moins immédiate et partant moins saisissable dans les œuvres légères et qui semblent de pur divertissement; mais elle y est possible encore, mais elle s'y trouve dès que la mauvaise n'y est pas, et dès lors elle doit s'y trouver toujours. Entendons-le.

Si légère que fût l'œuvre, elle n'apportait pas seulement à mon esprit des objets peut-être indifférents par eux-mêmes ; elle m'apportait en outre des impressions toutes faites, armées de toute la puissance communicative, séduisante, contagieuse, que peut y mettre le talent. Or, que ces impressions n'aient aucune portée morale directe ou indirecte, immédiate ou médiate, voilà qui nous paraît inadmissible.

Mais enfin — et volontiers nous réduirions là toute la question — supposez l'objet de la parole indifférent, ce qui est fort possible, supposez même indifférentes, ce qui l'est moins, les impressions que la parole respire et veut transmettre; il reste au moins ceci. Elle met en action toutes nos puissances. Respecte-t-elle, en le faisant, leur ordre essentiel ou va-t-elle à le rompre? C'est l'un ou l'autre assurément. Si elle le rompt, elle dessert indirectement la morale; si elle le respecte, si elle provoque toutes nos facultés à un exercice normal et légitime, en augmentant ainsi leur perfection native, elle sert la morale d'une façon indirecte mais réelle, et c'est assez pour nous.

IV

Divers détails. — La parole a trois moyens pour servir la morale : la leçon, — la thèse, — l'impression. — Par l'impression au moins on peut toujours servir la morale. — Dernière obligation pratique de l'écrivain : élever l'âme par l'admiration, — ou l'épurer par le bon sens. — Vraie situation de l'écrivain par rapport à la loi.

Comme il arrive à toute doctrine vraie, celle-ci va toujours s'éclaircissant et se confirmant à mesure qu'on descend au détail, au pratique. Des théoriciens spiritualistes ont nié que l'art, que la parole littéraire doive à la morale un concours positif (1). Nous voulons croire qu'ils se

---

(1) Dans sa huitième leçon sur le Vrai, le Beau et le Bien, Cousin se montre singulièrement préoccupé d'assurer à l'art cette neutralité respectueuse que nous repoussons. Volontiers nous dirions avec le philosophe éclectique : « L'art produit le perfectionnement de l'âme, mais il le produit indirectement. » Nous hésiterions à contre-signer ces autres

seraient épargné cette erreur, s'ils avaient pris garde à toutes les ressources dont la parole dispose pour accomplir sa noble tâche. Ils semblent, quant à eux, ne rien voir en ce genre en dehors de la leçon ou exhortation directe, et ils ont raison d'estimer que la littérature ne saurait prêcher toujours. Prenons une idée plus complète des puissances que l'art peut mettre au service de la morale. Ce sera du même coup achever d'établir le principe. En voyant que, sous une forme ou sous une autre, la parole peut partout servir au bien, nous entendrons mieux qu'elle y est partout obligée.

Or elle a, pour élever les âmes, trois moyens de valeur inégale : la leçon, la thèse, l'impression.

La leçon ou prédication directe du bien est à coup sûr

---

paroles : « L'artiste... se confie à la vertu de la beauté ; il la fortifie de toute sa puissance, de tout le charme de l'idéal ; c'est à elle ensuite de faire son œuvre ; l'artiste a fait la sienne, quand il a procuré à quelques âmes d'élite ou répandu dans la foule le sentiment exquis de la beauté. » Mais comment admettre et par où justifier ce qui suit ? « L'art... est à son tour un pouvoir indépendant. Il ne relève que de lui-même, il s'associe naturellement à tout ce qui agrandit l'âme, mais il n'est pas plus au service de la morale et de la religion, que la religion et la morale ne sont au service de la politique. Non, le bien, le saint, le beau, ne servent qu'à eux-mêmes. Il faut comprendre et aimer la morale pour la morale, la religion pour la religion, l'art pour l'art. » — Étranges paroles et vraiment tristes, car à les prendre en rigueur, elles font de l'art une idole. Pourquoi tant craindre de le voir au service de la morale, de la fin dernière, de Dieu ? — La même crainte se montre, moins accusée, mais visible encore, chez un autre philosophe de mérite, M. Charles Lévêque : « Faire de l'art l'auxiliaire de la morale et seulement cela, ce serait réduire de beaucoup son domaine. » Et pourquoi, je vous prie ? Car enfin, si l'on entend d'une façon juste et large le rôle d'auxiliaire que l'on prétend faire à l'art, rien n'échappe à son domaine de ce qui peut élever et perfectionner l'âme, rien de ce qui est grand et beau. Or, il est manifeste que l'auteur ne revendique pas autre chose. — « Parmi les œuvres d'art, poursuit-il, celles-là seules intéressent directement la morale et la peuvent efficacement servir qui représentent des actes de vertu et de dévouement. » (*La Science du Beau*, 3e partie, chap. I.) D'où il conclut que l'art négligera, pour satisfaire à nos théories, et la beauté purement intellectuelle, et la beauté purement sensible, et les beautés physiques. Sans nous attarder aux détails, observons que les actes de vertu et de dévouement, représentés par l'artiste, sont peut-être les seules œuvres d'art qui intéressent directement la morale, mais non pas certes les seules qui la puissent efficacement servir.

le plus haut emploi de la parole. Mais rien ne vaut hors de sa place et la leçon directe ne trouve point sa place partout. Ajoutons que la leçon directe effarouche trop souvent. Hélas ! ni l'amour-propre n'aime à se sentir régenté, ni les chères faiblesses de l'âme à se voir trop franchement poursuivies. Un jour Saint-Amant, le joyeux bohème, s'étonna d'être à demi converti par la lecture de l'*Imitation de Jésus-Christ* dans la traduction de Corneille. Il écrivit au traducteur des stances remarquables à plus d'un égard, mais où il inséra ce malencontreux conseil :

> Empiette sur la chaire et trompant le demon
> Fay qu'en la comedie on trouve le sermon.

Corneille ne se laissa pas guider par cette ferveur de néophyte, et bien lui en prit (1). Non, ce n'est point là le rôle que nous prétendons imposer à l'art. Qu'il prêche, qu'il enseigne, mais à son heure et selon le besoin. Partout ailleurs, il peut encore servir la morale, et, plus efficacement peut-être, sans se poser en pédagogue et sans montrer la férule.

Par exemple, en dehors de toute leçon proprement dite, de toute excitation directe à la vertu, l'écrivain agit encore sur l'âme par les vérités générales qui ressortent de l'ensemble et constituent *la thèse* de l'ouvrage. Vérités que le fabuliste énonce et souligne, — c'est la moralité de l'apologue ; — mais que le conteur, le romancier, le dramaturge

---

(1) Chose étrange, il était réservé au dix-huitième siècle d'ériger le théâtre en chaire. Alors

> La muse de Sophocle en robe doctorale
> Sur des tréteaux sanglants professe la morale.

Alors voici venir la comédie philosophique et larmoyante, le drame à intentions et à théories, où l'auteur

> Passe en dépit du goût du plaisant au bouffon,
> Et marie une farce avec un long sermon.
> (GILBERT: *Le dix-huitième siècle*.)

Triste époque où le théâtre prêche, alors que la chaire n'ose plus prêcher !

restent maîtres d'exprimer ou d'insinuer en les abandonnant à la logique de chacun. La thèse *du Cid* se lit dans la pièce même :

> L'amour n'est qu'un plaisir, l'honneur est un devoir.

Celle d'*Andromaque* est sous-entendue ; mais Pyrrhus, Hermione, Oreste, nous disent assez haut, par leurs souffrances morales, que les passions font autant de victimes que d'esclaves. Le fatalisme des mêmes passions est la regrettable conclusion que nous emportons de *Phèdre*, et *Athalie* nous apprend qu'on ne prévaut point contre Dieu. Or ces vérités nous sont plus frappantes que si elles se déployaient devant nous par manière d'enseignement abstrait ou d'exhortation, avec la prétention de s'imposer au nom d'un maître. Et pourquoi ? Tout d'abord parce que nous les trouvons dans le spectacle de la vie, mais encore, et surtout peut-être, parce qu'on nous laisse le plaisir de les trouver nous-mêmes. De là l'efficacité d'une thèse pure et saine ; de là le prestige et la séduction funeste des théories antisociales et immorales dont s'est inspirée, depuis cinquante ans, la littérature d'imagination.

Que l'écrivain ne prêche donc pas hors de propos, mais que son œuvre nous offre, comme une facile conquête, des conclusions morales élevées et fortifiantes. Est-ce à dire qu'il doive plier visiblement le récit ou le drame à une thèse arrêtée d'avance ? Non certes ; mettez dans l'esprit de vos lecteurs le soupçon d'une préméditation de ce genre : ils auront de vous plus de défiance que du prêcheur déclaré et du moraliste de profession. Exigerons-nous même une *thèse* de toute composition littéraire, pour décharger la conscience de l'écrivain ? A vrai dire, il semble difficile de concevoir une composition, si simple soit-elle, d'où ne ressortirait aucune conclusion logique. Et pourtant, le cas admis, nous estimerions encore l'œuvre utile, si l'impression du moins était dans le sens de l'honnête et du bon.

Voilà bien en effet le dernier moyen d'action dont peut disposer la parole; voilà le véritable secret de sa puissance: l'impression. Ainsi appelons-nous ce qui reste, non dans l'esprit, mais dans l'imagination et la sensibilité, alors que le livre se ferme ou que la toile se baisse. C'est l'état, quelquefois vague, de l'âme où flottent encore toutes les images, tous les sentiments éveillés à tour de rôle par le spectacle ou la lecture. Mais à travers cette confusion du premier moment, une disposition générale se démêle et se détache, effet des tableaux contemplés et des émotions reçues, bien plus que des pensées et des théories, sorte de contagion de l'atmosphère morale qui emplit l'œuvre tout entière.

Assurément l'impression est distincte de la thèse, le résultat moral est autre chose que la conclusion logique; et ce qui prouve la distinction, c'est qu'il y a parfois opposition. Non que vous puissiez concevoir une thèse immorale alliée à une impression saine, — pareille alliance répugne à première vue, — mais le contraire est chose trop commune; trop souvent l'effet d'une thèse vraiment morale est contre-balancé par celui d'une impression moins pure. Au commencement de la Régence, parut la première édition furtive des *Mémoires du cardinal de Retz*. Interrogé par le duc d'Orléans sur l'effet possible de ce livre, le marquis d'Argenson, alors lieutenant de police, répondit, au témoignage de son fils : « Aucun qui doive vous inquiéter, Monseigneur. La façon dont le cardinal de Retz parle de lui-même, la franchise avec laquelle il découvre son caractère, avoue ses fautes, nous instruit du mauvais succès qu'ont eu ses démarches imprudentes, n'encouragera personne à l'imiter. Au contraire, ses malheurs sont une leçon pour les brouillons et les étourdis (1). » Un peu plus tard, l'honnête et paisible Brossette écrivait : « Ce livre me rend ligueur, frondeur, et presque séditieux

---

(1) *Mémoires et Journal inédit du marquis d'Argenson.*

par contagion. » Contradiction facilement explicable. D'Argenson s'arrêtait à *la thèse*; Brossette parlait d'après *l'impression*, et c'est au premier que l'événement devait donner tort. On a justement remarqué que dans le Festin de Pierre, Molière a multiplié pour qui sait lire les enseignements utiles. Que de choses pouvons-nous apprendre de don Juan ! Progrès effrayants de la corruption, menant par degrés à la perte de la sincérité, de l'honneur, des derniers vestiges de la saine nature, contagion du vice né pour infecter tout ce qui l'entoure, aveuglement qui va vite à une sorte d'impossibilité morale du repentir, le Ciel même s'armant contre le coupable et un miracle de colère finissant cette longue orgie; tout cela est à merveille. Mais ne nous y fions pas. Tandis que l'élite recueillera quelques insinuations salutaires, la foule ne s'amusera-t-elle pas de ce fanfaron de vices, beau, spirituel et brave, brave contre l'enfer même, observe Michelet, et il ajoute : « L'enfer a beau l'engloutir, il n'est pas humilié. Donc nul effet moral (1). »

Et d'ailleurs combien la meilleure thèse est faible auprès de l'impression, combien languissantes les froides conclusions de l'esprit auprès des émotions de la sensibilité! C'est la grande misère de notre nature, et l'art s'en fait ici le complice. Émouvoir est son triomphe, c'est où il emploie tous les artifices du récit, toute la magie du style. Que seront, au prix de ce constant effort exercé sur l'âme, les quelques principes et les quelques déductions logiques semés çà et là dans l'ouvrage? Que sera la conclusion dernière? Où ira l'homme, où ira la volonté, quand tout le cœur sera d'un côté et la seule intelligence de l'autre? Madame de Staël s'avance jusqu'à déclarer que les événements, d'où naît ordinairement la thèse, ne font rien à la moralité vraie du livre ou du drame. Demander si un ouvrage est moral, c'est demander « si l'impression qu'on

(1) *Histoire de France*, t. XII, chap. v.

en reçoit est favorable au perfectionnement de l'âme. Les événements ne sont de rien à cet égard dans une fiction. On sait si bien qu'ils dépendent de la volonté de l'auteur, qu'ils ne peuvent réveiller la conscience de personne : la moralité d'un roman consiste donc dans les sentiments qu'il inspire (1). »

Ainsi des trois modes d'action par où l'écrivain peut servir efficacement le bien des âmes, le premier, *la prédication directe*, sera d'un plus rare usage. Au second, à *la thèse*, nous accorderons volontiers un rôle plus continu, plus large. Quant au troisième, à *l'impression*, nous y voyons la suprême puissance de l'artiste, celle dont le légitime emploi suppléerait, au besoin, tout le reste, au lieu que rien ne la peut suppléer elle-même ; celle qui, bien ou mal gouvernée, fait en dernière analyse les bons ou les mauvais ouvrages ; celle dont il sera surtout demandé compte par Dieu et par tout lecteur dont le suffrage vaut quelque chose.

Et comme, à peine de nullité littéraire, il faut qu'une impression se dégage de l'œuvre quelle qu'elle soit ; comme cette impression agit toujours, au moins indirectement, pour ou contre la valeur de l'âme ; l'écrivain ne peut, en fait, se dérober à cette alternative : ou combattre la morale ou la servir. Ne songeât-il qu'à la respecter, nous croyons pouvoir l'avertir qu'il la servirait encore sans en avoir l'intention ni le mérite. Qu'il prenne plutôt conscience de tout son rôle, et n'en méconnaisse point la grandeur !

Quant au dernier mot de ses obligations pratiques, le voici, selon nous.

Dans le précédent chapitre, nous distinguions les deux ordres d'objets et d'impressions qui se partagent la vie humaine, l'un plus familier, l'autre plus grandiose ; l'un où se joue l'esprit, l'autre où habitent plus volontiers le talent et le génie.

---

(1) *De l'Allemagne*, 2ᵉ partie, chap. XXVIII.

Eh bien! à qui se tient de préférence dans cette région supérieure, nous dirons : « Élevez-nous au contact de la grandeur morale. » A celui qui préfère analyser en se jouant les phénomènes plus communs de l'âme et de la vie, nous dirons : « Épurez nos esprits en les faisant vivre dans la saine et lumineuse atmosphère du bon sens pratique. » Voilà le dernier mot de la loi.

Orateur, historien, montrez, sans pose ni prétention, la grandeur morale en vous-même; faites sentir une âme qui convie la nôtre à monter. Mais en même temps, que vos tableaux, que vos récits développent en nous, dans la mesure du possible, l'admiration, qui est entre toutes nos affections la plus saine et la plus généreuse. Là même où les réalités historiques nous condamnent à n'admirer plus, n'oubliez pas de conserver présentes à nos regards la règle violée, la vertu oubliée, la Providence vengeresse. Que le beau moral ne descende jamais au-dessous de l'horizon, le laissant envahir tout entier par la laideur et le vice. Poète, poète épique, tragique ou lyrique, usez de votre liberté plus grande; oubliez, pour nous les faire oublier à nous-mêmes, les réalités mesquines qui désenchantent et décolorent la vie. Emportez-nous vers l'idéal, non l'idéal confus et fuyant du rêve, mais l'idéal précis, resplendissant et vigoureux de la vérité morale, de la force morale. Nous l'avons dit déjà, le propre de cette lumière supérieure sera de nous transfigurer en elle-même, d'éclairer comme d'un trait de feu le fond obscur de notre âme, et de nous y faire voir une grandeur originelle, une générosité que nous ne soupçonnions pas.

Pour vous qui, plus modeste, étudiez l'homme dans sa vie familière, poète comique, moraliste badin, conteur, satirique, fabuliste, à défaut de l'héroïque et du sublime, vous avez pour moyen d'influence morale le bon sens. Votre part est encore belle. Le bon sens n'est pas la vertu, sans doute, mais il lui prépare les voies, et quand elle est entrée dans l'âme, elle n'a pas de meilleur gardien. Entretenez donc en nous le bon sens, chose française par excellence, l'esprit droit, net, précis, pratique, affiné par une observation sans aigreur, spirituel avec bonhomie, profond avec naïveté, relevé par cette vieille gaieté gauloise qui n'avoue pas, quoi qu'on en dise, Rabelais pour son père, et n'a pas besoin, pour être elle-même, de déroger à la pudeur. Soyez, si Dieu vous en a fait capable, un Molière plus chaste, un La Fontaine plus généreux, — je parle du La Fontaine des fables, — un Boileau même, mais un Boileau plus riche d'imagination et de flamme. A ce compte, la morale vous sera reconnaissante. Qui travaille pour le bon sens travaille pour elle; il sert à l'élévation de l'homme; il est en règle avec les plus nobles tendances de la volonté.

Ainsi l'écrivain, l'orateur tel que nous le concevons, n'est ni un historien qui nous amuse, ni un voluptueux d'esprit qui s'amuse lui-même. Nous n'en faisons point davantage ce révélateur, cet hiérophante rêvé par l'orgueil de quelques intéressés. Sa vraie grandeur n'a pas besoin de cette apothéose ridicule. Ce n'est ni une force sans loi, ni un prêtre de la loi; c'est un homme parlant à d'autres hommes selon la nature et la loi, toutes ses puissances déployées, mais contenues dans leur hiérarchie essentielle, mais ajustées au vrai des choses, mais attentives à respecter la fin dernière et s'honorant de la servir. C'est une âme puissante, mais en ordre, qui, en se montrant elle-même, en montrant à travers elle-même les objets de sa pensée, nous mène par le vrai au bien, terme obligé de toute activité libre. Voilà le rôle que lui indique la raison et que Dieu lui impose; nous n'en savons pas qui puisse lui faire plus d'honneur.

CHAPITRE V

De l'absolu en littérature.

I

La littérature est un art certain. — On lui conteste le titre d'art. — Principe de l'objection : combien il est faux. — La littérature est un art. — Le premier des arts. — Pourquoi ?

La littérature, l'art de la parole est un art certain, parce qu'il repose sur des principes absolus. Ce qui précède nous met en droit de revendiquer pour lui ce caractère, et en même temps la revendication même nous semble faite pour éclairer et affermir tout de nouveau les vérités déjà reconnues.

Mais voici une opposition inattendue. Avant d'établir que la littérature est un art sérieux, c'est le titre même d'art qu'il faut lui assurer; car on le lui conteste, ou tout au moins on ne l'accorde qu'à la poésie. « L'éloquence, l'histoire, la philosophie sont assurément, dit Cousin, de hauts emplois de l'intelligence ; elles ont leur dignité, leur éminence que rien ne surpasse, mais à proprement parler, ce ne sont pas des arts (1). » Moins tranchant dans l'assertion, M. Charles Lévêque arrive à se résumer ainsi : « Ne disons donc pas d'une manière rigoureuse, en termes absolus, que l'éloquence est un art. Ce serait bien plutôt un certain art au service d'une science, ou mieux encore,

---

(1) Cousin : *Du Vrai, du Beau et du Bien,* leçon IX.

la science aride et nue se parant des beautés de l'art pour se faire aimer (1). »

Et pourquoi donc ? Par où sont déchues de leurs droits à la gloire artistique les parties de la littérature les plus pratiques et les plus militantes? Les deux philosophes sont d'accord à répondre : c'est qu'elles cherchent et produisent le beau pour une fin différente de lui-même. Nous entendons. Ainsi pour peu que l'art se subordonne à une fin supérieure, il perd aussitôt sa nature ; dès qu'il ne poursuit plus le beau pour le beau même, il cesse d'être art ; c'est le principe. Principe inexact et périlleux. Voyez la conséquence. Dès que le poète lui-même se propose un but pratique, son œuvre n'est plus œuvre d'art. Ainsi des chants de Tyrtée par exemple : ils ont le tort d'être faits pour mener les Spartiates au combat ; ainsi de *la Grève des forgerons* (2) : elle veut affranchir de la tyrannie des coalitions la liberté individuelle de l'ouvrier. Jusqu'ici les résultats du principe ne sont que bizarres. Mais voici chose plus grave. Si l'art s'anéantit dès là qu'il se subordonne, ou il n'y a plus d'art, ou il n'y a plus de morale ; c'est à choisir. Ou il n'y a plus d'art, parce que l'art, nous le savons, doit toujours s'ordonner à la fin dernière ; ou il n'y a plus de morale, parce que, si l'art est exempt de cette subordination

---

(1) *La Science du Beau*, partie 3ᵉ, chap. II. — Formules quelque peu embarrassées et que l'on a peine à concilier avec ce qui suit immédiatement : « Considérons l'homme qui démontre la vérité en allant des principes aux conséquences, et nous allons constater trois points qui sont d'une suprême importance pour la question qui nous occupe. Il va nous devenir évident : 1° que celui qui démontre doit se passer et se passe en effet du beau et de l'art, toutes les fois que la vérité s'établit sans le secours de l'art et du beau ; 2° que toutes les fois que la vérité s'établit sans ce double secours, l'éloquence disparaît et il ne reste plus que la science ; 3° que lorsque ce double secours redevient utile, avec l'art et le beau reparaît l'éloquence. » — Si l'éloquence paraît et disparaît avec l'art et le beau, on s'explique mal pourquoi elle n'aurait pas un droit rigoureux au titre d'art. Y aurait-il injustice à traduire ainsi le texte de l'auteur : l'éloquence n'est pas strictement un art, et toutefois il est strictement vrai que dès qu'elle cesse d'être un art, elle cesse d'être l'éloquence ?

(2) Coppée : *La Grève des forgerons*.

universelle, tout s'y dérobe au même titre. Et voilà où conduit cette étrange prétention de faire du beau une fin suprême et de l'art un Dieu.

Entendons plus justement les choses. L'art est, par essence, l'expression sensible du beau immatériel. Or dès que la parole est littéraire, dès qu'elle jaillit de toutes les facultés agissant en concours et en harmonie, elle est belle, soit de la beauté de son objet, soit au moins de la beauté de l'âme qu'elle exprime, entendez l'âme de l'orateur ou de l'écrivain. Elle manifeste donc le beau, elle est donc œuvre d'art, et celui-là est vrai artiste qui sait y mettre dans une juste mesure la lumière, la couleur et la vie. Platon et Démosthène le sont aussi bien qu'Homère, Tacite et Cicéron tout comme Virgile, Bossuet et Pascal tout comme Corneille et Racine. Dira-t-on qu'en commençant d'être artistes ils commencent d'être poètes, qu'à ce point précis de leurs ouvrages, l'histoire disparaît ou l'éloquence ou la philosophie, pour faire place à la poésie, seule digne du nom d'art? Querelle de mots qui masque une erreur de fond. Gardons plutôt les notions reçues, mais surtout gardons les principes vrais. L'art ne périt pas dès là qu'il se subordonne ; en poursuivant un but immédiatement pratique, la parole littéraire ne s'exclut pas du nombre des beaux-arts.

Chose étrange! elle cesserait de compter parmi eux alors qu'elle les embrasse et les résume tous! L'éloquence ne serait plus un art, alors qu'elle est musique par le rhythme souple des phrases et les flexions passionnées de la voix, danse, peinture et statuaire par le regard et le geste, mais danse expressive, mais peinture et statuaire devenues capables de suivre le vol de l'âme, au lieu que, livrées à elles-mêmes, elles ne peuvent que fixer une de ses attitudes! Il est vrai, nous n'en sommes plus à la fraternité primitive des arts. La parole publique et influente n'est plus mesurée, chantée, dansée comme au temps des premiers sages, aèdes grecs, scaldes du Nord ou bardes gallois. Mais bien que séparée et quelque peu refroidie, l'éloquence garde fort distinctes les traces de cette unité originelle et de cette plénitude de vie expressive que l'on ne s'avisait point de partager.

Éloquence ou histoire, philosophie ou poésie, la parole est artistique dès qu'elle exprime au complet l'âme puissante et ordonnée. Encore n'y aura-t-il ni futilité ni gloriole de métier à marquer sa place parmi les arts, et cette place est la première. La gloire commune de l'art étant de traduire en formes sensibles le beau immatériel, elle grandit à mesure que le beau s'élève et que la forme devient plus parlante; elle serait au comble si l'art pouvait rendre accessible à nos sens la beauté suprême qui est Dieu. Mais c'est chimère. L'art n'atteint Dieu qu'à travers les objets par où Dieu se manifeste, à travers l'âme humaine surtout, dont la vie, transparaissant dans l'action extérieure, est pour nous le moins pâle reflet de la vie de Dieu. Ainsi son chef-d'œuvre propre va être de traduire sous la forme la plus fidèle et la plus vive l'âme humaine, la vie de l'âme. Et s'il faut comparer, la palme va revenir à celui des arts qui rendra le mieux cette ombre de la vie divine, à la parole littéraire par conséquent. Elle est la première, parce qu'elle excelle à traduire l'homme tout entier, soit qu'elle le choisisse, comme il arrive le plus souvent, pour objet préféré de son étude, soit du moins qu'elle exprime, comme il est inévitable, l'âme de l'écrivain même ou de l'orateur. A ce double titre de sujet parlant ou d'objet de la parole, c'est par les lettres seules que l'homme est pénétré jusqu'au fond et suivi jusqu'au bout. Voilà leur droit à la préséance; vérité facile, banale même, où nous n'insisterons pas.

II

Caractère absolu des grands principes littéraires. — Étrange frayeur qu'inspire aujourd'hui l'absolu. — Elle est déraisonnable et périlleuse. — Vérité absolue de nos principes. — Jusqu'où nous admettons l'autorité. — Rôle et importance des théoriciens en littérature.

Il faudra nous arrêter davantage à un point de plus grande conséquence. La littérature, avons-nous dit, est un art certain. Si tout n'y prête pas à une démonstration rigoureuse, les premières lois, du moins, ne laissent place ni à la contradiction ni même au doute. Ce sont vérités indépendantes du temps et des circonstances, vérités permanentes, universelles, en un mot principes absolus.

Mais le mot révolte ou du moins il fait ombrage. Étrange maladie que cette défiance de l'absolu, du certain, de l'immuable. Combien réelle cependant, et là même où l'on devrait le moins la rencontrer! Bien des causes y ont préparé l'âme contemporaine: mobilité confondue avec le progrès, vérité considérée comme en voie de se faire, par-dessus tout influence dissolvante de la discussion sans frein, choc sans trêve des opinions et des systèmes. De là, chez un bon nombre, le désespoir de la vérité ou tout au moins de sa conquête; de là une méfiance chagrine et comme une colère d'instinct contre la doctrine assez sûre d'elle-même pour oser dire: je suis, dans ma sphère, le vrai, le vrai absolu, exclusif de l'assertion contradictoire. Ainsi l'intelligence flotte à tout vent d'opinion; mais le plus triste, le plus surprenant pour qui ne connaîtrait pas l'orgueil, c'est qu'elle y tienne, c'est qu'elle en soit fière, prenant pour liberté le doute et réclamant comme une gloire le droit d'ignorer. S'il est permis d'évoquer un exemple d'ordre supérieur, qui ne se rappelle les frayeurs naïves de certains opposants à la définition de l'infaillibilité pontificale? « Quoi! disait-on, une définition nouvelle, un nouveau dogme à croire! » sans apercevoir que c'était une ignorance en moins. Dans les vérités de nature, là où il ne s'agit plus de croire, mais de savoir et de raisonner, nôtre disposition est bien un peu la même. Nous sommes tous plus ou moins cet écolier paresseux qui, entendant parler d'une découverte en mathématiques, s'écrie: « Hélas! un théorème de plus! » Paresse érigée en système, faiblesse d'esprit et illusion d'orgueil: échappons-nous toujours à cette contagion du siècle, nous-mêmes chez qui la foi sauvegarde le sens commun? Par un renversement bizarre, il semble que la certitude nous humilie, qu'elle nous pèse. Dans l'heureuse nécessité où nous sommes de ne douter pas en religion ni sur les principes de la philosophie, il semble que nous ayons droit au scepticisme dans l'art comme à une compensation et à une revanche. La frayeur de la règle y est bien aussi pour quelque chose. Contrainte ailleurs et resserrée par des devoirs de toute sorte, la fantaisie aurait plaisir à trouver quelque part un terrain neutre où s'égarer.

La force des choses proteste. Le scepticisme est, en matière d'art, aussi peu fondé, aussi peu glorieux qu'en philosophie par exemple. D'ailleurs le sceptique en fait d'art ne peut être assuré dans tout le reste que par une heureuse inconséquence, et si quelquefois une heureuse inconséquence mène les gens à bien, on serait téméraire d'y trop compter. Dieu nous a faits pour trouver et pour savoir, non pour ignorer et pour douter, fût-ce le plus spirituellement du monde. Il y a plus: Dieu a si bien lié toutes les parties de son œuvre, que la vérité, que la certitude est une partout. Ainsi l'objection qui la blesse en un point menace tous les autres, et un esprit réfléchi verra vite que tout ce qu'on oppose aux premiers principes de l'art, de la littérature par exemple, se peut retourner immédiatement contre la loi naturelle.

Car enfin quels sont-ils, ces principes? Nous les avons assez amplement exposés. C'est, dans l'écrivain, c'est, dans l'orateur, le concours de toutes les puissances à la composition de la parole, condition indispensable pour saisir l'homme tout entier. C'est le soin de respecter en soi-même et dans autrui leur hiérarchie de nature. C'est la proportion de la parole à l'objet. C'est la morale, règle universelle et souveraine. Essence de l'homme, nature des choses, fin dernière, c'est-à-dire nécessaire relation des choses et de l'homme à Dieu : voilà nos bases. Tout cela n'est-il pas certain, immuable, absolu?

Qu'on l'entende bien du reste, nous n'admettons comme règle de la parole que ces principes et leurs corollaires manifestes. Tout ce qui tient à ces exigences premières par le lien d'une logique rigoureuse a pour nous force de loi. Le reste est factice, arbitraire ou tout au moins contestable. — Mais l'autorité? dira-t-on. — Elle existe en littérature, elle y a son rôle comme ailleurs mais pas autrement, rôle provisoire plutôt que définitif, indication considérable, jamais infaillibilité. Les jugements d'un grand esprit sont chose grave et il y aurait outrecuidance à les rejeter avant examen. Toutefois l'examen reste un droit et un devoir, et c'est une loi de la Providence que le génie même puisse être jugé et redressé par le bon sens vulgaire. Pour nous, sans sortir de la modestie qui nous convient, nous oserons regretter par exemple que notre grand dix-septième siècle ait poussé jusqu'à une sorte d'idolâtrie le respect des aphorismes littéraires de l'antiquité. Nous ne croyons pas, comme le bon et naïf Corneille, devoir une égale « vénération » à tout ce qu'Aristote « a écrit de la poétique (1). » Mais quand un révolutionnaire de lettres déclare ne connaître point de « géographie précise du monde intellectuel, » quand il proteste n'avoir point vu « de carte routière de l'art avec les frontières du possible et de l'impossible tracées en rouge et en bleu (2), » nous répondons

---

(1) Corneille : *Discours sur la Tragédie*.
(2) Victor Hugo : Préface *des Orientales*.

que ces frontières existent, non pas du gré de Boileau, d'Horace ou d'Aristote, mais de par Dieu comme auteur de la nature; qu'elles ont été reconnues et marquées par les auteurs des premiers chefs-d'œuvre, dessinées enfin avec plus ou moins d'exactitude par les critiques d'après ces puissants explorateurs.

Non, les règles, les véritables règles ne valent point par l'autorité personnelle des législateurs littéraires. Ou plutôt c'est là un titre excessif. Le législateur ne crée pas le droit sans doute, mais en même temps qu'il le définit, il impose ses définitions par un acte de volonté souveraine. Rien de semblable en littérature. Le théoricien, le critique, le précepteur littéraire n'est qu'une intelligence qui constate; encore nous laisse-t-il libres de vérifier. Non, les règles ne sortent point toutes armées du cerveau de quelques Aristarques. Ceux qu'on nomme ainsi n'ont sur nos jugements qu'une autorité de troisième ordre. Au-dessus d'eux nous mettons les modèles, les maîtres, les créateurs; au-dessus des créateurs, l'éternelle nature dont ils sont les plus fidèles interprètes. Et si les théoriciens ont quelque gloire, elle est tout entière dans leur sagacité à dérober aux maîtres le secret de leurs chefs-d'œuvre, à la nature celui de ses exigences. Ils les constatent, ces exigences, ils les développent, ils les *codifient,* mais ils ne les créent pas plus que le législateur ne crée la justice et le droit. Pourquoi ne les en croirions-nous pas eux-mêmes? « Il est bien permis, dit Aristote, de reconnaître — ou de réduire en théorie — les causes du succès que certains orateurs obtiennent, soit par méthode, soit par talent naturel; or cette reconnaissance, tout le monde avouera qu'elle est l'œuvre de l'art (1). » Aux yeux de Cicéron, la rhétorique est une pure et simple observation des procédés qui font l'efficace de la parole. « *Observatio quædam est, ut ipse dixi, earum rerum, quæ in dicendo valent* (2). » Voilà bien

---

(1) *Rhétorique*, I, 1.
(2) *De Oratore*, II, 57.

les règles d'après leurs plus illustres organes, la nature observée, les chefs-d'œuvre analysés et rien de plus. Ainsi l'entendait le père putatif ou réel du romantisme: « Les genres et les règles ne sont point arbitraires, écrivait Chateaubriand, mais ils sont nés de la nature même (1). »

C'est ce qui fait leur valeur, mais encore c'est ce qui fait leur permanence et leur universalité. Les essences ne changent pas, ni par conséquent la nature humaine. Donc toujours et partout, mêmes exigences, mêmes procédés pour y satisfaire, mêmes formules pour traduire ces procédés; donc toujours et partout, mêmes règles. La conséquence est rigoureuse, et avant de laisser venir l'objection de fait, il importe de nous bien affirmer dans la possession du principe, de la vérité, du droit.

III

En droit il n'y a qu'un goût. — Objection de fait. — Son danger. — Sa valeur. — La vraie nature et la fausse.

Or la certitude immuable des vraies lois littéraires appelle comme une conséquence nécessaire, la certitude immuable du goût. Le goût, c'est, dans l'individu, le sens délicat du vrai, du juste, du beau, du touchant: non pas faculté séparée, mais puissance complexe, fleur et fruit de toutes les facultés appliquées en concours et en ordre à juger les choses de l'art. Considéré dans la foule, c'est la direction générale des appréciations portées en matière d'art dans un temps ou un lieu déterminés: goût français, espagnol ou allemand, goût de ce siècle ou de cet autre. Dans ces deux acceptions, le rôle du goût est de juger, de juger en littérature par exemple si l'action de telle parole est puissante et ordonnée. Mais d'après quoi juger? D'après les vraies lois de l'art sans aucun doute, entendez d'après la nature

(1) *Essai sur la littérature anglaise.*

de l'homme et celle des choses. Base certaine; donc les jugements du vrai goût doivent être certains comme elle-même, sans jamais vaciller au gré de l'impression, de la fantaisie, de l'humeur. Base toujours une; donc le goût est nécessairement un, en droit du moins. Que des goûts et des couleurs on ne dispute point, ce peut être charité, courtoisie ou politique, mais rien de plus. Chacun son goût, dit-on. Passe pour le fait; mais l'ériger en droit, mais entendre que chacun est bien fondé à demeurer dans son goût propre, c'est faire acte de scepticisme, c'est nier le vrai en matière d'art ou tout au moins en désespérer. Tous les brillants de l'esprit n'y peuvent rien, non plus que tous les semblants de bonhomie pratique ou d'aimable tolérance. Conclure de la sorte une discussion d'art, c'est humilier trop fort ou la vérité que Dieu a mise au fond de toutes choses, ou la puissance qu'il nous a donnée pour y atteindre; ce n'est ni raisonnable ni fier.

Mais on se récrie; on en appelle au fait. Comment parler de règles fixes, de goût certain et immuable? Ou les règles et le goût ne reposent pas en définitive sur la nature de l'homme et des choses, ou cette nature même flotte et varie sans fin. Autrement pourquoi le goût changerait-il avec les nationalités par exemple? La tragédie de Racine est-elle le drame de Calderon ou de Lope? « Vérité en deçà des Pyrénées, erreur au delà. » Pourquoi le goût changerait-il avec les époques? Ce même Racine fut adoré au dix-septième siècle comme le dieu du théâtre, et, dans le premier feu du romantisme, ne l'a-t-on pas entendu traiter de *polisson?* Mobilité, retours, révolutions, c'est l'histoire du goût comme de toutes les choses humaines. Comment l'accorder avec des théories de certitude invariable, d'immuable stabilité?

Voilà bien l'objection partout répandue. Objection qui va loin, sophisme à tout faire, et commode à l'encontre de toute vérité. Mille sectes se partagent le monde; donc point de religion vraie, ou, s'il en est une. qui la discernera? —

Les opinions politiques sont une Babel ; donc point de vérité politique. — Les hommes varient et se divisent même sur les obligations réputées de loi naturelle ; donc point de loi naturelle certaine ou certainement reconnaissable. — On se partage sur les questions artistiques ; donc rien d'absolu dans l'art. — Non que nous prétendions établir entre ces divers ordres d'objets une parité rigoureuse. Qu'il nous suffise de retrouver partout le même argument, partout s'élevant contre la certitude, partout se prévalant contre elle des bizarreries, des variations, des inconséquences de l'homme. Ce qu'on oppose à l'unité de droit en matière de goût artistique, de goût littéraire, Montaigne, Pascal, tous les sceptiques de système ou d'humeur l'ont opposé, avec plus ou moins de finesse et d'ironie, à toutes les vérités de sens commun et de nature. Ce rapprochement n'est que pour nous mettre en défiance. La certitude artistique n'a-t-elle pas un même fondement avec toutes les autres ? Ce qui vaudrait contre elle ne vaudrait-il pas contre toutes les autres ? Qui l'ébranle n'ébranle-t-il pas logiquement toutes les autres ? Voilà de quoi réfléchir.

Et maintenant regardons l'objection en face. Elle ne s'en prend pas à la doctrine même, à la vérité du principe ou à la rigueur des conclusions ; elle articule un fait et nous met en demeure de l'expliquer. Eh bien ! n'estimons pas superflu de le redire : qu'arriverait-il, si nous étions impuissants à fournir l'explication demandée, si les fluctuations et les contradictions littéraires nous demeuraient une énigme ? La doctrine en serait-elle compromise ? Nullement. C'est chose de sens commun qu'à l'encontre d'une vérité manifeste par elle-même, l'objection insoluble prouve notre faiblesse ni plus ni moins.

Mais l'explication n'est que trop facile. Tout d'abord l'évidence littéraire qui s'impose au sens droit réside surtout dans les lois premières, dans les principes et leurs suites plus immédiates. Un principe, si lumineux qu'on le suppose, n'éclaire point du premier coup jusqu'à ses plus lointaines conséquences. Dans le long circuit de déductions où nous engage la nature de notre esprit, les objets pâlissent à mesure que l'on s'éloigne de la lumière centrale. Il devient facile de s'égarer; dès lors, quelle merveille qu'on se sépare? Ainsi de bons esprits peuvent ne point tomber d'accord sur une question de détail. Mais alors même, si la vérité est moins évidente, moins impérieuse, en conclura-t-on qu'elle n'existe pas et qu'un plus heureux effort d'attention et de logique n'eût pas dissipé le nuage?

Mais on se divise sur les principes mêmes, et s'ils sont écrits dans la nature de l'homme, comment la nature ne fait-elle pas l'unité?

C'est qu'il y a dans l'homme comme deux natures en lutte perpétuelle. L'une se compose de tous les instincts vrais, droits et nobles, de tous les traits légitimes qui rappellent le premier dessein du Créateur et rendent aux yeux quelque chose de son image. Essentiellement faite pour le vrai, le beau et le bien, elle est *la nature* véritable, seule digne de ce nom, parce qu'elle répond seule au type éternel de l'homme. Par là même elle est infaillible ; à toute question de son domaine elle répond par la note exacte de la vérité. Aussi la saine philosophie voit-elle dans son témoignage une garantie, un *criterium*. Évidemment cette nature-là est une, comme le type qu'elle reproduit et comme le vrai où elle adhère; assez large d'ailleurs et généreuse dans son unité pour donner place à mille variétés légitimes, permettant l'originalité — nous le savons — en même temps qu'elle impose le sens commun.

L'autre, à laquelle il serait plus juste de refuser le nom de nature, c'est d'abord l'ensemble des instincts mauvais nés de la déchéance originelle et dont l'influence est grande, on le verra, pour dépraver le goût. C'est encore, et surtout ici, la masse des erreurs accréditées, des préjugés en vogue, des impressions irréfléchies par lesquelles se façonne, il faudrait dire se falsifie et *se frelate* (1) l'homme, cet être mystérieux « encore plus impénétrable à soi-même qu'aux autres (2). » Aussi tandis que la vraie nature est invariable, celle-là est mobile, changeante, diverse comme le caprice, comme le préjugé, comme la passion, comme tout ce qui est contingent et accidentel. La première suppose des facultés en parfait équilibre, dans l'ordre, dans la hiérarchie. La seconde se fortifie et s'accroît de tous les désordres qui pervertissent la rectitude de la première. A quoi bon prolonger le parallèle ? N'est-il pas évident du reste que la première de ces deux natures, que la nature vraie est celle où nous fondons les lois de l'art ?

Et maintenant nous n'aurons plus aucune peine à expliquer comment cette nature infaillible est souvent réduite au silence par sa rivale, comment, par suite, les lois de l'art, les grandes lois, peuvent être oubliées, méconnues. Mille causes y concourent, physiques ou morales. C'est tout d'abord le climat, qui, en modifiant le tempérament, exalte ou endort l'imagination, surexcite ou émousse la sensibilité. C'est par ailleurs l'éducation, l'éducation indispensable au développement des facultés, mais puissante pour leur perversion comme pour leur perfectionnement. C'est encore l'opinion, l'opinion, seule règle pour tant d'esprits incapables de juger par eux-mêmes ; l'opinion, avec tout ce qui contribue à l'égarer, gloriole nationale, préjugés de race, de secte, de parti, d'école. C'est enfin la corruption humaine, orgueil de l'esprit, sensualisme et le reste. Non vraiment, s'il ne faut qu'expliquer le fait des variations du goût littéraire, la tâche n'est que trop aisée.

Mais ni le fait ne constitue le droit, ni les nuages amoncelés n'empêchent de retrouver la lumière. Jamais je ne puis accepter comme également vrais deux jugements

---

(1) Montaigne a dit : *se pipe*.
(2) Bossuet.

artistiques ou littéraires en contradiction l'un avec l'autre ; ce serait plus que du scepticisme, ce serait de l'hégelianisme pur. Que si le point en litige est de conséquence, fût-il à quelque distance logique des premiers principes, je ne dois pas désespérer de reconnaître à coup sûr celui des deux jugements que l'infaillible nature a dicté. Non, la multiplicité des erreurs n'empêche pas la vérité de rester une, invariable, immortelle, et c'est mal estimer l'homme que de la croire en dehors de ses atteintes. Cherchons-la donc en littérature comme ailleurs, sûrs de n'arriver point à démontrer tout, mais ambitieux de resserrer quelque peu le champ des opinions libres, c'est-à-dire, après tout, des ignorances. Et quand nous arriverons au bout de notre puissance de conclure et de sentir, n'ayons point la présomption de croire que la vérité s'arrête à nos étroites limites, et qu'il n'y a plus rien parce que nous ne voyons plus rien nous-mêmes. On loue ailleurs l'effort modeste d'un esprit qui tend à la vérité parce qu'il a cru en elle : pourquoi serait-il ici chimère et présomption ? Aussi bien, si les objets sont divers, les principes sont uns et les questions en s'élevant arrivent à se confondre. Y a-t-il une vérité, un ordre, et sommes nous capables de le reconnaître ? Comment dire « oui » en fait de morale et « non » en matière d'art, « oui » pour le bien et « non » pour le beau ?

Laissons donc à d'autres le scepticisme littéraire. Il appartient de plein droit à qui ne reconnaît ni bien ni mal, ni ordre ni désordre, à qui poursuit d'une curiosité indifférente toutes les manifestations de la vie, à qui se tient satisfait, pourvu que la puissance brute ait paru et que « la séve humaine ait monté (1), » à qui professe que tout ce qui est a droit d'être, et que l'homme, quoi qu'il fasse, est ou irresponsable comme une pure machine nerveuse, ou, ce qui revient au même, toujours également

---

(1) M. Taine.

bon, juste, saint, adorable, Dieu. Que les théoriciens de ces écoles soient sceptiques en fait d'art, à la bonne heure; quant à nous, spiritualistes et chrétiens, ce serait une inconséquence périlleuse, et pour trancher le mot, une véritable lâcheté d'esprit.

IV

Si nous sommes classiques et comment. — Si le romantisme vit encore. — L'école de la puissance quelconque et l'école de la puissance ordonnée. — L'esprit classique. — L'esprit français. — L'esprit chrétien.

Voilà, ce semble, notre situation bien définie et notre drapeau littéraire franchement arboré. Toutefois, pour achever de faire le jour dans ces questions si complexes et pour beaucoup si vagues, il peut être bon de préciser encore. Ce sera une conclusion naturelle à ce premier livre et comme une brève revue des principes que nous avons essayé d'établir.

Si nous avions écrit en 1830 et que l'on nous eût demandé : « Êtes-vous classiques ou romantiques? » nous aurions répondu sans hésiter : « Ni l'un ni l'autre. » Les classiques d'alors, c'étaient les derniers héritiers de Voltaire, secs, faux, glacés comme leur maître, plus étroits encore et plus ennuyeux. Les romantiques, c'étaient ces jeunes talents semés par la Providence au début du siècle avec une prodigalité magnifique, mais volontairement sortis de leur rôle et de leur voie, réformateurs la veille, révolutionnaires le lendemain par caprice d'orgueil. A droite, un pharisaïsme littéraire sans intelligence et sans âme; à gauche, un véritable protestantisme qui posait, lui aussi, en principe la souveraineté de l'inspiration individuelle, c'est-à-dire le libre examen. Nous n'aurions donc marché ni à droite ni à gauche; isolés des deux écoles, et fidèles à un idéal dont elles s'éloignaient chacune à leur manière.

Après cinquante ans, la question que nous avons supposée a-t-elle encore un sens? Les querelles d'alors sont éteintes, mais hélas! la vie littéraire avec elles. Les classiques ne s'appellent plus, Dieu merci, Luce de Lancival, Esménard ou Népomucène Lemercier. Ce beau titre, que personne aujourd'hui ne mérite ni n'ambitionne, est retourné aux vrais maîtres de l'art français, aux mâles et sobres esprits du dix-septième siècle. Il y aurait là un progrès, si le culte de ces grandes mémoires était plus sincère, si l'admiration, restée de bon ton, nous allions dire de commande, ne se tempérait d'une arrière-pensée ironique, à traduire ainsi peut-être : « Ils ont bien fait pour leur temps. » — Quant au romantisme, existe-t-il encore? Oui et non, ce semble. Il en est de lui comme du protestantisme auquel nous le comparions tout à l'heure. La grande hérésie ne vit plus dans sa forme primitive. Assurément Luther et Calvin ne se reconnaîtraient pas en MM. Coquerel, de Pressensé ou Réville. Où est la confession d'Augsbourg? Où sont les trente-neuf articles d'Élisabeth? Et cependant le principe est toujours vivace, et c'est lui qui, par ses développements nécessaires, a tué les formes anciennes. Ainsi l'indépendant, *le latitudinariste*, le nihiliste des sectes contemporaines est bien plus protestant que les pères de la prétendue Réforme, car il est plus logique à pousser jusqu'au bout leur enseignement. D'autre part, s'il a quelque droit de railler leurs timides inconséquences, il est vrai qu'il procède d'eux et qu'ils revivent en lui. Suivons le parallélisme : il est frappant, il s'impose. Le Romantisme a bien été chez nous le protestantisme littéraire. Sous couleur de réforme, de retour aux anciennes mœurs, le protestantisme avait détruit la foi en déchaînant l'orgueil individuel. C'est bien l'orgueil individuel que déchaînait le romantisme dans la préface *des Orientales* par exemple, et dès lors, sous prétexte de retour au vrai, à la nature, on allait logiquement à l'extravagance. Or, en poésie comme en religion, les sectes ont dû se multiplier, en enchérissant l'une sur l'autre : fantaisistes, coloristes, réalistes, naturalistes, tous romantiques de race malgré qu'ils en aient. Libre à M. Zola de venger les classiques des attaques de Victor Hugo en le montrant aussi loin qu'eux-mêmes de la réalité crue. Nous ne serons pas dupes de l'industriel qui a réussi à faire accepter *son naturalisme* comme une nouveauté. L'auteur de *l'Assommoir* et de toute cette épopée répugnante n'est qu'un réaliste plus réaliste, un romantique plus romantique, non par je ne sais quel reste d'idéal dont il s'avoue infecté, mais par une licence plus entière et de plus choquantes fantaisies. Qu'il prenne en pitié les timidités du patriarche, soit ; mais c'est entre eux querelle de famille et pour nous de médiocre intérêt.

Au demeurant, quoi qu'il en soit des sectes et des personnes, pour qui prend les choses de plus haut, deux grandes écoles sont en présence. D'une part l'école de l'effet quelconque, de la puissance quelconque, de l'âme quelconque jetée dans l'œuvre à tort et à travers. Nul souci d'élever l'homme ; et à quoi l'élèverait-on, puisqu'on ignore la fin dernière? Nul respect de la hiérarchie des facultés ; toutes se valent et c'est mutiler la nature que de les contrarier l'une par l'autre. Peu d'attention à mesurer la parole sur l'objet ; la gloire est plutôt de le plier à la fantaisie souveraine. La vie, la vie quelconque dans l'objet présenté et dans les facultés qui le présentent, voilà tout ce qu'on doit réclamer de l'artiste. En fait d'art, il n'y a de mauvais que ce qui est pâle, languissant et mort. Voilà, dans son fond, l'école que M. Taine appelle « Germanique (1). » Nous ne discutons point sur l'enseigne ; mais le lecteur qui aura bien voulu nous suivre sait de reste que nous ne le conduirons point là.

Et à quoi bon décrire une fois de plus l'école adverse ? D'un mot, c'est l'école de la puissance ordonnée, de l'effet ordonné, de l'âme ordonnée. On y estime que, la parole

(1) *Histoire de la Littérature anglaise,* liv. II, chap. II, § 5.

ayant l'honneur d'agir sur l'homme, c'est peu pour elle de l'amuser et de lui plaire à tout prix ; qu'elle doit respecter sa nature d'homme et travailler, de près ou de loin, à sa destinée d'homme, ce qui l'engage à ne lui présenter que le vrai des choses, transparaissant à travers une âme saine. On ne croit pas violenter les facultés humaines, le talent, le génie de l'homme, en les conviant à respecter la nature de l'homme, la nature des choses et l'ordre essentiel voulu de Dieu. On a conscience de ne leur enlever par cette contrainte que les faux brillants de la déraison, les tressaillements malsains de la fièvre et les joies honteuses du sensualisme. L'axiome premier de l'école est celui-ci : « L'ordre existe, et, loin d'amoindrir la puissance, il l'assure et l'étend. »

Être de cette école, c'est être classique au sens large et noble du mot, et c'est ainsi que nous le serons, Dieu aidant. Nous avouons pour maîtres, de Périclès à Louis XIV, tous les grands hommes auxquels le bon sens universel maintient et réserve le droit de former la jeunesse. Mais c'est déférence et non fétichisme ; nous gardons le droit de les contrôler respectueusement d'après les lois premières, qu'eux-mêmes nous ont éclairées en les suivant habituellement de si près. Ils sont et restent classiques, parce qu'ils ont approché plus que personne de l'union parfaite entre l'ordre et la puissance. Nous voulons être classiques en prenant cette union pour idéal et en les jugeant eux-mêmes d'après elle.

Quoi de plus classique en effet que la puissance ordonnée, c'est-à-dire quelle leçon qui réponde mieux au besoin de développer dans l'ordre les facultés natives, à leur second éveil? Quand les lettres respirent et répandent cette atmosphère salubre de la puissance ordonnée, alors elles sont vraiment *humaines*, elles justifient pleinement ce beau nom *d'humanités* dont nous laissons à tort perdre le sens et l'usage. Expression normale de tout l'homme, elles agissent normalement sur tout l'homme. Elles sont, chez l'écrivain, la belle âme qui se déploie, qui résonne pour ainsi dire tout entière, et dès lors impossible que, chez le lecteur, toute l'âme, sollicitée par cet appel sympathique, n'entre pas en branle pour vibrer à l'unisson. Ajoutez que, selon la loi de nature, ces deux âmes se seront perfectionnées par leur exercice même. Ainsi la parole aura traduit tout l'homme, résumé tout l'homme, élevé tout l'homme. Elle est donc instrument d'éducation et par excellence ; elle est bien *humaine,* bien *classique,* et si son rôle va diminuant dans les classes, c'est que l'éducation émancipée du christianisme ne sait plus former l'homme, ou peut-être a ses raisons pour ne le plus vouloir.

« École germanique, » disait tout à l'heure M. Taine, et il nous faisait penser à cet auteur « né français et chrétien » dont parle La Bruyère. Ce n'est point ici une antithèse patriotique et nous ne voulons point nous mettre en peine de savoir si la docte Allemagne mérite absolument le triste éloge dont l'écrivain prétend l'honorer. Mais nous croyons bien vrai que la pente naturelle de l'esprit français est à la puissance ordonnée, plutôt qu'aux excès de l'imagination rêveuse ou ardente. Quand l'esprit français se retrouve quelque peu lui-même, quand il échappe aux modes étrangères, aux théories de dévergondage, on y reprend sur le fait et sur le vif ce goût de netteté pratique, excellant à guider le mouvement des facultés inférieures sans les enchaîner quoi qu'on en dise. L'esprit français est raisonnable, mais sans lenteur ni froideur aucune, et ceux-là seuls l'estimeront timide et routinier, qui mettent la création dans l'extravagance et l'audace à braver le sens commun. Voilà pourquoi, lorsque nous rappelons toute parole littéraire à cet idéal de puissance ordonnée, en même temps que nous avons conscience d'être dans la vérité humaine, nous sommes tout particulièrement dans la vérité de l'esprit français.

Quant à nous inspirer de l'esprit chrétien, c'est chose que

l'on ne nous contestera pas et que plusieurs nous reprocheront à notre gloire. Que le zèle ait ses intempérances, que d'aucuns aient prêté à sourire en voulant trouver ou introduire le christianisme jusque dans le détail de toutes les sciences : il se peut faire et nous n'y contredisons point. Certes le christianisme touche à tout ; mais suivant la nature des objets, ce contact est plus ou moins immédiat, plus ou moins sensible, et nous n'entendons pas bien ce que serait une géométrie catholique par exemple. Accordons que la religion ait peu à voir dans la science élémentaire des nombres ; elle est déjà bien plus directement intéressée à celle du monde et de la matière ; mais dès qu'apparaît l'âme, impossible d'éluder la question religieuse, et de ne rencontrer pas le bienfait du christianisme présent ou les tristes effets de son absence. Encore bien qu'il soit tout surnaturel d'origine, de terme et de moyens, il ne peut nous toucher sans nous modifier dans le sens même de notre perfection de nature. Pour faire court, supposez-le remis à sa place dans les lettres : il les épure et les ennoblit de toutes parts. Leur objet s'éclaire, se colore, s'élève, et il en jaillit, par la rencontre de la vérité suprême, une flamme de sympathie généreuse, de passion pure et forte. Dieu, le monde, l'homme, leurs relations : sur ce champ illimité de l'activité littéraire, le christianisme, comme le soleil, verse à flots lumière, chaleur et vie. Ajoutons, pour y revenir peut-être, qu'il rend à tous les arts un service incomparable. En la personne adorable de Notre-Seigneur Jésus-Christ, il unit et l'objet suprême de l'art, qui est Dieu, et le plus haut objet proportionné aux prises de l'art, qui est l'homme ; il offre comme type désespérant et ravissant tout ensemble la gloire divine elle-même, devenue transparente dans la grâce et la vérité humaines. Considérez d'ailleurs l'influence exercée directement sur l'écrivain. Gardien et gardien unique de la rectitude naturelle, seul capable, en fait, de discipliner sans les détruire les forces vives de l'homme, comment le christianisme n'agirait-il pas au bénéfice de la parole littéraire, elle qui jaillit de toutes ces forces conjurées? Le christianisme maintient les puissances humaines dans leur activité harmonieuse ; c'est dire ce que la parole littéraire peut lui devoir. Si le païen demeure notre modèle pour avoir mis l'ordre et la puissance dans ses œuvres, et par là même pour avoir gardé quelque rectitude en soi, nous y reconnaissons pour une part le témoignage de l'âme naturellement chrétienné, et nous en avons le droit, car le christianisme admet, épure, garantit et consacre tout ce que la muse profane a de réelle beauté. Et maintenant, supposez un chrétien sérieux et qui sache faire passer son christianisme dans toute la pratique de sa vie. Donnez-lui le talent, car c'est l'hypothèse nécessaire, et voyez. Nulle puissance n'est éteinte ni même refroidie, car la grâce ne mutile point la nature. Mais elle la règle, et voilà pour garantir la hiérarchie essentielle. En même temps, vus à la lumière de Dieu, les objets produisent une impression exacte et parfaitement mesurée dont nulle affectation ou gloriole ne forcera d'ailleurs l'expression. Par-dessus tout, ce talent a conscience de sa mission providentielle, il cherche moins à jouir de lui-même qu'à élever les âmes à la hauteur du vrai, du beau, du bien suprême vu et montré partout. Encore un coup, le christianisme tend à la perfection même naturelle de l'homme. Mais qu'est-ce donc que l'orateur, l'écrivain, le poète? Rien autre chose que l'homme s'exprimant dans toute la force et dans les conditions vraies de sa nature. Qui fait la parole littéraire? L'âme, qui s'y met tout entière, mais l'âme telle que Dieu l'a faite et qu'il y a lieu de l'admirer.

LIVRE II

L'AME ET LES CHOSES DANS LA COMPOSITION

CHAPITRE PREMIER

L'âme recevant l'empreinte des choses. — Connaissance. Invention.

Parler c'est montrer son âme et les choses pour une fin. Composition préalable. — Deux éléments : action des choses sur l'âme, action de l'âme sur les choses.

Parler ou écrire, c'est montrer son âme et les choses à travers son âme, le tout pour une fin déterminée. Quelle est cette fin? L'action morale à exercer sur l'homme. Rappelons d'une façon moins abstraite que l'agrément ne peut jamais être le but unique ou dernier, que la parole doit toujours concourir plus ou moins directement à l'élévation de ceux à qui or l'adresse. Parfois c'est le but premier, unique ; ainsi dans la poésie, dans le roman honnête, dans tout ce qu'on nomme sans grande exactitude littérature d'imagination, de fiction, d'agrément. D'ordinaire l'objet immédiat est plus terre à terre : leçon à donner, décision à obtenir, intérêt à défendre. Histoire, journalisme, éloquence didactique, politique ou judiciaire, toute la littérature d'action en est là. Mais alors même l'intention prochaine, immédiate, se doit rattacher et subordonner à l'élévation morale des auditeurs. Voilà donc bien nettement tracée la situation de qui entreprend un discours ou un livre. Le problème pratique a trois données : une impression précise à produire, pour cela des choses à faire voir, mais à faire voir dans la lumière, la couleur et la chaleur de l'âme.

Avant tout il faut composer, c'est-à-dire trouver, trier, assembler, ordonner les choses ; il faut les pénétrer de cette clarté personnelle, de cette couleur, de cette chaleur qui les rendront victorieuses. Grand et profond travail, infiniment curieux à étudier. On y trouve comme deux éléments contradictoires à première vue, une sorte de passivité jointe à la plus active énergie, ou plutôt une action réciproque des objets sur l'âme et de l'âme sur les objets.

L'âme se met avec eux en équation, elle reçoit leur empreinte, leur forme, elle *s'informe* d'eux à la lettre par la connaissance, par la méditation, par une intelligence pénétrante des essences et des rapports. C'est proprement ce que la rhétorique nomme l'invention. Mais en même temps que l'âme reçoit en elle-même la forme des objets, elle leur donne la sienne propre ; comme elle subit leur empreinte, elle les marque, elle les frappe aussi à son effigie. Comme ils la déterminent en imposant à sa connaissance leur nature immuable, elle-même d'ailleurs, suivant sa propre nature et le but où elle vise, les modifie sans les altérer, et cela par une opération triple : toujours par la sélection qui choisit et la disposition qui ménage, souvent par l'idéalisation qui élève et embellit mais ne dénature jamais. Cela fait, cette empreinte reçue et donnée, l'âme est prête à se communiquer et les choses avec elle, prête à les faire agir sur les intelligences par la preuve, sur les imaginations par la peinture, sur les volontés sensibles par le mouvement contagieux de la passion. Il y faudra encore le style ; mais le style, nous le verrons, n'est que le détail dernier, le fini, la fleur du travail de composition. Omettons d'en parler à cette heure, et attachons-nous dans le présent livre à la composition elle-même. Déjà, en esquissant l'action mutuelle de l'âme et des choses, puis la force communicative qui en résulte, c'est la composition tout entière que nous avons décrite en abrégé.

I

L'âme se donnant l'empreinte des choses : — de loin par la science. — Que doit savoir quiconque veut écrire ou parler ? — Ce qui manque à la science moderne. — Empreinte actuelle des choses. — Méditation.

L'âme doit donc avant tout s'informer, s'empreindre des choses, et cela en deux manières : de loin et une fois pour toutes par un ensemble de connaissances acquises, de près et sur l'heure par la méditation.

Combien indispensable est tout d'abord cette empreinte lointaine des objets, cette science habituelle, véritable fond de l'orateur et de l'écrivain ! Il faut savoir pour parler et pour écrire ; la raison en est triomphante et la voici : parler c'est dire quelque chose. Banalité peut-être? Non certes, car on l'oublie vite, et il semble que, dans l'opinion de plusieurs, le grand art de la parole sert à déguiser le néant de la pensée.

On sait quelles connaissances vastes Cicéron demande à son orateur, avocat et homme politique. Et nous, quel programme tracer à l'avocat moderne, au journaliste, au député, au prédicateur, à quiconque veut, pour la cause du bien, se rendre capable de tenir une plume ou d'affronter un auditoire ? Savoir tout ne serait pas trop, ce semble ; mais la vie est courte et la tête n'y suffirait pas. Il y aura donc et des spécialités de profession et des spécialités transitoires. On sera théologien ou juriste, voué à l'histoire ou aux lettres, capable d'ailleurs de s'assimiler vite une question étrangère à ses études préférées. Et cependant il reste pour tous un fond de connaissances indispensables; il est des objets premiers dont toute âme doit porter l'empreinte, si peu qu'elle ambitionne d'agir. Cicéron les énumérait à son point de vue : nous avons le droit de les rappeler au nôtre; encore est-il plus haut et plus vaste par là même que nous sommes chrétiens.

Notre écrivain, notre orateur possédera donc au moins les grandes lignes des sciences directrices de la vie, de la vie morale surtout. Il saura Dieu, Jésus-Christ, l'Église, le catéchisme, ces choses partout présentes, malgré qu'on en ait, et qu'il faut bien regarder en face, quand même on est si malheureux que de n'y pas croire. En cette matière du reste, chez les adversaires, que d'animosités par ignorance, et parfois, chez les défenseurs, quelle impuissance faute de savoir ! Avec Dieu, notre écrivain connaîtra l'homme, l'homme éternel, c'est-à-dire le cœur humain, l'homme historique, manifestation variée de l'homme éternel; l'homme actuel, avec ses singularités de surface au-dessous desquelles il faut retrouver, pour agir sur elle, la commune et immuable nature; l'homme actuel dans le milieu social et politique où il vit. Ajoutez le monde physique, les grands phénomènes et les grandes lois de la création matérielle. Comment les ignorer aujourd'hui? Comment se priver de les connaître, au moins en gros, au double point de vue du beau et de l'utile, du bien-être de la vie et de l'élévation de la pensée ? Ainsi donc catéchisme, philosophie, histoire, géographie, grands et populaires résultats des sciences physiques et naturelles, connaissance de la nature humaine et de la société actuelle, idées générales mais précises en art et en littérature, en un mot Dieu, l'homme, le monde et le principal de leurs rapports : tel est le programme obligatoire pour tout candidat sérieux de la parole ou de la publicité. Que vaudrait à moins la parole? Où seraient les éléments de sa puissance littéraire? N'est-ce pas dans cet ensemble de connaissances qu'elle trouve les rapports, les allusions, les images, les sentiments, tout ce qu' lui donne prise sur les esprits, les imaginations, les cœurs? Mais encore où serait sa force d'action, s'il lui manquait la connaissance certaine du but où mener les âmes et des voies par où l'atteindre? Assurément nous improuverions le théologien qui, sachant Dieu, ferait profession d'ignorer le reste. Mais que dire du journaliste qui régente l'opinion et qui ne connait pas Dieu? Osons aller jusqu'au bout de notre pensée. Que dire de la science moderne là où elle n'est plus chrétienne?

Entre les trois grands objets de l'esprit, Dieu, l'homme, le monde, elle supprime ou dénature le premier; par une suite nécessaire, elle mutile et obscurcit les deux autres, toute fière d'ailleurs et toute superbe de pénétrer plus avant que jamais dans le troisième, dans le moindre. Investigations admirables, soit; mais où sont les vérités maîtresses de la vie? Connaissances infinies, soit encore; mais où est la science vraiment digne de ce titre, l'ensemble méthodique, lumineux, un? Où est le principe d'unité, le nœud vivant de cet ensemble? Les âges de foi le possédaient dans la philosophie, lien commun de toutes les vérités de nature et d'ailleurs en connexion hiérarchique avec la théologie, science de tout l'ordre surnaturel et révélé. On a émancipé, sécularisé la philosophie, et le fait est qu'elle en est morte. Par là même on dénouait le faisceau des connaissances humaines. Et maintenant multipliez-les à l'infini: elles demeurent éparses; l'unité manque, la grande science n'existe plus. Voilà qui peut sembler paradoxal à qui se laisse mener par le cri populaire. La science! Mais quelle époque en a jamais tant parlé? Le mot est partout, partout adoré, comme était, il y a cent ans, le mot de philosophie dont il tient précisément la place. Pour la foule, on est savant comme on était philosophe, par le seul fait de sortir du catholicisme, et c'est un dogme dans la grande opinion vulgaire que la science est l'antithèse absolue de la foi. Libre aux flatteurs du siècle d'acclamer sa gloire scientifique. Gloire bien mêlée, bien contestable, et parce que, tandis que le monde physique va s'éclairant de plus en plus, la nuit se fait sur les principes et les lois de la vie morale, et parce que, tandis que les connaissances augmentent, l'idée même de la science a disparu (1).

Si quelqu'un voyait dans ces observations un hors-d'œuvre, nous le prierions de prendre garde qu'il s'agit pour nous de préparer de loin l'écrivain sérieux, l'âme capable d'exprimer le vrai en s'exprimant elle-même. Or nous écartons-nous, en l'avertissant de se faire un fond, une doctrine moralement complète et vigoureusement ordonnée? Est-il superflu d'ailleurs d'accuser dans la foule des intelligences contemporaines les lacunes et les illusions qui rendent cette doctrine plus indispensable que jamais?

Supposons acquis le fond de connaissances. Encore faut-il le féconder, l'exploiter par la méditation actuelle.

Les objets que nous présentons à travers notre âme n'auront sur l'auditeur une influence plénière qu'à la condition d'être exprimés amplement, en détail; nous devrons les développer, les épanouir. S'agit-il d'une vérité contestée? Cette ampleur est indispensable pour convaincre. Dites à un incroyant de bonne foi que le christianisme est chose divine; il vous attend à la preuve, au développement. S'agit-il d'une vérité admise, l'énoncé sommaire nous laisse froids; pour nous rendre l'objet vivant et sensible, présentez-le largement dans une expression détaillée et moralement complète, c'est de rigueur. Nous lisons dans un manuel d'histoire que la retraite de Russie fut un désastre; voilà qui nous touche médiocrement. Que le

---

(1) Le positivisme entre autres ne l'a pas seulement perdue; il la détruit formellement quand, par un défi sans exemple aux tendances invincibles de l'esprit humain, il met hors la science la question de la première cause et celle de la fin dernière, ces deux questions sans lesquelles la science ne se conçoit même plus. Avec cela il reste des connaissances, *des sciences* même, si l'on veut; quant à *la science* on ne devrait plus oser la nommer.

même fait se déploie sous la plume d'un historien comme Ségur ou Thiers, ou sous le pinceau d'un poète comme V. Hugo (1) ; l'imagination voit, le cœur saigne : l'imagination et le cœur vivent de détails. Aussi les maîtres mettaient-ils l'art de la rhétorique à développer les objets, à faire saillir toute la force de persuasion, tous les éléments d'action morale qui s'y cachent (2).

Mais pour exprimer ainsi les choses, l'auteur a dû recevoir en soi la même impression, la même empreinte nette, vive, totale. Disons mieux, il a dû se la donner ; car un effort actif, énergique, s'est joint nécessairement à la passivité que supposent les impressions subies. Imaginez une cire vivante et capable de vouloir, qui s'appliquerait d'elle-même et avec force à la médaille qu'elle souhaiterait de reproduire. Ainsi notre âme en présence des objets ; elle *s'y applique*, disons-nous, et ce mot est significatif autant que juste. Encore l'âme fait-elle plus que notre cire animée, puisque, par un curieux échange d'influences, en même temps qu'elle se modèle sur les objets perçus, elle les marque elle-même de sa ressemblance. Mais la comparaison garde une réelle justesse et nous suffit pour le moment.

S'appliquer ainsi aux choses, c'est les méditer. La méditation n'est que l'application des puissances en concours et en ordre. Si une faculté reste oisive, l'objet n'aura pas fait impression sur toute l'âme. Admirons les abstractions du mathématicien et du philosophe, mais n'y voyons pas le type achevé de la méditation humaine. Par ailleurs, que les facultés s'appliquent dans l'ordre, sinon l'empreinte en est inexacte. Que la raison gouverne, maintenant sa suprématie naturelle, suspendant même pour un temps, au bénéfice de la précision et de

---

(1) V. Hugo : *Les Châtiments ; l'Expiation*.
(2) Ἔστω δ'ἡ ῥητορικὴ δύναμις περὶ ἕκαστον τοῦ θεωρῆσαι τὸ ἐνδεχόμενον πιθανόν. (Aristote : *Rhétorique* I, 2.) — « *Summa autem eloquentiæ laus est amplificare rem ornando.* « (Cicéron.)

la logique sévères, le jeu de l'imagination et du cœur, mais à charge de leur rendre ensuite la liberté de parfaire à leur façon l'œuvre commune. Telle est la méditation, témoignage, si l'on veut, de la faiblesse de l'âme, de sa lenteur à se pénétrer des choses, mais tout ensemble condition de la force intellectuelle et morale que Dieu nous a départie. A ce prix seulement les convictions sont profondes, les sentiments durables, les résolutions vigoureuses.

II

Comment on peut guider la méditation. — Les lieux communs selon la critique et selon la rhétorique. — Les lieux communs de la rhétorique, chose sérieuse et naturelle. — Etude des objets en eux-mêmes. — Définition. — Analyse des parties. — Etude des objets par leurs relations : — Affinités. — Oppositions. — Puissance particulière du contraste. — Hiérarchie logique. — Causalité.

Or si rien ne supplée l'effort de la méditation, la guider reste possible. C'est à quoi servent ces points de vue généraux, constants, indiqués par la nature même; c'est l'office *des lieux communs*. Mais le terme n'est-il pas équivoque ? La rhétorique fait grand cas des lieux communs; la critique les tient en grand mépris. Libre à elle· de le faire, si elle entend sous ce nom les banalités, les vérités générales conçues sans originalité ni profondeur. Mais il ne faut pas oublier que les vérités générales font seules la grandeur et l'intérêt du détail, qu'elles sont d'ailleurs inépuisables et que l'originalité vraie y trouvera toujours son compte. Dieu, l'homme, le monde et leurs relations : immense et magnifique lieu commun où se rencontrent tous les esprits et qu'ils peuvent exploiter indéfiniment sans risque de l'épuiser jamais (1).

---

(1) S'excuser de n'être pas original sous prétexte qu'il ne reste plus rien de neuf à dire, c'est, croyons-nous, ou une boutade, ou une défaite. « Tout est dit et l'on vient trop tard, » écrit La Bruyère. C'est la boutade.

Quant aux lieux communs de la rhétorique, ne leur attribuons point le pouvoir de créer la pensée, mais gardons-nous de les mépriser comme vieilleries d'école. Après Aristote et Cicéron, nous pouvons-nous y arrêter un moment sans mauvaise honte ni appréhension de pédantisme. Aussi bien ce rapide souvenir nous les montrera parfaitement sérieux et rationnels.

Pour se donner l'impression totale et vive des objets, l'âme est naturellement amenée à les considérer en eux-mêmes et dans leurs relations indéfinies. Étude des essences, étude des rapports : quoi de plus haut et de plus simple? Or là se réduisent tous les lieux communs.

Considérés en eux-mêmes, les objets sollicitent l'esprit à une opération double : à la définition, qui marque et sépare leur essence, à la division, qui les décompose en leurs parties.

Bien définir c'est bien connaître. Premier élément du style, suivant La Bruyère, mais surtout première condition de toute discussion qui ne veut point être une folle escrime de paroles. Que de questions résolues ou supprimées si l'on s'attardait à définir! Et qui donc saura rédiger, mais en outre faire accepter aux députés, aux journalistes, à tous écrivains ou parleurs, un dictionnaire des définitions les plus importantes ? On entend bien que, dans ce cas de la discussion, il les faudrait serrées, exactes, disant toute l'essence constitutive des choses et les isolant de toutes autres, ce qui suppose une définition unique pour chacune d'elles. En dehors de la controverse, quand il ne faut que déployer une notion délicate, complexe, légèrement enveloppée, la définition peut être multiple, sorte de description par traits accumulés. Nous

---

Quant à la défaite, on la trouverait, ce semble, dans cet argument d'un rapport officiel : « Ne demandez pas de chefs-d'œuvre à la poésie moderne : on ne peut refaire ni *le Cid*, ni *Athalie*, ni *le Misanthrope*. » (S. de Sacy : *Rapport sur le progrès des lettres, à l'occasion de l'exposition de* 1867.)

prenons là sur le fait notre esprit luttant ou rusant avec son impuissance. Incapable d'épuiser d'une seule vue tous les attributs et tous les rapports d'une même chose, il voltige pour ainsi dire à l'entour, il les reconnaît l'un après l'autre, et les note à mesure pour en caractériser la chose même (1). En tout cela rien que de fort sérieux.

Non moins sérieuse est l'analyse qui décompose un ensemble en ses éléments. La logique y gagne de conclure des parties au tout. Ainsi fait Lacordaire, par exemple, pour montrer que l'homme est par nature un être enseigné (2). Mais surtout elle en use pour faire justice de certaines généralités sonores, en grand honneur dans la discussion habituelle. On dit : « Le peuple veut ; l'opinion réclame. » Allez au détail : comptez ce peuple, cherchez où se réduit cette opinion, voyez qui la fait et qui la partage. En vérité, si le bon sens était maître en fait comme en droit, pour arrêter plus d'une révolution, il lui suffirait du vulgaire procédé qu'on appelle énumération des parties. Voilà de quels services est capable ce lieu commun. Inutile de rappeler ceux qu'il rend à l'imagination et à la sensibilité. C'est lui qui donne le détail, et, nous l'avons dit, c'est le détail seul qui parle aux yeux et au cœur.

Sortons de l'objet lui-même, ne le regardons plus dans ses constitutifs essentiels ou dans ses parties intégrantes, mais dans ses relations avec ses entours. Nouveaux indices pour guider nos méditations et achever nos connaissances. D'ailleurs étude également naturelle et grave ; et cependant nous ne quittons pas les lieux communs.

Constatons d'abord les affinités, rapports de voisinage, de parenté même, par où, dans la grande famille des choses, chacune tient de plus près à quelque autre. Ne

---

(1) Bossuet décrit ainsi l'incrédulité : *Oraison funèbre d'Anne de Gonzague.* — Mgr Landriot définit le vaisseau par ses différents usages : *Discours pour la bénédiction du vaisseau d'Alexandre.* (Œuvres, t. I.)
(2) Lacordaire : 1re Conférence.

faut-il que mieux connaître? Les affinités dont il s'agit nous ouvrent la riche veine des comparaisons (1). S'agit-il de convaincre? L'esprit trouve là ces proportions, parités ou inégalités, d'où l'argumentation tire une si grande force.

> Quoi, tu veux qu'on t'épargne et n'as rien épargné (2)!

s'écrie Auguste. C'est l'argument de parité. Quant à l'argument de proportion, qu'on nous permette un exemple qui pourra faire sourire. Scarron a vu céder au temps les plus belles œuvres de l'homme, et il conclut en philosophe:

> Faut-il donc m'étonner, si mon vieux pourpoint noir,
> Qui m'a servi dix ans, est troué par le coude?

Aux affinités répondent les oppositions semées dans les choses et dans les faits par la sagesse ordonnatrice, et concourant merveilleusement à l'harmonie générale. L'esprit y court d'instinct, sûr d'ailleurs d'y trouver des révélations frappantes. Et d'abord il y puise l'argument des contraires et il raisonne ainsi, par exemple: « La Révolution a commencé par la déclaration des droits de l'homme; elle ne finira que par la déclaration des droits de Dieu (3). » Ou bien encore il découvre entre objets certaines incompatibilités tantôt matérielles, tantôt morales, d'où il suit que la présence de l'un exclut nécessairement celle de l'autre. L'avocat triomphe d'opposer à une accusation grave des antécédents qui la rendent invraisemblable. Ainsi faisait Lally pour son père; ainsi et bien mieux encore, l'apologiste chrétien, réduit à venger Notre-Seigneur Jésus-Christ du reproche d'imposture ou tout au moins de connivence aux illusions enthousiastes de ses disciples, met en regard de cette hypothèse blas-

---

(1) Nous nous réservons d'en parler une fois pour toutes à propos du style, liv. III, chap. v.
(2) Corneille: *Cinna*, acte IV, scène II.
(3) Bonald: *Législation primitive*, discours préliminaire

phématoire soit les vertus surhumaines, soit la sagesse consommée du Fils de Dieu.

Mais d'où vient la puissance du contraste pour aider au développement des notions d'ailleurs admises, pour les rendre saillantes à l'esprit, aux yeux, à la sensibilité? Delille, qu'il ne faut pas toujours dédaigner, en indique au moins la cause :

> Des termes opposés qu'à nos yeux elle étale
> L'imagination mesure l'intervalle (1).

C'est bien dit, sauf le parti pris qui appelle imagination l'âme tout entière. Le grand plaisir de l'âme n'est-il pas de sentir sa propre action, mais de la sentir facile et vive? Or voilà précisément à quoi la provoque le contraste. En lui présentant à la fois deux termes opposés jusqu'à l'extrême, il la convie à en mesurer la distance d'un seul coup d'œil : action vive, car cette distance est moralement considérable, mais action facile, car les deux termes sont là tout près qui se touchent. C'est par où le contraste nous agrée, par où il éclaire les objets en doublant les forces de l'esprit qui les médite. Mais prolongez-le, prodiguez-le, outrez-le ; tout change. A force d'être vif, le travail cesse d'être facile. L'âme n'est plus soumise à un branle puissant mais normal ; elle est heurtée, secouée, ballottée violemment d'une impression à l'autre. Les chercheurs d'effet s'en applaudissent, mais nous savons de reste que 'effet n'est pas le beau.

Entre objets il n'y a pas qu'affinités ou oppositions réciproques ; il y a encore subordination, dépendance, hiérarchie véritable, troisième ordre de rapports que la méditation aperçoit vite et qu'elle exploite au bénéfice de la conviction surtout. Comme les règnes de la création physique, les notions intellectuelles ou morales se classent naturellement en genres et en espèces. Les principes

---

(1) Delille : *L'Imagination,* chant I.

tiennent sous eux leurs conséquences ; la thèse, ou vérité générale, appelle et régit l'hypothèse, ou application pratique. Tout a sa place dans l'échelle des êtres, et c'est fort bien fait de reconnaître cette place ; rien de plus rationnel et de plus fécond.

Mais surtout les objets s'engendrent les uns les autres par voie de causalité, relation considérable entre toutes et où va d'abord — le mot même l'indique — la curiosité de l'esprit.

Felix qui potuit rerum cognoscere causas.

C'est que la proportion nécessaire qui unit l'effet à la cause décèle l'un par l'autre, et nous devient en bien des cas un critérium précieux. La cause connue par ailleurs accuse ou justifie les effets (1). Voilà qui est de grande lumière et de grand usage, non pas seulement dans la composition et la parole, mais dans la direction de bien des jugements pratiques. Hommes ou choses, tout ce que vantent les ennemis déclarés de l'Église devient par là même suspect au bon sens chrétien ; tout ce qu'ils attaquent l'incline au moins provisoirement à la faveur. Et c'est justice. Le principe notoire d'où partent leurs sympathies ou leurs aversions nous avertit d'orienter les nôtres dans un sens tout contraire. Par suite encore, nous serons parfaitement équitables d'accepter avec plus ou moins de confiance une même proposition sortant de cette bouche ou de cette autre. Une théorie de condescendance ne nous effraiera point, venant d'un homme connu pour la fermeté de ses principes. Elle sonnerait tout autrement si l'auteur ne brillait point par la conviction ou le caractère.

(1) Il fait bon convaincre tout d'abord l'incrédulité des motifs dont elle s'inspire. (R. P. Monsabré : *Conférences de Saint-Thomas-d'Aquin,* 21ᵉ Conférence.) Dans le même ordre d'argumentation, l'orateur vengerait les Croisades ou la Vendée par les causes morales des deux grands faits historiques. (Le cardinal Pie : *Panégyrique de saint Louis; Oraison funèbre de Madame de La Rochejaquelein.*)

En tout cela, c'est la cause qui juge l'effet. Plus souvent l'inverse a lieu; l'effet, plus en dehors et en saillie, dénonce la cause qui se cache, et l'on entend que dans l'ordre moral il en soit plutôt ainsi. Où voir l'âme et les intentions, que dans les paroles et dans les actes? Et quelle féconde veine que cette étude des causes par les effets! Lacordaire y a trouvé ses plus belles conférences, celles où il établit la divinité du christianisme par le témoignage des vertus (1).

III

Application. — Objets principaux dont l'âme peut avoir à se donner l'empreinte. — Une notion. — Un mot. — Richesses logiques enfouies dans le langage. — Application des lieux communs à l'étude des mots. — Un texte. — Un fait. — Un personnage, un caractère. — Conclusion.

Envisageons non plus les auxiliaires et guides naturels de la méditation, mais quelques-uns des grands objets où elle s'applique de préférence. Nous verrons du même coup le service qu'elle peut tirer des lieux communs.

Est-ce d'une notion que l'âme veut se donner la vive empreinte? S'agit-il d'un être réel ou idéal, physique ou intellectuel, d'une vertu, d'un vice? La définition et l'énumération des parties sont d'abord indiquées, sans préjudice des autres lieux communs, toujours en connexion et pour ainsi dire en collaboration facile. Ici, rien qu'il faille ajouter, ce semble; tout a été dit plus haut (2).

Mais voici que, pour éclairer la notion, le mot où elle s'exprime va nous être d'un grand secours. Il y a, disait Leibnitz, toute une philosophie pétrifiée dans le langage.

---

(1) Lacordaire: *Conférences*, 21 à 29.
(2) Bossuet définit l'incrédulité. (*Oraison funèbre de la Palatine.*) Lacordaire décrit l'univers au point de vue spécial des difficultés qu'il offre à l'apostolat. (24ᵉ Conférence.) Mgr Landriot développe la mission du vaisseau par des définitions successives. (*Œuvres pastorales*, t. I, p. 217. Palmé, in-8.)

Ce n'est point merveille. Si le mot n'est point forgé de tête et à la pédantesque, s'il émane de la vraie source qui est le bon sens populaire, il n'est autre chose que l'idée prenant cours dans une forme heureusement expressive. Il nous arrive d'en user avec une irréflexion nonchalante, comme on dépense une monnaie sans en regarder l'empreinte. Et pourtant cette empreinte ravirait un artiste; mieux encore, elle serait parfois toute une révélation pour le penseur. Du mot bien entendu jaillit souvent une induction philosophique et scientifique de premier ordre. Au temps où il n'avait pas mis sa science à la remorque de l'irréligion régnante, Max Müller notait que, dans la langue sanscrite, une des langues mères, une des révélatrices de l'esprit humain, la même racine GNA signifie tout ensemble nommer et connaître, c'est-à-dire qu'elle identifie la parole avec la connaissance, acte propre et indice irrécusable de l'esprit. Qui parle est donc esprit, ou autrement, le fait de la parole valait dès la plus haute antiquité comme preuve de la spiritualité de l'âme. De même Bossuet a montré dans les noms de secte des noms de séparation, de particularisme: *Arien, Socinien, Luthérien;* partisan de cet homme ou de cet autre, au lieu que le titre de catholique est en soi titre d'unité, de gloire (1). Et quelle riche source d'argumentations doctrinales et morales tout ensemble! Que de vérités hautes, consolantes, pratiques, gisent à fleur du langage, déposées là par la sagesse naturelle ou par la foi! Le mot *défunt* rappelle que la vie est une fonction responsable. *Un cimetière* est un champ où l'on dort; ce titre à lui seul promet le réveil, l'immortalité. La mort est *un trépas,* un simple passage. Saint François de Sales s'en est souvenu dans l'oraison funèbre du duc de Mercœur. Nous nous trompons, dit-il, de nommer morts ceux qui sont sortis de la vie présente. « Aussi

---

(1) Bossuet: *Sermon pour la vêture d'une nouvelle catholique, le jour de la Purification.*

nostre langue françoise ne les appelle pas morts mais trespassez, protestant assez que la mort n'est qu'un passage et traject au delà duquel est le séjour de la gloire. » Et tirant parti de l'expression ainsi analysée, le saint ajoute avec une véritable éloquence : « Ce grand duc de Mercœur n'est donc pas mort ; il est seulement trespassé. Que si nous n'avions la vue si débile, nous le verrions bien loin au delà de la mort, en ce jardin céleste où il jouit des consolations éternelles (1). » Le cardinal Pie, commentant le pape saint Gélase, argumente finement sur l'énergie significative du mot *con-descendance ;* il se refuse à descendre avec les déchus de la vérité intégrale, et au contraire il les invite à monter avec lui (2). Les exemples abondent de cette fécondité logique du langage. De quoi donc ne nous prive pas l'irréflexion ? La vérité est là, mais comme l'étincelle dans la pierre, et il ne faudrait qu'un médiocre effort d'attention pour la faire jaillir. Étudions donc les mots, commençons par là d'appliquer les lieux communs que nous passions en revue tout à l'heure.

L'analyse d'un mot composé n'est autre chose qu'une énumération de parties ; la recherche de l'étymologie tient à la question de causalité. Si ce mot est allusion ou métaphore, l'étudier c'est approfondir une affinité, une similitude. Ainsi tout se tient et rien n'est frivole.

Nous oublions trop de sonder les mots, mais nous sommes bien souvent avertis de scruter un texte, une parole revêtue d'autorité et dont la nôtre sera le commentaire. Au prédicateur l'Écriture sainte. Hélas ! pourquoi pas à tout chrétien ? A l'homme politique, à l'avocat la lettre des lois et du code. A tout esprit cultivé les citations littéraires, les maximes célèbres, les mots connus, les proverbes. Il est vrai que tout cela s'indique

---

(1) Saint François de Sales : *Oraison funèbre du duc de Mercœur,* exorde.
(2) Le cardinal Pie : *Seconde instruction synodale sur les principales erreurs du temps présent,* n° XVI. (*OEuvres,* t. III, p. 260.)

et s'effleure plutôt, tandis que les lois et l'Écriture se pénètrent et se discutent à fond. Est-ce donc un texte qu'il s'agit d'approfondir? Faut-il donner à notre esprit l'impression exacte d'une pensée étrangère, authentique et faisant loi? Traitons-la comme tout autre objet, l'étudiant en elle-même et dans ses relations extérieures. L'examiner en elle-même, c'est pénétrer le sens des mots, de la phrase. L'envisager par le dehors, c'est marquer les circonstances où la pensée se produit, rapprocher le texte du contexte, appeler en confrontation des passages analogues ou opposés. Art sérieux, où les grands prédicateurs, mais surtout les grands théologiens pourraient servir de modèles non pas seulement à leurs continuateurs, mais à qui veut discuter et exploiter une citation même profane. A ce point de vue spécial, sans parler des autres, nous avouons regretter le temps où l'avocat devait être, sinon théologien, du moins philosophe et scolastique. Soyons de notre époque, dira-t-on. Soit; mais si l'avocat moderne veut se former à exploiter un texte, qu'il nous permette de l'envoyer à l'école de Bossuet et de Bourdaloue. Aussi bien quels beaux secrets de métier n'y apprendra-t-il pas?

Pour lui d'ailleurs, comme pour l'historien ou pour l'homme politique, il y a constamment lieu de raisonner sur un fait. Ici triomphe l'analyse des circonstances, d'où ressortiront en fin de compte et la vérité du fait lui-même, et son caractère exact, et la détermination actuelle du droit (1). Prise de plus haut, et d'ordinaire avec un moindre luxe de détails, elle sert à la grande démonstration historique, à l'apologétique chrétienne, à l'établis-

---

(1) Les résultats sont quelquefois merveilleux de cette sagacité à étudier le détail. Un des plus curieux exemples que nous sachions nous est donné par un avocat du {dix-neuvième siècle, Linguet, établissant l'impossibilité matérielle d'un prêt considérable en espèces, fait, disait-on, dans telles circonstances données. Rien ne manque à cette amusante et triomphante discussion, ni le poids des sacs d'or à porter, ni le nombre des marches à monter, ni celui des pas à faire, ni même les embarras accidentels constatés ce jour-là dans la rue. (Berryer: *Leçons et modèles d'éloquence judiciaire*, p. 410. L'Henry, 1838, in-4.)

sement de toute vérité morale et d'expérience (1). Mais alors on ne scrute pas seulement avec une sagacité patiente les particularités d'un fait complexe. On appelle à l'aide les similitudes ou les contrastes, on remonte la chaîne des causes. C'est par où le cas particulier s'élève à un intérêt supérieur en se rattachant à une vérité générale. Ainsi le phénomène grandit en manifestant la loi.

Reste enfin que l'objet de la méditation soit un personnage ou un caractère. Voici Retz dessinant les figures historiques de la Fronde, Bossuet burinant le portrait de Cromwell. Voici, dans un autre ordre, Homère créant Thersite, Maxime du Camp peignant d'après nature les héros de la Commune. Voici La Bruyère composant Arsène, Arrias ou Ménalque, et Louis Veuillot fixant ses types de libres penseurs. Physique ou moral, idéal ou historique, le portrait suppose toujours l'analyse des détails, entendez l'énumération des parties. S'il s'attache à l'âme plutôt qu'au visage, il implique en outre une perpétuelle étude des causes, le soin perspicace de lier les traits entre eux, de rapporter les dispositions saillantes à une ou plusieurs inclinations dominantes et pour ainsi dire génératrices. Nous retrouverons ailleurs cette délicate et intéressante matière. Aussi l'indiquons-nous seulement pour éclairer d'une application nouvelle notre étude sur l'usage des lieux communs.

Et nous voilà établis quant à eux dans la vérité pratique, entre la superstition et le dédain. Voilà notre méditation armée d'une méthode sérieuse et naturelle. Rien n'y est mécanique : on ne prétend pas suppléer la réflexion. Rien n'est factice, tout sort de la nature de l'esprit et de la nature des choses. Par là même, rien

---

(1) Ainsi le R. P. Monsabré établit sur l'examen des circonstances la valeur testimoniale du martyre. (*Conférences de Saint-Thomas-d'Aquin*, 37e Conférence.) — Dans un ordre tout familier et badin, voyez L. Veuillot philosophant sur les plus légers indices pour savoir si ses voisines de diligence sont protestantes ou catholiques. (*Historiettes et fantaisies ; Au temps des diligences ; Qui sont ces dames ?*)

n'est puéril et tout est rationnel ; c'est l'ordre mis au service de la puissance pour la doubler en la dirigeant. Que ceux-là en murmurent qui s'estiment amoindris par tout ce qui, de près ou de loin, ressemble à une règle. Vieille querelle de la force brute contre la discipline, du cheval contre la bride et l'éperon. Pour qui préfère à l'illusion du génie la réalité du bon sens, il y a là un moyen naturel à employer avec une largeur intelligente. Ainsi viendra l'habitude de l'appel facile des idées, de leur association rapide ; ainsi cette promptitude à saisir les rapports, laquelle est le grand ressort de l'invention. C'est dire que par l'usage réfléchi de ces méthodes, l'âme, en se faisant de plus en plus *méditative*, acquiert une aisance merveilleuse à s'informer des objets, à s'en donner l'empreinte, en commençant toutefois à les marquer de la sienne.

CHAPITRE II

L'âme donnant aux objets son empreinte.
Choix et ordonnance.

I

L'âme n'est point toute passive sous l'impression des choses. Elle leur rend une double empreinte, celle de sa propre nature : celle de la fin qu'elle poursuit. — Triple aspect de cette action de l'âme : choix, ordonnance, idéalisation.

Les écoles réalistes montrent ou cachent, selon les rencontres, une prétention singulière. Elles attribuent à l'âme l'exactitude et l'insouciance parfaite du miroir. Tout réfléchir, c'est-à-dire tout recevoir et tout rendre, sans plus d'action personnelle qu'il n'en faut pour arrêter et renvoyer les rayons lumineux, tel est le rôle qu'elles lui donnent parfois en propres termes, sauf à le nier ailleurs, mais en revenant à le supposer toujours. On se rappelle M. Leconte de Lisle réfléchissant les choses humaines « dans ses vagues prunelles, » et leur donnant « avec un détachement parfait la vie supérieure de la forme. » Voilà qui est peu glorieux à l'âme ; mais par bonheur, c'est impossible en fait comme en droit.

Non, l'âme en présence des choses n'est pas le miroir tout passif et insouciant que l'on suppose. Nous l'avons dit, elle n'est pas non plus *la cire* qui reçoit, garde et représente une effigie, pas même cette cire vivante et voulante qui s'appliquerait d'elle-même à l'objet pour l'imprimer en soi.

Quand l'âme apprend ou médite, quand seulement elle assiste à un spectacle sans autre effort que celui de le percevoir et de le suivre, entre elle et les choses il y a un échange d'action où sa part est incomparablement la plus grande. Comme les objets se gravent en elle, comme ils la modifient à leur image sans la changer en son fond ; de même, sans altérer leur essence, ni en prendre une fausse idée, elle les marque elle-même d'une double empreinte, celle de sa propre nature, et celle du but où elle prétend les mener (1).

La première est essentielle, nécessaire, inconsciente le plus souvent. Comme le liquide prend tous les contours intérieurs du vase, l'objet reçu dans l'âme se moule nécessairement à la forme de l'âme elle-même. Forme accidentelle et commune, que déterminent les époques ou le climat: en certains points de détail et de surface, le Grec et le Romain voient les objets autrement que le barbare, les Français du dix-neuvième siècle autrement que les contemporains de Louis XIV ou de saint Louis. Forme accidentelle encore, mais propre et singulière à l'individu, empreinte originale du talent, du caractère, des mœurs. Un jour, sur la grève de Saint-Malo et parmi beaucoup d'autres personnes, Lamennais enfant contemplait la mer et il pensait — c'est lui qui le raconte : — « Ils regardent tous ce que je regarde, mais ils ne voient pas ce que je vois. » Plus tard, il disait frémir au souvenir de cet éclair d'orgueil traversant un cerveau de huit ans. Mais orgueil à part, la remarque était juste : cette âme trop tôt puissante mettait sur les objets sa marque à elle, son cachet distinctif. D'ailleurs, ce qui se grave partout et plus profondément que tous les traits accidentels, c'est l'âme humaine invariable, l'âme toujours constituée en fait des mêmes éléments et

(1) Nous l'avons déjà noté. En appliquant à l'étude des objets certaines méthodes réfléchies, l'âme commençait déjà d'agir sur eux. Mais cette action allait finalement à apprendre, à recevoir plutôt qu'à donner. A partir du point où nous sommes, nous la verrons donner plutôt que recevoir.

sensible aux mêmes procédés, aux mêmes touches, l'âme toujours régie en droit par les mêmes lois générales d'ordre et de moralité. Certes, s'il y a du plaisir à déterrer un beau marbre ou une fine médaille, il y en a aussi, et du meilleur, à retrouver dans la parole d'un étranger ou d'un ancien cette vive empreinte de l'âme sur les choses, telle que nous la pourrions donner nous-mêmes, ces tours que prendrait chez nous l'observation de la vie morale, ces vues que nous pourrions avoir sur le monde, sur l'homme, sur Dieu. Je lis dans Platon, dans *les Védas* ou dans Confucius une pensée particulièrement noble ou fine. Est-ce l'âme qui a vibré juste sous le contact de l'objet? est-ce l'objet qui sonne au vrai sous l'effort puissant et ordonné de l'âme? C'est l'un et l'autre, et le second plus encore que le premier. Et si je jouis de me sentir à l'unisson avec ce mort de vingt-cinq ou de trente siècles, c'est qu'il me plaît de voir l'âme éternelle tirer des choses la même harmonie, ou, pour revenir à notre image préférée, y tracer toujours la même empreinte, le même sillon lumineux.

Mais en outre, l'âme qui médite un objet le marque habituellement d'un autre caractère, celui de la fin où elle oriente sa méditation, du but où elle dirige et son propre travail et, par lui, les impressions mêmes que l'objet lui donne. Non qu'elle le plie arbitrairement à une idée préconçue. A la vérité, rien n'est moins impossible ni moins rare; mais c'est le préjugé, cela, le désordre, l'erreur inévitable en fin de compte. L'ordre, c'est le pionnier s'ouvrant une percée et cheminant droit dans la forêt vierge; c'est l'âme poursuivant à travers les choses soit une pensée nette, arrêtée d'avance et certaine par ailleurs, soit du moins une ligne d'investigation logique et sûre. C'est l'esprit en travail d'une démonstration, d'une vérification, d'une découverte, accueillant ce qui s'y rapporte, écartant non ce qui contrarie le préjugé, mais ce qui ne vient pas à la question.

Donc l'âme qui s'empare des objets pour les présenter avec elle-même dans la parole les marque d'un double caractère, le sien d'abord, puis celui de la fin où elle les fait servir. Ils nous apparaîtront façonnés à son image, à la fois humaine et originale, et ordonnés suivant une direction qu'elle-même aura librement choisie. Fait d'expérience, qui rejette bien loin dans le monde de la chimère ces théories plus ou moins avouées de réalisme absolu, d'âme inerte et insouciante, passée à l'état de miroir ou d'appareil enregistreur. Non, l'âme agit suivant sa nature et en vue d'une fin. Et dans le détail pratique cette action devient triple : sélection, disposition, idéalisation. Toujours l'esprit choisit et ordonne ; souvent, emportant les objets à sa suite, sur ses ailes, pourrait-on dire, il monte avec eux dans la vérité bien au-dessus des réalités concrètes, vers leur type et leur suprême idéal.

II

Choix entre les objets. — Choix spontané, inévitable. — Choix réfléchi d'après un but. — Obligation pour qui écrit ou parle. — Ce double choix, indice et mesure de la valeur de l'esprit. — Choix réfléchi, nécessaire à l'unité et, par elle, à la profondeur de l'impression.

Envisageons d'abord la première de ses trois actions sur l'objet qu'il médite. Choix, sélection, triage, voilà qui aura lieu en toute rencontre et doublement, toujours sans qu'il y prenne garde, en outre et souvent par l'effet d'une intention réfléchie.

Mettez en présence d'une même scène curieuse et frappante dix témoins également bien placés pour la bien voir. Puis prenez-les sur le vif de leur impression et demandez-leur-en compte. D'accord au fond, ils diffèrent quant aux détails. L'enchaînement, l'importance relative des circonstances ne se retrouvent plus les mêmes dans l'esprit de celui-ci ou de celui-là. Bien plus, quelques-unes même semblent n'avoir pas existé pour tel ou tel spectateur, et il omet, comme ne l'ayant pas aperçue, cette particularité où son voisin a vu la clef de tout le reste. D'où vient cela? De leur mémoire inégalement fidèle? c'est trop peu dire; par hypothèse, nous ne leur avons pas laissé le temps d'oublier. Non, mais chacun, en regardant et en écoutant, a fait sans le vouloir un travail de sélection spontanée. Et ce travail a-t-il marché à l'aventure? Non pas absolument. Il a eu pour mesure la perspicacité naturelle de chacun, pour guides ses dispositions personnelles, peut-être même une impression dominante inspirée par les débuts du spectacle, laquelle a pris la direction du travail intime, faisant l'unité des autres impressions et par suite celle des souvenirs, saisissant dans le drame ce qui s'accordait avec elle et laissant échapper le reste; sorte de demi-préjugé involontaire, irréfléchi, où se retrouvent une fois de plus le caractère et l'humeur de chacun. En tout cas, le mot de Lamennais enfant se vérifie encore; s'ils content diversement, c'est que, de fait, ils n'ont pas vu la même chose; d'où il est moralement sûr qu'aucun d'eux n'a vu la chose tout entière, nous disons tout ce qu'il y avait d'apparent dans la chose, nous disons vu assez nettement pour tout saisir et tout noter. Chacun a pris sa part dans le spectacle; le mieux doué, le plus observateur, le plus maître de soi, l'a prise plus large et plus lumineuse; il en dit plus et mieux, parce qu'il a plus et mieux vu. C'est le fait d'expérience quotidienne, et nous y appuyons parce qu'il met à néant la chimère du réalisme absolu, paradoxe peu sincère inventé pour masquer le sensualisme, comme nous le verrons amplement.

Tant que l'homme se comporte en spectateur pur et simple, l'inévitable triage se fait en lui sans qu'il s'en doute. Dès qu'il réfléchit, un autre choix commence, mais celui-là volontaire, intentionnel. Nous l'avons dit en général à propos de l'influence active de l'esprit sur les choses; n'y revenons que pour voir cet esprit à l'œuvre, à son œuvre spéciale de sélection. Le philosophe a un but; il pousse droit dans le sens d'une conclusion à démontrer, vérité certaine, lumière fixe où il va sans la quitter des yeux. Ou bien encore il marche à une vérité pressentie; il a sa lumière à dos, pour ainsi dire, dans les principes où il a pris son point de départ. En tout cas, il va devant soi, évitant les traverses; en d'autres termes, il choisit entre objets. Ainsi fait de nécessité le prédicateur, l'homme politique, l'avocat, l'historien même qui, dans l'impuissance de tout dire, est bien obligé d'admettre et de rejeter parmi les détails certains. Ajoutons, pour garder toujours sous nos yeux la vérité tout entière, qu'en poursuivant son but immédiat, sa cause à gagner ou son opinion à défendre, l'homme qui parle ou écrit doit toujours tenir compte de l'élévation morale, du perfectionnement moral de qui le lit ou l'écoute. Encore une nécessité de choisir, ne fût-ce que pour écarter ce qui nuirait à cette fin dernière de toute parole.

Les franchises de la fiction ne sauveront pas de cette loi du triage le poète, le romancier, le conteur libre, qui n'est jamais libre contre la nature et la morale.

Hoc amet, hoc spernat...

lui dit Horace. Qu'il prenne et laisse en vue de son but. Or son but, à lui aussi, est double. Plus noble, par là du moins, son métier ne l'engage pas à la poursuite d'un résultat temporel, parfois vulgaire. Il peut tendre immédiatement au bien de l'âme où il s'adresse, l'élever par la contagion de la grandeur morale ou l'assainir au moins par les utiles joies du cœur. Il le peut, et il le doit par là même. Rien ne l'en empêche et tout l'y oblige; mais c'est l'obliger de choisir. Aussi bien le devrait-il encore, à n'envisager que son autre but, secondaire et immédiat, plutôt moyen que but, nécessité littéraire de produire tel effet, telle impression. Ainsi fait excellemment La Fontaine, par exemple ; et M. Taine l'en loue fort, dans une page où le grand bon sens du critique l'emporte heureusement sur les systèmes(1). Que ne s'en est-il souvenu quand, plus tard, il glorifiait Shakespeare et l'école germanique de cette prétention à tout voir et à tout rendre qui, fût-elle réalisable, n'aurait vraiment rien de si glorieux (2).

Car dans ce double triage, l'un inconscient que l'âme opère sur tout spectacle, l'autre voulu et réfléchi qu'elle entreprend dès qu'elle commence de méditer, il y a une marque et une mesure de sa netteté de vue et de sa force. Voilà pourquoi deux sortes de gens n'y arrivent pas. Ce sont d'abord et fatalement les esprits courts et médiocres : l'art de choisir tient de près au don d'observer, qui est lui-même inséparable du talent. A l'extrême opposé, ce sont les esprits trop riches, éblouis de ce qu'ils découvrent, n'en voulant rien perdre pour eux-mêmes et pour autrui. Défaut des grandes intelligences avant l'heure de la maturité complète. C'est Bossuet jeune versant à flots devant ses premiers auditeurs de Metz les belles choses qu'il découvre avec ravissement dans les Pères, dans l'admirable saint Augustin. Plus tard le choix sera plus sévère, l'orateur plus courageux à s'interdire les beautés superflues, en fin de compte plus fort et plus grand.

Quant aux réalistes, en prétention de tout dire, leurs visées sont moins hautes. Bossuet pouvait souffrir d'avoir à sacrifier une pensée ; ceux-là répugnent à se priver d'une sensation.

Pauvre calcul, du reste, et qui ne profite nullement à la puissance légitime et profonde de l'impression. Pareille puissance naît de l'unité, et l'unité commande le triage. C'est lui qui, en écartant le hors-d'œuvre, donne à la méditation, et dès lors à la parole, cette

---

(1) Taine : *La Fontaine et ses fables*, 3ᵉ partie, chap. I, nᵒ V.
(2) Taine : *Histoire de la Littérature anglaise*, liv. II, chap. II, nᵒ V.

force où rien ne se perd, cette force concentrée et ramassée sur un point unique, à laquelle on peut résister encore, mais sans laquelle on n'est jamais ni convaincu ni ému jusqu'au fond de l'âme. Où le choix a manqué, l'unité est lâche, flottante, rompue et comme traversée à chaque instant par des éléments disparates. Qu'une imagination malade s'en amuse, qu'on prenne cela pour variété, pour nouveauté, à la bonne heure. L'âme saine en est vite lasse; pour elle le trop, le superflu, l'étranger n'est pas seulement sans valeur ; il est nuisible. Il amoindrit la lumière en distrayant l'esprit. De même, il détruit l'impression par la concurrence d'objets multiples, ou tout au moins il l'affadit en fatiguant la sensibilité, comme fatigue tout mouvement inutile et gauche. L'unité par le choix, c'est l'ordre, et l'ordre se montre ici comme partout le meilleur gardien de la puissance. Qui a de l'ordre dans l'esprit sait choisir; il sait dès lors imprimer à sa pensée ce caractère d'unité forte. Il sait encore *finir*, achever; dans le double sens de ces deux termes, entendons mener le développement jusqu'à sa plénitude et l'arrêter là sans hésitation ni regret. Tout cela suppose, à vrai dire, des qualités précieuses. Il y faut le tact, l'expérience, l'attention, le naturel dans les habitudes de la pensée, et, dans le travail actuel de la composition, le regard toujours fixé au but. Il y faut l'âme facilement ouverte à la vive empreinte des choses, et tout ensemble gouvernant énergiquement l'impression reçue. Ainsi, comme tous les éléments de la composition littéraire, le choix à faire entre objets nous met en présence d'un problème tout pratique, à la fois psychologique et moral. Discipliner l'âme en l'assujettissant à la nature des choses, mais surtout gouverner l'impression reçue des choses en la pliant à la nature de l'âme: voilà le secret de la composition bien manifesté dès la première opération qu'elle suppose.

III

Ordonnance imposée aux objets, spontanément d'abord, — puis à dessein et d'après un but. — Y a-t-il une forme générale de disposition ? — Le moule artificiel. — La vraie méthode guidant la réflexion. — Une loi fixe, la gradation. — Directions pour l'application pratique. — Deux cas principaux. — Large influence des choses, combinée avec les émotions naturelles de l'âme et la logique spontanée. — Disposition dans la poésie lyrique, dans le récit. — Influence prédominante du dessein réfléchi. — Ordonnance philosophique : la logique pure. — Ordonnance oratoire : la logique combinée avec les dispositions de l'auditeur. — Clef de tous les problèmes pratiques. — Conclusion : l'âme ordonnant les choses. — Préparation lointaine, effort immédiat.

Il en sera de même pour la seconde, pour la disposition, et nous en pourrions commencer l'étude en répétant, sauf de bien légères variantes, ce que nous avons dit du triage. Comme lui, elle est double en fait, nécessaire tout d'abord, spontanée et souvent inconsciente. Revenons à nos dix témoins et à la scène où ils assistent. Avec le travail de sélection irréfléchie qui s'opère entre les phénomènes, un autre coïncide, une ordonnance toute spontanée, une certaine logique directe qui les présente d'après une succession naturelle. Analysée après coup, cette succession paraîtra née de deux éléments unis ; l'un est la série réelle des objets ou phénomènes, l'autre celle des impressions fatales ou libres dont ils ont été l'occasion. Joignez-y en troisième lieu — ou peu importe — identifiez aux impressions mêmes cette curiosité de nature qui, avant toute réflexion, cherche les causes dans les effets. Vous aurez ce qui se passe dans tout esprit, alors même qu'il est plutôt passif, ou du moins avant que son activité s'achève en prenant conscience d'elle-même.

Cet autre temps arrivé, quand l'homme commence à méditer, plus encore s'il entreprend de parler pour un but quelconque, voici venir un second travail d'ordonnance, libre et voulu cette fois. Le fait est sans exception et sans conteste. Depuis Pindare égaré, ce semble, dans les élans de sa fantaisie jusqu'à Platon déroulant de si loin ses ironies socratiques, depuis V. Hugo, si l'on veut, jusqu'à Bourdaloue, c'est-à-dire en somme depuis l'extrême du caprice jusqu'à l'extrême de la logique sévère, tout homme qui pense et parle assujettit sa pensée et sa parole à un ordre plus ou moins rigide et plus ou moins heureux. Et le moyen de faire autrement? L'esprit connaît par succession, il n'arrive à la synthèse que par l'analyse, à la vérité d'ensemble que par celle de détail. Par ailleurs les objets ont leur logique tout comme lui la sienne, et voilà deux forces naturelles dont la plus audacieuse fantaisie devra tenir compte, malgré qu'elle en ait.

Mais à qui s'exerce dans l'art de composer la parole, il ne suffit pas de représenter l'ordre comme nécessaire. Ce qu'il veut, c'est la loi générale de cet ordre, c'est le principe qui le guidera dans l'effort de la disposition. Ce principe, cette loi existent-ils, et les peut-on mettre en formules?

Assurément l'erreur serait grande de vouloir tracer *a priori* soit un plan universel bon à tout faire, soit tous les plans possibles pour tous les sujets. S'il y a dans les œuvres de l'esprit quelque chose de plus répugnant que le lieu commun au mauvais sens du terme, c'est bien la forme convenue, tracée d'avance, devenue invariable et obligatoire, c'est *le moule,* pour tout dire d'un mot. Le moule règne et triomphe aux époques de décadence, de sénilité littéraire. Est-ce admiration gauche, fétichisme étroit pour les modèles? Est-ce illusion de rhéteur attribuant au procédé la vertu de suppléer l'inspiration? Est-ce tout bonnement impuissance et paresse? Un peu de tout cela peut-être; mais de fait le moule est partout. Le moyen âge finissant a vu les moules à chansons de geste (1) et le moule à sermons (2), dont peut-être ne sommes-nous pas tout à fait

---

(1) Léon Gautier : *Les Épopées françaises*, t. I.
(2) L'abbé Bourgain: *La Chaire française au douzième siècle.* — Aubertin : *Littérature au Moyen-Age*, t. II.

débarrassés. Ronsard, Chapelain, Voltaire font de l'épopée selon une formule homérique et virgilienne, croyant prendre l'âme des maîtres alors qu'ils n'en prennent que le costume. Le même Voltaire coule des romans médiocres dans le moule de la tragédie racinienne ; les derniers soi-disant classiques en couleront de pires dans le moule voltairien. En éloquence, pareil fléau. Les sophistes en Grèce, les rhéteurs à Rome, avaient leurs cadres oratoires faits d'avance et applicables à toute matière ; aujourd'hui nous avons la composition pour le baccalauréat : le tout faux, factice, misérable, mais excellent à la paresse de l'intelligence.

En sommes-nous donc réduits à conseiller la réflexion ? Horace est-il banal ou suffisamment pratique, lorsqu'il met la force et l'agrément de la disposition à dire présentement ce qui doit être dit présentement, à savoir différer bien des choses et les réserver pour le moment favorable (1) ? Essayons un léger commentaire ; nous osons croire qu'il ne sera point superflu.

En matière d'ordonnance réfléchie comme d'invention, la méthode ne fera que guider la pensée ; mais à coup sûr elle y peut prétendre ; elle a pour cela une loi fixe, et des directions très générales mais très certaines et vraiment utiles au bon vouloir.

La loi fixe est celle de la gradation, achevant l'œuvre de l'unité. Unité, gradation, voilà qui s'impose toujours au nom de l'invariable nature de l'âme ; unité, résultat propre du choix bien fait : nous n'avons pas à y revenir ; — gradation, règle nécessaire de toute bonne ordonnance : il y faut appuyer un peu. Qui dit gradation dit liaison naturelle entre les choses. Les détails s'appellent par leurs affinités, ils s'enchaînent et se continuent sans rupture du lien logique ; l'esprit passe, il coule de l'un à l'autre sans effort, comme une barque suivant le fil de l'eau. De là en effet la marche

---

(1) *Ordinis hæc virtus erit et venus, aut ego fallor,*
Ut jam nunc dicat jam nunc debentia dici,
Pleraque differat et præsens in tempus omittat.

aisée ou, comme disaient excellemment les Latins, le cours paisible, le coulant du discours, *flumen orationis*. Mais encore faut-il que cette liaison soit progressive. Un discours est un voyage. Donc il faut que chaque pas nous rapproche du terme. Règle morale, à étendre ou à resserrer suivant les sujets ou les genres, mais règle universelle et toujours sensible jusque dans les plus libres jeux de la fantaisie. Que l'ensemble soit une course vagabonde à travers champs, à la bonne heure! Mais chaque partie sera comme un petit discours où, sous peine de détacher de vous l'intérêt et l'attention, il faudra bien que vous nous meniez quelque part. A tout prendre, l'ensemble même, s'il ne veut être vain et nul, devra nous laisser une pensée, une impression dominante, à quoi il ne réussira point sans une progression peut-être large mais réelle toujours (1).

Telle est la loi. Viennent maintenant les indications ou directions qui peuvent la faire appliquer avec plus de sagesse pratique.

Les faits nous ont montré d'abord la disposition naissant en partie de la nature des choses, mais encore plus de la nature de l'esprit et de son action libre. Par un point, elle tient à l'impression des objets sur l'âme; par beaucoup d'autres, à l'impression de l'âme sur les objets. En somme, le secret pratique gît à concilier heureusement ces deux

---

(1) L'habitude formant préjugé nous a conduits à exiger que les dernières impressions d'une lecture, d'un spectacle ou d'une audition soient toujours les plus violentes. Une symphonie doit se perdre finalement dans des éclats formidables. Un dénouement de tragédie est froid quand il ne s'arrête pas net sur un dernier coup de théâtre ou sur une tirade à effet, sorte d'*aria di bravura* faite pour enlever le dernier applaudissement. Chaque sermon, chaque point de sermon doit finir de même, sans quoi l'auditeur ne se tiendrait pas suffisamment averti d'être ému. — Excès et routine. Cela est bon quelquefois, mais pourquoi toujours? On a loué l'art grec de calmer les passions après les avoir soulevées et d'aller par la véhémence à une sorte d'apaisement final. Pourquoi non? La gradation, la nature n'exigent pas que l'impression soit et demeure violente. Elles la veulent lentement et savamment produite, d'ailleurs profonde et durable, à quoi un certain calme relatif ne nuit jamais.

impressions, ces deux influences, l'une ou l'autre prenant le dessus suivant le cas.

Or on peut, ce semble, les ramener tous à deux principaux.

Quelquefois la disposition sortira de la succession même des choses, combinée d'ailleurs avec le mouvement propre de l'âme où elles s'impriment, c'est-à-dire avec le jeu naturel des passions et cette logique large et à peine réfléchie qui s'attache comme d'instinct à la question de causalité.

Cette disposition toute simple et presque spontanée est avant tout celle de la poésie lyrique. Là, relativement parlant, l'âme est conduite plutôt que conduisante, elle est saisie, transportée par une succession d'objets grands et forts qui l'entraînent sans lui laisser souvent que l'équilibre essentiel à la moralité, à la dignité humaine. Prenez un psaume d'allure vive comme le « *Super flumina Babylonis* » ou le « *Quare fremuerunt gentes.* » Vous y trouverez une suite d'objets, d'images, d'allusions, de souvenirs, qui se tiennent sans doute et s'appellent les uns les autres, mais d'un lien bien souvent léger et d'un appel singulièrement rapide. Ils passent, émouvant l'âme à tour de rôle, sans autre unité le plus souvent que la prédominance d'une impression maîtresse produite par eux-mêmes et que l'âme gouverne au moins assez pour sauver en tout l'action nécessaire de la raison. On ferait la même épreuve sur une ode de Pindare par exemple, ou de Fra Luis de Léon ou de V. Hugo. Et telle est bien, autant qu'on la peut décrire, l'ordonnance lyrique. Les objets lui donnent le branle, et lui impriment souvent la direction par le sentiment premier et dominant qu'ils nous inspirent. L'âme n'est pas toute passive, mais elle accepte de partir de là.

Dans le récit, à part le cas spécial de la narration judiciaire, les faits ou phénomènes gardent, pour ainsi dire, une large initiative. Là encore ils s'imposent à l'âme dans leur ordre chronologique et avec les impressions qu'ils éveillent en passant comme des échos sonores. Mais à tout prendre, leur influence commence de se restreindre et le gouvernement de l'âme est déjà bien plus sensible. Par où ? Par une préoccupation constante de logique, une continuelle recherche de la causalité. L'homme qui vient de voir une scène frappante peut s'apercevoir après coup qu'à l'heure même et sous l'émotion du spectacle il travaillait vaguement à grouper les détails, à s'en esquisser la philosophie. A plus forte raison le fera-t-il maintenant pour en fixer l'idée en soi, mais surtout pour la communiquer à d'autres. Écoutez un narrateur malhabile, un enfant. Les « alors » dont il scande son récit ne peignent-ils pas au naturel ce soin, encore impuissant mais déjà très vif, de marquer la succession, de nouer les effets aux causes ? Où l'enfant échoue, l'esprit mûr et habile réussira par un profond et sagace effort de logique. Poète, historien ou panégyriste, il s'inspirera manifestement de la suite chronologique des phénomènes ; mais la relation logique, la causalité surtout, l'aideront à les démêler s'ils sont complexes, à courir de l'un à l'autre sans en perdre aucun de vue, à les grouper en fin de compte, autour d'un ou de plusieurs centres lumineux. Montons du familier au grandiose. Sévigné raconte la mort de Vatel, l'incendie de la maison de Guitaut (1). L. Veuillot esquisse dans une lettre familière l'invasion de la Chambre le 15 mai 1848 (2). Virgile chante la mort de Priam ; le Tasse, le duel de Tancrède et de Clorinde. Bossuet suit les charges impétueuses de Condé devant Rocroy. Thiers, avec sa vive imagination, regagne la bataille d'Austerlitz ; Tacite peint en traits courts et sombres la mort de Vitellius. Il y a plus d'aisance chez le conteur, plus d'émotion chez le poète, plus d'active application chez l'historien ; mais c'est, au fond, partout la même chose.

---

(1) Sévigné : 26 avril 1671, 20 février 1671.
(2) Veuillot : *Mélanges*, 1re série, t. III, p. 339.

Ainsi l'ordonnance de tout récit peut au moins commencer de se formuler dans cette loi générale : suivre l'ordre historique des phénomènes et des impressions correspondantes, sauf l'intérêt supérieur de la logique et surtout de la causalité. A ce prix, la narration attache, parce qu'elle prend et satisfait à la fois tout l'homme.

Mais si elle se fait pour un but précis, au bénéfice d'une démonstration, par exemple, ou seulement dans l'intention préconçue de développer telle ou telle impression, elle appartient plutôt à la seconde hypothèse générale, celle où l'ordonnance dépend beaucoup moins des choses que du dessein réfléchi. Ce qui la mène alors, c'est la fin préméditée et voulue, d'ailleurs combinée, pour l'ordinaire avec les dispositions connues ou présumées de l'auditeur.

Nous disons pour l'ordinaire; car le philosophe échappe à la nécessité de compter avec ce second élément. Heureux maître qui a droit de supposer l'âme au repos, libre de préjugés et suffisamment attentive ! Nous l'avons vu marchant à une conclusion déjà certaine, comme le vaisseau va droit à un phare, ou bien, au contraire, parti en découverte et cheminant de conclusion en conclusion, à la lumière toujours plus lointaine d'un principe initial. Dans les deux cas, sa voie est tracée; elle est droite et simple comme l'enchaînement logique des choses. Heureux maître encore une fois !

L'orateur, lui, n'a pas affaire qu'à la suite naturelle des objets. Rarement il peut aller au but suivant le grand chemin de la logique. Autour de cette ligne directrice, les dispositions de l'auditoire le forcent à dessiner bien des courbes, à s'attarder à maints détours. On aura tout fait d'ailleurs en l'avertissant de comparer et de lier aussi heureusement que possible ces deux éléments de son action : la fin qu'il s'agit d'atteindre, les esprits qu'il y faut conduire, les choses à dire et les hommes à qui les faire accepter. Ne lui laissez pas croire qu'il est tenu en rigueur à un exorde, insinuant ou abrupt, suivi d'une proposition méthodique, laquelle se déploie en division appelant une confirmation pour chaque partie, puis, après réfutation de raisons adverses, une péroraison obligatoire par récapitulation et mouvement. Tout cela est vrai, fondé en nature, et nous n'avons aucune envie d'en sourire ; mais nous souririons volontiers si un rhéteur formaliste semblait nous le présenter comme règle nécessaire et invariable. Dites plutôt à l'orateur d'envisager nettement son but et de regarder de près son auditoire. C'est de là que le plan doit jaillir tout armé comme la Minerve antique du cerveau de Jupiter. L'exorde sera-t-il prolongé, détourné, ou simple et droit? Aborderons-nous les esprits de front et avec une impétuosité franche, ou de biais et par des marches et contre-marches savantes? L'exorde, si exorde il y a, sera-t-il autre chose que la proposition même, l'énoncé net et lumineux de la doctrine ou de l'opinion que nous entreprenons de défendre? Tout au contraire supprimerons-nous une proposition qui effaroucherait, trouvant plus sage d'y faire glisser peu à peu l'auditeur par une sorte de pente imperceptible? Y aura-t-il division géométrique et miroitante, ou laisserons-nous les parties se produire à tour de rôle sans programme annoncé d'avance? Voici le corps du discours, la preuve. Dans quel ordre ranger nos arguments, nos moyens ? On sait la disposition homérique ; en tête et en queue, l'élite encadrant fortement les troupes de valeur moindre. C'est très juste ; mais la valeur n'est pas seulement absolue ; elle varie suivant les dispositions générales ou actuelles de l'écoutant. Voyons donc quelles raisons s'empareront tout d'abord de son esprit, quelles autres il y faudra laisser en finissant comme le fer dans la plaie. On nomme justement la réfutation parmi les parties ordinaires du discours. Mais, cette fois, est-elle nécessaire? Et puis où la mettre ? Marchera-t-elle à l'avant-garde pour déblayer le terrain et frayer passage à la preuve, ou en façon de corps de réserve et pour forcer les dernières résistances? Apparaîtra-t-elle mêlée aux arguments, comme est souvent la défensive l'offensive dans les actions particulières dont se compose une bataille? Et la péroraison que sera-t-elle? Impétueuse comme la charge décisive, ou calme et forte comme les derniers pas d'une marche en avant sous laquelle tout plie? Nous pourrions dire: y aura-t-il péroraison comme nous disions plus haut: y aura-t-il exorde? Autant de questions pratiques. Et d'après quoi les résoudre? D'après la fin à poursuivre et les dispositions de l'auditoire, c'est-à-dire en somme d'après la nature des choses et celle de l'homme sur qui l'on doit agir.

Voilà, pensons-nous, tout ce que l'art peut prescrire sérieusement en matière de disposition, d'ordonnance. Dira-t-on que ce n'est rien? Non, sans doute. L'attention de l'écrivain est fortement arrêtée sur les deux données du problème, en possession des hypothèses principales et des principales solutions correspondantes. Nous n'avons pas su mieux faire et il semble que nous ne devions pas faire plus. Y a-t-il au delà quelque autre chose que le convenu, la formule mécanique, le moule?

A tout prendre, c'est encore et toujours l'âme qu'il faut exercer, façonner de près et de loin à mettre dans les objets conçus par elle cet ordre lumineux, l'un des traits saillants de son empreinte. Pour s'orienter vite dans la confusion première des idées, pour jeter sans retard ses points de repère et ses grandes lignes à travers le pêle-mêle du détail, ce n'est point trop d'une préparation lointaine et d'un effort immédiat. Dès longtemps l'âme doit s'être rendue souple, attentive aux objets pour en recevoir l'impression d'après leur suite naturelle, d'ailleurs forte et active pour leur imposer la direction logique, le classement. Ce sont en elle dispositions de nature, mais que l'observation développe et le raisonnement passé en habitude. A l'heure d'agir et au cours du travail même, il la faut décidée, résolue autant que besoin est, pour adopter une méthode et commencer d'après un plan, fût-il imparfait, car le plus médiocre vaut toujours mieux que la marche à l'aventure. Il la faut encore énergique et, dans un sens vrai, désintéressée, pour achever le travail d'ordonnance, pour l'amener à ce point de perfection où il ne paraît plus ; où les objets s'enchaînent si bien qu'ils semblent nous avoir dicté jusqu'à la disposition du détail plutôt que la recevoir de nous ; où celui qui lit ou écoute croit voir les choses couler de l'âme comme de source, au lieu que la réflexion lui montrerait en cela même la plénitude et le chef-d'œuvre de l'effort ; où, pour en revenir à notre idée dominante, l'âme semble n'avoir agi qu'en se moulant à leur effigie, tandis que, de fait, elle leur donne son empreinte la plus puissante et la plus délicate. C'est, au point de vue spécial de l'ordonnance, la nature profonde des objets dégagée et mise en lumière selon la nature même de l'homme ; c'est le vrai des choses retrouvé et restitué selon le vrai de l'âme ; d'un mot, c'est le naturel.

CHAPITRE III

L'âme donnant son empreinte aux choses. — Idéalisation.

I

L'idéalisation, empreinte supérieure de l'âme. — Le beau : notion usuelle. — Tout être est beau métaphysiquement, mais non pas sensiblement. — Si l'art doit rechercher de préférence le beau. — Réponse du sensualisme (réalisme ou naturalisme). — Réponse du spiritualisme conséquent. — Principe : l'art doit tendre à l'élévation morale. — Conséquence : il doit tout diriger au rayonnement définitif du beau. — Puissance du beau pour élever : admiration, inspiration, création.

L'âme se comporte en maîtresse parmi les réalités dont elle ne peut absolument s'affranchir. Si elle reçoit leur empreinte, elle leur impose la sienne. Elle choisit entre elles et les range à son gré comme un capitaine ses soldats. Encore est-elle capable de les dépasser, de s'élever au-dessus d'elles, de les grandir elles-mêmes en les concevant d'après un type supérieur aux données de pure expérience. Ici elle fait mieux que choisir et mettre en ordre, elle idéalise. Or si par les choses on entend, comme nous l'avons toujours entendu, ce qui existe en fait dans le monde, il est clair que, en les élevant ainsi, l'âme reçoit d'elles beaucoup moins qu'elle ne leur donne. Dans cette conception supérieure, idéale, son empreinte est manifeste ou jamais.

Grande et belle question que celle de l'idéal, difficile, impénétrable même, croyons-nous, dans ses derniers mystères ; mais sans ombre ni hésitation quant aux principes certains et aux conséquences utiles. Pour nous, au risque de tromper l'attente de quelques-uns, nous ne prendrons de cette question que ce qui est nécessaire à fonder la pratique de l'art. Nous ne haïssons pas la métaphysique, mais nous espérons n'être ni séduits par la métaphysique nuageuse, ni même tentés de métaphysique superflue. La vérité peut être haute, mais elle est simple aussi.

Par exemple et tout d'abord, à quoi nous servirait de remuer le problème fondamental de l'esthétique, de sonder la nature même du beau ? C'est assez d'y voir un des trois aspects essentiels de la perfection ou de l'être, les deux autres étant le vrai et le bien. Ne pouvant l'analyser dans son essence, définissons-le, avec saint Thomas, ce qui plaît à la seule vue, *id quod visum placet,* ce qui excite l'amour désintéressé, l'admiration qui s'éprend du beau lui-même sans souci d'aucun avantage temporel et secondaire. Nous sommes en face de *la Transfiguration* de Raphaël ; nous écoutons le *Don Juan* de Mozart ; nous assistons à une représentation de *Cinna* ou d'*Athalie*. Sans calcul égoïste, sans retour sur nos intérêts vulgaires, nous nous laissons délicieusement détacher de nous-mêmes et grandir au contact d'un sentiment plus noble que les préoccupations quotidiennes de notre vie ; voilà la véritable émotion esthétique, voilà le beau.

Le beau est-il partout dans la réalité des choses ? Tout est-il beau ?

Si nous envisageons tous les êtres qui ne sont point relations pures, les individus sans nombre du monde des corps et de celui des esprits, tous, du grain de sable à l'homme et à l'ange, sont diversement beaux en rigueur métaphysique. Être, perfection, beauté, termes connexes jusqu'à devenir inséparables. Tout ce qui *est* est beau par le fait même et dans la mesure de son être. Dieu, l'être pur et absolu, est la beauté sans mélange, comme le néant est la pure laideur. Entre ces deux extrêmes, toute créature, étant limitée dans son être, l'est à proportion dans sa beauté : mélange d'être et de non-être, mélange de beauté et de laideur, mais belle toujours parce qu'elle est et autant qu'elle est, puisque par là et dans cette mesure elle reflète nécessairement l'Être pur, la Beauté infinie, l'exemplaire universel, Dieu.

Mais autre chose est la rigueur métaphysique, autre chose la pratique, l'appréciation. Là nous n'appelons beau que l'être où la beauté domine assez pour affecter notre âme, où la ressemblance divine est assez claire pour saillir à nos yeux. C'est ici le domaine de l'expérience rapportée à notre nature, et l'expérience nous dit très certainement que tout n'est pas beau. Nous voulons bien pleurer sur le crapaud pour être agréables au poète, mais en dépit de sa beauté métaphysique, il faudra bien que le « monstre aux doux yeux » nous fasse horreur (1).

Quant aux relations indéfinies entre objets, elles sont belles si elles sont dans l'ordre, c'est-à-dire dans la vérité qui est proprement l'être. Hors de l'ordre, elles sont laides parce qu'elles sont fausses. Proportion des lignes, assortiment des couleurs, harmonie des sons : autant de relations justes, autant de beautés physiques. Conception vraie, logique puissante, et par ailleurs justice exacte, charité généreuse : autant de relations ordonnées, autant de beautés intellectuelles ou morales. Imaginez le contraire : il nous déplaît, il nous offense, il est désordre, fausseté, laideur.

Non, tout n'est pas beau de cette mesure de beauté qui s'aperçoit et qui compte. Elle commence où la vérité commence de reluire, c'est-à-dire la ressemblance divine. Elle n'est que dans l'ordre, complète ou incomplète comme

---

(1) _ Pleurez...
  Sur l'effrayant crapaud, pauvre monstre aux doux yeux
  Qui regarde toujours le ciel mystérieux.
              (V. Hugo : *Contemplations*, liv. VI, n° 26.)

lui. Ainsi la matière n'est point belle par elle-même et en tant que matière : autrement elle aurait un genre de perfection dont le type éminent manquerait en Dieu. Des cristaux de neige au panorama le plus splendide, la matière est belle par l'esprit qui met en elle l'ordre et la vie et pour l'esprit qui peut les y saisir. Dans l'homme, elle est belle de la vie de l'esprit qui s'y reflète. Encore l'esprit n'est-il beau lui-même qu'autant qu'il agit suivant sa nature, suivant l'ordre, suivant Dieu. Tout cela est manifeste pour qui ne s'est pas interdit par la profession du matérialisme tout droit logique à l'honneur de la pensée, pour qui ne s'est pas retranché du monde des intelligences.

Mais la question de fait amène la question de droit : question souveraine, décisive, à poser la première, dont la solution entraînera tout le reste et nous laissera parfaitement assurés même en présence des obscurités de détail, s'il en doit rester quelqu'une. D'ailleurs question qui n'est pas encore celle de l'idéal, mais qui l'introduit et la préjuge. Enfin question commune jusqu'ici au poète, à l'historien, à l'orateur, à quiconque entreprend d'agir sur les hommes en leur montrant les choses à travers son âme. Tout n'est pas beau dans les choses. Faut-il donc les représenter sans distinction, ni arrière-pensée autre que celle d'une parfaite exactitude? Au contraire, faut-il, dans une intention supérieure, s'attacher de préférence au beau?

Le réalisme ou naturalisme — nous savons que c'est tout un (1) — se prononce pour la première hypothèse. Selon Victor Hugo, l'art doit rendre tout ce qui est « caractéristique (2), » et M. Zola le gourmande fort de s'inféoder encore à un certain idéal. Querelle d'amis qui ont le tort de se méconnaître. Tout rendre étant matériellement impossible, que veulent-ils l'un et l'autre, surtout si l'on

---

(1) Voir liv. I, chap. v, § 4.
(2) V. Hugo : Préface de *Cromwell*.

explique leurs théories par leurs œuvres? Ils veulent rendre tout ce qui frappe, tout ce qui produit l'effet, et le plus violent qui se puisse produire; à quoi servent fort bien le laid, l'horrible, mais par-dessus tout le sensuel. Réalisme et naturalisme ne sont que des noms de guerre, bons à déguiser le système en revendication des droits de la nature et de la réalité confondue grossièrement avec la vérité même. Le fond des choses c'est la négation pratique de toute morale, c'est par-dessus tout le sensualisme libre du frein.

Tout au rebours, le spiritualisme conséquent assigne à la parole comme à tout art une fin précise et supérieure, l'élévation des âmes, et, pour y atteindre, c'est au beau que la parole et tout art avec elle devront aller de préférence. Tout est pour nous dans ce principe et dans cette conclusion.

Quant au principe, nous l'avons établi assez amplement. L'art n'est pas Dieu, mais créature; il n'est pas fin dernière, mais moyen par rapport à la fin dernière. Qu'il la serve donc, qu'il élève les âmes, c'est-à-dire que, par la pensée et l'amour, il les rapproche de Celui qui est à la fois leur principe, leur fin et leur type suprême. Autrement il faut renoncer ou à la logique ou à la morale ou à toutes deux.

Dès lors la conclusion suit. Obligé d'élever les âmes, l'art devra, non pas reproduire exclusivement ce qui élève — il faudrait, hélas! prendre trop hardiment congé du réel — mais il devra diriger la reproduction des choses à la manifestation définitive de ce qui élève, à son rayonnement définitif. Contraint de subir et de nous imposer des détails ou repoussants ou vulgaires, il en fera comme des ombres au tableau, les forçant de concourir définitivement à l'impression dominante qui sera toujours noble et généreuse. Condamné à rencontrer sur sa route et à mettre sur la nôtre toute autre chose que le beau, c'est le beau du moins qu'il nous présentera comme terme, c'est au beau qu'il nous mènera sans même nous avertir.

Et en effet ce qui élève, est-ce donc la réalité, toute réalité, la réalité prise en bloc et sans choix? De ce côté, trop de choses nous ravalent, au contraire, ou nous laissent du moins dans notre vulgarité habituelle. Ce qui élève, c'est le beau, le beau qui partage avec le vrai et le bien la vertu de transformer en soi ce qui l'approche, le beau moral surtout qui, lorsqu'il nous apparaît manifeste, nous enlève à nous-mêmes pour nous porter à sa propre hauteur. Rappelons en courant les effets qui marquent son passage comme l'incendie celui de l'éclair. L'admiration vient d'abord, l'admiration, sympathie généreuse et désintéressée qui ne jouit du beau que parce qu'elle l'égale, au moins par l'intelligence qui comprend et la volonté qui adhère; l'admiration, sentiment délicieux entre tous, au point que l'homme est à plaindre qui s'en refuse la douceur; mais d'ailleurs l'une de nos premières noblesses, tellement que l'impuissance d'admirer est une vraie note infamante dont le cynisme seul peut faire gloire. Après l'admiration et comme conséquence, le beau, quand il s'empare de l'âme, y fait naître l'inspiration, exaltation féconde de toutes les facultés, sorte de frémissement, de vibration intérieure demi-passive, demi-active, où nous sentons jaillir et monter en nous de je ne sais quelles profondeurs inconnues les pensées fortes, les nobles désirs, les grands desseins. Ici le beau ne nous transforme plus seulement en lui-même; il nous convie à le reproduire. Sommes-nous artistes, avons-nous à notre commandement une langue expressive, peinture, musique, poésie, éloquence; d'ailleurs savons-nous, par un effort vigoureux de la volonté, fixer sur un objet précis cette vague et magnifique inquiétude de l'âme; alors éclate le chef-d'œuvre, l'inspiration devient création (1). Où manque l'instrument artistique, la volonté

---

(1) Il est notable que le spectacle du beau nous pousse à reproduire le beau sous n'importe quelle forme, que l'inspiration née du beau semble, pour ainsi dire, indifférente à son objet. Un musicien vient d'assister à

peut au moins la diriger dans le sens d'une résolution noble. Ce beau que nous ne saurons pas peindre, écrire ou noter, nous songerons efficacement à le réaliser en nous, dans notre être moral, ce qui est mieux encore. Mais dût la volonté paresseuse laisser l'admiration s'éteindre par degrés et se perdre dans la rêverie, encore nous aura-t-il été bon de nous être pour un moment haussés en idée au-dessus des intérêts mesquins et des préoccupations égoïstes.

Et voilà où nous doit mener toute parole littéraire. Quand l'âme de l'écrivain nous conduit à sa suite parmi le spectacle mouvant des choses, disons mieux, quand elle nous les fait voir à travers elle-même, non comme un miroir qui réfléchit mais comme un prisme qui colore ; telle est la dernière impression où elle doit subordonner toutes les autres. Si la réalité lui impose de reproduire la laideur et le vice, l'âme mettra plus glorieusement que jamais son empreinte sur les choses, en les forçant toutes de servir et de fortifier en fin de compte le sentiment qui élève, le sentiment du beau.

II

Tendre au beau : loi certaine. — Loi précise et pratique. — Loi universelle.

La loi est rigoureuse, avons-nous dit. En effet rien de plus sûr et de plus profond que ses bases. C'est l'obligation d'élever l'âme, incombant à l'art comme à toute influence morale ; c'est le pouvoir assimilant du vrai, du beau et du bien ; c'est l'inégale beauté des êtres selon qu'ils reflètent

un drame vraiment puissant ; il se met au piano et trouve d'admirables mélodies. Au sortir d'une séance du Conservatoire, le poète écrira ses meilleurs vers. Il en serait de même s'ils avaient vu l'un et l'autre une scène réelle d'héroïsme, et par contre, qui les prendrait dans l'inspiration ne serait pas mal venu à leur demander une action généreuse.

plus ou moins sensiblement la Beauté infinie. Quel spiritualiste niera ces principes? Quel logicien contestera ces conclusions?

Mais la même loi est simple, nette, précise et pratique. Tout pour l'élévation de l'âme, tout pour l'impression dominante du beau. Or le beau suprême, c'est Dieu ; à tout prendre, c'est Dieu qu'il faut définitivement mettre en lumière. Dieu serait donc en soi l'objet suprême de l'art. Mais un pareil objet se dérobe. L'art est la traduction sensible du beau, et l'immatériel absolu ne se laisse pas traduire. La parole seule l'atteint, elle le nomme, elle le désigne à coup sûr; mais quand il s'agit de le peindre, fût-elle sublime, elle balbutie encore. Bossuet l'a dit en vers admirables :

> Je t'aborde en tremblant, lumière inaccessible,
> Et sans voir dans son fond l'être incompréhensible,
> Par un vol étonné je m'agite à l'entour.

Le plus souvent il lui faudra, selon la condition constante des autres arts, se rabattre aux reflets sensibles de Dieu. Or où sont ces reflets? Dans l'âme d'abord, mais dans l'âme ordonnée selon la ressemblance divine, mais dans l'âme exprimée par ses naturels indices, l'action, la parole, le geste, le regard. Dans la nature ensuite, mais dans la nature en tant qu'harmonisée avec l'âme droite et en tant que reflétant le Créateur. Voilà le double thème de l'art et son double objet proportionné. C'est à travers la nature et l'homme qu'il peut retrouver et esquisser l'ombre de Dieu. Éclairé par la foi, c'est encore de la nature et de l'homme qu'il s'élance pour saisir et rendre, autant qu'il peut, quelque chose de Dieu même. Et dès lors ses devoirs sont précis autant que nobles. Tout pour l'élévation de l'âme, tout pour l'impression dominante du beau, tout pour la manifestation possible de Dieu. Qu'est-ce à dire en pratique?

Dans l'expression artistique, dans l'expression littéraire

de la nature, tout pour faire ressortir définitivement ses relations ordonnées avec l'âme et ses relations vraies avec son auteur et son type. Dans l'expression littéraire de la vie, tout pour faire ressortir définitivement la grandeur morale, l'âme belle et ordonnée en un mot. Qui nous accusera d'excès ou de vague? Point de sensualisme, point d'effet pour l'effet lui-même, voilà qui s'entend : le principe est incontestable et le programme s'applique à tout.

Par là même la loi est universelle, atteignant le poète dans sa liberté de feindre, mais aussi l'orateur ou l'historien dans leur exactitude professionnelle. Qu'on n'objecte donc pas la réalité. Comme la poésie n'est pas si détachée du réel qu'elle ne doive en partir tout d'abord et revenir à chaque instant s'y appuyer, de même ni l'éloquence ni l'histoire n'en sont esclaves au point de ne pouvoir jamais monter à une sphère plus haute. L'historien, l'orateur n'ont pas droit à l'invention ; mais ils dépassent déjà les réalités, quand ils les trient et les assemblent d'après une disposition autre que la série brute des phénomènes. Ils les dépassent quand ils les nouent entre elles par des emprunts hardis à la métaphysique générale et à l'expérience de l'homme. Ils les dépassent quand ils les jugent au nom de principes supérieurs qu'ils voient dans l'absolu. Ils les dépassent, sans manquer à une vérité quelconque, lorsque, les faisant passer à travers leur âme sereine ou indignée, ils nous les offrent marquées de son empreinte et revêtues de ses couleurs. Suétone conte à froid les infamies impériales, et son impassibilité nous laisse tout entiers à leur impression avilissante; présentée par Tacite, la bassesse nous aide à grandir. Ne parlons point du prédicateur. Dans son rôle à part, l'idéal et le réel se confondent : son objet, c'est Dieu même, idéal de l'idéal et réalité des réalités ; c'est Jésus-Christ, le plus surhumain des types et tout ensemble le plus historique et le plus vrai dans ses traits d'homme. Non, parmi ceux qui écrivent ou parlent pour agir moralement sur leurs semblables, aucun n'est exempt de cette loi, ou plutôt déshérité de cet honneur. Sans faillir à l'exactitude, sans dénaturer le réel ou l'omettre, tous peuvent aboutir à élever l'âme; tous le doivent par conséquent.

III

Liberté supérieure du poète : donc obligation plus étroite à l'idéal. — L'idéal, sens large; — sens précis: la beauté supérieure. — Défiances que soulève le nom même d'idéal : en matière de conduite pratique, — en fait d'art et de littérature. — Formation de l'idéal dans l'esprit : abstraction, assemblage, — idéalisation proprement dite. — L'idéal entre deux réalités. — L'idéal plus *vrai* que le réel. — Si l'idéalisation exclut la *vie*. — Idéal et vraisemblance. — L'idéal fait la vie de l'art. — Retour à l'obligation commune d'élever l'âme.

Il reste pourtant vrai que la réalité pèse plus lourde aux ailes de l'éloquence et que la poésie est plus libre de feindre. Aussi est-elle moins éloignée de la notion toujours hyperbolique de création. Le poète est plus créateur parce qu'il se borne moins qu'un autre à lire et à constater; parce qu'il peut combiner des rapports imaginaires, poser même d'après le vraisemblable des types qu'il n'aura jamais vus qu'en esprit. Il est plus artiste par là même, l'art étant la reproduction sensible de la beauté immatérielle, toujours plus grand, plus lui-même, plus art, à mesure que son objet s'élève au-dessus des exemplaires dégénérés que la réalité nous présente. On conçoit enfin que le poète, en idéalisant, marque plus profonde sur les choses l'empreinte de son âme; au lieu que, chez l'orateur ou l'historien, cette empreinte est plutôt visible dans le choix et l'ordre imposés aux réalités subies. En somme le poète est plus libre de la tyrannie des faits et des phénomènes; il sera donc plus étroitement tenu par la loi d'élévation morale. C'est peu pour lui de choisir et d'ordonner en vue d'une fin supérieure ; il lui faut pousser les choses à l'idéal.

Dégageons tout d'abord cette notion usuelle d'un léger nuage qui la couvre quelquefois. Selon l'acception première et large, toute conception est idéale qui n'existe que dans l'idée, dans l'esprit, qui diffère en un sens ou un autre de la réalité telle quelle. Car elle en peut différer en mieux ou en pire, en plus beau ou en plus laid. De fait, la réalité peut se trouver entre deux conceptions idéales possibles. Notre esprit la grandit ou l'abaisse, l'embellit ou l'enlaidit à son gré. Pourquoi la grandir? Par goût du beau qui élève. Pourquoi la ravaler? Quelquefois par caprice et bravade, ailleurs par dessein de corrompre, le plus souvent par ambition d'étonner et de frapper à tout prix. Mais le fait est général et le réalisme absolu est chimère. De façon ou d'autre, on idéalise sans y prendre garde et malgré qu'on en ait.

Toutefois, dans un sens plus précis et qui sera désormais le nôtre, idéaliser c'est élever à la beauté supérieure. L'idéal, pour nous, c'est le beau idéal, le plus beau que réalité.

Mais le nom seul provoque déjà des défiances de plus d'une sorte. S'agit-il de l'action? D'aucuns tiennent l'idéal pour l'opposé du pratique, et ce mot leur rend à peu près le même son que chimère. Assurément il est vrai de dire que le mieux est quelquefois l'ennemi du bien, qu'on peut s'égarer à la poursuite de l'impossible. Mais autre est l'illusion, abandonnant le bien pratique pour des rêves, autre l'ambition réfléchie du meilleur, poussant le bien pratique aussi loin que possible, dans la direction d'un idéal qu'elle sait d'ailleurs ne devoir jamais atteindre. Il ne faudrait pas oublier que c'est précisément la loi du chrétien. Il a pour modèle la perfection même du Père céleste (1); impuissant à l'égaler, encore doit-il s'attacher

---

(1) *Estote ergo vos perfecti, sicut et Pater vester cœlestis perfectus est.* (Matth. v, 48.)

à le reproduire, c'est-à-dire en somme, à poursuivre dans la mesure loyale du possible un idéal impossible à réaliser tout à fait. Avouons une médiocre sympathie pour ces tendances sceptiques à l'endroit de tout ce qui élève. L'homme n'a que trop de pente à se faire du médiocre et du vulgaire un système, voire même une vertu.

En littérature, en poésie, en art, l'idéal n'est non plus en grande vogue. Nous savons ce qu'on lui oppose : au fond le sensualisme, en apparence le vrai confondu grossièrement avec le réel. Rappelons ce qu'est l'idéal et l'on jugera de la valeur des prétextes.

Et d'abord comment se forme-t-il dans la conception de l'artiste? Assurément les réalités observées en font l'élément premier et fondamental. De toutes les réalités d'un même ordre présentes à mon regard ou à mon souvenir, je détache quelques éléments choisis que j'assemble à mon gré pour en composer un tout imaginaire. C'est un visage, par exemple, que je forme de traits empruntés à vingt visages d'hommes. C'est un caractère de bonté, de dévouement, de grandeur d'âme, que je compose avec la fleur de mes expériences ou de mes souvenirs. Cette image physique ou morale est plus belle que toutes les réalités à moi connues, puisqu'elle en réunit les beautés dans un ensemble que je n'ai rencontré nulle part. D'ailleurs elle procède de ces réalités mêmes, puisqu'elle n'a rien en soi qu'on n'y retrouve.

Or elle pourrait déjà s'appeler idéale, car elle n'existe en fait que dans mon idée. Mais à le bien prendre, c'est trop peu pour l'honneur du nom, qu'un pareil type construit par abstraction et assemblage. L'âme est capable de mieux. En présence de cette image composée, la raison m'avertit que sa beauté n'est pas la limite du possible, qu'elle peut encore grandir. Non content de la certitude abstraite, j'aspire à concevoir cette beauté grandissante, à la voir en esprit toujours plus belle. Là commence le grand travail de la méditation artistique, le grand effort de l'âme pour mettre son empreinte sur les choses. J'aspire à pousser le plus loin, le plus haut possible, la vision intime du type supérieur. Et quand je m'arrête au bout de ma puissance de concevoir, je sais que la dernière beauté entrevue n'est pas la dernière imaginable, qu'au delà s'ouvriraient encore pour un œil plus perçant des horizons magnifiques, dont à son tour il n'atteindrait pas la limite : je sais que ma dernière conception dégénère d'une beauté plus parfaite, comme mon œuvre dégénérera de ma conception même. Quoi qu'il en soit, dans cette ascension hardie vers le parfait, je me suis toujours plus éloigné des réalités concrètes, mais je ne m'en suis jamais détaché complétement, puisqu'elles restent et mon point de départ et la matière indispensable de mon premier travail (1).

Mais voici qui n'est pas moins vrai. Cette beauté supérieure où je suis monté des réalités terrestres par un effort de ma pensée, je sais qu'elle descend elle-même de Dieu, premier type et suprême exemplaire. Tout ce qu'elle renferme de perfection ou d'être — c'est tout un — se retrouve d'une façon suréminente dans Celui qui est la Perfection originale, l'Être absolu. Idéale ou réelle, la beauté finie n'est concevable qu'à ce compte, rien n'étant possible qu'à la condition de reproduire quelque chose de l'être, de la perfection de Dieu. Les réalités finies, imparfaites, mêlées de lumière et d'ombre, étaient au bas de cette échelle mystérieuse où monte notre âme : au sommet c'est non pas la grande chimère qu'un atticisme hypocrite a nommée « la catégorie de l'idéal ; » c'est la lumière et la beauté sans mélange,

---

(1) Bien que nous raisonnions sur la beauté physique ou surtout morale, tout ce que nous avons dit jusqu'à présent s'applique de même aux vices et aux travers. Le caractère comique ou le personnage sacrifié de la tragédie se composent par les mêmes procédés naturels d'abstraction, d'assemblage et d'idéalisation. Mais le parallélisme cesse au point précis où nous sommes arrivés. On entend d'ailleurs comment il peut être permis d'idéaliser un vice ou un travers. C'est à condition de tout ramener au rayonnement définitif de la grandeur morale. Nous le verrons mieux plus loin. (Chap. VI.)

la perfection sans limites, idéal de l'idéal, mais tout ensemble réalité suprême, dont le vouloir fait tout le réel, comme sa pensée détermine tout le possible. Qu'était-ce donc, en un mot, que cet effort d'idéalisation analysé tout à l'heure? Une ascension indéfinie de l'âme s'élevant des réalités créées à la réalité créatrice, rien de plus. Ainsi le réel est partout. Dans l'ordre logique ou de connaissance, il est au point de départ, mais fini, borné, imparfait; il est au point d'arrivée, mais à l'état de perfection sans limites. Dans l'ordre ontologique ou de provenance, les termes sont renversés : le parfait est à l'origine, l'imparfait au terme. Mais de toute façon, l'âme s'agite entre deux réalités.

Que si l'idéal n'est point absolument détaché du réel, par ailleurs il est *vrai*, plus vrai que les phénomènes d'expérience qui nous aident à le concevoir. Pourquoi? Nous l'avons vu et le plus médiocre philosophe l'entend: beauté, perfection, être, vérité, sont termes pratiquement synonymes, notions inséparables, au point de se pouvoir prendre l'une pour l'autre. Donc s'élever dans le beau, c'est s'élever dans le vrai. Donc, pour tout être, monter dans la ligne de perfection qui lui est propre, c'est monter vers la vérité absolue et typique de sa nature. On a dit que le cheval de Job est plus vrai que celui de nos écuries ; c'est exact. Mais pour éviter les jeux bizarres d'imagination, tenons-nous-en à l'ordre moral : aussi bien est-ce là le domaine préféré de l'idéalisation. Cette bonté, cette clémence, cette grandeur d'âme que nous poussons en idée au delà de tous les exemples fournis par l'histoire, elle est plus vraie dans son ordre à mesure qu'elle monte vers la vérité typique de son ordre, c'est-à-dire vers la bonté, la clémence, la magnificence infinies. Ainsi en va-t-il de toute qualité morale, de toute vertu (1).

(1) Ainsi en va-t-il même de toute laideur morale, de tout vice, à cette différence près que là on ne monte plus vers une réalité infinie, mais que l'on descend dans la perversion par une série indéfinie de degrés,

Mais enfin tel qui accorderait à l'idéal cette vérité métaphysique et toute d'estime intellectuelle, pourrait-on dire, lui refuse au moins la vérité qui frappe et qui touche, en un mot, la vie. Entendez l'objection courante. Les caractères idéalisés à la manière classique sont des abstractions, belles peut-être, mais froides et mortes. On voudrait un homme vivant; on trouve une allégorie, une entité philosophique raide, gourmée, glaciale, un automate, un mannequin.

Laissons à la théorie du drame l'examen approfondi du sophisme; il nous suffit, à nous, d'un mot.

Bon pour les personnages de Voltaire. Non certes, tel d'entre eux n'est pas un homme; c'est une thèse pédantesque servie par des nerfs agacés. Mais nous le demandons à tout lettré de bonne foi : Andromaque ou Monime, Agrippine ou Néron passeront-ils pour des abstractions mortes? Et pourtant ils sont pris en plein idéal. Si Corneille a, plus que Racine, peint les hommes tels qu'ils devraient être, si ses héros jouent parfois de la sentence comme on peut jouer de l'épée; après tout, Rodrigue et Chimène, Auguste, Polyeucte et Pauline sont-ils des généralités allégoriques ou des âmes vivantes? Que nos grands maîtres aient un peu négligé la couleur locale au bénéfice d'une psychologie trop sévère, passe encore; mais la faute, si faute il y a, n'en est point à l'idéal. En conviant le poète à faire plus grand que réalité, nous ne le condamnons ni au surhumain ni au gigantesque. Point de froides quintessences; point de héros coulés en bronze, point de statues colossales taillées à même des Pyrénées, comme on a plaisamment figuré quelques personnages de V. Hugo, par exemple.

L'idéal souffre et suppose la vraisemblance, la ressem-

---

sans autre terme que le néant. Mais assurément l'orgueil, la haine, la vengeance poussés à l'idéal sont d'une *vérité* plus effrayante que tous les faits de même ordre. Nous aurons lieu plus loin d'analyser cette idéalisation du mal moral. (Chap. VI.)

blance avec la vie. Par où? Surtout par la lutte, par le choc intime des passions opposées, en fin de quoi, dans l'idéal comme dans la réalité même, l'unité se fait sous l'influence de la passion maîtresse ou de la volonté reine ou du trait dominant de caractère. Non certes, l'idéal ne supprime point, par nécessité de nature, la ressemblance avec la vie. Mais d'ailleurs s'entend-on bien sur le dernier mot? Pour les adversaires, qu'est-ce que la vie, la vie dont ils revendiquent les droits? A rapprocher leurs théories des œuvres qu'ils prônent ou qu'ils produisent, la vie ne serait-elle pas la floraison libre et confuse de tous les instincts, l'activité humaine en pleine luxuriance, la puissance brute poussant au hasard des jets vigoureux que rien n'émonde ou ne redresse? Ainsi, qui règle la vie la mutile, et l'homme commence de moins vivre quand il entreprend de se conduire, de se posséder, de se vaincre. Voilà quel paraît être le fond du système, et, à ce compte, nous avouons tout ce qu'on voudra.

Oui, la gloire de l'idéal, c'est précisément de porter la vie plus haut, tout en lui-conservant cette vraisemblance humaine qui nous la fait reconnaître, goûter, sentir, même dans un type supérieur à notre vulgarité quotidienne. C'est de nous présenter, dans la vive lumière de l'action, l'âme grandie par l'effort, mettant sa puissance à faire l'ordre et augmentant sa puissance de tout l'ordre qu'elle y met. Quand ce spectacle nous est donné, il ne nous dépasse pas comme une énigme; il ne nous rebute pas comme un défi. Dieu nous a faits pour l'entendre et pour nous y élever par sympathie. Ce n'est point là une grandeur étrangère qui nous accable, c'est notre propre grandeur possible qui se révèle à nous.

Or voilà comment l'idéal fait la puissance moralisatrice de l'art, comment il en fait la vérité supérieure; nous l'avons dit, n'y revenons pas. Hors de là, où serait même l'idée de l'art et sa raison d'être? Dans l'habileté mécanique du procédé imitateur? Mais l'art est beau, il est admirable, et cette habileté n'est que curieuse. Dans la sensation du réel fidèlement rendue? Mais alors pourquoi préférons-nous l'œuvre d'art au spectacle des réalités correspondantes? Pourquoi, d'instinct, demandons-nous à l'œuvre d'art autre chose que la réalité? De fait, les mots de réalisme et de naturalisme devraient disparaître de la critique sérieuse et loyale. Dites *sensualisme* d'une part et *spiritualisme* de l'autre: dans cette querelle pour et contre l'idéal, voilà les noms vrais des adversaires.

Et notons-le pour conclure. L'idéal, droit et devoir de l'artiste, du poète, nous ramène en somme à la loi établie pour tous. Où sera le triomphe de la liberté de feindre? A faire définitivement ressortir l'âme puissante et ordonnée, le plus haut reflet saisissable de la beauté infinie qui est Dieu. Or c'est où doit viser, dans la mesure plus étroite de ses moyens d'action, quiconque entreprend d'agir moralement sur les hommes par la parole. Voilà ce qui reste de la doctrine que nous avons rappelée. Voilà du reste qui éclaire toutes les applications qui vont suivre. Quel que soit l'objet immédiat de la parole littéraire, il faut qu'elle tende à nous élever par le rayonnement définitif du beau, du beau moral surtout. Telle doit être la plus haute visée de l'âme qui compose, comme telle est d'ailleurs la plus noble impression d'elle-même qu'elle puisse donner aux réalités qu'elle met en œuvre.

CHAPITRE IV

Le monde physique, objet de la parole littéraire. — Première application: la nature.

Passons de la doctrine générale aux applications.

Entre les objets de l'art et particulièrement de la parole, entre les objets qu'il s'agit d'offrir aux âmes, marqués à l'effigie de la nôtre et ordonnés au resplendissement final du beau qui élève, la nature se présente d'abord.

I

Triple aspect de la nature : le phénomène, le rapport à l'âme, le rapport à Dieu. — Matérialisme qui s'attarde au premier. — Description sans but, profusion d'images, d'épithètes voyantes. — La nature est le cadre de l'homme.

La nature, la création physique est avec l'homme en relation continuelle et nécessaire: trésor de sensations et d'images, occasion des pensées les plus hautes, voile qui cache le Créateur et tout ensemble miroir qui le réfléchit. On le voit, à qui la contemple, elle offre trois aspects possibles. Il peut s'en tenir à la surface, au phénomène pur et simple, à la nature envisagée en elle-même et pour elle-même. Il peut saisir ses mystérieuses harmonies avec l'âme. Il peut monter par elle jusqu'à Dieu.

En rester au premier pas, c'est le fait du matérialisme. Lignes et contours, couleurs, bruits et murmures, parfums et contacts: il y aura là une fête pour tous les sens, avec un premier aliment pour je ne sais quelle curiosité vague, avec un spectacle capable de tromper « l'inexorable ennui, » sans fatiguer la profonde paresse de la pensée. Nous avons un art, une littérature, une poésie qui, ne pouvant absolument s'arrêter là, s'y attarde au moins sans mesure. Ramener la sensation, et par une sorte de mirage fugitif suppléer tant bien que mal les effets physiques de la nature : voilà son ambition, ne disons pas son idéal, car en cela du moins elle manque essentiellement d'idéal et même d'idée.

Cette école, cette tendance plutôt, se reconnaît à trois habitudes, à trois manies. On décrit pour décrire, c'est-à-dire pour amuser le regard ou pour faire montre d'habileté, sans viser à autre chose. On éblouit par la profusion des détails matériels, effet de kaléidoscope que les romanciers aiment et qui, dès les belles années, séduisait visiblement V. Hugo. On sème à poignée dans le style les épithètes de nature, de couleur surtout, voyantes, criardes, attirant l'œil.

> Un coin du ciel est *brun* ; l'autre lutte avec l'ombre,
> Et déjà succédant au couchant *rouge* et sombre
> Le crépuscule *gris* meurt sur les coteaux *noirs* (1).

Et pourtant c'est trop peu que cette conception toute sensualiste. Le monde physique est mieux qu'un trésor de sensations ; il est le reflet de Dieu ; il est tout d'abord et tout au moins le cadre de l'homme. Les plus célèbres descriptifs en tombent d'accord. « Un paysage est le fond du tableau de la vie humaine, » dit Bernardin de Saint-Pierre (2). Et Lamartine : « La terre n'est que la scène ; la pensée, le drame, et la vie pour l'œil sont dans les traces de l'homme. Là où est la vie, là est l'intérêt (3). » Il est vrai, des

---

(1) V. Hugo : *Feuilles d'automne*, XXXV.
(2) *Voyage à l'île de France*.
(3) *Confidences*, liv. IV, n° 5. — Cf. Bonald : *Du style et de la littérature ; Mélanges littéraires*, t. I.

heures viennent où nous demandons à la nature précisément l'oubli de l'homme. C'est qu'alors l'homme nous révolte par ses vices ou nous fatigue par les raffinements d'une civilisation factice. Accident et exception, qui n'infirment point la loi générale. L'homme reste l'objet d'un intérêt supérieur ; en présence de la nature, les plus sensualistes ne peuvent se défendre de chercher et de peindre, quitte à les dépraver, ses relations, ses harmonies mystérieuses avec l'âme. Ainsi leur faut-il, en dépit de leurs systèmes, entrer dans la conception idéale. Après tout, ils sont hommes. Impossible de dépouiller ce caractère au point de sentir tout à fait comme la brute sans raison. Impossible de rendre l'âme toute passive sous l'empreinte du phénomène ; si fort énervée qu'on la suppose, puisqu'elle est encore l'âme, il faut bien qu'elle réagisse quelque peu.

II

Harmonies (ressemblance, sympathie) entre la nature et l'âme. — Double fait : tel site agrée à telle disposition morale préexistante ; tel site incline l'âme à tel sentiment déterminé. — Double conséquence : nous assimilons les phénomènes moraux aux phénomènes physiques ; nous prêtons notre vie morale aux êtres inférieurs. — La vie universelle et son attrait. — Abus contemporains : par imagination, par sensibilité, par égoïsme.

Or entre elle et la création physique il y a des harmonies profondes, mystérieuses par certains côtés, mais évidentes en fait et faciles d'ailleurs à concevoir. Harmonie, c'est sympathie et ressemblance à la fois. Or la création nous ressemble, puisqu'elle reflète avec nous le même type qui est Dieu, puisque, placés au premier rang des êtres sensibles, nous abrégeons et résumons en nous tous les règnes inférieurs. Par ailleurs la nature nous est sympathique, Dieu l'ayant faite et ordonnée à notre usage, pour être notre demeure, notre cadre, le fonds d'où nous subsistons, que nos mains exploitent pour vivre et nos esprits pour connaître. Voilà qui explique l'harmonie.

Quant à la prouver, n'est-ce pas chose superflue? Notons du moins un double fait, riche de conséquences littéraires. Dans certains états déterminés, l'âme recherche comme d'instinct tel paysage, tel site. C'est évidemment qu'elle le sent en rapport avec ses impressions intimes. Joyeux, l'homme se plaît aux paysages faciles, agrestes, sans grandes proportions, aux coins charmants pleins des images de la vie. Est-il, au contraire, agité de passions violentes ou sombres?

> Il veut des bords déserts, il veut des bois sauvages,
> De noirs torrents, des troncs brisés par les orages,
> Des rochers dont le deuil réponde à son ennui :
> Il veut des bords affreux tourmentés comme lui (1).

Pourquoi la vue des grandes eaux agrée-t-elle à la tristesse ? Le vieux Chrysès s'en va, le cœur navré, le long de la mer aux mille clameurs. Achille outragé se couche sur le sable en regardant la mer. Les Troyennes pleurent Anchise, les yeux attachés sur la profonde mer. Serait-ce que l'uniformité du spectacle favorise et entretient doucement une passion qui ne veut pas être distraite pour n'être

---

(1) Delille: *Imagination*, chant IV. — « Entendez-vous bien, dit Obermann, le plaisir que je sens quand mon pied s'enfonce dans un sable mobile et brûlant, quand j'avance avec peine, et qu'il n'y a point d'eau, point de fraîcheur, point d'ombrage ? Je vois un espace inculte et muet, des roches ruineuses, dépouillées, ébranlées, et les forces de la nature assujetties à la force des temps. N'est-ce pas comme si j'étais paisible, quand je trouve au dehors, sous le ciel ardent, d'autres difficultés et d'autres excès que ceux de mon cœur? » (De Senancour: *Obermann*, lettre XII.) — Ne cherchons point là un modèle de sentiment bien ordonné, de force et de dignité morales. Obermann constate un fait et, pour le moment, cela nous suffit. Il est clair que l'âme peut trouver dans la nature de quoi flatter ses dépravations, comme de quoi répondre à ses dispositions légitimes. Ainsi Leconte de Lisle peut dépenser d'admirables vers pour conseiller au sceptique, au dégoûté de la vie, de chercher une volupté morne dans l'immobilité pesante de la nature sous le soleil de midi. Rapprochez-en les étranges conseils que Chateaubriand, jeune et croyant mourir, donnait « aux infortunés » comme lui-même. (*Essai sur les Révolutions*, 2ᵉ partie, chap. XIII.)

pas consolée? Y a-t-il un rapport entre l'immensité de l'abîme et ces profondeurs étranges qu'une grande douleur ouvre tout à coup dans l'âme? Le bruit monotone des flots sur la grève ressemble-t-il vraiment à une plainte, comme les poètes l'ont dit tant de fois?

> ... Blanc d'écume :
> Au ciel, au vent, aux rocs, à la nuit, à la brume,
> Le sinistre Océan jette son noir sanglot (1).

Inexpliquée peut-être, l'harmonie n'en est pas moins réelle.

Par une sorte de contre-épreuve, l'âme au repos reçoit des aspects divers du monde sensible une infinité d'impressions déterminées et invariables. Une campagne fertile et doucement accidentée nous réjouit. Un sol aride, pierreux, découpé par grandes lignes anguleuses, nous serre le cœur. Qui n'a vu dans l'*Itinéraire*, dans le *Voyage en Orient*, ou dans mille autres descriptions moins littéraires et plus naïves, l'effet de tristesse produit par les alentours désolés de Jérusalem? Est-ce pour faire pièce à J.-J. Rousseau que Chateaubriand a médit des montagnes (2)? Il est trop incontestable pourtant qu'elles donnent à la pensée une ampleur et une gravité singulières. Ainsi en est-il, à quelques nuances près, d'un panorama vaste, de la mer, du ciel étoilé. Les spectacles de la nature sont donc par eux-mêmes, et antérieurement à nos dispositions personnelles, gais, tristes, gracieux, grandioses, sévères. Qu'est-ce à dire, sinon qu'ils portent en eux une puissance d'affecter nos âmes infiniment multiple et variée? « Tout dans le monde visible, dans le monde que l'on touche et que l'on entend, vient exprimer notre cœur ou lui répondre ; c'est une autre langue, mais c'est la même histoire, car la nature aussi

---

(1) V. Hugo: *Légende des siècles*, 1re série; *Les Pauvres Gens*.
(2) *Voyage au mont Blanc*.

est ce que la chute de l'homme l'a faite. Ses scènes, ses effets ont une mystérieuse analogie avec les dispositions qui sont en nous, avec celles que nous voulons combattre ou que nous voulons faire triompher. Il résulte de ces rapports que cette nature inanimée, insensible, n'est pas sans action sur nous, que nos impressions morales peuvent en dépendre, qu'elle aussi nous fait du mal ou du bien. Selon la page qui nous arrête dans ce grand livre de la nature, nous nous trouvons modifiés. Tour à tour elle nous fortifie ou nous séduit, nous trouble ou nous apaise, fait circuler dans nos veines l'air pur de la montagne et sa vie rapide et légère ou les brises de la vallée parfumée dont la mollesse est perfide. Nous subissons intérieurement les phénomènes qu'elle fait passer sous nos yeux (1). »

Des harmonies que Dieu a mises entre la nature et l'âme résulte une double tendance manifestée à chaque instant dans nos façons de penser et de dire. Tout d'abord nous énonçons les phénomènes de la vie morale par des phénomènes analogues empruntés à la vie physique : un esprit nous paraît haut ou rabaissé, large ou étroit, une âme limpide ou trouble ; passons vite sur un fait commun jusqu'à la banalité.

Inversement, nous rapprochons de nous les trois règnes inférieurs, en leur prêtant par l'imagination nos sentiments, notre vie, notre âme.

Pour l'animal, rien de plus naturel, de plus indiqué pourrions-nous dire. Il nous retrace par certains côtés ; ses passions ont quelque ressemblance extérieure avec les

---

(1) Madame Swetchine : *Airelles; De la nature.* — Pourquoi donc Chateaubriand a-t-il embarrassé de théories au moins confuses une des conséquences toutes simples de cette influence ? *(Génie du christianisme, 3ᵉ partie, liv. V, chap. II.)* Inutile de tant raffiner pour nous montrer le moine cherchant à sa cellule ou à son couvent le site le plus solitaire et le plus calme. Il semble que Dieu même, qui ajuste le surnaturel à la nature, tienne compte de ces harmonies en choisissant le théâtre de certaines interventions merveilleuses, la Salette et Lourdes, par exemple.

nôtres; à le prendre par le dehors et dans ses manifestations, l'instinct qui le guide paraît comme une vague ébauche de notre vie rationnelle. L'imagination n'a plus dès lors qu'un pas à faire pour lui prêter la réflexion et l'élever, en se jouant, à notre hauteur. Bien souvent elle s'y amuse et fort innocemment; car on ne la suppose pas dupe de ses propres chimères à la façon des matérialistes, positivistes et autres insulteurs de l'humanité. D'où procèdent l'apologue et ses types de tout temps consacrés : lion, renard, âne, mouton, singe? De l'illusion bien naturelle et bien fondée qui nous fait transporter à l'animal nos façons de juger et de sentir. Et n'y eût-il que sa physionomie, elle suffirait à justifier l'illusion. Au repos comme en mouvement, elle nous reproduit par quelqu'un de nos traits possibles (1). Moins transparente dans les objets inanimés, cette reproduction s'y montre encore. Telle combinaison de lignes, tel accident de la matière inerte, telle impulsion subie par elle, éveillent en nous par analogie l'idée d'une modification morale. Et où réside l'analogie? En ce que les mêmes combinaisons, les mêmes proportions ou dispositions, les mêmes mouvements, quand ils se rencontrent dans les jeux de notre visage et les attitudes de notre corps, accusent les nuances ondoyantes de la passion, du sentiment. Une roche à pic nous représente la fierté; un chêne sera la force. « Un bouleau blanchâtre, à l'écorce mince et lisse, qui élève vers le ciel son tronc grêle et ses feuilles frissonnantes, est un être souffrant, délicat et triste, que nous aimons et que nous plaignons (2). » — « Je vois cet arbre que l'on a si bien nommé le saule pleureur. Il ombrage une tombe en la caressant de ses longs et flexibles rameaux, ou il incline

---

(1) Le chat est la douceur hypocrite, l'âne l'humilité résignée. « Un moineau alerte, qui sautille en dressant sa petite tête hardie et picote le grain d'un air coquet et délibéré, nous fait penser aux ébats et aux mines d'un gai polisson, indiscret convive mais espiègle de bonne maison. » (Taine : *La Fontaine et ses fables.*)

(2) Taine : *La Fontaine et ses fables.*

sa verte chevelure sur la surface d'un étang, et l'on serait tenté de prendre pour les larmes qu'il a versées, cette eau dans laquelle son pied est baigné. Comment ne rappellerait-il pas à notre imagination l'homme accablé sous le poids de sa douleur, avec la tête inclinée et le regard attaché sur la terre (1) ? »

Il n'est pas jusqu'aux êtres dénués de toute vie, jusqu'aux objets de fabrique humaine, où ce rapport des lignes et cette diversité des attitudes n'éveillent le souvenir de nos poses, de nos gestes, de nos mouvements. Il nous souvient de l'écolier de Töpffer, pénétrant par escalade dans l'atelier du peintre. Que dire de cette image : « La boîte à l'huile, en tombant, avait atteint le pied d'un grand nigaud de chevalet, lequel, s'étant mis aussitôt à chanceler, avait finalement pris le parti de tomber (2) ? » Ne voyez-vous pas un grand dadais mal établi sur ses jambes grêles, et renversé, après quelques efforts gauches et raides, comme s'il eût hésité un moment pour se décider ensuite ? En quelques traits, un crayon spirituel accuserait l'analogie.

Enfin là où manquent les similitudes que l'on pourrait appeler linéaires, les expressions plus ou moins lointaines de l'activité morale, il est encore dans la nature un attrait moins défini, moins saisissable, mais plus puissant sur les tempéraments artistiques. C'est la vie même, la vie partout répandue, éclatant en phénomènes d'une variété infinie qui la décèlent sans lui ôter tout son mystère, la vie universelle qui inspire aux poètes contemporains des pages si belles ou si folles.

Nil medium est, a dit Horace, et cet aphorisme mélancolique n'est que trop justifié par nombre de modernes. Sans doute, c'est chose réelle et charmante que les sympathies de l'âme pour le monde physique. Mais il est une limite

---

(1) L'abbé Gaborit : *Le Beau dans la nature et dans les arts,* 1re partie, chap. III.
(2) *Nouvelles genevoises ; La Bibliothèque de mon oncle.*

délicate où la relation s'arrête et où le rapprochement doit s'arrêter aussi. Les imaginations courtes n'y atteignent pas, et c'est un mal ; celles de nos contemporains l'outrepassent volontiers, quitte à se jeter dans le faux, dans l'étrange, dans le ridicule. Quoi de plus juste, par exemple, que d'assimiler la création à un grand livre ? Mais prétendriez-vous y retrouver distinctement les pages, les chapitres et jusqu'à la table des matières ? V. Hugo, l'homme *démesuré* en toutes choses, ne nous fait-il pas sourire quand il prétend lire un champ comme il lirait son journal ?

> Je lisais Que lisais-je ? Oh ! le vieux livre austère !
> Le poème éternel ! — La Bible ? — Non, la Terre...
> ... J'épelle les buissons, les brins d'herbe, les sources ;
> Et je n'ai pas besoin d'emporter dans mes courses
> Mon livre sous mon bras, car je l'ai sous mes pieds.
> Je m'en vais devant moi, dans les lieux non frayés,
> Et j'étudie à fond le texte, et je me penche,
> Cherchant à déchiffrer la corolle et la branche (1).

Comme l'âme en proie à la douleur aime les sites les plus sombres, ainsi souffre-t-elle du contraste que lui opposent les spectacles joyeux. Harold est vrai, quand, près de mourir, il oppose à sa défaillance le tableau de l'éternelle jeunesse du monde.

> Triomphe, disait-il, immortelle nature,
> Tandis que devant toi ta frêle créature,
> Élevant ses regards de ta beauté ravis,
> Va passer et mourir ; triomphe ! tu survis (2) !...

Mais voici venir un fantaisiste qui trouvera mieux. En butte à des disgrâces que nous ignorons, il accuse la nature entière de s'être donné le mot pour le railler.

> Partout en poses langoureuses
> M'environne l'injure en fleur ;

---

(1) *Contemplations*, III, 8.
(2) Lamartine : *Dernier chant du pèlerinage d'Harold*, XLII.

> Les petites feuilles heureuses
> Tirent la langue à ma douleur (1).

On voit à quelles puérilités mène l'excès d'imagination.

Presque toujours du reste la sensibilité y joint ses propres folies. Fraternité de l'âme avec la nature, penchant à honorer de nos confidences les êtres inanimés, illusion d'éveiller chez eux une sorte d'écho sympathique ; tout cela est, bien des fois, outré, forcé, dénaturé par cette fatale manie qu'on nomme le *sentimentalisme* moderne. L'un se met avec le monde sensible sur un pied de familiarité qui tient du meilleur comique.

> Oui, je suis le rêveur, je suis le camarade
> Des petites fleurs d'or du mur qui se dégrade,
> Et l'interlocuteur des arbres et du vent.
> Tout cela me connaît, voyez-vous. J'ai souvent
> En mai quand de parfums les branches sont gonflées,
> Des conversations avec les giroflées ;
> Je reçois des conseils du lierre et du bluet (2).

Notons que V. Hugo, car c'est lui, est vraiment bon prince. Il pourrait le prendre de bien plus haut avec la création. Elle n'ignore pas ce qu'elle lui doit et le traite en conséquence. Quand il fait aux bois l'honneur de se promener sous leurs ombrages, les arbres, qui savent leur monde,

> Lui font de grands saluts et courbent jusqu'à terre
> Leurs têtes de feuillée et leurs barbes de lierre,
> Contemplent de son front la sereine lueur,
> Et murmurent tout bas : « C'est lui ! c'est le rêveur (3) ! »

Croit-on que Lamartine soit moins réjouissant ? Tout le monde admet que Philoctète, par exemple, se plaigne aux rochers de son île et leur adresse, au départ, de touchants

---

(1) E. Lefébure : *Parnasse contemporain*.
(2) V. Hugo : *Contemplations*, I, 27.
(3) V. Hugo : *Contemplations*, I, 2.

adieux. Robinson, malgré son flegme britannique, a quelques lueurs de sentiment à peu près semblables, et on l'en aime. Mais que penser du futur abbé Jocelyn, quittant la maison maternelle pour le séminaire et prenant congé de tous les arbres du jardin?

> J'allais d'un tronc à l'autre et je les embrassais ;
> Je leur prêtais le sens des pleurs que je versais,
> Et je croyais sentir, tant notre âme a de force,
> Un cœur ami du mien palpiter sous l'écorce (1)...
>
> ... Car dans l'isolement, mon âme qui déborde
> De ce besoin d'aimer, sa vie et son tourment,
> Au monde végétal s'unit par sentiment ;
> Et si Dieu réduisait les plantes en poussière,
> J'embrasserais le sol et j'aimerais la pierre (2).

Impossible de reconnaître dans cette passion toute sensuelle et maladive la légitime sympathie que Dieu a mise entre l'âme et la création inférieure.

Elle n'est point davantage dans la façon dont Rousseau et ses pareils associent le monde physique à leurs impressions toutes personnelles. Car voici encore une déviation, et la plus fastidieuse peut-être, de la tendance que nous avons reconnue plus haut. Déjà supérieure à la photographie matérielle du phénomène, la poésie des souvenirs, des affections, des harmonies intimes, a, comme toute chose, sa mesure et sa loi. Le danger est de ne plus voir *l'homme* dans la nature, mais *un homme,* de n'y savoir trouver que le moi, ce moi envahissant, immense, haïssable toujours, mais surtout quand il est vaniteux, morose, incompris, replié sur soi-même et attentif à se contempler pour s'adorer. C'est ce qu'on pourrait nommer la conception égoïste de la nature, et beaucoup de nos illustres ont, en ce point, quelque reproche à se faire.

(1) Lamartine : *Jocelyn,* 1re époque.
(2) *Ibidem,* 9e époque.

Qu'il s'agisse de la contemplation du monde sensible ou de toute autre chose, la loi reste la même : impossible de nous maintenir dans la mesure et dans le vrai, sans recourir à Celui qui est la vérité par essence et la souveraine mesure. Nous plaît-il de goûter, dans toute leur saveur et dans toute leur pureté, les harmonies mystérieuses de la nature avec notre âme, mettons Dieu en tiers entre notre âme et la nature. Pour achever la conception idéale du monde physique, mais encore pour l'épurer et la fixer dans la lumière, montons au-dessus de l'homme, regardons Dieu, créateur de l'homme et du monde. S'il nous faut une juste image de nos relations avec les êtres inférieurs, ne prenons pour type ni les familiarités burlesques de V. Hugo, ni les tendresses malsaines du héros de Lamartine, ni la rêverie égoïste du misanthrope de Genève. Sans remonter jusqu'au paradis terrestre, figurons-nous les Saints, héros et modèles de l'humanité véritable, ceux-là surtout auxquels Dieu semble avoir rendu les honneurs et les joies de l'innocence primitive, le séraphin d'Assise, par exemple. Voyons-le converser familièrement avec les animaux ou les fleurs, adoucir les bêtes de proie, prêcher et bénir les oiseaux de l'air et les poissons du rivage. Empire magnifique sur la création, fraternité charmante avec elle ! Mais, ni l'empire ne s'exerce qu'au nom du Créateur et sous sa dépendance ; ni la fraternité n'est vraie, digne et pure que par la pensée et l'amour du Père commun qui est au ciel. Aussi bien, par là s'achève la conception supérieure, idéale, artistique de la nature sensible. Au-dessus du phénomène qui réjouit et amuse, il est entre le monde et nous des relations déjà plus capables d'intéresser et d'émouvoir les côtés élevés de notre être. Par-dessus tout, il y a les rapports de la création à Dieu même. Là, dans cette troisième et plus noble sphère, se dit le dernier mot de toutes les énigmes, autant du moins qu'il se peut dire ici-bas. Là se découvre le mystère de cette *vie universelle,* objet de la curiosité passionnée de l'homme et trop souvent écueil de sa raison (1).

III

La nature et Dieu : premier regard. — Fausses conceptions, paganismes divers, leur influence littéraire. — Naturalisme grossier. — Polythéisme hellénique. — Panthéisme. — Le rêve. — Comment le spectacle de la nature porte à rêver. — Ce qu'est le rêve. — En quoi il tient au panthéisme. — Ce qu'il vaut. — Tout finit au sensualisme.

Le premier regard jeté sur la nature par une âme quelque peu vivante lui donne l'impression profonde, mais confuse encore, d'une puissance surhumaine.

Quis Deus? Incertum est. Habitat Deus (2)...

« Il y a quelqu'un ici, » disait Bernardin de Saint-Pierre (3) ; et Victor Hugo :

Je sens quelqu'un de grand qui m'écoute et qui m'aime (4).

Voilà comme parlent à l'homme les grands spectacles de la création : soulèvements admirables de la mer (5), majesté sereine des montagnes (6), horreur sacrée des

---

(1) Notons en courant un dernier abus qui tient surtout à l'erreur matérialiste. Les harmonies de la nature avec l'âme sont transformées en une domination fatale. L'homme n'étant pas libre, le monde où il vit lui impose l'impression irrésistible et par là même l'action. C'est *le milieu* qui fait le caractère, à peu près comme si l'on disait : c'est le cadre qui fait le tableau. Et voilà prétexte à des descriptions infinies. Nature ou mobilier, tout cela n'encadre plus la vie humaine, mais l'explique en la déterminant. On reconnaît *la théorie des milieux* trop chère à M. Taine et à tout le naturalisme de la dernière heure. C'est peu flatteur pour la pauvre humanité.
(2) Virgile : *Enéide*, VIII, 352
(3) *Voyage à l'île de France.*
(4) *Contemplations*, liv. III, n° 24.
(5) *Mirabiles elationes maris.* (Ps. 92, 6.) — Chateaubriand : *Génie du christianisme*, 1re partie, liv. V, chap. XII. — Ozanam : *Pèlerinage au pays du Cid*, I.
(6) Tonnellé : *Fragments sur l'art et la philosophie*, p. 366, 367.

forêts (1). Voilà pourquoi, comme l'avouait Jouffroy dans une de ses plus belles pages, si l'on peut oublier Dieu parmi les agitations des villes, il est moins facile d'être athée au milieu de cette immense nature qui laisse voir l'homme si petit (2). Ignorance, dira-t-on, crainte superstitieuse.

Primus in orbe deos fecit timor (3)...

Il ne semble pourtant pas que toute notre géologie, toute notre astronomie, toutes nos admirables découvertes y aient rien fait. Aujourd'hui encore, devant la nature la mieux connue et la plus savamment expliquée, l'homme qui pense éprouve, à tout le moins, une vague mais profonde impression du divin. C'est qu'il ne peut dépouiller entièrement son caractère d'homme, ni se défendre de rentrer parfois brusquement dans le vrai des choses et de leur destinée. Or par destinée comme par essence, le monde physique raconte la gloire de son Auteur : voile transparent qui le montre et le cache tout ensemble, problème dont la hauteur accable, mais en même temps indice qui rassure par sa clarté.

Toutefois voici ce qui arrive trop souvent : dans l'éblouissement du spectacle, les sens prévalent, la raison gauchit ou abdique, l'instinct du divin s'égare, et de chacun de ses égarements naît une forme d'idolâtrie. Qu'y a-t-il au fond de tout paganisme? Un accord plus ou moins spécieux entre le sensualisme et la religion naturelle, un compromis quelconque entre la passion de jouir et le besoin d'adorer. La nature est la grande enchanteresse, la féconde pourvoyeuse des convoitises humaines; d'autre part elle est l'irrécusable témoin d'une force supérieure à l'homme. Que faire pour concilier ces

---

(1) Sénèque : *Lettre 41ᵉ à Lucilius.* — Lucain : *La Forêt de Marseille.*
(2) Jouffroy : *Mélanges philosophiques ; Du problème de la destinée humaine.* — Cf. Bannard : *Le Doute et ses victimes,* — Jouffroy.
(3) Lucrèce : *De Natura rerum.*

deux aspects, pour asscuvir les convoitises et du même coup se mettre en règle avec la puissance mystérieuse, avec le Dieu inconnu?

Le plus simple est l'adoration des forces physiques elles-mêmes, adoration directe ou passant par un symbole, mais par le symbole le plus cher au sensualisme régnant. Telles furent les religions monstrueuses de l'Asie occidentale. Chose remarquable : parti de l'orgueil, le rationalisme transcendant devait aboutir au même terme. Y a-t-il injustice à rapprocher la déesse Raison des dieux infâmes de la Syrie et de la Phénicie ? Et la déesse Raison diffère-t-elle beaucoup de la personne de choix en qui le positiviste peut incarner par imagination l'humanité qu'il adore? — Mais passons. Qu'attendre de ce premier paganisme, en fait d'art et de littérature? Le pur phénomène rapporté aux plus vils instincts.

Le polythéisme hellénique est déjà moins grossier. Dans sa conception religieuse de la nature, il fait entrer l'homme à double titre, et comme forme sensible de la divinité, et comme symbole des forces physiques où s'adresse, après tout, son culte. Il y a progrès, mais toujours dans l'erreur (1) ; la grâce apparaît, avec la forme humaine idéalisée ; mais le vrai manque et, avec lui, la beauté totale. C'est où Chateaubriand triomphe contre le paganisme d'étiquette si malheureusement

---

(1.) Comment admettre avec Laprade que l'anthropomorphisme païen soit un acheminement au culte du Dieu fait homme? Aperçu dangereux, voisin des théories qui font du christianisme une dernière et naturelle floraison de la sagesse antique. D'ailleurs vue toute superficielle, inexacte. L'anthropomorphisme grec n'élevait point l'homme et ravalait Dieu au profit du sensualisme. Il répugne de comparer, même un instant, ce rêve malsain avec la réalité toute pure et magnifique de l'Incarnation. Ici, dans ce mariage type de la divinité avec une nature humaine individuelle, et par extension, avec l'humanité tout entière, Dieu ne perd rien, et l'homme tout homme qui s'y prête, s'élève à une véritable participation de la nature divine. (Laprade : *Sentiment de la nature avant le christianisme*, 2e partie, liv. 1, chap. 1.)

imposé à notre littérature classique (1). Assurément le polythéisme grec masque la nature ; il rapetisse, il profane le sentiment de la vie universelle, en l'expliquant par de riants fantômes, à la fois trop accusés pour garder le charme du mystère et trop chimériques pour satisfaire à notre besoin de vérité. Mieux vaut la réalité nue que ce brillant et froid décor.

Mais de tous les accommodements entre la convoitise et la conscience, le plus habile sans comparaison, le mieux réussi, oserions-nous dire, est le panthéisme. Au fond, il adore brutalement la nature, mais en l'idéalisant et la sublimant à sa manière. Elle n'est plus le riant séjour des dieux, elle est Dieu même ; non le Dieu grossier du naturalisme syrien, mais un Dieu tout à la fois métaphysique et matériel, parfaitement commode au sensualisme, suffisamment abstrait pour amuser l'orgueil de l'intelligence, également bon à la spéculation et au rêve, à la somnolence indienne et à la sophistique allemande. Jamais la pauvre humanité, mise en présence du monde sensible, n'avait rien imaginé de si ingénieux pour se duper elle-même et s'estimer religieuse en demeurant sensuelle au premier chef. Par là s'explique la popularité vivace du système. Né dans l'Inde, au contact d'une nature gigantesque, mal domptée par l'homme et l'inclinant par la terreur à l'adorer directement elle-même (2), on le retrouve en Grèce dans l'école d'Élée, voire jusqu'à un certain point chez les Stoïques ; le gnosticisme en tient quelque chose ; le Moyen Age n'y échappe point absolument. Plus près de nous, Spinosa refait à la vieille erreur un masque métaphysique, où l'Allemagne ajoute bientôt une couronne de brouillards. En France, pays de logique avant tout, le panthéisme devait marquer l'étape intermé-

---

(1) Chateaubriand : *Génie*, 2ᵉ partie, liv. IV, chap. I. — Il est triste que l'auteur mêle à ses judicieuses remarques des idées quasi panthéistes d'effusion voluptueuse de l'âme dans la nature.

(2) Donoso Cortès : *Question d'Orient*.

diaire entre l'intenable position du déisme et le positivisme athée au delà duquel il n'y a plus rien.

Mais qu'attendre du panthéisme en fait d'inspiration artistique et littéraire? Quelque chose d'analogue aux deux éléments premiers du système : un matérialisme ardent légèrement spiritualisé par des fantômes ; un sensualisme en dévotion d'idéal, tantôt peuplant le monde de chimères, tantôt n'y voyant que la vie universelle, vague, indéfinie, où nous rêvons de mêler la nôtre.

Le mot est dit : nous rêvons. Partons du panthéisme doctrinal ; en présence de la nature, nous aurons droit de poursuivre les joies malsaines et les illusions mouvantes du rêve. Le système nous y induit fatalement. Tout au rebours, commençons par la rêverie, et quelle que soit notre philosophie, nous nous prendrons vite à être panthéistes d'impression et de sensation. Prélude inconscient, ou conséquence raisonnée, le rêve tient de près au panthéisme, et, si nous n'y prenons garde, le spectacle de la nature nous mène vite à tous les deux. Comment? Le voici.

Fixer longuement un objet produit sur l'œil un éblouissement, un commencement de magnétisme. Ainsi fait pour l'âme la contemplation du monde physique, à moins qu'un effort du vouloir ne maintienne vigoureusement l'équilibre entre les facultés ; c'est une fascination, une ivresse, un magnétisme puissant, délicieux, mais redoutable. Devant la vie universelle éclatant en mille phénomènes et en même temps s'enveloppant d'ombre et de mystère, les sensations affluent, l'imagination s'exalte et la sensibilité ; toutes les facultés inférieures frissonnent et vibrent avec d'autant plus d'énergie que l'âme est plus riche, que l'homme porte

> Un écho dans *son* sein, qui change en harmonie
> Le retentissement de ce monde mortel (1).

---

(1) Lamartine.

Vienne alors la volonté saisir les rênes et conduire à un but précis l'élan des facultés inférieures ; c'est l'heure de l'inspiration et peut-être du chef-d'œuvre. Autrement l'intelligence fléchit sous le poids des sensations et des images. Au lieu de monter de l'exaltation à l'inspiration créatrice, nous glissons dans le rêve, manière de somnolence douce, très inférieure à la pensée précise, à peine supérieure à la sensation pure; abdication des facultés maîtresses, prédominance des puissances de second rang ; détente ou abandon de l'âme, négligeant de penser et de vouloir pour se livrer tout entière au plaisir paresseux d'imaginer et de sentir. Ainsi l'exaltation tombe et, avec elle, les chimères qu'elle avait créées ; les songes même flottent de plus en plus dans le crépuscule, dans la nuit. « On ne commande pas à ses idées, on ne veut pas réfléchir, on ne demande pas à son esprit d'approfondir une matière, de découvrir des choses cachées, de trouver ce qui n'a pas été dit. La pensée n'est pas active ou réglée, mais passive ou libre : on songe, on s'abandonne... on rêve, on ne médite point (1). »

> Et puis ce bruit s'apaise, et l'âme qui s'endort
> Nage dans l'infini sans ailes, sans effort,
> Sans soutenir son vol sur aucune pensée,
> Mais immobile et morte et vaguement bercée,
> Avec ce sentiment qu'on éprouve en rêvant
> Qu'un tourbillon d'été vous porte, et que le vent
> Vous prêtant un moment ses impalpables ailes,
> Vous planez dans l'éther tout semé d'étincelles,
> Et vous vous réchauffez sous des rayons plus doux
> Au foyer des soleils qui s'approchent de vous (2).

Ainsi la nature nous a conduits au rêve. Mais où est ici le panthéisme, le panthéisme d'instinct et de sensation? Dans la perte du sentiment net et vigoureux de notre personnalité distincte; dans ce phénomène demi-fantastique, demi-réel

---

(1) De Senancour: *Obermann*, lettre VII.
(2) Lamartine : *Jocelyn*.

qui mêle notre âme à la nature, et l'évapore pour ainsi dire dans le grand tout.

> O poètes sacrés, échevelés, sublimes,
> Allez et répandez vos âmes sur les cimes...
> ...Enivrez-vous de tout ! enivrez vous, poètes,
> Des gazons, des ruisseaux, des feuilles inquiètes,...
> ...Enivrez-vous du soir...
> Mêlez toute votre âme à la création (1)...

Lamartine dira de même :

> Pour mieux voir la nature et mieux m'y fondre encore,
> J'aurais voulu trouver une âme et des accents
> Et pour d'autres transports me créer d'autres sens (2).

Avant eux, le grand maître et théoricien du rêve, Chateaubriand, avouait sans difficulté le caractère panthéistique de cet état d'âme. « Mes yeux étaient fixés sur les eaux ; je déclinais peu à peu vers cette somnolence connue des hommes qui courent les chemins du monde ; nul souvenir distinct ne me restait ; je me sentais vivre et végéter avec la nature dans une espèce de panthéisme. Je m'adossai contre le tronc d'un magnolia et je m'endormis ; mon repos flottait sur un fond vague d'espérance (3). » Ailleurs, après avoir décrit sa rêverie en termes à peu près identiques, il continue : « C'est peut-être la disposition la plus douce pour l'homme. » Et pourquoi? Parce qu'il y a là « une sorte de plénitude de cœur et de vide de tête; parce que la pensée est absente, et que c'est par la pensée

---

(1) V. Hugo: *Pan Feuilles d'automne*, XXXVIII
(2) Lamartine: *Jocelyn*, 2ᵉ époque.— Que de choses dans ces trois vers! L'instinct panthéiste de fusion, d'absorption dans la nature, l'ardeur de la convoitise, qui voudrait augmenter à l'infini la puissance de jouir, et — si l'on se rappelle que c'est un séminariste qui rêve ainsi devant le Tabernacle — la grossière illusion qui fait trop souvent prendre pour christianisme ce sensualisme trop manifeste et ce panthéisme à demi voilé. Voilà ce que l'on appelle sacrilégement : *communier à la nature*. Le poète n'était que naïvement ridicule quand il déclarait être allé en Italie pour *évaporer son âme au soleil*. (*Confidences*, liv. VIII, nᵒ IX.)
(3) Chateaubriand: *Mémoires d'outre-tombe*.

que nous troublons la félicité que Dieu nous donne (1). »
Nous voilà rendus au Kief oriental ou au Nirvâna indien.

Est-ce d'ailleurs chose bien glorieuse que cette ivresse douce payée d'une abdication radicale de la pensée? L'homme s'honore-t-il beaucoup lorsqu'il sort du spectacle de la nature,

> Le cœur trempé sept fois dans le néant divin (2)?

Au reste la volonté s'endort avec l'intelligence. Comme on l'a noté à propos du *Werther* de Gœthe, l'âme ainsi répandue sur les objets extérieurs en devient immédiatement serve et sujette. Plus de caractère: l'homme n'est qu'un tempérament, un système nerveux obéissant aux influences barométriques. Nous le savons, cela s'appelle être impressionnable, et d'aucuns en font vanité. Mais ici le bon sens proteste et la saine morale condamne. Celui-là est moins homme qui endort ainsi le penser et le vouloir dans une sorte de magnétisme voluptueux. Et finalement qui en profite? Le sensualisme, le sensualisme extrême, vainement déguisé sous une religiosité menteuse et fade. Chateaubriand a beau préconiser dans le *Génie du christianisme* « le désir de quitter la vie pour embrasser la nature et nous confondre avec son Auteur (3). » Lui-même se donne ailleurs la réplique, et la réplique est péremptoire : « Ce n'était pas Dieu que je contemplais sur les flots dans la magnificence de ses œuvres. Je voyais une femme inconnue... Je me figurais qu'elle palpitait derrière ce voile de l'univers qui la cachait à mes yeux (4)... » A la bonne heure? Et partout le même aveu se retrouve : dans *René* (5), dans les *Confidences* de Lamar-

---

(1) *Voyage en Amérique; Site dans les Florides.*
(2) Leconte de Lisle: *Midi.*
(3) Chateaubriand: *Génie du christianisme;* 2ᵉ partie, liv. IV, chap. I.
(4) *Mémoires d'outre-tombe.*
(5) « Il me manquait quelque chose pour remplir l'abîme de mon existence; je descendais dans la vallée, je m'élevais sur la montagne,

tine (1), dans *Jocelyn* (2). Voilà quelle réalité se dégage du rêve : effusion de l'âme dans les choses, communion avec la nature, toute poésie panthéistique aboutit là. M. de Laprade a mauvaise grâce à défendre en ce point Chateaubriand contre lui-même (3). Le grand enchanteur nous a livré son secret, le secret de tous ses confrères en rêverie. N'est-ce point la loi, du reste ? L'imagination et la sensibilité ont un besoin constant d'être gouvernées par la volonté et l'intelligence. Dès que ce frein leur manque, elles se jettent au-dessous d'elles-mêmes, dans le sensualisme, et du même coup l'âme entière y descend.

Là finit tout paganisme, tout compromis entre la convoitise et le sentiment du divin éveillés ensemble par le spectacle du monde. Le naturalisme s'y jette à corps perdu et tout d'abord. Le polythéisme et le panthéisme y viennent par des détours plus ou moins subtils et des chemins diversement fleuris et gracieux. Mais il y faut venir, quand l'harmonie humaine est brisée, quand les facultés supérieures mollissent, quand, devant le tableau mouvant des choses, l'homme ne sait pas faire régner sur l'appétit des jouissances l'amour du vrai, du bien, de la légitime et unique beauté. On voit déjà ce que l'art peut perdre à toutes les fausses conceptions du divin dans la nature ; on le verra mieux par le contraste, et en étudiant ce qu'il gagne à une entente exacte des relations entre le monde et Dieu.

---

appelant de toute la force de mes désirs l'idéal objet d'une flamme future ; je l'embrassais dans les vents, je croyais l'entendre dans les gémissements du fleuve ; tout était le fantôme imaginaire, et les astres dans les cieux et le principe même de la vie dans l'univers. » (*René*.)

(1) Lamartine : *Confidences*, liv. XII, 27, 29.
(2) *Jocelyn*, 3ᵉ époque, 8 juillet 1793. — De Senancour : *Obermann*, lettre LXIII.
(3) De Laprade : *Sentiment de la nature chez les modernes*, liv. VIII, chap. I.

IV

La nature et Dieu. — Conception vraie : quatre horizons successifs. — Dieu créateur. — Dieu présent dans la nature. — Dieu agissant dans la nature : conservation; concours. — Dieu archétype de la nature. — Oppositions matérialistes. — La vraie conception religieuse et le phénomène. — La vraie conception religieuse et les sympathies de l'âme pour la création. — Si les lettres l'ont souvent réalisée.

Or la foi n'y est pas rigoureusement nécessaire ; à parler strictement, les lumières naturelles y suffisent. Mettez en face du grand spectacle une raison droite et une volonté pure : la première et confuse impression du divin se démêle bientôt et se précise. Derrière le rideau léger des phénomènes, quatre plans ou horizons nouveaux se dessinent, qui reculent à l'infini la perspective et augmentent d'autant la beauté.

Tout d'abord apparaît, non pas à l'imagination sans doute, mais à la pensée, la cause première de toutes choses, le Dieu distinct de son œuvre, le Dieu personnel et créateur dont l'intelligence a conçu, dont le pouvoir libre a réalisé, sans secours étranger ni matière antérieure, et les phénomènes et leur substance; Dieu dont la sagesse s'est jouée dans l'univers, ce qui veut dire qu'avec une aisance magnifique, elle y a répandu l'opulence dans l'ordre, la variété dans l'unité. Ainsi se dégage tout d'abord la notion vraie de la vie universelle. Ce n'est ni un effet sans cause; ni un prolongement direct de la vie divine ; c'est une image de cette vie, image créée par le vouloir divin.

Mais croirons-nous avec le déisme que, satisfait d'avoir monté une fois pour toutes une admirable machine, l'ouvrier s'en désintéresse et l'abandonne aux conséquences de l'impulsion première? Triste et froide erreur, et combien préjudiciable à la conception artistique du monde ! La création se désenchante et se décolore, si elle n'est que l'empreinte vieillie, que le vestige lointain d'un Dieu absent. Quoi! la vie universelle réduite au fonctionnement d'un beau machinisme! Voilà pour glacer la sympathie, et l'on a justement noté dans l'hypothèse déiste une des causes de l'infériorité descriptive de Rousseau.

Non, la raison et la foi expliquent mieux ce profond et doux mystère. Dieu n'a pas créé seulement, il gouverne ; il n'a point passé une fois en semant les mondes sur sa trace ; à cette heure encore et à toute heure, « il y a quelqu'un ici, » *habitat Deus.* L'ouvrier est présent dans son œuvre, mais mieux que par influence et pouvoir.

> Tout l'univers est plein de sa magnificence.

Oui, mais non pas seulement comme la terre est pleine de la lumière et de la chaleur d'un soleil lointain. Tout l'univers est plein de Dieu même, de son Être immense et un, illimité mais simple, coexistant de nécessité à tous les êtres, les investissant de toutes parts et les pénétrant au plus intime. L'âme le sent si bien présent à son œuvre, qu'elle se prend à le confondre avec son œuvre même. Erreur encore, mais plus naturelle et plus humaine que le déisme qui le relègue dans un éloignement infini. Dieu est distinct de la nature ; Dieu n'est pas circonscrit dans ses limites, dans ces espaces pourtant effroyables comme les appelait Pascal ; mais par ailleurs Dieu est présent tout entier dans l'ensemble de la création et dans chacun des atomes. Contemplez la mer ou penchez-vous sur le brin d'herbe. Ni la mer ni le brin d'herbe ne sont Dieu ou partie de Dieu ; ni l'un ni l'autre ne nous montrent Dieu à découvert, mais dans la vaste mer comme dans le brin d'herbe il est présent tout entier. Notre Père est aux cieux, il habite une lumière inaccessible ; c'est-à-dire qu'il ne découvre son essence que dans un séjour à part où nulle force naturelle ne nous ferait jamais atteindre ; mais cette essence n'est pas moins présente au sein de la création visible que dans le ciel des élus. Telle est la seconde perspective qui nous est ouverte, le second pas fait dans le mystère charmant de la vie universelle. Dieu n'est pas seulement à l'origine, à la source ; il est dans chaque flot, dans chaque goutte de cette vie partout répandue et circulante.

Avançons encore. Être présent, pour Dieu, c'est agir. Et que fait-il, cet éternel ouvrier, dont il est dit à la fois qu'il se reposa le septième jour et qu'il opère sans relâche?

Il conserve sans relâche chaque créature, non qu'il en écarte seulement les causes de ruine ou qu'il la soutienne seulement contre l'attraction du néant. Dieu fait plus : il lui continue l'existence par une opération active et actuelle ; il la lui verse tout à nouveau, moment par moment, goutte à goutte. Témoins du phénomène continu et dormant pour ainsi dire, nous savons d'ailleurs que, sous cette persistance réputée immobile, la création même se reproduit et se recommence à chaque éclair de la pensée. L'œil s'arrête à la surface tranquille des choses ; la raison passe outre, et elle surprend la main de Dieu versant l'être et la vie par un travail muet mais incessant.

Créer, conserver d'une influence qui reste vraiment créatrice, encore n'est-ce pas tout. Il y faut joindre le concours prêté par la cause première à l'activité des causes secondes. Pas un atôme, a-t-on dit, ne se remue, sans que le contre coup de son mouvement se propage par une ondulation immense jusqu'à l'extrémité de l'espace. Rêve brillant peut-être. Mais voici qui est plus sûr. Pas une activité intelligente ou matérielle, libre ou fatale, n'entre en branle, sans que l'action souveraine de Dieu s'y superpose, non pour absorber en soi la cause seconde et la réduire à l'état d'occasion pure, mais de façon à produire, elle aussi, tout l'effet comme cause collatérale et supérieure. Ce n'est pas Dieu qui bruit dans l'insecte, chante dans le ruisseau, gronde dans le tonnerre, pas plus que ce n'est Dieu qui pense et veut dans l'homme ou dans l'ange ; mais depuis la pensée du séraphin jusqu'aux attractions et répulsions chimiques, ni les puissances de l'esprit, ni les forces de la matière ne pourraient entrer en exercice, n'était le concours souple et souverain de l'activité divine. La Fontaine a montré l'envoyé de Dieu venant sur terre

<blockquote>Partager un brin d'herbe entre quelques fourmis.</blockquote>

Image touchante, si l'on veut, de la divine Providence à laquelle rien n'échappe. Mais, plus philosophe et plus chrétien, le fabuliste aurait vu Dieu même présent, agissant, travaillant et dans le brin d'herbe et dans les fourmis qui se le partagent, tout comme dans la pensée de son envoyé. Ainsi la vie universelle va s'éclairant ; chaque pas fait dans le vrai des influences divines sur le monde, la rend plus belle, plus auguste et plus aimable. Cette vie, ce branle, ce tourbillon immense qui nous investit, qui nous entraîne, ce n'est pas, comme veut le panthéisme, le phénomène de la vie divine ; c'est une vie bien réelle en soi, bien à nous et aux autres créatures, bien distincte et séparée de la vie de Dieu ; mais il est vrai que la vie de Dieu s'y enveloppe ou s'y superpose, qu'elle s'y montre et s'y voile tout à la fois. Comme il est là, dans tous les êtres qui ne sont pas lui-même, il travaille, il se meut, il vit dans toutes ces activités, dans tous ces mouvements, dans toutes ces vies, dont il se distingue d'ailleurs et se sépare comme le créateur de la créature, l'infini du fini, l'être pur du quasi néant.

Un trait encore pour achever la conception vraie de ses relations avec la nature. Être infini, perfection totale, illimitée, la beauté même, il faut de nécessité qu'il possède éminemment tout ce qui se peut voir ou concevoir de beauté, de perfection, d'être. En d'autres termes, nul être, nulle perfection, nulle beauté n'est possible, qui ne le reproduise à quelque degré. Ainsi, dans les merveilles de la création, rien qui ne procède de lui comme le ruisseau de la source, comme le rayon du foyer, comme une copie nécessairement dégénérée d'un type parfait. N'insistons pas : ces notions nous sont connues. Ainsi quand, du phénomène imparfait mais déjà si beau, nous nous élevons en idée à une beauté supérieure, à la plus haute beauté possible, notre élan ne se perd pas dans le vide ; en montant à l'idéal, nous montons à la beauté suprême, et cette réalité n'est pas loin de chacun de nous (1). » L'idéal de ces beautés qui nous enchantent sans nous satisfaire, c'est, si l'on ose le dire, le réel de Dieu même. Et cet idéal substantiel, il existe, il agit, il rayonne de tout près dans ses images, invisible aux sens, manifeste à l'esprit. Penser, sentir ainsi, c'est avoir le vrai sentiment de la nature, le seul vraiment artistique parce qu'il est le seul vraiment religieux. Voir Dieu dans toutes les créatures et toutes les créatures en Dieu : voilà le dernier mot de l'art, comme de la perfection chrétienne. Traduire — mais que disons-nous ? — indiquer Dieu, insinuer Dieu dans l'expression du phénomène sensible : voilà le dernier effort de l'artiste, mais où de fait l'artiste de parole arrive seul (2).

Est-ce ignorance, puissance du préjugé, folie et triste fantaisie de paradoxe? On a bien pu regretter comme un raffinement de civilisation factice, comme un amoindrissement de la beauté des choses, cette conception vraie qui les rapporte à une origine céleste et à un type supérieur. On a déploré, au nom de la poésie et de la liberté humaine, qu'une tourmente de quinze siècles (entendez le règne quinze fois séculaire du christianisme) ait violenté la nature de l'homme, en lui opposant un surnaturel qui la

---

(1) *Actes des Apôtres*, XVII, 27.
(2) Dieu créateur, Dieu présent, Dieu agissant, Dieu archétype : unissons ces quatre idées, et nous verrons que le monde physique est bien réellement un temple : temple construit par Dieu sur un plan conçu nécessairement à la ressemblance de l'architecte, temple tout plein de Dieu même et que Dieu, à la lettre, ne cesse de bâtir. Tout cela reste vrai, même dans l'ordre surnaturel où nous sommes élevés de fait.

comprime et en l'affolant d'un idéal qui se dérobe, toujours moins réel à mesure que l'imagination le grandit (1). Ou l'on ne s'entendait pas, ou l'on avait regret au tranquille sensualisme des âges païens ; ou encore et tout ensemble on méconnaissait étrangement la véritable donnée chrétienne. En effet, le lecteur voudra bien y prendre garde : tout ce que nous avons dit des relations de Dieu avec la nature est avoué, accepté, consacré par la révélation, mais pourrait subsister en dehors d'elle. Dieu créateur, Dieu présent, Dieu agissant, Dieu archétype, autant de parties du dogme ; mais pareillement vérités de raison et de pure philosophie. Si elles désenchantaient quelque peu le monde physique, la faute n'en serait point au surnaturel, qui peut rester jusqu'ici hors de cause ; il faudrait accuser la philosophie même et la raison.

Mais où est le dommage? Et si l'on ne veut avouer l'intention d'adorer purement et simplement la sensation et le phénomène, que perd l'œuvre de Dieu au souvenir et à la présence de son auteur? Qui peut en estimer amoindrie la conception artistique de la nature? Le bon sens répond d'avance, mais avec une certitude à l'épreuve de tout mécompte, que l'idée la plus vraie est nécessairement la plus belle. Et que dit l'analyse du détail? A nous raconter Dieu, le phénomène n'a rien perdu de sa beauté sensible. Veut-on sérieusement que pour le chrétien, voire pour le simple spiritualiste, les horizons soient rétrécis, les cieux ternis et les fleurs décolorées? S'imagine-t-on Dieu comme un spectre projetant sur tout son ombre froide? Posera-t-on hardiment en principe que, pour bien jouir des choses, il ne faut rien voir ni aimer au-dessus d'elles? A ce compte, nous sommes en pur sensualisme, et nous passons.

Non, la vraie conception n'ôte à la nature ni une couleur, ni un parfum, ni une harmonie. Par ailleurs les sym-

---

(1) Taine : *Sainte Odile et Iphigénie en Tauride* (1868); *Essais de critique et d'histoire.*

pathies de l'homme pour le monde physique en deviennent plus pures et plus fraternelles : plus pures, car elles se détachent de la sensation ; plus fraternelles, car dans la nature nous aimons quelque chose, ou mieux, quelqu'un. Il n'est pas oiseux de le redire, le mouvement d'affection qui nous entraîne hors de nous vers les créatures sensibles ne se perd plus dans l'illusion et la chimère. Plus de ces tendresses malsaines, maladives, décevantes, qui laissent le cœur vide et sans autre recours que l'ivresse des sens. Derrière le voile transparent des réalités terrestres, notre amour atteint d'abord la réalité suprême, la réalité toute aimable, toute aimante aussi. Jocelyn croit sentir un cœur d'ami palpiter sous l'écorce. Rêve sensuel qui le laisse plus faible, plus vide et plus souillé. Sans effort d'imagination, sans rêve, sans mécompte possible, dans la paix fière de l'intelligence, dans l'assurance triomphante de la foi, dans la joie noble et fortifiante de son âme, le chrétien, pénétrant jusqu'à l'intime des choses, y voit reluire l'infinie sagesse, il y sent palpiter l'éternel amour. Ainsi aime-t-il les créatures comme œuvre, comme voile, comme miroir, comme enveloppe de la beauté souveraine ; à cela près, nous avouons qu'il ne les adore pas. Oui sans doute, nous voilà plus haut que le naturalisme et son culte grossier de la matière. Nous dépassons le polythéisme et ses riants fantômes, car c'est sur la réalité suprême que se posent nos affections. Nous dépassons le panthéisme avec sa communion illusoire et voluptueuse à la nature. Ici point d'illusion ni de volupté malsaine ; c'est l'union vraie, l'union chaste au bien suprême, embrassé par l'âme à travers le phénomène qui frappe les yeux.

On nous demandera peut-être où rencontrer les modèles littéraires de ce sentiment religieux des choses. Avouons qu'ils sont rares dans la littérature proprement dite. Ne les cherchons pas, et pour cause, dans les âges païens. Ne les attendons guère plus de notre grande époque classique. C'est trop de dire que le dix-septième siècle a tenu son âme fermée à la nature et à Dieu (1) ; mais il reste vrai qu'alors le paganisme d'étiquette égare et compromet étrangement le goût des beautés naturelles. Libre enfin de cette mode, notre poésie semblait toucher à l'idéal (2) ; mais elle s'en est détournée vite pour aller au sensualisme par le panthéisme rêveur. Que reste-t-il comme type littéraire de la vraie conception religieuse du monde? D'admirables fragments disséminés dans la Bible, dans les Pères ou les ascètes méditant l'œuvre des six jours, dans les souvenirs des vieux moines célébrant le site de leur monastère (3), dans les écrits familiers des chrétiens de notre temps. Libre des froides influences du jansénisme, rendue au vrai par l'heureuse désuétude où est tombée la formule païenne, la parole contemporaine a trouvé çà et là des accents incomparables pour dire la beauté des choses, mais cette beauté immatérielle qui naît de leurs sympathies avec l'âme et de la présence active du Créateur (4). Le temps n'est plus de l'épopée héroïque ; mais si l'épopée didactique, si l'épopée dantesque est encore possible — et pourquoi non ? — quel plus merveilleux sujet dans le genre que cette trilogie : la nature en face de l'homme et de Dieu ?

En attendant qu'un poète de génie l'embrasse tout entière, l'écrivain, quel qu'il soit, se doit rendre capable d'en réaliser un fragment. Trop incomplet serait-il de ne pouvoir, dans l'occasion, nous offrir, en le faisant passer à travers son âme puissante et ordonnée, le premier objet

---

(1) De Laprade.
(2) Citons, comme exemples à peu près irréprochables, un double morceau de Chateaubriand (*Génie du christianisme*, 1re partie, liv. V, chap. xii), et une pièce de Lamartine, *la Prière*. (Premières méditations, VII.) Il va sans dire, du reste, que ces indications ne prétendent pas être complètes ni exclusives.
(3) Montalembert : *Les Moines d'Occident*, introduction ; *Bonheur dans le cloître*.
(4) Ainsi, Ozanam : *Pèlerinage au pays du Cid*, 1 ; — mais surtout L. Veuillot : *Le Vol de l'âme*, début; *Historiettes et Fantaisies*; *L'Honnête Femme*, XXXI ; *Çà et là*, passim.

de la curiosité humaine, le moindre reflet de la suprême et originelle beauté (1).

(1) Le symbolisme n'est, par rapport à cette étude, ni un élément nécessaire ni un élément tout à fait étranger. C'est le caractère figuratif de la nature, son rapport emblématique au monde moral naturel ou surnaturel. Ce rapport peut naître de l'essence même des choses, d'une similitude antérieure à toute circonstance accidentelle. J'entends que le lis figure de soi la pureté ou la violette la modestie. J'attache d'instinct à telle espèce animale le souvenir de ce vice ou de cette vertu. Ailleurs la relation symbolique tient à un fait, à une convention, à l'usage : c'est ainsi que la palme et le laurier signifieront la victoire. Aussi bien, qu'il sorte d'un pur accident ou de l'essence même des choses, le symbolisme relie la création physique au monde de la grâce comme à celui de la moralité naturelle. Pour ce dernier, la chose est tout d'abord manifeste. La création reflétant Dieu et l'âme, il va de soi que les plus marquants de ses phénomènes représentent certains états de l'âme et certains attributs de Dieu. La mer nous fait songer à l'immensité divine ; l'orage, aux grands troubles qui parfois traversent notre vie. Quant à l'ordre surnaturel, bien que spécifiquement distinct, loin de supprimer la nature humaine ou de l'altérer dans ses constitutifs essentiels, il la prend telle qu'elle est, la conserve et l'exploite avec toutes les énergies qui lui sont propres. C'est toujours la même âme, les mêmes facultés agissant suivant leur mode physique d'action. A ce compte, le monde visible est apte à symboliser la vie surnaturelle comme la vie morale de pure nature. Cette aptitude a été consacrée par Jésus-Christ même dans ses paraboles, et mieux encore dans les sacrements, signes efficaces de la grâce. A la suite du Maître et avec son infaillibilité divine en moins, l'âme chrétienne a continué de mettre ou de retrouver dans les créatures sensibles les images des vérités divines. Qu'elle ait çà et là outré les analogies, soit ; mais, quoi que prétende le faux savoir, toujours contenue par la précision du dogme et l'infaillible autorité de l'Église, elle n'a jamais créé de mythes à la manière de l'imagination païenne. Et pour quelques rapprochements bizarres, que de beautés solides autant qu'étincelantes ! Quand les Pères, les ascètes, les chrétiens des âges de foi demandaient à la nature le souvenir de ce qu'ils avaient de plus cher, un vestige de la vie transcendante des âmes, qu'y avait-il là pour désenchanter le phénomène, ou pour obscurcir les lois physiques où il est directement soumis ? Le regard de la foi est plus sûr que celui de l'imagination grecque ou indienne, car c'est une réalité, la réalité surnaturelle, qu'il superpose aux réalités de la nature. Il est plus pénétrant que celui de la science émancipée ; car il la suppose et la dépasse ; car, sans méconnaître le phénomène et ses lois propres, il en atteint les relations supérieures, il en marque la place dans le plan total de Dieu. — Voir Mgr Landriot : *Le Symbolisme*. — Mgr de la Bouillerie : *Le Symbolisme de la nature*. — L'abbé Auber : *Le Symbolisme*. — Montalembert : *Sainte Élisabeth*, introduction.

CHAPITRE V

L'homme, objet de la parole littéraire.

Dans la reproduction littéraire de la création physique, tout doit tendre à mettre en lumière son rapport à l'âme et à Dieu. Dans celle de l'homme, que tout mène au rayonnement définitif de l'âme, mais de l'âme telle que Dieu l'a conçue et la veut, d'après lui-même. C'est la loi de la parole, de tout art.

I

L'homme physique. — La physionomie au repos intéresse par un semblant au moins d'expression morale. — Réelle influence de l'âme sur le corps. — La physionomie en mouvement intéresse par le sentiment exprimé. — L'écrivain doit savoir la peindre. — C'est l'âme qu'il faut rendre visible par la peinture du corps. — Procédés contraires du sensualisme : description abusive. — La laideur. — Ce qu'on en pourrait faire. — Spectacle de la souffrance physique. — La passion même tournée en convulsion.

Elle s'appliquera tout d'abord à la description de l'homme physique, de l'attitude et de la physionomie humaines. Objet d'un intérêt puissant, mais pourquoi? Parce que l'âme, invisible en soi, ne se trahit que par ses manifestations extérieures. A ce compte, c'est l'âme que nous voyons dans le corps, et le corps nous devient intéressant comme l'âme même.

La physionomie est au repos. Ou vous la jugez insignifiante et nulle, ou elle vous fait penser à un état d'âme déterminé ; vous diriez le masque immobilisé de telle ou telle disposition morale. Parfois c'est coïncidence fortuite, voire même contraste bizarre. Un saint peut être difforme, un scélérat doué de traits réguliers, nobles, frappants. Mais souvent aussi entre les habitudes morales et l'expression du visage, il y a ressemblance et plus encore.

La philosophie enseigne que l'âme est la forme du corps, en ce sens qu'elle lui donne l'être humain, la vie humaine et non point simplement animale. Mais il n'est point téméraire d'étendre la thèse, en y rattachant ce fait d'expérience que la vertu longuement pratiquée embellit le visage et l'attitude, au lieu que le vice les enlaidit. « L'esprit, disait Michelet, est l'ouvrier de sa demeure. Voyez comme il travaille la figure humaine dans laquelle il est enfermé, comme il en forme et déforme les traits. Il creuse l'œil de méditation, d'expériences et de douleurs ; il laboure le front de rides et de pensées ; les os même, la puissante charpente du corps, il la plie et la courbe au mouvement de la vie intérieure. » Trop souvent excessif et systématique, Lavater ne l'est pas du moins quand il écrit : « Le moyen le plus sûr d'embellir notre physionomie autant qu'il dépend de nous est d'embellir notre âme et d'en refuser l'entrée à toute passion vicieuse. Le meilleur moyen de la rendre expressive et intéressante est de penser juste et avec délicatesse. Enfin, pour y répandre un caractère de dignité, remplissez votre âme de sentiments vertueux et religieux. » C'est ce qui a donné aux types chrétiens cette beauté supérieure si bien sentie par le comte de Maistre (1). Si la vertu transfigure un visage même immobile, que ne fera pas la sainteté (2) ?

---

(1) J. de Maistre : *Examen de la philosophie de Bacon*, t. II, chap. VI, fin.
(2) L'illustre amie du comte de Maistre, Madame Swetchine écrivait dans le même ordre d'idées : « O visages des Saints, douces et fortes lèvres accoutumées à nommer Dieu et à baiser la croix de son Fils, regards bien-aimés qui discernez un frère dans la plus pauvre des créatures, cheveux blanchis par la méditation de l'éternité, couleurs sacrées de l'âme qui resplendissez dans la vieillesse et la mort, heureux

Mais voici un sentiment, une passion. La physionomie entre en mouvement, l'âme éclate et jaillit soudain, comme un feu intérieur auquel vous donneriez mille ouvertures. On la saisit dans la pose du corps, dans le geste de la main, organe de l'action, dans le jeu souple des traits, dans les innombrables variétés du regard, dans les nuances infinies de la voix. « Il n'est mouvement qui ne parle, dit Montaigne, et un langage intelligible sans discipline (apprentissage) et un langage publique ; qui fait, voyant la variété et usage distingué des aultres, que cettuy en doibt plustost estre jugé le propre de l'humaine nature (1). » Du moins est-il vrai qu'il supplée quelquefois la parole articulée ; que d'ailleurs elle risque d'être sans lui terne et froide, parce que, plus puissante à faire entendre l'idée, elle l'est moins à donner la note exacte du sentiment. Passons vite sur toutes ces expressions sensibles de l'âme. Plus tard nous nous préoccuperons de les gouverner ; il ne s'agit encore ici que de les comprendre pour les décrire.

Car il faut les décrire ; pour montrer l'invisible esprit, il faut les mettre aux yeux avec toute l'exactitude et la vivacité possibles. C'est tout l'effort des arts plastiques. Le sculpteur n'a, pour y atteindre, que les lignes et les formes avec lesquelles il traduit l'attitude, le geste, les traits. La couleur, que le peintre ajoute comme pour compenser le relief qui lui manque, parlerait aux sens plus qu'à l'âme, n'était le pouvoir qu'elle a de reproduire l'œil. C'est par où la peinture domine, par où elle idéalise jusqu'au portrait. Mais comme la sculpture, elle ne peut rendre qu'un mouvement qu'elle fixe une fois pour toutes. *L'Apollon du Belvédère* et *la Transfiguration* ne nous donnent qu'un accident de la vie morale, immobilisé dans une attitude. C'est bien la vie, mais un éclair de la vie, et pour en jouir

qui vous a vus ! Plus heureux qui vous a compris et qui a reçu de votre galbe transfiguré des leçons de sagesse et d'immortalité ! »

(1) *Essais*, II, 12.

il nous faut le prolonger en idée. Seul l'écrivain suit, mais encore à pas lents, la série de ces manifestations rapides. Corneille, Racine, Molière sous-entendent tout ce côté de l'expression, l'abandonnant à la sagacité de l'interprète ; mais ils n'ont atteint le naturel qu'à la condition de pressentir les jeux muets qui achèvent le sens de leurs vers. L'historien, l'orateur, le poète épique ou lyrique, tous ceux qui racontent l'homme et ne le mettent point en scène par le dialogue, doivent noter fidèlement ces mille et mille nuances expressives où se peint l'âme. Si grave soit l'écrivain, il a part à l'obligation commune. En cela Tacite est peintre comme Bossuet. Suivez avec Saint-Simon la tragi-comédie de Versailles à la mort du Grand Dauphin en 1711, ou celle du lit de justice de 1718 pour la dégradation des bâtards ; vous verrez combien il importe au peintre de la vie d'avoir la « prunelle étincelante » dont on vous parle, et de savoir sans méchanceté « l'asséner » sur les gens pour les « percer » du regard, c'est-à-dire pour lire leur âme dans leurs attitudes et leurs traits.

Mais l'usage de cette puissance appelle une règle. Où la trouver ? Avant tout, dans la subordination du corps à l'âme, des sens à l'esprit. Le corps est tout ensemble le siège de la vie animale et le voile transparent de la vie intellectuelle et morale. Selon qu'elles s'ordonnent plus directement à l'une ou à l'autre, ses parties sont nobles ou viles. Que le mécanisme de sa vie inférieure intéresse la science, rien de mieux ; mais c'est par l'expression morale, et par elle seule, que le corps devient l'objet du grand art. L'art n'a rien à prendre dans les physionomies et les attitudes où l'âme s'éclipse sous la vie purement physique. Traduction sensible de l'immatérielle beauté, l'art use du corps pour montrer l'âme à l'âme et non le corps lui-même aux yeux. Principes qui ne font plus doute ; nous n'avons plus ici à les établir, mais à les appliquer. Ainsi ne l'entend pas le sensualisme. Au lieu de spiritualiser la matière pour la faire parler à l'âme, il animaliserait plutôt l'âme pour la faire parler aux sens. Les panthéistes logiques, Saint-Simon et Fourier par exemple, réhabilitaient hautement la chair et maudissaient le christianisme pour l'avoir faite servante de l'esprit. Rien d'étrange si une certaine esthétique se préoccupe avant tout du *bel animal humain*. Nous n'avons rien à lui répondre; mais il y a lieu de la voir à l'œuvre et de noter ses procédés favoris.

C'est d'abord la description de la personne physique, mais la description continuelle, minutieuse, infinie. Quelquefois il n'y a là qu'une complaisance plutôt sensuelle. Ainsi Lamartine adoucit, attendrit, amollit d'après lui-même toutes les physionomies qu'il touche, depuis les Girondins, héros de son roman historique, jusqu'à Bossuet, travesti en Jocelyn prétentieux, hélas! jusqu'à sa pauvre mère qu'il caresse du pinceau avec une inconvenance bien relevée par Sainte-Beuve (1). Grand artiste aveuglé par la vanité et le sensualisme, au point d'oublier naïvement tout sens moral. Chez d'autres, la peinture physique est affaire de système et de philosophie. Tout ce qu'on nomme vie morale n'étant qu'une fatalité de tempérament, pour expliquer un homme rien ne vaut la photographie ou l'autopsie. Notre thèse est donc retournée : le corps est la forme de l'âme, il la détermine fatalement, il la fait tout entière : façon de dire qu'elle n'existe pas.

La vogue se conçoit des physionomies sensuelles, des beautés amollies, mais on entend moins facilement que les romanciers, les dramaturges, les poètes cherchent et trouvent le succès dans la peinture énergique de la laideur. A tout prendre, ils savent leur temps et leur public. Le sensualisme régnant émousse le goût de l'émotion mesurée, véritable; c'est la commotion qu'il faut; or la secousse et la laideur y font merveille. De là

---

(1) Lamartine : *Confidences*, liv. IV, n° 6 ; *Nouvelles Confidences*, 1, 8, 11 et 12. — Cf. Sainte-Beuve : *Causeries du lundi*, t. I et X.

les Triboulet et les Quasimodo, de là ces figures grimaçantes ou hideuses où Victor Hugo se complaisait jadis, et bien des romanciers à son exemple. C'était flatter la dépravation de la foule, tout en se donnant l'air de braver ses répugnances (1).

On objectera que la laideur physique est un fait qui s'impose comme le vice même. L'art n'a-t-il rien à y prendre? L'histoire, la fiction même doivent-elles éviter absolument de nous l'offrir? Tout revient à demander si pareil spectacle peut se tourner en définitive à l'élévation de l'âme. A ce compte et dans cette mesure, il nous est loisible de le présenter. La grotesque physionomie de Thersite fait saillir d'autant la mine fière des rois insultés par ce radical. Au contraire la belle âme du paysan du Danube gagne au contraste de « toute sa personne velue. » Mais n'outrons rien ; ne semblons pas donner la difformité du visage comme indice absolu de la bassesse intime, ou supposer tout au rebours la vertu plus à l'aise dans un corps mal fait. En tout cela, du reste, il s'agit de disgrâces plutôt physiques et peu expressives, difformité simple, grossissement des traits, dépression, disproportion. Les conditions changent si la laideur porte en soi une signification morale plus marquée. Est-ce le sensualisme qu'elle accuse ? Indiquons-la tout au plus et passons vite : elle répugne à notre délica-

---

(1) « Cet amour du laid qui nous a saisis, cette horreur de l'idéal, cette passion pour les bancroches, les culs-de-jatte, les borgnes, les moricauds et les édentés ; cette tendresse pour les verrues, les rides, les escarres, les formes triviales, sales, communes, est une dépravation de l'esprit ; elle ne nous est pas donnée par cette nature dont on parle tant. Lors même que nous aimons une certaine laideur, c'est que nous y trouvons une certaine beauté. Nous préférons habituellement une belle femme à une femme laide, une rose à un chardon, la baie de Naples à la plaine de Montrouge, le Panthéon à un toit à porcs. Il en est de même au figuré et au moral. Arrière donc cette école *animalisée et matérialiste* qui nous mènerait, dans l'effigie de l'objet, à préférer notre visage moulé avec tous ses défauts par une machine, à notre ressemblance produite par le pinceau de Raphaël. » (Chateaubriand : *Essai sur la littérature anglaise*, 2e partie.)

tesse, mais il est vrai pour notre honte qu'elle nous attire par ailleurs. Est-elle violente, odieuse, terrible? N'en usons qu'avec réserve, laissant aux romanciers de bas étage ce facile et dangereux moyen d'effet. Enfin elle peut être surtout comique; elle peut paraître comme la grimace immobilisée d'un travers assez inoffensif, d'une disproportion morale sans élément funeste ou odieux. Ne coudoyons-nous pas à toute heure l'étonnement niais, l'empressement effaré, le sérieux effrayé ou rengorgé, la satisfaction ridicule de soi-même? Autant de ressources pour le satirique et le conteur. Libre à eux de les exploiter, pourvu qu'ils n'aillent pas jusqu'à la charge. Saisi finement à travers le ridicule physique, le travers moral profite au bon sens.

Mais pour la dépravation et l'impuissance de l'art matérialiste, il y a mieux que la laideur même. La souffrance physique décrite avec un luxe grossier de détails remue bien plus violemment le sensualisme et le fond de cruauté qui s'y unit toujours. Que ne peut-on nous donner un combat de gladiateurs, nous proposer le spectacle vrai de la question, comme Perrin Dandin à sa future belle-fille, voire celui d'une dissection, comme Thomas Diafoirus à Angélique? A défaut des réalités, nous aurons la description réaliste : traits qui se décomposent, muscles qui tressaillent, plaies, spasmes, râles, tout ce qu'il y a de dégoûtant ou d'horrible (1). Étaler tout cela s'appellera sincérité, courage; oui vraiment, courage de boucher, littérature d'abattoir. N'est-ce pas logique du reste? Si le corps est tout, pourquoi nous refuser ces âcres jouissances? Pourquoi, aux yeux des matérialistes, l'art ne commencerait-il pas précisément où il finit aux nôtres, au point où l'âme s'éclipse vaincue par les convulsions de la chair? Aussi longtemps qu'elle les domine, elle met sur le visage souffrant l'empreinte d'une

---

(1) On peut prendre comme exemple de ces viles peintures le massacre des mercenaires de Carthage dans le défilé de la Hache. (*Salammbô*, par G. Flaubert.)

énergie centuplée par l'effort: majesté qui pénètre, douleur qui attendrit; beauté sans paire et sans rivale, objet indéfinissable de respect, d'admiration, de pitié, d'amour. C'est le martyr, c'est l'Homme-Dieu en croix. Mais où la douleur est plus forte que l'âme, l'homme est absent, il n'y a plus que la bête affolée, hurlante. L'art matérialiste peut se jeter sur cette proie; l'art humain s'en retire avec dégoût (1).

Comme la souffrance physique, la passion tourne, elle aussi, en convulsion animale, quand elle emporte dans son tourbillon la raison et la liberté. A ce point où s'évanouit la vie morale, le goût, c'est-à-dire le sens de la dignité humaine, cache le personnage tombé au-dessous de l'humanité. Timante voile la tête d'Agamemnon; Racine écarte de la scène Oreste en proie aux Furies. Les anciens recouraient même à la métamorphose; Hécube, privée de ses derniers enfants, n'était plus qu'une chienne furieuse; fiction transparente qui disait: l'art n'a plus que faire, car sous l'orage trop violent l'âme s'est éteinte; l'être moral, l'être humain n'existe plus. Quelques modernes ont changé tout cela. Pour eux, point de passion forte si elle ne tourne en contorsion, en convulsion, en délire. L'idéal du naturel et de la force, c'est de redescendre — ils diraient plutôt remonter — du sentiment raisonnable à l'instinct animal. Pour bien défendre sa fille, une mère doit se hérisser, se traîner « à quatre pattes, » se faire tigresse ou « panthère (2). » Plus tard cette répugnante gageure sera tournée en système, en axiome, et l'on osera bien écrire ces lignes odieuses : « Ce qui fait qu'une mère est sublime, c'est que c'est une espèce de bête. L'instinct maternel est divinement animal (3). » Voilà qui juge un procédé, une école. Ici du moins, l'excès de la dégradation peut être

---

(1) Saint-Marc-Girardin: *Cours de littérature dramatique*, n° 1.
(2) V. Hugo: *Notre-Dame de Paris*. — Voir Saint-Marc-Girardin : *Littérature dramatique*.
(3) *Quatre-vingt-treize*, 3ᵉ partie, liv. II, n° 6.

utile et ramener par le dégoût à la vérité. Or la vérité nous est connue. Le corps n'intéresse l'art qu'à titre de révélateur de l'âme. La peinture de l'homme physique vaut uniquement comme appoint à la manifestation de l'homme moral.

II

L'homme moral. — Raisons de le peindre. — Pathétique indirect. — Observer l'âme chez autrui; dans quelles dispositions. — L'observer en soi-même; dans quel esprit. — Dans nos peintures, faire ressortir définitivement l'âme ordonnée. — Le spectacle de l'âme quelconque produit l'effet : il n'est pas le beau.

L'homme moral, la vie morale, l'âme en action et en jeu, voilà le charme de la fiction ou de l'histoire. Retrouver l'âme, la prendre sur le fait de la réalité ou sur le vif des ressemblances : qui n'a senti là une des meilleures joies de l'esprit ? Qui n'y voit un des triomphes de la très noble et très légitime curiosité humaine ? Au-dessus, il n'y a que la conception et l'expression de Dieu. Veut-on agir sur les hommes par la parole ; veut-on leur offrir le spectacle des choses à travers sa personnalité originale mais ordonnée ? On doit, de nécessité, peindre l'âme, la vie morale, le cœur humain. Deux raisons y obligent : d'abord et en toute hypothèse cette curiosité noble qu'il faut satisfaire ; en second lieu et sauf le cas du vice, l'intérêt immédiat de l'influence où la parole prétend. C'est que peindre vivement l'âme, c'est déjà commencer d'y conformer celle qui regarde. Plus simplement, toute passion est contagieuse ; qui la montre commence de l'exciter. Notre âme, à nous spectateurs, est bien la harpe éolienne prête à vibrer à l'unisson des sentiments qu'on nous présente. Cette sympathie naturelle est surtout manifeste chez les jeunes gens, en qui l'expérience n'a pas alangui les impressions, ni l'orgueil bridé la sincérité de la nature (1). Elle est redoutable dans les foules, où elle fait courir en un moment, comme l'incendie, les folles joies ou les folles chimères (2).

Dans l'ordre de la parole elle donne lieu à une sorte de pathétique trop oublié des rhéteurs, mais bien réel pourtant et bien efficace : pathétique plutôt indirect, médiat, préparatoire aux grands effets ; non pas encore impulsion ouverte, assaut franchement donné dans le sens de telle passion, amour, haine ou crainte ; mais touche légère, premier ébranlement qui nous y incline par le spectacle de la passion même. Rien ne prépare mieux les grands mouvements de l'éloquence, et, dussent-ils manquer au discours, si l'âme y est naïvement peinte, nous aurions tort de l'estimer froid.

Mais pour la peindre il faut la connaître, et pour la connaître l'observer. Curiosité sagace, ardeur passionnée au spectacle de la vie morale, promptitude et justesse à la prendre sur le fait, esprit d'observation en un mot : don naturel, premier et indispensable élément du talent d'écrire, d'ailleurs soumis à la commune loi du développement et de l'exercice. Doctes imitateurs, disait Horace, étudiez comme premier exemplaire la vie, les caractères humains ; de là vous tirerez la parole vivante (3). Et Régnier, avec son vieux style, leur donne ce mot d'ordre :

> Apprendre dans le monde et lire dans la vie
> D'autres secrets plus fins que *la* philosophie (4).

Observons donc, étudions autrui. Voyez Molière dans la

---

(1) Fénelon n'outre rien quand, au récit des malheurs de Philoctète, il nous montre réfléchies tour à tour sur le visage de Télémaque les passions de tous les personnages du drame. (Liv. XVI.)

(2) Tel fut par exemple le délire universel d'allégresse à la fête de la Fédération. (Taine : *Origines de la France contemporaine* ; (*Révolution*, t. I, p. 288.)

(3)   *Respicere exemplar vitæ morumque jubebo*
    Doctum imitatorem et vivas hinc ducere voces.
                                 (*Art poétique.*)

(4) Le texte porte :
    D'autres secrets plus fins que *de* philosophie.

boutique du barbier de Pézenas, suivant le défilé de la clientèle. Le grand comique cherchait à s'égayer; non sans tristesse parfois, mais plutôt sans amertume. Depuis, le métier d'observateur s'est étrangement gâté. Dépravation, paradoxe ou manie, quelques-uns envisagent le monde moral comme un spectacle bariolé qui les amuse; adorateurs de la puissance naturelle et naïvement insouciants quant à la moralité de son usage. D'autres posent pour la force et la mettent dans le scepticisme; amers ou froids, désolés ou railleurs, mais trouvant encore plutôt le compte de leur orgueil à jouer l'indifférence, l'impassibilité stoïque; gens qui prendraient volontiers pour devise le mot cynique du romancier allemand Spielhagen : « Tout mépriser, se mépriser soi-même, et mépriser d'être méprisé. » Le plus souvent c'est comédie pure, bizarre mensonge d'une âme qui fait gloire de se donner comme plus vile que nature. Quant à ceux qui en sont vraiment là, dès longtemps le Saint-Esprit les a notés comme ayant touché le fond de toute corruption possible : « Quand l'impie en est venu aux dernières profondeurs de la perversité, il méprise (1) ». L'observateur sérieux et chrétien n'a que pitié pour toutes ces formes insolentes du paradoxe. Bien plus, dans le spectacle de la vie humaine, il ne cherche pas matière à rire comme Molière; il n'est pas, comme La Rochefoucauld, résolu d'avance à voir toutes les vertus humaines se perdre dans l'intérêt comme les fleuves dans la mer. Il n'a rien d'Héraclite ou de Démocrite, rien surtout du pharisien en quête de prétextes pour se dire : « Je ne suis pas, Dieu merci, comme le commun des hommes (2). » Chez lui, la compassion peut naître du spectacle, mais toujours tempérée de bienveillance et de respect. C'est qu'il s'inspire de Celui qui savait ce qu'il y

---

(1) *Impius cum in profundum venerit peccatorum, contemnit.* (Prov. XVIII, 3).
(2) *Deus, gratias ago tibi quia non sum sicut cæteri hominum.* (Luc, XVIII, 11.)

a dans l'homme (1), et qui pourtant honora l'homme jusqu'à mourir pour le relever.

Que l'écrivain étudie ainsi la nature dans autrui, mais encore en lui-même. Là se trouvent et l'intelligence plus pénétrante des phénomènes observés chez les autres, et la révélation première de certains sentiments graves et profonds entre tous. Non que, pour connaître une passion, il faille, comme a cru Lacordaire, en avoir été soi-même « victime (2). » Non, l'innocence n'emporte pas l'ignorance comme une suite nécessaire. Chacun trouve en soi le germe de toutes les passions, et, pour les entendre et les pressentir, il n'est besoin, grâce à Dieu, ni d'y avoir succombé ni même d'en avoir éprouvé la tentation formelle. Du reste, qu'elle soit en germe ou en fleur, l'affection bonne ou mauvaise connue par expérience personnelle porte à l'esprit plus de lumière. A se connaître soi-même il y aura bénéfice pour la parole aussi bien que pour la vertu.

Regardons-nous donc à loisir ; mais que l'amour-propre ne nous présente pas le miroir. « Voyez cet orgueilleux, dit Bossuet, comme il se contemple ! Avec quelle complaisance il se considère de toutes parts ! L'orgueil le fait rentrer en soi-même (3). » Pour d'autres, que Bossuet n'avait pas prévus, c'est la vanité, la vanité qui s'adore avec larmes, deux fois attendrie et des perfections qu'elle se découvre et de la lenteur des hommes à les découvrir. Laissant à part la question de réforme personnelle, l'écrivain sérieux s'étudie pour s'avertir de soi-même, pour entendre mieux l'âme et la présenter à d'autres plus vivante et plus utile. On voit ce que la parole peut y gagner.

Mais quelle âme présenter ainsi de préférence? Est-ce l'âme quelconque, la puissance brute, la vie sous toutes ses formes légitimes ou illégitimes? Est-ce l'âme telle

---

(1) *Ipse enim sciebat quid esset in homine.* (Joan. II, 25).
(2) Lacordaire : 25e conférence.
(3) Bossuet: *Sermon sur la loi de Dieu.*

qu'elle doit être, la puissance ordonnée, la vie morale droite et saine? Nous l'avons dit, l'art, la parole, agit surtout par l'impression qui en demeure. Est-ce donc indifféremment au bien ou au mal que la parole doit assurer le bénéfice de l'impression finale et dominante?

Pour nous cette question n'en est plus une et nous appliquons des principes depuis longtemps établis (1). L'art, la parole, a un rôle dans le plan providentiel, le seul rôle possible à sa nature de force morale, celui de servir, directement ou non, mais toujours positivement, l'élévation morale de l'homme. Le contester, c'est affaire au matérialiste, à l'athée, au déiste peut-être. Mais pour qui admet Dieu et la Providence, il n'y a qu'un moyen de soustraire l'art à cette loi suprême, c'est de le soustraire à la morale, à la philosophie, c'est-à-dire — qu'on nous le pardonne — au sens commun. C'est de le mettre hardiment hors du plan de Dieu, de son domaine, de sa compétence même; c'est de le mettre hors de l'ordre essentiel, autant vaut dire du réel et du possible. On le fait, nous le savons; mais à ce compte, si l'on veut la morale sauve, la logique au moins doit périr.

Et d'où vient tant d'inconséquence? De la vulgaire méprise qui fait prendre l'effet pour le beau. On dit: l'âme quelconque, la passion quelconque, la vie quelconque; voilà qui suffit pour saisir, pour attacher, pour plaire. Le nierons-nous? Pas le moins du monde. Nous avouons y trouver un intérêt, un agrément, une beauté, cette beauté métaphysique inséparable de toute puissance, même dévoyée; de tout être, même largement mêlé de non-être et de laideur. Nous comprenons fort bien que, faute d'un idéal meilleur ou surtout faute d'équilibre entre ses facultés, une âme s'y tienne ou s'en contente. Qu'on veuille bien le remarquer d'ailleurs, nous n'entendons en priver personne, en refuser le spectacle à

(1) Liv. I, chap. IV, § 4. — Liv. II, chap. III, § 1, 2.

aucun lecteur. Nous ne faisons pas aux peintres de la vie l'obligation ridicule de ne reproduire jamais que la vertu. Mais cette beauté de l'âme en désordre, de la puissance dévoyée, de la vie malade et convulsive, nous refusons d'y voir la beauté vraie, la seule digne d'être ainsi nommée dans la langue des appréciations morales usuelles et du bon sens ; nous n'en voulons pas comme spectacle unique ou dominant, ni comme impression définitive ; nous ne l'avouons pas pour aliment suffisant de nos curiosités légitimes ; ou l'art ne peut s'y tenir ou il n'a pas de mission providentielle : point de milieu.

Et comme il ne se peut qu'il n'en ait une, voici qui reste vrai, manifeste, lumineux comme la logique même et comme l'ordre essentiel des choses. L'âme que l'artiste doit finalement viser à peindre, celle dont il nous doit laisser l'impression pour s'acquitter de son vrai rôle et pour agréer aux exigences vraies de l'homme, c'est l'âme vertueuse, l'âme ordonnée selon le plan de Dieu. Ordonnée sur ce plan, elle est nécessairement conforme à la vérité de sa nature, elle est belle de sa vraie et totale beauté. Belle, elle devient capable d'attirer nos sympathies généreuses, de nous élever à soi, de nous transfigurer en soi par la seule vue. Capable de ces effets, elle répond à la haute mission de l'art et devient par là même son objet propre. La logique est ici à l'aise et la pratique n'y contredira point.

III

La peinture du vice : inévitable et dangereuse. — Exclusion absolue du sensualisme : sobriété pour tout le reste. — Tourner au bien le spectacle du mal. — Triple effort des lettres contemporaines en sens contraire : le mal innocenté. — la culpabilité déplacée. — Le mal confondu avec le bien. — Adoration de la puissance naturelle brute. — Le mal glorifié progressivement : spirituel — fort — audacieux — triomphant — proclamé le bien.

Mais alors que faire du vice ? Il existe, il s'impose. L'historien doit compter avec lui comme avec une large part du réel; le poète, le romancier, le conteur doivent le subir comme un élément de vraisemblance. Il faut donc se résigner à le peindre. Dangereuse peinture, chanceuse du moins. Le vice nous attire et nous repousse tout ensemble. Dans notre nature une et double à la fois, s'il rencontre une hostilité généreuse, il va remuer en même temps des complicités viles. Qui l'emportera de la répulsion ou de l'attrait ?

La question est redoutable et tout d'abord elle entraine deux conséquences. Avant tout, il faut, dans la mesure du possible, épargner aux âmes l'aspect du vice, afin de leur épargner d'autant la nécessité, toujours hasardeuse, de prendre parti entre la répugnance et la séduction. Le peintre de la vie ne doit retracer qu'à regret les traits qui par eux-mêmes l'assombrissent et la déshonorent. Il en est même que nul prétexte ne l'autorisera jamais à reproduire. Du sensualisme pur, des ignominies de l'âme livrée à la chair en révolte, il est écrit : « Que ces choses ne soient pas même nommées parmi vous (1). » Or, à la différence des lois humaines, la loi de Dieu n'est point paralysée par la multitude infinie des violateurs. L'art, l'art littéraire en particulier, s'est prostitué presque sans relâche à la glorification du sensualisme. N'importe ; l'arrêt demeure et, si l'art entendait son intérêt véritable, il dirait avec autant de sévérité que la morale : « Ces choses dont vivent et meurent le plus grand nombre des talents, ne devraient pas même avoir de nom parmi eux. » Pour nous c'est vérité acquise : dans cette boue, pas une seule perle dont l'art puisse regretter la perte (2). Où l'âme disparaît sous les sens, il n'a plus que faire, il s'en va. Donc il ne fuira pas seulement les grands délires du sensualisme ; encore ne touchera-t-il qu'avec mesure aux vices qui, sans aller à l'extrême, tiennent plus de la chair que de l'esprit. Peut-être le spectacle des Ilotes ivres, au lieu de tourner tou-

---

(1) Ephes. v, 3.
(2) Voir liv. I, chap. IV, § 2.

jours au dégoût, aura induit plus d'une fois en tentation les jeunes Spartiates. Si peu qu'on respire le sensualisme, on y trouve une contagion plus rapide, plus subtile que celle des passions de l'orgueil, une contagion plus énervante aussi, plus funeste à la dignité de l'âme, et l'écrivain consciencieux hésite à y soumettre ses lecteurs. Il y a plus; sensualisme à part, il ne s'étendra jamais complaisamment sur la peinture du mal, du crime. Passé en spectacle habituel, en aliment ordinaire de l'esprit, le crime peut exercer une fascination véritable, un vertige d'imitation. C'est de l'histoire. Plus d'un scélérat illustre s'est avoué façonné au meurtre par la lecture des romans où le meurtre était simplement raconté. Aussi bien, pour tout le monde, la littérature de cour d'assises, de bagne et d'échafaud est malsaine et immorale par cela seul qu'elle violente, au lieu de l'émouvoir, la volonté sensible. Les amis du beau n'ont rien à y prendre ; elle est bonne pour les chercheurs d'effet.

Le mal nous attire et nous repousse tout ensemble ; donc l'écrivain honnête, l'artiste vrai, ne nous le fera sentir et respirer que le moins possible, et, pour ainsi dire, à son corps défendant. Obligé de nous exposer à l'épreuve, il mettra du moins tout son effort à exciter en nous la répugnance et à paralyser l'attrait. Comment faire?

Peut-être vaut-il mieux nous demander tout d'abord comment ne pas faire? C'est demander, hélas! comment a fait presque partout la littérature contemporaine. Pauvre et facile plaisir que de dresser contre elle un réquisitoire! Mais ce n'est pas le plaisir que nous cherchons, et, à ce point de notre étude, serait-il possible de taire absolument ce fait, peut-être sans exemple dans l'histoire des littératures, cette orgie coupable que le talent va menant parmi nous depuis plus d'un demi-siècle? En le voyant à l'œuvre, nous apprenons de quoi nous garder. Libres de tout oser contre le bien puisqu'elles l'étaient contre le vrai, les lettres se sont ruées au paradoxe immoral avec une émulation qui semble du délire. Histoire ou fiction, drame ou roman, elles se sont employées à détruire la morale ou à la retourner de fond en comble. Les plus timides ont innocenté le mal; d'autres l'ont confondu avec le bien en effaçant toutes les limites; les plus hardis l'ont finalement installé à la place du bien et adoré sous le nom du bien lui-même.

N'est-ce pas innocenter le mal que de « passer toutes les éponges et de tirer tous les rideaux (1) » sur les traits odieux d'une figure historique, pour mettre uniquement en lumière un dernier vestige de droiture et de bonté naturelle? Et voilà comment sont traités bien souvent les plus grands criminels de la Révolution française. Tandis que l'histoire ment ainsi, la fiction unit, dans un même caractère, aux derniers avilissements du vice, les plus saintes délicatesses de la vertu. C'est bien encore pallier le mal et lui ôter son horreur. L'expérience et la morale nous avertissent de concert que l'extrême corruption éteint jusqu'à la dernière étincelle d'honneur et de noblesse humaine. On nous affranchit de ce préjugé, de ce frein peut-être. Voyez don César de Bazan, le grand seigneur devenu bohème. Il joue avec le vol et le meurtre comme avec le passe-temps naturel d'un homme d'esprit; mais il est superbe d'indignation quand on lui propose de tremper dans une vengeance contre une femme (2). Du même paradoxe est né Gavroche, cet enfant du ruisseau qui, parmi tous les vices, garde au cœur une *perle, l'innocence*, et pourquoi? parce qu'il vit à Paris et que « respirer Paris, cela conserve (3). » C'est trop peu de ces associations contre nature; on retourne le vieil axiome qui disait: un être n'est bon que par l'entier concours de ses éléments

---

(1) Sévigné.
(2) V. Hugo : *Ruy-Blas*.
(3) V. Hugo : *Les Misérables*, 3ᵉ partie, liv. I, nº 1. — Au dix-septième siècle l'abbé de Choisy disait que la pluie de Marly ne mouillait pas, et l'on trouvait cette flatterie sotte. La démocratie est moins fière; elle reçoit bravement les énormes pavés que ses flatteurs lui lancent au visage. Naïveté de parvenu.

nécessaires ; un déficit quelconque le rend mauvais (1). Tout au rebours, dans la morale nouvelle, un seul bon sentiment balance et emporte une vie toute de crimes ; un seul éclair de passion sincère absout, purifie, sanctifie. Que vous parle-t-on de repentir ? Aimez seulement une seconde. Mais quoi ? Mais comment ? Il n'importe. Tel attachement, que le rigorisme chrétien condamnerait, est précisément le baptême qui vous lavera de toute souillure. Et le blasphème s'en mêlant, on a bien le front d'invoquer la parole divine : « Il lui sera beaucoup pardonné parce qu'elle a beaucoup aimé (2). »

Mais de tous les palliatifs en usage, le plus direct et le plus simple consiste à déplacer la culpabilité. Nous pourrions dire, en calquant Bossuet, que, pour la foule des peintres modernes de la vie, tout est coupable excepté le coupable lui-même. On est timide, on se veut modéré, on se croit moral. On reconnaît donc la faute, si faute il y a ; on garde au mal un nom et une place entre les choses humaines ; mais qui en est responsable ? L'histoire dit : les circonstances. Qui accuser du meurtre de Louis XVI ? Les Conventionnels sans doute, la haine de quelques-uns, la lâcheté d'un grand nombre ? — Non, répond Michelet, accusez les prêtres qui fanatisaient la Vendée. Lisez Louis Blanc : c'est aux émigrés qu'il faut s'en prendre. Écoutez Lamartine : vous n'en voudrez plus qu'à la force des choses, aux exigences terribles de la situation. Dans le roman, au théâtre, la vieille

---

(1) *Bonum ex integra causa, malum ex quocumque defectu.*
(2) Alex. Dumas fils : *La Dame aux Camélias.* — G. Sand : *Isidora.* — Quelquefois, Dieu merci, l'odieux disparaît sous le ridicule. Que le plus cruel des sultans gagne le ciel en écartant les mouches de la plaie d'un pourceau à l'agonie, voilà qui est trop absurde pour être bien dangereux, et le récit fait tort à la thèse.

> Il suffit pour sauver même l'homme inclément,
> Même le plus sanglant des bourreaux et des maîtres,
> Du moindre des bienfaits sur le dernier des êtres.
> Un seul instant d'amour rouvre l'Éden fermé ;
> Un pourceau secouru pèse un monde opprimé.
> (V. Hugo : *Légende des siècles,* 1re série.)

tradition continue : c'est toujours la famille qui répond des excès de l'individu. Les jeunes gens se débauchent parce que les pères sont bizarres, jaloux, égoïstes ; les femmes sont infidèles parce que les maris sont ennuyeux. Seulement l'antique lieu commun se fait sentencieux et philosophe. Il argumente de la nature, il plaide le droit au bonheur. Et comme la société se mêle encore de prêter sa force à la famille, il dénonce la société comme la grande responsable. « Pourquoi fait-elle des riches et des pauvres, des voluptueux insolents et des nécessiteux stupides (1) ? » Cela s'entend. A qui la faute du vol ? Au propriétaire. Tous le disent équivalemment, depuis le romancier de l'émeute jusqu'au poëte aristocrate qui fut le comte Alfred de Vigny. « L'homme a rarement tort et l'ordre social toujours » (2). Quels autres coupables trouver encore ? La nature, le tempérament. Comment voulez-vous que le hideux *chourineur* d'Eugène Sue ne tue pas quand « il y voit rouge (3) ? » En ce point, le matérialisme est logique. La passion est physique, irrésistible, fatale comme la maladie, et quand un homme est malade, on le guérit si l'on peut, mais on ne le punit pas. Or comme le paradoxe immoral doit toujours aller au blasphème, voici le dernier coupable, c'est Dieu, Dieu hypothèse ou réalité, peu importe. S'il existe, c'est lui qui fait l'instinct irrésistible et la passion fatale. S'il n'existe pas, c'est du moins son nom, son idée, son spectre invoqué contre l'instinct et la

---

(1) G. Sand : *Lélia*.
(2) A. de Vigny : *Stello*. — Pauvre société, qui pendant cinquante ans a toléré, applaudi, soudoyé toutes les injures et toutes les menaces ! Ainsi fit la noblesse au dix-huitième siècle, et elle en mourut, comme corps politique s'entend.
(3) « J'ai obéi à l'organisation qui m'était donnée, » dit un personnage de G. Sand. Lamartine a écrit de deux coupables : « Qui peut les accuser sans accuser plutôt leur destinée ? » (*Confidences*, XII, 20.) Rien d'étonnant, à ce compte, si Jocelyn, avant d'absoudre une pécheresse, plaide ainsi pour elle la circonstance atténuante :

Tes fautes, mon enfant, ne sont que tes malheurs.
(*Jocelyn*, 9ᵉ époque.)

Soit : pourquoi l'absoudre alors ?

passion, qui rompt l'unité morale de l'homme, divise la nature d'avec elle-même et introduit le trouble et le remords avec la notion même de vice et de vertu. De part et d'autre, c'est à lui d'en répondre. On l'ose dire : « La faute est à Dieu qui permet à l'humanité de s'égarer ainsi » (1). C'est Dieu qui arme contre Abel la jalousie du fratricide. O victime, s'écrie Caïn,

> O victime, tu sais le sinistre dessein
> De Javeh m'aveuglant du feu de sa colère.
> L'iniquité divine est ton seul assassin (2).

Et Proudhon apostrophait ainsi Dieu même : « Les fautes dont nous te demandons la remise, c'est toi qui nous les fais commettre... Ce Satan qui nous assiége, ce Satan, c'est toi (3). »

Personne ne s'y trompe. Déplacer ainsi la culpabilité, c'est la détruire. Si la faute est aux circonstances, à la famille, à la société, il n'y a plus de faute. Si la nature est coupable, si c'est Dieu lui-même, il n'y a plus de coupable. Si le vice et la vertu résultent mathématiquement du tempérament et du milieu combinés, s'ils sont de purs et simples produits comme le sucre et le vitriol (4), qui ne le voit? vertu et vice, bien et mal, deviennent des êtres de fantaisie, ou, comme on l'a dit de Dieu même, de bons vieux mots un peu lourds et que l'humanité entendra dans un sens de plus en plus raffiné (5). Donc plus de barrière, plus de limite, plus de morale.

Parmi nos émancipés de lettres, quelques-uns l'affirment, beaucoup l'insinuent, la plupart le supposent, peut-être sans malice et naïvement. De là nous est née cette histoire à la Suétone, impassible comme un rapport de police ou un procès-verbal d'autopsie. De là cette critique résolue

---

(1) G. Sand : *Lélia.*
(2) Leconte de Lisle : *Poèmes barbares; Kain.*
(3) Proudhon : *Contradictions économiques ou Philosophie de la misère.*
(4) Taine.
(5) Renan.

de ne critiquer rien, « acceptant tout, le laid et le beau, le raisonnable et l'insensé, à titre de produit de l'esprit humain (1). » Sainte-Beuve y inclinait ; d'autres en font profession et gloire. De là cette poésie qui se pique — chose étrange — de froideur, de stoïcisme, ou plutôt de scepticisme ; contente « de réfléchir sans intérêt les choses humaines dans ses vagues prunelles, et de leur donner, avec un désintéressement parfait, la vie supérieure de la forme (2). » De là, chez l'écrivain ou le lecteur, cette curiosité vaine et lâche qui s'amuse de tout, comme d'un spectacle, sans prendre parti pour ou contre rien. Donc nul vestige de préoccupation morale, admiration aveugle des puissances brutes de la nature, culte de l'homme dans toutes les manifestations de sa vie, adoration de l'âme quelconque, voilà le fond de tout cela.

Mais on passe outre. C'est trop peu de cet équilibre immoral, de cette complaisance adoratrice pour l'âme quelconque. La vieille tradition littéraire était de mettre en relief l'âme vertueuse, l'âme ordonnée. On tient à réagir, à bien marquer l'émancipation de l'art moderne. C'est l'âme en désordre, l'âme en révolte que l'on va peindre avec amour et célébrer à outrance. Innocenter le mal, nier même qu'il existe, audace vulgaire. Mieux vaut en conserver l'idée pour le glorifier dans son être formel et sous son vrai nom. Les plus hardis seuls y poussent ouvertement ; voyons par quels détours le grand nombre nous y achemine, abusant de nos faibles trop bien connus.

Faible pour l'esprit tout d'abord. Le rire nous surprend et nous désarme. On fera donc le vice bon compagnon,

---

(1) S. de Sacy : *Rapport sur le progrès des lettres à l'occasion de l'Exposition universelle de 1867.*

(2) Théophile Gautier expose ainsi la théorie de Leconte de Lisle : « Voilà donc un grand talent qui prétend se passer d'âme, un homme né grand poète et qui, par système, entend ne mettre dans la poésie que des couleurs et des sons. C'est où conduit la négation pratique de la morale, voire même de la simple compétence en matière d'art. Pour qui sait comprendre, quelle conséquence logique et quel châtiment ! »

joyeux, goguenard, leste de propos, de main et d'allure ; ce sera beaucoup que d'avoir mis les rieurs de son côté. « Soyez drôle, dit justement V. Hugo, et vous pourrez être un drôle. » Mais pourquoi donner lui-même le précepte et l'exemple ? Pourquoi continuer par don César et Gavroche cette lignée de polissons charmants allant du premier valet de comédie à notre Polichinelle populaire, espèce de don Juan bossu, de Panurge nasillard qui a raison de sa femme, des voisins, des gendarmes, du juge, voire du Diable même quelquefois ?

Nous avons le culte de la force, chose plus grave. On en abusera pour nous séduire en faisant au crime je ne sais quelle auréole d'énergie, de hardiesse, de sauvage grandeur. Un attentat devient *respectable* en devenant *immense* (1) : thèse de roman, mais qui va se naturalisant dans l'histoire. De là le scandale de ces réhabilitations tournant à l'apothéose. De là ces peintures d'imagination qui prêtent aux plus hideuses figures des proportions *grandioses, augustes, sublimes, surnaturelles* (2), et font — pourquoi pas ? — de Satan même « un révolutionnaire malheureux que le besoin de mouvement jeta dans les entreprises hasardées (3). » De là, un nouveau code pénal où la préméditation devient circonstance atténuante. Point de grâce pour le meurtre commis dans l'emportement ou dans l'ivresse ; mais honneur à la *vendetta* longuement et savamment conduite ! Là du moins l'homme a fait preuve d'une admirable puissance naturelle, et, à choisir entre deux de ses membres, la société doit préférer le mieux constitué (4).

Nous aimons l'audace ; prenons garde : on va nous éblouir par le cynisme, qui est l'audace contre la conscience et le sens commun. Quelquefois on le fait

---

(1) F. Soulié : *Les Deux Cadavres.*
(2) Lamartine : *Histoire des Girondins* (passim).
(3) Renan : *Études d'histoire religieuse.*
(4) F. Soulié : *Les Deux Cadavres.*

vantard et poseur, défiant la morale et se raidissant contre elle, capable de dire : « J'ai l'honneur d'être le contraire d'un personnage vertueux (1). » Ailleurs il ricane à froid des hésitations d'un complice : « Ah! nous avons encore quelques petits langes tachés de vertu (2). » A tout prendre, nous le redouterions plus encore quand il joue la paix et la jovialité, quand il semble si bien affranchi de la morale que l'idée même ne lui en vient plus à l'esprit (3). Bouffonne ou grave de ton, la leçon est toujours funeste : une âme forte ou gaie peut donc s'affranchir du scrupule et du remords.

Nous admirons vite le succès. Tout ce qui réussit est bien près d'être légitime, et l'on croit beaucoup dire quand on parle du *fait accompli*. D'autre part, quel scandale pour les faibles, quelle épreuve pour tous dans les défaites de la justice, dans les triomphes insolents du mal ! Et voilà le spectacle qu'on nous prodigue sans compensation ni espérance. Priam mourant doutait de l'existence des Dieux :

> *Di, si qua est cœlo pietas quæ talia curet...*

Au Moyen Age finissant, un trouvère montrait le type de la fraude, Renart, vainqueur et séducteur à la fois, maître de l'État et de l'Église, et debout sur la roue désormais immobile de la fortune. Du moins pouvait-il ajouter un mot d'espoir :

> Monté il est ; Dieu veuille l'abattre !...
> ... Jamais n'en sera mis à bas,

---

(1) V. Hugo : *Lucrèce Borgia*.
(2) Balzac : *Le Père Goriot*.
(3) Don César vole un manteau neuf sur cette observation péremptoire :

> Ce manteau me paraît plus décent que le mien.
> (V. Hugo : *Ruy-Blas*.)

Gavroche dérobe un pistolet à une brocanteuse en lui criant : « Mère chose, je vous emprunte votre machin. » (V. Hugo : *Les Misérables*.) — Même situation de part et d'autre, même oubli parfait et naïf de la question de propriété.

> Si Dieu ne le fait, qui nous reste là-haut (1) !

On nous dit, à nous, que le ciel est vide et que la terre appartient au plus adroit ou au plus fort. Ricanements de l'auteur de *Candide,* sanglots ou malédictions des romanciers misanthropes, hautaine ironie des continuateurs de Byron, mille voix moqueuses ou irritées, proclament l'universel triomphe du mal. Ce qu'on nomme vertu est, par nature, gaucherie, faiblesse et malheur; ce qu'on appelle vice est infailliblement adresse, audace et fortune.

Le mal a toutes les séductions, toutes les gloires. Encore un effort, et nous lui donnerons tous les droits ; il sera le bien, le devoir, la vertu. Rien de plus logique du reste. Les passions ne sont-elles pas spontanées, irrésistibles? Or « ce qui est spontané, irrésistible, est de droit divin (2). » Entre Dieu et l'homme notre obéissance balancerait-elle? Or « le devoir vient des hommes; l'attraction vient de Dieu (3). » Ne mettons plus la force et la sagesse à nous contraindre. « La vraie force est-elle d'étouffer ses passions ou de les satisfaire? Dieu nous les a-t-il données pour les abjurer (4) ? » Mais le doute paraît timide, et voici que Dieu même commande la satisfaction de tous les penchants : « Ah! croyez-le bien, le Juge d'en haut sera sévère pour ceux qui n'ont pas su employer les richesses qu'il avait déposées au fond de leur âme, et qui pouvant se procurer le bonheur dont nous jouissons — un bonheur fort illégitime — l'ont laissé passer sans le vouloir (5). » Cette fois la morale est bien et dûment retournée.

Et qu'est-ce que tout cela, sinon caresser, glorifier,

---

(1) *Renart le Novel* : par Jakemars Giélée de Lille. — *Roman de Renart,* publié par Méon, t. IV, p. 457.
(2) G. Sand : *Lucrezia Floriani.*
(3) Fourier.
(4) G. Sand: *Jacques.*
(5) Alex. Dumas père : *Fernande.*

déifier, non plus même l'âme quelconque, mais l'âme laide et souillée, l'âme en désordre, l'âme en révolte contre sa nature propre et son auteur? C'est elle qu'on pose et qu'on fait miroiter devant nos yeux, dessinée avec amour et sous mille formes, parée d'esprit et de bonne grâce, éblouissante de force, de hardiesse et de génie. Voilà bien l'art guerroyant à l'encontre de sa mission providentielle. Et voilà qui nous éclaire, nous, sur les moyens de la remplir. Dans le tableau de la vie, nous devons diriger tout au rayonnement définitif de l'âme ordonnée, de l'âme belle. Prenons en tout le contre pied de ce qu'on vient de lire : le secret est infaillible, et nous pourrions nous en tenir là.

IV

Dernier mot pratique : avouer la puissance naturelle qui se trouve dans le mal. — L'empêcher de séduire. — La juger. — Montrer ce qu'elle perd d'elle-même en abusant. — En regard du mal faire briller le bien.

Un dernier mot cependant. Le vice nous fait obstacle : comment le tourner en moyen? Partons de ce fait, qu'il y a dans le vice deux éléments : une force, une puissance naturelle métaphysiquement belle et bonne ; une déviation qui égare cette force, un abus volontaire qui rend l'acte de cette puissance moralement faux ou mauvais.

Cela étant, ne nions pas la puissance naturelle; ne craignons pas de la peindre ; ne craignons pas même de l'idéaliser dans un sens que voici. Soit que nous parlions d'elle en notre nom, soit que nous la fassions parler elle-même, gardons-lui, jusque dans l'abus, quelque noblesse de tenue, quelque dignité de langage. Venant de notre part ou de la sienne, la trivialité aurait le double malheur de choquer les âmes délicates et d'en attirer d'autres tout à la fois. Au reste cette part d'idéalisation est bien fondée en vraisemblance. Tant qu'elle garde quelque élévation naturelle, la puissance égarée se drape dans une dignité apparente qui la relève à ses propres yeux. Le vice est-il éhonté, cynique; l'art n'a plus rien à en attendre, la fiction le dédaigne, l'histoire qui le rencontre l'indique du doigt et passe en le flétrissant.

Mais cette puissance qui abuse, elle peut éblouir les faibles, elle peut séduire, et l'abus lui-même en deviendra séduisant. Comment nous assurer du contraire ?

Avant tout, ayons le courage de juger. Historiens ou poètes, astreints au réel ou libres de feindre, notons, flétrissons hardiment l'abus de la puissance naturelle ; mais que cette expression de notre âme indignée ne se produise pas gauchement sous forme de réflexion accessoire et, pour ainsi dire, d'appendice ennuyeux. Qu'elle soit dans la manière même de présenter les faits, qu'elle pénètre la substance du récit, qu'elle y circule comme une flamme de vie. Contraints d'offrir le mal aux regards, faisons-le du moins passer à travers notre conscience honnête. Qu'il n'apparaisse qu'après en avoir pris l'empreinte et les couleurs. Sous le nom d'impartialité, de tolérance, de modération, c'est trop souvent l'insouciance ou une complicité molle qu'on nous demande. Mais l'impartialité n'est que la vérité pour tous ; la tolérance peut supporter les vicieux, mais non absoudre le vice ; la modération vraie, chef-d'œuvre de la force, suppose toujours un ardent amour du bien et, par suite, une égale haine du mal. Qu'en nous écoutant, en nous lisant, on sache tout d'abord qui nous sommes : gens assez fermes et conséquents pour n'adorer pas l'âme quelconque, pour n'amnistier point ses écarts et ses révoltes ; tel doit être notre premier souci.

C'est d'ailleurs un fait, que la puissance naturelle se compromet et s'amoindrit par l'abus même. L'effet n'est pas immédiat et foudroyant. Le génie criminel reste génie, l'énergie tournée au mal ne se brise pas du premier coup comme il peut arriver d'un ressort employé à faux. Mais comme une constitution robuste s'altère et se détruit par la continuité des excès, tout de même la force native d'esprit et de caractère s'amoindrit en se dépravant, et la dépravation prolongée tend manifestement à l'éteindre. Vérité d'expérience, que la vraisemblance impose au romancier, tandis que l'historien la trouve pour ainsi dire toute faite. Combien, par exemple, la haine et la corruption de Voltaire n'ont-elles pas nui à son esprit incomparable ! Combien l'orgueil de Napoléon à son génie ! Vérité d'ailleurs nécessaire à dire, à insinuer partout comme une moralité latente et inséparable du fait lui-même. Montrons les petitesses qu'une passion mal contenue met sous la grandeur apparente : un ministre comme Aman au supplice parce qu'un homme refuse de l'adorer ; un victorieux comme le Premier Consul descendant à la fourbe et aux moyens de comédie. Montrons dans l'âme en désordre la souffrance née de la passion même, l'avilissement, l'égoïsme odieux, le remords, hommage douloureux au bien trahi, le mépris et l'horreur de soi qui sont un commencement d'enfer. Qui ne préférerait les douleurs d'Andromaque aux fureurs jalouses d'Oreste et d'Hermione ? Qui s'éprendrait de Narcisse, de Mathan ? Et quelle impression excellente sortirait du personnage de Phèdre, n'était la détestable thèse du fatalisme dans la passion !

Jugeons le mal, montrons partout son faible ; mais encore et par-dessus toute chose, opposons-lui le bien, le bien visible, manifeste, en pleine lumière. Nous n'exigeons point qu'il réussisse, qu'il triomphe à la mode humaine. Il peut succomber sans déchoir dans notre estime. Nous savons avec Montaigne qu'il est « des pertes triomphantes à l'envi des victoires, » et le Calvaire nous apprend à goûter « ce je ne sais quoi d'achevé que le malheur ajoute à la vertu. » L'important, c'est que la vertu paraisse, non pas dans une mention fugitive, par forme d'allusion et pour mémoire (1). Non ; qu'elle se montre elle-même vivante, parlante, agissante. Que l'âme selon la nature et selon Dieu occupe largement la scène. Qu'on voie à plein sa puissance ordonnée, sa beauté chaste. Qu'on entende son accent. Qu'elle dispute en personne le suffrage des consciences. Vaincra-t-elle à coup sûr ? Non, peut-être. Le libre arbitre demeure, toujours capable de préférer à la lumière l'ombre même qui la relève, à la vertu, qu'on nous fait si belle, le vice admis là comme repoussoir. Du moins l'artiste aura-t-il fait ce qui est en l'homme. Libre à nous de dire :

..... *Video meliora proboque,*
Deteriora sequor (2)....

Il aura droit de nous renvoyer le bel anathème de Perse :

Virtutem videant intabescantque relictá (3).

(1) Ainsi paraît la vraie piété dans *Tartufe:*

Regardez Ariston, regardez Périandre,
Oronte, Alcidamas, Polydore, Clitandre...

(2) Je vois le meilleur, je l'apprécie; et je vais au pire... (Ovide.)
(3) Qu'ils voient la vertu, et qu'ils sèchent de l'avoir désertée !

CHAPITRE VI

Dieu, objet de la parole littéraire.

Dieu, étant le beau suprême, est l'objet suprême de l'art, le chef-d'œuvre de la parole est d'exprimer Dieu dans la mesure possible. Le dernier effort de l'âme, son plus haut ministère quand elle agit sur les âmes ses sœurs, est de leur montrer à travers elle-même quelque chose de Dieu. Le prédicateur y est obligé d'office; le chrétien, l'homme raisonnable y est tenu par un devoir plus large mais essentiel à toute intelligence.

Nous devons, nous, étudier ce dernier objet de l'expression littéraire, non pas seulement en vue de son charme transcendant, mais surtout à raison des conditions spéciales où il met l'esprit et la parole. Conditions à part, difficultés singulières, qui obligent l'âme de trouver en elle-même d'incroyables ressources, et, en revanche, donnent à la parole une particulière beauté. C'est l'objet précis de ce chapitre. N'en faisons pas une thèse de théologie ni même de théodicée, et ne rappelons des principes que ce qui mène droit aux applications d'art. Que peut la parole aux prises avec Dieu? Mais aussi combien le fait de l'Incarnation n'a-t-il point embelli et facilité son rôle? Dieu et Jésus-Christ dans la littérature : quel plus beau livre à faire que celui-là? Ce nous sera beaucoup d'en avoir esquissé le sommaire. Aussi bien la routine seule ou je ne sais quelle mauvaise honte pourrait juger cette étude moins essentielle que toutes les autres. Dieu est si peu étranger à la littérature, cet objet sans pair influe tellement sur la parole, que le bien nommer suffirait à faire un beau style. La remarque est d'un laïque, de Joubert (1).

I

Vue générale. — Dieu et les autres objets de la composition littéraire. — Différences. — L'âme ne reçoit pas l'empreinte directe de Dieu. — Elle ne peut se défendre de lui donner son empreinte à elle, mais elle doit s'en défier. — Beautés qui naissent de ces difficultés combattues.

Qu'est-ce que la composition littéraire? L'effort de l'âme concevant en soi les choses et les élaborant pour nous les offrir à travers soi-même, comme à travers un prisme qui analyse et recompose, traduit ou idéalise, mais sans dénaturer. S'agit-il du monde ou de l'homme? Alors entre l'âme et l'objet il y a comme un échange d'empreintes. L'âme reçoit la forme des choses, elle *s'en informe* ; c'est-à-dire qu'elle se met en équation avec elles par une connaissance immédiate, une perception directe. Inversement, elle les marque à son effigie, c'est-à-dire que, sans changer leur nature, elle les conçoit suivant la sienne propre ; que, tout en subissant leur action, elle réagit sur elles et en dispose en maîtresse, choisissant, ordonnant, idéalisant à son gré.

Mais si Dieu est l'objet de la parole, en va-t-il de même? Oui et non. Jetons d'abord une vue d'ensemble sur les similitudes et les différences ; nous y reviendrons ensuite avec quelque détail.

Tout d'abord, l'âme ne reçoit pas en elle l'empreinte immédiate et, pour ainsi dire, la forme même de Dieu.

---

(1) « Il faut aller au ciel (par la pensée)... Telle est la suprême beauté de ce monde, que bien nommer ce qui s'y trouve ou même le désigner avec exactitude suffirait pour former un beau style... » (*Pensées*, titre I, XXX.)

Livrée à elle seule, elle le conclurait des créatures et ne le concevrait pas d'ailleurs. Élevée à la foi, si elle le connaît par sa divine parole, encore ne le conçoit-elle, nous le verrons, qu'à travers des analogies. De part et d'autre, elle ne l'atteint pas directement, elle ne s'en informe pas immédiatement comme elle peut le faire du reste.

Et maintenant, lui donne-t-elle son empreinte, sa forme à elle? Il faut qu'elle s'y résigne, mais en même temps qu'elle s'en défie. Qu'elle s'y résigne comme à une nécessité de nature; par ailleurs qu'elle s'en défie, qu'elle s'en défende, qu'elle s'en corrige de son mieux. Pourquoi? La raison en est manifeste. Mettez l'âme en présence des phénomènes physiques. En les marquant de son empreinte, elle les élève : elle est plus haut que son objet. Occupez-la de l'homme ; c'est l'occuper d'elle-même : elle est égale à son objet ; qu'elle le conçoive à sa manière, elle ne le ravalera pas. Mais si elle s'attaque à Dieu, son objet la dépasse infiniment. Comment le figurer d'après elle-même ? n'est-ce pas risquer de l'avilir ?

De là une situation étrange pour l'âme concevant Dieu, pour la parole s'essayant à le rendre. D'une part, il y faut mettre en œuvre les procédés naturels. Par contre, il en faut corriger et contredire, au moins partiellement, les résultats. Ils seront vrais à cette condition seule; gardez-les tels quels, ils seront faux et injurieux à l'objet suprême. Notre conception est étroite, successive et comme fragmentée ; si nous n'y prenons garde, notre parole va mettre en Dieu la succession, la multiplicité formelle. Notre conception ne se détache jamais absolument du sensible. Faute de la corriger, nous ferons Dieu matériel. Et puis, nous le savons déjà : Dieu ne s'imprimant pas directement dans notre âme, la conception que nous avons de lui est toujours médiate, analogique. Veillons à notre parole ; qu'elle n'aille point transformer les analogies en similitudes absolues, ni transporter purement et simplement en Dieu les notions imparfaites qui nous aident à le concevoir.

Voilà les difficultés. Mais avant d'y regarder de plus près, disons vite que l'obstacle devient ressource, que les beautés jaillissent de la difficulté même, que l'âme a des cris d'une éloquence merveilleuse quand, aux prises avec l'objet divin, elle avoue son angoisse, ses efforts, son impuissance. « On ne peut le voir, dit un apologiste ancien, il est trop éclatant pour nos yeux ; ni le saisir, il est trop subtil pour notre tact ; ni se le figurer, il est trop haut pour nos sens. Notre esprit, à nous, est trop étroit pour le comprendre. La seule manière de le concevoir dignement est de le proclamer inconcevable. Je le dirai comme je le sens. La grandeur de Dieu ! Qui prétend la connaître la ravale ; qui prétend ne point la ravaler ne la connaît pas. Ne cherchez pas d'autre nom à Dieu ; Dieu, voilà son nom. Les noms sont nécessaires là où les êtres multiples veulent, pour se démêler, des appellations qui les distinguent. Dieu est seul, et le mot Dieu dit tout. Si je l'appelle père, vous le croirez terrestre ; roi, vous le supposerez charnel ; maître, vous l'imaginerez mortel. Écartez ces noms accessoires et vous verrez mieux sa splendeur (1). »

Esquissons maintenant d'une façon un peu moins sommaire les conditions de notre pensée et de notre parole aux prises avec Dieu.

---

(1) « *Hic nec videri potest, visu clarior est; nec comprehendi, tactu purior est; nec æstimari, sensibus major est, infinitus, immensus et soli sibi, tantus quantus est, notus : nobis vero ad intellectum pectus angustum est; et ideo sic eum dignè æstimamus dum inæstimabilem dicimus. Eloquar quemadmodum sentio : magnitudinem Dei qui se putat nosse, minuit ; qui non vult minuere, non novit. — Nec nomen Deo quæras : Deus nomen est. Illic vocabulis opus est, quum per singulos propriis appellationum insignibus multitudo dirimenda est; Deo, qui solus est, Dei vocabulum totum est. Quem si patrem dixero, terrenum opineris; si regem, carnalem suspiceris ; si dominum, intelliges utique mortalem. Aufer additamenta nominum et perspicies ejus claritatem.* » (Minucius Felix : *Octavius*, 18.)

II

Notre conception de Dieu est nécessairement médiate. — Dangers qui en résultent: panthéisme, anthropomorphisme. — Services rendus à la vérité par l'idéalisation. — Beaux efforts de la parole littéraire distinguant Dieu des créatures, — affinant et sublimant les créatures employées comme emblêmes de Dieu.

Nous savons qu'il existe, nous concevons ce qu'il est. Mais qu'il s'agisse de le posséder comme un fait ou de l'entendre comme une essence, un intermédiaire nous est indispensable. Supposons-nous dans l'ordre de la pure nature, ou — chose plus pratique — opérons pour un instant avec notre raison seule. Qui nous dira que Dieu existe? Les objets visibles, le monde et nous-mêmes, dont il est la cause nécessaire. Qui nous dira ce qu'il est? Ces mêmes créatures dont il est le type suprême. Ainsi attesté par elles, figuré par elles, Dieu nous apparaît à travers le monde, comme réfléchi dans un miroir à demi fidèle, ou enveloppé d'un voile à demi transparent. Jamais notre esprit n'atteint directement l'essence divine, comme il se pose de plein vol sur les autres objets. Les sens ont l'intuition du phénomène mis à leur portée. L'intelligence peut lire immédiatement dans l'intime de chaque notion qui se présente. Si le raisonnement seul nous dit ce qu'est notre âme, du moins avons-nous la conscience immédiate de son existence, du *moi* pensant et voulant. A l'égard de Dieu, l'intuition n'est pas de ce monde, et même dans l'ordre de raison pure où nous nous sommes placés, rien ne nous la ferait pressentir ou ambitionner pour une autre vie. Ici donc, et de toutes parts, notre conception de Dieu est nécessairement médiate. Dieu ne vient pas directement sous le regard de l'âme; il n'y imprime pas sa forme propre, qui serait sa propre essence, ni une forme abstraite de lui-même, ni une sorte d'empreinte purement intelligible qui serait son exacte similitude ; il est connu, il est conçu par les créatures, ses effets. Viennent maintenant la révélation, la foi ; ce n'est pas la vision encore : la conception demeure médiate, bien que le moyen de connaître ait changé. Le fait divin n'est plus conquis à la pointe du raisonnement par l'esprit philosophant sur les créatures ; nous le tenons de la parole même de Dieu. Mais pour l'entendre, pour le concevoir, encore n'avons-nous à notre disposition que des analogies empruntées à la création. Dieu est Trinité dans son Unité absolue ; voilà qui nous vient de lui-même. Comment d'ailleurs entendrons-nous les Personnes divines ? Par la personne humaine. Comment le Père, le Verbe ou Fils et le Saint-Esprit ? Par la paternité, la filiation, la parole, le souffle, tels que nous les offre l'expérience humaine ; et ces notions, la foi nous y arrête, bien qu'elle nous avertisse de les corriger et de les sublimer. Ainsi le Révélateur n'a point, à proprement parler, créé en nous d'idées nouvelles ; il use de celles qui nous sont proportionnées et familières, pour nous manifester, dans un demi-jour déjà glorieux, des objets que ces notions mêmes ne nous auraient jamais fait deviner. En fin de compte, saisi par la raison ou par la foi, conclu de son œuvre ou attesté par sa propre parole, Dieu se conçoit toujours par analogie, d'après la créature physique ou les relations humaines. C'est un océan, un astre, un monde ; c'est un roi, un juge, un père, une mère, une nourrice ; l'Évangile même ne parle pas autrement.

Mais où la foi manque, on voit combien peut être dangereuse cette nécessité de l'intermédiaire ou de l'analogie. Réduite à ne concevoir Dieu qu'à travers la création, la pauvre raison humaine est exposée à un double péril. Ici elle le confond avec son œuvre même : c'est le panthéisme. Ailleurs elle lui attribue formellement les perfections bornées de la créature. Tout au plus les augmente-t-elle par une sorte de grossissement gauche. Que sont les Dieux poétiques de l'Inde, quand ils sortent du monstrueux et du fantastique pur? Que sont les Olympiens d'Homère? Des hommes plus forts, plus beaux, plus heureux, mais à la mode humaine, et immortels.

Écartons la tentation d'une étude comparée, belle matière, mais infiniment vaste, et mettons vite en présence du problème la parole vraiment rationnelle et chrétienne. C'est ici le grand rôle de l'idéalisation. Elle sauvera Dieu de nos conceptions injurieuses ; disons plutôt qu'elle nous sauvera nous-mêmes de l'erreur. Qu'est-ce en effet que cette puissance de concevoir, à l'occasion des créatures imparfaites, le plus parfait, le plus parfait possible, le parfait absolu, l'infini? Où tend-elle? où va-t-elle? A la conception de Dieu, mais à une conception exacte et pure qui écarte de l'Être souverain tout défaut, toute limite. Bien dirigée, menée vigoureusement jusqu'au bout d'elle-même, notre puissance d'idéaliser n'est, à le bien prendre, que l'essor naturel de l'âme s'élevant des créatures à Dieu.

Or, c'est une merveilleuse jouissance que de voir la parole littéraire, toujours attachée par nature au point de départ créé, visible, imparfait ; mais faisant effort pour s'élancer au delà, pour se dépasser elle-même; en lutte avec la première condition de notre connaissance et triomphant sans pouvoir s'affranchir, c'est-à-dire échappant au risque d'avilir l'objet divin, tout en le traduisant par analogie comme l'esprit même le conçoit. « O Dieu, qu'aimé-je en vous aimant? Ni une beauté corporelle, ni un éclat passager, ni un rayon de lumière doux à mes yeux, ni la suave mélodie de tous les concerts imaginables, ni le charme pénétrant des fleurs, des parfums, des aromates, ni la manne ou le miel... Non, là n'est pas ce que j'aime quand j'aime mon Dieu. Et pourtant c'est bien une lumière, une voix, un parfum, un aliment que j'aime, quand j'aime Dieu, lumière, harmonie, parfum, aliment, pour l'homme intérieur. Là brille à l'âme une beauté que le lieu ne peut circonscrire ; là résonne une harmonie que n'emporte pas le temps; là se respire un parfum que ne disperse aucune brise; là se goûte un aliment que l'avidité ne diminue pas... Et voilà ce que j'aime quand j'aime mon Dieu. »

Et comme si la distinction n'était pas assez bien marquée, saint Augustin se travaille encore à séparer Dieu des créatures. « Et qu'est-ce enfin que j'aime ainsi? J'ai interrogé la terre et elle m'a dit : Ce n'est pas moi; et le même aveu est sorti de tout ce qui est en elle. J'ai interrogé la mer et les abîmes et les vivants qui rampent ici-bas; tous m'ont répondu : Nous ne sommes pas ton Dieu ; cherche plus haut. J'ai interrogé les souffles de l'air, et l'air tout entier, avec ce qui l'habite, m'a répondu : Anaximène se trompe : je ne suis pas Dieu. J'ai interrogé le ciel, le soleil, la lune, les étoiles : Nous ne sommes pas non plus le Dieu que tu cherches. Et j'ai dit à tous les êtres qui assiègent les portes de mes sens : Vous m'avez appris de mon Dieu que ce n'est pas vous ; mais apprenez-moi de lui quelque chose. Et tous de s'écrier d'une grande voix : C'est lui qui nous a faits (1). »

Mais quand la parole s'est travaillée à distinguer ainsi Dieu des créatures, il reste que Dieu se doit concevoir par les créatures mêmes. Et voici nouveau travail pour la parole qui craint de le trahir en le traduisant, pour l'âme qui ne veut pas le ravaler au niveau des choses. Il faut les affiner, les subtiliser, les sublimer au point de les rendre moins indignes. Ainsi agissons-nous sur les analogies physiques. Joubert marque finement que dans l'effort d'imaginer Dieu, le dernier terme est la lumière, et, dans la lumière, la splendeur (2). Saint Bernard spiritualise en forme d'allégorie les dimensions des corps, et, par un mélange hardi de l'élément moral et de l'emblème physique, il les force de symboliser quel-

---

(1) Saint Augustin: *Confessions*, liv. X, chap. VI.
(2) Joubert: *Pensées*, titre 1, n° 2.

ques-unes des perfections divines. « Dieu, dit-il, est Celui qui a pour longueur l'éternité, pour largeur la charité, pour élévation la puissance, pour profondeur la sagesse (1). » Les analogies morales supposent un pareil travail, mais plus facile. Ainsi Faber, l'ascète poète, a pu, d'après l'Écriture elle-même, représenter Dieu par cet étrange groupe de figures : le père, le bienfaiteur, le visiteur, le mendiant, le cœur brisé, le vieillard, l'ami, le créancier importun (2). Enfin la parole chrétienne veille toujours à dépasser expressément les perfections finies, dans le temps même qu'elle les attribue à Dieu. Avec la liberté de la langue grecque, saint Denys recourt au barbarisme pour peindre « les abîmes de cette sur-divinité sur-étant sur-essentiellement au-dessus de toutes choses (3) ». D'autres, comme saint Anselme, s'en tiennent au procédé plus familier d'accumulation et de transcendance. Dieu est « l'essence souveraine, la souveraine vie, la souveraine justice, la souveraine sagesse, la souveraine vérité, la souveraine bonté, la souveraine grandeur, la souveraine beauté, la souveraine immortalité, la souveraine incorruptibilité, la souveraine immutabilité, la souveraine béatitude, la souveraine éternité, la souveraine puissance, la souveraine unité (4). » En somme, l'âme et la parole restent victorieuses: elles n'ont pas compris l'incompréhensible ni exprimé l'ineffable; mais ce que l'âme en conçoit ne le déshonore pas ; ce que la parole en dit ne le calomnie pas devant les autres âmes. Et c'est à quoi nous pouvons prétendre ; ce résultat suffit.

(1) Saint Bernard: *De Consideratione*, liv. V, chap. XII.
(2) P. Faber: *Le Saint-Sacrement*.
(3) Saint Denys: *Des noms divins*, chap. XIII.
(4) Saint Anselme: *Monologium*, chap. XV.

III

Notre conception de Dieu est successive et fragmentée. — Elle met en Dieu multiplicité, succession, opposition. — Danger : imaginer des Dieux multiples et rivaux. — Beaux efforts de la parole contre elle-même : reliant les attributs opposés d'apparence, excluant de Dieu la succession, reconstituant la simplicité divine.

Tout n'est pas fait cependant. Notre conception est nécessairement médiate, mais en outre successive et, pour ainsi dire, fragmentée. Incapables de le voir autrement qu'à travers des analogies, encore sommes-nous devant son immensité comme l'homme qui, voulant reconnaître dans la nuit les dimensions d'un objet vaste, ne pourrait que promener tout alentour un mince flambeau. C'est trop peu dire ; nous ne ferions pas injure à cet objet en découvrant ses parties une à une, sauf à reconstituer l'ensemble en idée, et nous risquons de mentir à la simplicité divine en distinguant et divisant ce qui est souverainement un. Mais qu'y faire? C'est la loi de notre connaissance et de notre expression humaines.

Impossible de ne point multiplier les perfections de Dieu. Comment les lire d'une seule vue dans son être même? Comment nous les figurer autrement que par leurs analogues, lesquelles sont en nous réellement distinctes et séparées? Dès lors, si nous prêtons à Dieu quelque action spéciale, nous le désignons par celui des attributs que notre logique y estime le plus convenable. Quand il punit ou menace, nous l'appelons terrible; quand il épargne les coupables, nous le nommons par sa miséricorde. Si nous le voyons « faire la loi aux rois » nous l'envisageons plutôt comme « Celui qui règne dans les cieux et de qui relèvent tous les empires. » Voulons-nous prendre de Lui une idée plus complète? Nulle ressource que d'énumérer ses perfections, sauf à les grouper autour de celle qui nous paraîtra comme une reine et une mère parmi les autres, l'être par exemple (1), ou la vie (2). Et comme ses attributs nous semblent distincts, nous concevons ses opérations comme successives. Le moyen de faire autrement?

Nous ne voyons que les effets extérieurs de son acte, et ces effets éclosent l'un après l'autre; fussent-ils simultanés, encore les découvririons-nous successivement. Ajoutez que nous les concevons d'après nous-mêmes et que chez nous les opérations sont multiples comme les effets. Voilà donc en Dieu la succession, la modification, le changement.

> Il s'apaise, il pardonne ;
> Du cœur ingrat qui l'abandonne
> Il attend le retour...

Ici, à qui entendre? Tandis que l'imagination le fait mobile et changeant sous l'influence de la prière, une sagesse non moins courte arrête la prière sur nos lèvres comme un outrage à la divine immutabilité. Autre embarras encore. Dante nous étonne quand il écrit sur la porte de l'enfer: « Je suis l'œuvre de la divine puissance, de la souveraine sagesse et du premier amour (3). » Nous attendions la justice, un attribut rival, opposé, contradictoire. C'est que, par l'infirmité de notre connaissance médiate et successive, nous ne pouvons guère imaginer et nommer comme identiques en Dieu des dispositions qui se combattraient en nous.

Telle est notre impuissance. Et voyez les suites. Si l'esprit humain ne se complète en se corrigeant, voici l'unité divine scindée ; nous personnifions ses attributs, puis leurs effets multiples. Les Dieux pullulent; pour l'Indien, pour l'Égyptien, pour le Grec, la nature n'est plus qu'un Panthéon trop étroit. Quels Dieux d'ailleurs ! Dieux changeants et capricieux, dont on se cache, qu'on trompe

---

(1) R. P. Monsabré: *Conférences de Notre-Dame,* 7ᵉ Conférence, II.
(2) P. Faber: *Le Précieux Sang.*
(3) Dante: *L'Enfer,* chant III.

comme le Jupiter d'Homère, quand ils dorment ou qu'ils ont le dos tourné. Dieux rivaux, et, tout dualisme à part, c'est déjà logique, puisque à l'origine ils représentent des forces réputées contraires.

Difficile problème. Ne pouvant dépouiller notre faiblesse native, condamnés pour ainsi dire à marquer Dieu d'une empreinte qui le déshonore, il nous faut pourtant prendre et donner de Lui une idée qui ne soit ni un mensonge ni une injure. Nous concevons, nous exprimons ses opérations comme successives, ses attributs comme à part, ou même en conflit. Par contre, il faut que la pensée et la parole gardent toujours présentes et visibles ces deux vérités élémentaires : en Dieu, point de qualités accidentelles et distinctes ; toutes ses perfections sont une même chose, et cette chose, c'est Lui ; — en Dieu, point d'actions successives et diverses : un acte éternel, se déterminant une fois pour toutes à la lumière de la science divine et tenant compte de tout ce qu'elle voit dans le temps, de la prière par exemple ; acte unique, immuable, mais équivalant dans ses termes multiples à une multitude indéfinie d'actes divers, successifs ou même opposés.

La tâche est délicate, et il y a un puissant intérêt à voir la parole s'y étudier, luttant contre elle-même, opposant sans relâche à l'influence invincible de sa propre nature le principe de la simplicité, de l'immutabilité divine. Avant tout, comment fondre dans une unité manifeste les oppositions apparentes entre les opérations ou attributs ? La parole sortira sans trop de peine de cette première difficulté. Loin d'atténuer les contrastes, elle les mettra le plus possible en saillie, mais à condition de les relier fortement et visiblement dans l'unité du sujet divin. La même page, la même phrase montreront le Dieu terrible et le Dieu aimable, le Juge et le Père, en nous avertissant que c'est tout un.

O Dieu que la gloire couronne,
Dieu que la lumière environne,

> Qui voles sur l'aile des vents
> Et dont le trône est porté par les anges,
> Dieu qui veux bien que de simples enfants
> Avec eux chantent tes louanges (1)....

Procédé simple, mais expressif, Racine l'ayant appris de l'Écriture qui en use à chaque instant (2).

Mais il ne suffit pas de nier l'opposition réelle, tout en soulignant les apparences de contraste. Il faut encore écarter des opérations divines jusqu'à l'ombre du changement et de la succession. Que faire, sinon d'opposer à chaque manifestation successive de l'activité infinie le souvenir de son immuable simplicité? Il est dans le P. Faber tel endroit où ce souvenir périodiquement ramené devient un véritable refrain lyrique. On y voit Dieu créer, Dieu s'incarner, Dieu mourir, Dieu développer dans le temps le plan de notre élévation surnaturelle; mais à chaque phase de l'œuvre, à chaque éclosion extérieure de nouveaux effets, cette parole, comme le son régulier d'une cloche, revient frapper notre esprit et notre oreille: « Il ne se fit en Dieu aucun changement (3). » En définitive, le problème sera toujours à demi insoluble. Après avoir, bon gré mal gré, divisé, fragmenté la simplicité divine, la conception et la parole auront peine à la reconstituer dignement. Mais quelle éloquence dans la conscience douloureuse de leur infirmité! « Voici tout de nouveau le trouble ; voici venir tout de nouveau la tristesse et le deuil où je croyais tenir la joie. Mon âme espérait d'être rassasiée, et la voilà tout de nouveau accablée de son indigence... Je m'efforçais de m'élever jusqu'à la lumière de Dieu, et je suis retombé dans mes ténèbres. Que dis-je retombé? Je m'y sens enveloppé de toutes parts. Quand nous voulons Dieu, nous ne savons pas le chercher; quand nous le cherchons, nous ne trouvons pas;

---

(1) Racine: *Esther*, acte I, chœur.
(2) Nahum, I, 3-8.
(3) Faber: *Le Précieux Sang*.

quand nous trouvons, ce n'est plus ce que nous avons cherché. Aidez-moi, vous, Seigneur, relevez-moi de moi-même jusqu'à vous. Purifiez, guérissez, affinez, illuminez l'œil de mon esprit pour qu'il vous contemple. Que mon âme recueille ses forces, que de tout l'effort de son intelligence, elle s'applique une fois encore à vous ! Qui êtes-vous, Seigneur, qui êtes-vous ? comment vous concevra mon cœur ? Assurément vous êtes vie, vous êtes sagesse, vous êtes vérité, vous êtes bonté, vous êtes béatitude, vous êtes éternité, vous êtes tout bien véritable. Mais que de choses ! Impossible à mon étroite intelligence d'en voir tant d'une seule vue ni de jouir de tout à la fois. Et comment donc, Seigneur, êtes-vous toutes ces choses ? Sont-elles en vous comme des parties ? ou plutôt chacune n'est-elle pas tout vous-même ? Être composé de parties, c'est n'être pas vraiment un, mais, pour ainsi dire, plusieurs, c'est-à-dire divisé d'avec soi-même, divisible en fait ou en idée. Or tout cela répugne à votre nature, au-dessus de laquelle il ne se peut rien concevoir. Non, point de parties en vous, Seigneur, point de pluralité ! Vous êtes si bien un, si bien identique à vous-même, que nulle qualité en vous ne diffère de votre essence. Bien plus, vous êtes l'unité même et nul entendement n'a droit de vous diviser (1). »

---

(1) « *Et iterum ecce turbatio; ecce iterum obviat mœror et luctus quærenti gaudium et lætitiam. Sperabat jam anima mea satietatem, et ecce iterum obruitur egestate... Conabar assurgere ad lucem Dei, et recidi in tenebras meas. Imo, non modo cecidi in eas ; sed sentio me involutum in eis... Cum volumus, quærere nescimus; cum quærimus, non invenimus; cum invenimus, non est quod quærimus. Adjuva me, tu,... Domine .. Releva me de me ad te. Munda, sana, acue, illumina oculum mentis meæ ut intueatur te. Recolligat vires suas anima mea, et toto intellectu iterum intendat in te, Domine. Quid es, Domine, quid es, quid te intelliget cor meum ? Certe vita es, sapientia es, veritas es, bonitas es, beatitudo es, æternitas es, et omne verum bonum es. Multa sunt hæc ; non potest angustus intellectus meus tot uno simul intuitu videre ut omnibus simul delectetur. Quomodo ergo, Domine, es omnia hæc? An sunt partes tui, an potius unumquodque horum totum est quod es ? Nam quidquid est partibus junctum non est omnino unum, sed quodammodo plura, et diversum a seipso, et vel actu vel intellectu dissolvi potest : quæ aliena sunt a te, quo nihil melius cogitari potest. Nullæ igitur partes in te sunt, Domine,*

IV

Le sensible, élément nécessaire de notre connaissance de Dieu. — Danger : la figure prise pour réalité, le mythe ; au moins, Dieu rendu matériel. — Beaux efforts de la parole se défendant de l'imagination tandis qu'elle l'emploie, — en tirant même parti — pour rendre notre impuissance — pour exprimer les perfections de Dieu par effets, analogies, contrastes : puissance créatrice, immensité, éternité, Trinité même.

Reste à vaincre une troisième infirmité de nature. L'imagination est chez nous la collaboratrice nécessaire de l'intelligence. Notre conception de Dieu n'est pas seulement médiate et successive; encore faut-il qu'elle s'aide ou qu'elle s'embarrasse du sensible. Nous ne pouvons mieux faire que de prêter à l'esprit pur des formes humaines, et lui-même y consent pour s'accommoder à nous. Il se donne dans l'Écriture un visage doux ou irrité, des yeux toujours ouverts, un bras qui se resserre ou s'étend, des mains inévitables, des pieds dont les nuages sont la poussière et notre terre l'escabeau. C'est un géant qui se joue des mondes. Il pèse les astres dans la paume de sa main ; il supporte sur trois doigts la masse de la terre ; il déroule les cieux comme un pavillon (1).

Cette fois, la spiritualité divine est en péril. Si nous n'y prenons garde, l'allégorie va se transformer en mythe, la figure sensible passer dans l'esprit à l'état de réalité formelle. Nous en viendrons à adorer une métaphore (2), et voilà nouveau prétexte à multiplier les Dieux. Polythéisme

---

nec es plura, sed sic es unum quoddam et idem tibi ipsi, ut in nullo tibi ipsi sis dissimilis ; imo tu es ipsa unitas nullo intellectu divisibilis. » (Saint Anselme : *Proslogium*, 18.)

(1) Isaïe, xl.

(2) La philosophie n'a pas tort quand elle montre le polythéisme sortant pour une part de certains abus de langage. (Max Müller : *Essais de mythologie comparée ; Essais sur l'histoire des religions.*) — Du moins qu'elle ne prétende pas expliquer ainsi l'origine de toute religion positive. Les Dieux qui naissent ainsi sont les faux Dieux.

à part, l'imagination peut du moins ravaler Dieu par des figures trop matérielles, trop épaisses ou simplement trop précises. Dans *l'Iliade*, Jupiter propose à toutes les divinités inférieures de s'atteler à une chaîne pour l'arracher de l'Olympe et les défie d'y réussir. En bonne foi, nous ne pouvons prendre sur nous d'admirer. Si l'imagination fait l'Olympe grec trop humain, par contre, et par frayeur du même péril peut-être, le panthéon Indou sera monstrueux et fantastique : bizarre produit de deux forces contraires, matérialisme sensuel et spiritualisme rêveur (1).

Et le problème, déjà étudié deux fois, se pose tout de nouveau sous une autre forme : rester — il le faut bien — dans la nature humaine et sous la loi de conception par le sensible ; mais tout ensemble éviter de matérialiser Dieu. Voiler — nous ne pouvons autrement — la divine spiritualité sous une gaze d'emblèmes matériels ; mais faire la gaze si diaphane, la spiritualité si rayonnante, que le voile transparent se remarque à peine, comme il arrive quand une puissante lumière nous apparaît à travers un tissu large et délié. Obligés de marquer sur Dieu notre empreinte, faisons-la si légère que les traits de la Beauté souveraine ne soient ni altérés ni obscurcis.

A vrai dire, nous parviendrons à mieux encore. Dieu nous ayant faits pour le connaître et l'exprimer avec une suffisante justesse, l'imagination qu'il nous a donnée y doit être moins un obstacle qu'un moyen. Qu'elle serve donc au lieu de nuire : ce sera le chef-d'œuvre, et il est possible puisque nous le voyons réalisé.

Tout d'abord, l'imagination nous aide à concevoir et à rendre l'impuissance où nous sommes de bien concevoir et de bien rendre : service négatif, mais qui a son prix. Dieu lui-même ne fait-il pas un bel emploi de l'imagination

---

(1) Voyez, entre autres exemples, l'apothéose de Rama telle que la donne V. de Laprade, d'après le *Ramayana* combiné avec un autre poème. (*Sentiment de la nature avant le christianisme*, 1re partie, liv. I, chap. III.)

humaine quand, au Sinaï, prié par Moïse de se découvrir dans sa gloire, il lui répond : « Tu ne verras point ma face, car l'homme ne me verrait point sans mourir. Mais voici ta place auprès de moi, sur ce rocher. Quand ma gloire passera, tu te cacheras dans le creux de la roche, et je protégerai tes yeux de ma main tandis que je passe. Alors je retirerai cette main, et tu me verras par derrière, car pour ma face, tu ne saurais la voir (1). » Image à la fois grandiose et touchante, dont Linné se souvenait en contemplant la nature comme un vestige du passage de Dieu (2). Et quel noble usage de l'imagination dans ces vers de Bossuet, déjà cités en partie :

> Plus je pousse vers toi ma sublime pensée,
> Plus de ta Majesté je la sens surpassée,
> Se confondre elle-même et tomber sans retour.
> Je t'aborde en tremblant, Lumière inaccessible,
> Et sans voir dans son fond l'Être incompréhensible,
> Par un vol étonné je m'agite à l'entour.

Il faut pourtant passer outre et s'essayer à l'expression de Dieu même. Ici l'imagination va-t-elle trouver où se prendre ? Non pas assurément dans les attributs divins, mais dans leurs effets visibles, mais dans leurs analogies ou leurs contrastes avec tout ce que les sens nous peuvent offrir. S'agit-il de la puissance créatrice ? Nulle difficulté à la décrire par ses effets : c'est décrire le monde physique, objet naturel et proportionné de l'imagination. Mais comment dire le mode propre de l'opération souveraine ? Voici deux moyens. Accumulez autour de l'idée de création les images fortes et gracieuses ; elles rendront la puissance irrésistible et l'aisance magnifique de l'action de Dieu. Ainsi lui-même l'a-t-il dépeinte à Job, disons mieux, ainsi a-t-il mis en œuvre l'imagina-

---

(1) *Exode*, XXXIII, 18 et suivants.
(2) *Deum sempiternum, immensum, omniscium, omnipotentem, expergefactus a tergo transeuntem vici et obstupui.*

tion de Job pour la lui faire entendre. Il pose les fondements de la terre, il dit à la mer : tu ne viendras pas plus loin, tu briseras ici l'orgueil de tes flots ; mais cette mer qui s'élance avec toute l'impétuosité de sa vie nouvelle, il y jette les nuées comme un vêtement, il l'enveloppe de ses brumes comme des langes de la première enfance (1). Énergie et grâce : voilà bien la sagesse créatrice ; elle atteint à ses fins avec une puissance inéluctable, elle dispose tout avec suavité : pas de résistance, donc pas d'effort. L'autre procédé expressif est encore plus frappant. Entre la volonté divine et son effet extérieur, il supprime brusquement tout intermédiaire. « Dieu dit : Que la lumière soit. Et la lumière fut (2). » — « Dieu a dit et les choses ont été faites, il a commandé et la créature a commencé d'être (3). » L'imagination n'a rien mis là, elle s'est abstenue, éclipsée ; mais cela même parle vivement à l'imagination. Entre le vouloir et le terme, pas d'aide, pas d'instrument, pas de main qui façonne, pas de matière déjà existante, rien. Et voilà bien la création. Veut-on voir les deux procédés à la fois ? Racine les unit dans cette strophe d'un si beau mouvement lyrique :

> O Sagesse, ta parole
> Fit éclore l'univers,
> Posa sur un double pôle
> La terre au milieu des mers.
> Tu dis, et les cieux parurent,
> Et tous les astres coururent
> Dans leur ordre se placer.
> Avant les siècles tu règnes.
> Et qui suis-je, que tu daignes
> Jusqu'à moi te rabaisser (4) ?

(1) *Ubi eras quando ponebam fundamenta terræ?... Quis conclusit ostiis mare, quando erumpebat quasi de vulvá procedens, cum ponerem nubem vestimentum ejus et caligine illud quasi pannis infantiæ obvolverem? Et dixi : Usque huc venies, et non procedes amplius, et hic confringes tumentes fluc us tuos.* (Job XXXVIII, 4, 8, 9, 11.)

(2) Genèse, I, 3.

(3) Psaume CXLVIII, 5.

(4) Racine : *Cantique sur les vaines occupations des gens du siècle.*

La difficulté grandit à mesure que nous pénétrons dans l'intime de Dieu, pour étudier ce que nous concevons comme qualités plus étroitement inhérentes à son être. Mais là encore la parole a des ressources et l'imagination se fait d'obstacle moyen. Soit d'abord l'immensité divine. Pindare a montré Dieu atteignant le vol de l'aigle et devançant le dauphin des mers (1). Pressentiment incomplet. Est-ce l'ubiquité qu'il a voulu peindre? ou n'a-t-il su donner à la divinité qu'une sorte de prestesse merveilleuse? D'après le Rig Véda « Indra s'étend plus loin que le vent, que la terre, que les fleuves, que le monde »; simple idée et déjà plus belle. Mais combien mieux inspirée l'imagination du Psalmiste! « Où irai-je, ô Dieu, pour fuir ton souffle? Où irai-je pour éviter ton regard? Si je monte au ciel, je t'y trouve; si je descends aux abîmes, tu es là; si je m'envole dès l'aurore pour ne me poser qu'aux extrémités de l'Océan, c'est ta main qui m'y aura conduit, ta main qui m'y saisira (2). » On voit les agitations stériles de la créature et le Dieu partout présent dans son immobilité sereine. L'ubiquité se manifeste ici par ses relations avec nous. Le Père Faber joint à cet élément de conception l'analogie et le contraste ensemble. Nous sommes en présence de la vie divine comme à genoux devant un Océan sans bornes. Tout à coup les eaux nous enveloppent, et nous dominent comme un nouveau ciel; le rivage se dérobe et nous laisse abîmés dans cet Océan béni (3).

L'éternité est plus embarrassante. Faits pour durer toujours, nous concevons l'existence immortelle; mais quelle analogie nous fera concevoir l'éternité antérieure à la création, l'existence qui ne commence pas? Point de ressource que le contraste. Disons que la première créature, en s'éveillant à l'être, a vu Dieu déjà exis-

---

(1) Pindare: 2ᵉ *Pythique*.
(2) Psaume CXXXVIII, 7-10.
(3) Faber : *Le Précieux Sang*.

tant. C'est ce que notre imagination peut saisir ; et c'est indiquer l'éternité d'une manière frappante bien qu'indirecte. « Avant qu'Abraham fût fait, je suis », disait Notre-Seigneur, accusant par une sublime irrégularité de langage l'éternité de sa nature divine. Bossuet ne procède pas autrement dans cette page lyrique autant que théologique où il commente les premiers mots de saint Jean (1). Ubiquité, éternité : l'imagination ne recule pas non plus devant cet attribut, racine métaphysique ou logique de tous les autres, *l'aséité*, caractère incommunicable de l'être qui ne doit rien qu'à soi-même, qui est tout ce qu'il est par la nécessité même de son essence. De concert avec l'esprit, l'imagination compare, et elle conclut que tout le reste est, au prix, comme n'étant pas (2). Elle n'abdiquera même point devant les profondeurs intimes de Dieu, devant les relations mystérieuses qui font la Trinité des Personnes dans l'unité absolue de la nature. Avec saint Augustin ou Bossuet (3), elle éclairera le dogme par les vestiges que Dieu en a mis dans la création, surtout dans l'âme. Avec Dante, le grand, nous dirions presque le seul poète catholique, elle osera en essayer un symbole direct, assez précis pour satisfaire à la rigueur théologique, assez éclatant pour parler aux yeux, et tout ensemble assez immatériel pour n'avilir point son objet (4).

---

(1) « ... Pourquoi parler du commencement, puisqu'il s'agit de Celui qui n'a point de commencement ? C'est pour dire qu'au commencement dès l'origine des choses, *il était;* il ne commençait pas, *il était;* on ne le créait pas, on ne le faisait pas, *il était...* Où suis-je ? Que vois-je ? Qu'entends-je ? Tais-toi, ma raison, et sans raison, sans discours, sans images tirées des sens, sans paroles formées par la langue, sans le secours d'un air battu, disons par la foi, avec un entendement, mais captivé et assujéti : au commencement, sans commencement, avant tout commencement, au-dessus de tout commencement, était Celui qui est et qui subsiste toujours, le Verbe, la parole, la pensée éternelle et substantielle de Dieu. » (Bossuet : *Élévations sur les mystères*, semaine XII, élévation VII).
(2) Isaïe, XL, 17, 22, 23. — *Sagesse*, XI, 23.
(3) Saint Augustin : *De Trinitate*, sermon LII. — Bossuet : *Élévations*, semaine II.
(4) Dante : *Paradis*, chap. XXXIII. —Voilà le maître de l'imagination

A tout prendre, Dieu, qui a voulu être conçu par notre esprit et annoncé par notre bouche, les a faits l'un et l'autre capables de ce rôle. Conception médiate, successive, liée au sensible, tout cela marque l'infinie distance entre Dieu et nous ; mais rien de tout cela ne nous force à le dénaturer dans notre pensée ni à le calomnier dans notre parole, et c'est en luttant pour s'en défendre que la pensée et la parole rencontrent les plus saisissantes beautés. Après cette lutte à la fois victorieuse et impuissante, nous pourrions dire comme Bossuet : « Quel silence ! Quelle admiration ! Quel étonnement ! Quelle nouvelle lumière ! Mais quelle ignorance ! Je ne vois rien et je vois tout (1). »

V

L'Incarnation, ses résultats littéraires. — Jésus-Christ, objet excellent de l'art. — Que nous avons le droit de le concevoir d'après nous-mêmes. — Jésus-Christ et les grands genres littéraires : éloquence, poésie, poésie lyrique, tragédie, épopée héroïque et didactique.

Tout est lié, tout est subordonné dans l'œuvre divine ; que tout le soit de même dans notre pensée.

L'Incarnation est devant Dieu le centre, le sommet, le nœud vivant de toutes choses. Fait premier et suprême, universel en ses conséquences, et dont l'art se ressentira comme tout le reste. Faux respect, mauvaise honte, habitudes païennes : nous sommes libres aujourd'hui des préjugés ou des faiblesses qui tenaient cette vérité captive. Nous n'imaginons plus que la parole littéraire se doive isoler des réalités les plus capables d'agir sur elle. Sans disparaître mal à propos devant l'ascète, le théoricien

---

réglée appliquée à Dieu et aux choses surnaturelles. Milton est infiniment loin de cette élévation et de cette pureté sereine. Klopstock en approcherait par endroits, n'était le vague germanique et le préjugé protestant.

(1) *Élévations*, semaine XII, élévation VII.

d'art peut donc et doit examiner d'office les conditions nouvelles que l'Incarnation fait à l'âme en travail de concevoir et d'exprimer Dieu ; autrement, crayonner, d'une main nécessairement trop hâtive, le rôle de Notre-Seigneur Jésus-Christ comme objet de la parole littéraire.

On voit d'abord ce qu'est l'Incarnation pour l'art en général. Où tendrait l'art, s'il lui était possible ? A l'expression du Beau suprême, de Dieu. Où s'arrête-t-il forcément ? Au plus haut reflet visible de l'invisible beauté, à l'homme. Dieu est l'objet souverain, mais il se dérobe ; l'homme est le plus haut objet proportionné, mais il dégénère infiniment du premier idéal. Cela étant, quelle fortune pour l'art, si les deux objets venaient, sinon à se confondre, du moins à s'unir ! Et voilà précisément l'Incarnation. L'artiste y voit apparaître, comme dit saint Paul, l'humanité de Dieu (1), et ces deux mots vraiment insondables lui valent mieux, à lui, que toutes les inspirations du génie. Dès lors la beauté qui lui échappait comme invisible, a pris une forme visible, de toutes la plus familière et la plus aimée, la forme du serviteur humain (2). Non que l'essence divine s'y découvre. Voir, imaginer, exprimer l'Homme-Dieu, ce n'est point la voir, l'imaginer, l'exprimer elle-même. Du moins est-ce en voir, en imaginer, en exprimer le plus haut et le plus doux reflet possible, le plus voisin surtout, puisque le voisinage va jusqu'à l'identité personnelle. C'est Dieu qui parle dans un accent humain, qui regarde par un œil d'homme, qui traduit en notre langue une âme bien humaine et cependant bien à lui. La divinité ne se dévoile pas encore ; mais pour nous instruire d'elle-même et nous illuminer de son éclat, elle reluit ineffablement sur la face du Christ Jésus (3). Ainsi l'objet naturel de l'art s'élève à une hauteur sans

---

(1) *Benignitas et humanitas apparuit Salvatoris nostri Dei.* (Tit. III, 4.)
(2) *Formam servi accipiens.* (Philipp. II, 7.)
(3) *Deus... ipse illuxit in cordibus nostris ad illuminationem scientiæ claritatis Dei, in facie Christi Jesu.* (II Cor. IV, 6.)

pareille ; l'objet suprême descend à un voisinage tout engageant et familier. Désormais pour l'artiste qui ne donne pas tout aux sens, voilà l'idéal incarné à la lettre dans une réalité que l'oreille entend, que l'œil voit, que la main touche (1) ; voilà l'objet par excellence, visée suprême et tourment délicieux du génie, cet homme en qui l'on voit la gloire divine transparaître dans la grâce et la vérité de notre nature humaine (2). Nous savons ce qu'en ont tiré le peintre et le sculpteur.

Et que fera l'artiste de parole ? Par quel effort d'idéalisation concevoir la beauté de cette âme ? Pouvons-nous, sans scrupule cette fois, y marquer l'empreinte de la nôtre, concevoir et exprimer Jésus-Christ d'après nous ?

Il est beau entre les enfants des hommes (3). Aussi lorsque, lisant entre les lignes de son Évangile, nous cherchons à restituer les sous-entendus, à recomposer de toutes ses nuances vraies l'âme qui parle, c'est de plein droit que nous y mettons toutes les délicatesses et les élévations dont nous imaginons l'homme capable. Mais cela fait, ne faudrait-il pas, comme tout à l'heure, nous corriger et nous démentir ? Ici, grâce à Dieu, la vérité nous met à l'aise. Cet homme est vrai homme ; cette tête, ce cœur sont faits comme les nôtres ; Jésus-Christ a dû s'assimiler en tout à ses frères d'ici-bas (4), et éprouver des conditions de leur nature tout ce qui n'est ni la défaillance formelle et coupable de la volonté, ni la convoitise, suite honteuse de la déchéance originelle (5). A part cela, tout ce qui est à nous est bien à Lui. Dans la pratique, on nous avertit de mettre en nous les sentiments que l'on nous montre en Jésus-Christ (6). Dans la con-

---

(1) *Quod audivimus, quod vidimus oculis nostris, quod perspeximus et manus nostræ contrectaverunt de Verbo vitæ.* (I Joan. I, 1.)
(2) *Vidimus gloriam ejus, gloriam quasi unigeniti a Patre, plenum gratiæ et veritatis.* (Joan. I, 14.)
(3) *Speciosus formâ præ filiis hominum.* (Psaume XLIV, 3.)
(4) *Debuit per omnia fratribus similari.* (Hebr. II, 17.)
(5) *Tentatum per omnia pro similitudine absque peccato.* (Hebr. IV, 15.)
(6) *Hoc enim sentite in vobis, quod et in Christo Jesu.* (Philipp. II, 5.)

ception d'où sortira la parole, nous avons droit de retourner le conseil et de mettre en Jésus-Christ, sauf le mal et l'attrait du mal, les sentiments que nous trouvons en nous. Pour lire à coup sûr Jésus-Christ, nous avons deux livres qui se complètent en échangeant leurs lumières, l'Évangile et notre propre cœur.

A ce compte, il semble que Jésus-Christ, directement envisagé comme objet de la parole, ait dû marquer dans la littérature des peuples modernes une trace à part, un sillon tout particulièrement lumineux. De fait, il en est ainsi. Non qu'il ait sa place, toute sa place, dans cette littérature officielle et toujours un peu factice où la vogue s'attache et que couronnent les Académies. Elle est plutôt païenne, quelquefois d'étiquette, bien souvent d'esprit et d'inspiration. Mais en dehors d'elle, en dehors même des lettres proprement dites sacrées, dans les effusions sans apprêt de l'âme chrétienne, l'expression littéraire de l'Homme-Dieu s'élève parfois à une incomparable beauté. C'est là, c'est dans la chaire catholique, c'est dans la Liturgie de l'Église qu'il faut aller prendre une idée de ce que la parole humaine doit à Jésus-Christ, quand elle veut bien ne pas oublier ou dédaigner l'objet qui l'honore et l'embellit par delà tout ce qu'elle aurait osé prétendre.

Que ne pouvons-nous l'établir avec quelque détail! Notons du moins en courant ce que la notion chrétienne du Dieu-Homme donne à tous les grands genres littéraires, à l'éloquence d'abord. Qu'on le remarque: Jésus-Christ n'est pas seulement, comme les hautes figures de l'histoire, un thème à belles paroles, un prétexte à déclamation (1). Ce n'est pas une beauté théorique, ni même une beauté historique et disparue que l'on

---

(1) Qui ne se rappelle l'admirable apostrophe de Juvénal au futur vainqueur de Cannes ?

... I, demens, et sævas curre per Alpes
Ut pueris placeas et declamatio fias!
(Satire X.)

rajeunit d'un effort de souvenir. C'est une réalité actuelle, actuellement agissante et militante, signe et objet d'une contradiction passionnée, personnalité aimée et haïe comme aucune ne le fut jamais sur terre, et, par là même, aliment inépuisable de l'éloquence, entendez surtout de cette éloquence vraie qu'inspire et nourrit l'amour. Quels éclats merveilleux Jésus-Christ n'a-t-il pas mis dans la parole humaine, depuis saint Paul tourmentant magnifiquement les mots et les phrases pour leur faire dire son enthousiasme, jusqu'à Lacordaire entendant jaillir de son âme un accent qui l'étonne lui-même et qu'il ne se connaissait pas?

Est-il besoin de montrer en notre Jésus-Christ l'objet poétique par excellence? Art et poésie, c'est tout un, c'est le beau immatériel rendu sensible; et dans cet Homme-Dieu nous avons vu le beau suprême s'unir à notre matière vivante pour rayonner de plus près à nos yeux.

Or la même raison qui fait de lui le premier thème de l'éloquence, attache à son nom une poésie lyrique sans égale. Quels chants si enflammés et si populaires osera-t-on comparer à ce cantique incessant qu'évoque depuis dix-huit siècles l'amour du Verbe incarné? Cantique avec lequel on ne va pas seulement au combat comme avec les vers de Tyrtée, mais au martyre sanglant ou au martyre héroïque aussi de la vertu quotidienne. Cantique immobilisé mais toujours jeune dans la Liturgie, épars et continuellement varié de formes sur les lèvres ou sous la plume des ascètes illustres ou des plus humbles chrétiens (1).

Le temps est passé des Mystères, et dans la langueur universelle de la foi, il y aurait inconvenance et péril à

---

(1) Voyez certains chapitres de *l'Imitation*, par exemple le vingt-et-unième du troisième livre; voyez les cantiques de saint François d'Assise; parcourez les écrits des grandes amantes de Jésus, ceux même d'âmes plus obscures que la publicité moderne nous révèle tous les jours. Sans faire tort à personne, nous osons dire que le premier de tous les lyrismes est là.

produire le personnage divin sur une scène publique. Aussi bien, qui oserait lui prêter des paroles ? Deux choses restent vraies cependant. Jésus-Christ souffrant est, sinon quant à la mise en œuvre pratique, du moins au point de vue de l'impression et de l'intérêt, le personnage tragique par excellence. Dans une pièce que nous avons déjà citée, Saint-Amand le proposait comme tel à Corneille :

> En l'adorable tragédie,
> Au supplice amoureux que le Christ a souffert,
> Ce fils unique au Père offert
> Veut que d'un soin dévot ta muse s'étudie,
> Et lui-même à ta vue en acteur immortel
> Se représente encor tous les jours sur l'autel.

Aristote veut que la tragédie se termine au malheur d'un personnage pris à mi-chemin, pour ainsi dire, entre le vice et la vertu parfaite. Or, par un tour assez ingénieux, Saint-Amand trouvait la condition réalisée dans le type qu'il offrait à la muse du grand poète chrétien.

> De ce cothurne il est capable ;
> C'est aussi le sujet à la scène accordé.
> C'est le vrai héros demandé :
> Il est tout à la fois innocent et coupable ;
> Il est, dis-je, en soi-même ; il est, dis-je, en autrui,
> Coupable, mais pour nous ; innocent, mais pour Lui (1).

Le temps nous manque pour exposer combien la théorie de l'illustre païen est, selon nous, contestable. Quant à la grandeur tragique du Crucifié, Bonald nous semble bien mieux inspiré de la mettre précisément dans la rencontre du malheur extrême et de la vertu idéale (2). Par la leçon ou l'exemple, Jésus-Christ lui-même n'a pas peu servi à relever en ce point nos pensées. On entend depuis le Cal-

---

(1) Saint-Amant : *Stances à Corneille sur la traduction de l'Imitation de Jésus-Christ.* (Œuvres complètes, rééditées par Ch. Livet. Jannet 1855, deux in-18, t. II, p. 103.)
(2) Bonald : *Réflexions philosophiques sur le beau moral ; Mélanges littéraires.*

vaire que ce qu'il y a de plus noblement émouvant, de plus tragique par là même, c'est « ce je ne sais quoi d'achevé que le malheur ajoute aux grandes vertus (1). » Par là Jésus-Christ a fixé l'idéal du genre, et, si le respect nous défend de le représenter lui-même, du moins la tragédie peut-elle s'attaquer à ce qui le touche de plus près, aux martyrs. Corneille n'a pu mettre Jésus-Christ sur la scène, mais il y a mis Polyeucte et il le doit à Jésus-Christ.

Enfin ce qu'on nomme épopée se présente à nous sous deux formes possibles : tableau héroïque et merveilleux d'une entreprise assez vaste pour intéresser à la fois le ciel et la terre : c'est l'Iliade ; — synthèse grandiose d'une science particulière ou de toutes les sciences groupées autour de leur centre : c'est la Divine Comédie. De part et d'autre, quel thème que le Dieu-Homme ! Héros de la seule entreprise qui doive compter quand « les histoires seront abolies avec les empires »; d'ailleurs héros vraiment humain, trois fois proche de nous et par les intérêts en jeu et par la similitude des épreuves et par le commerce actuel des cœurs ; ce n'est pas lui qui manque au génie, au génie d'un Klopstock par exemple ; c'est le génie qui manque à l'objet ; mais, à dons égaux, que n'eût pas fait un Klopstock orthodoxe? D'autre part Jésus-Christ est le nœud vivant de toutes les sciences ; il porte incarnés, expliqués en sa Personne unique et en sa double nature, tous les problèmes qui touchent à Dieu, à l'homme, au monde, à leurs relations véritables. Vienne un second Dante chanter dans la

---

(1) Bossuet : *Oraison funèbre de Condé*. — Si Dieu permet que cet ouvrage ait sa suite naturelle, le moment viendra de discuter les vrais éléments de l'intérêt tragique. Aujourd'hui, nous prierons le lecteur de ne pas imputer à présomption le démenti catégorique opposé aux idées d'Aristote. Pour bien concevoir la tragédie, il faut bien entendre la Providence, les vraies lois de la vie morale, les vraies conditions de la vertu ici-bas. Quoi d'étonnant que, chez les païens, le génie même s'y trompe, et qu'à relever ses erreurs il suffise parmi nous du plus modeste bon sens ? Rien de plus simple, au moins pour qui n'érige point en principe l'oubli de son christianisme dès qu'il est question d'art.

langue des poëtes la théologie exacte de l'Incarnation!
Mais en attendant le Dante nouveau ou l'Homère catholique, la double épopée de l'Homme-Dieu va se composant et se recomposant sans relâche devant nos regards distraits. Dogme et histoire, l'Église nous la déroule une fois l'an dans son cycle liturgique, tandis que les âmes la parcourent et la repassent incessamment dans leurs méditations silencieuses. Nous voilà bien loin de la littérature officielle, académique, mais au cœur de la littérature vraie, en présence de l'effort magnifique de l'âme pour concevoir et traduire à travers elle-même l'objet souverain de toute intelligence et de toute parole, mais surtout l'objet suprême et l'objet proportionné de l'art, Dieu et l'homme s'unissant jusqu'à l'identité de personne dans le Verbe incarné, Jésus-Christ Notre-Seigneur.

CHAPITRE VII

Convaincre. — Plaire. — Persuader.

Nous avons regardé l'âme élaborant, pour les traduire, les objets de la parole, se pénétrant d'eux et les pénétrant aussi d'elle-même. Reste à la voir en contact et aux prises avec les autres âmes, agissant plus directement sur elles pour leur communiquer le résultat de ce travail premier, intime.

Arrivée là, toute sa fonction se réduit à cette trilogie célèbre : convaincre, plaire, persuader. Convaincre, c'est faire admettre le vrai des choses ; — persuader, c'est faire vouloir le bien ; — plaire, c'est rendre l'un et l'autre plus acceptables en parant leur beauté parfois sévère. Tout ce qui précède nous permettra de faire plus brève l'étude de ce triple devoir.

I

Convaincre. — Nécessité. — Difficultés constantes. — Difficultés spéciales à notre époque : peu de principes, de logique, d'ardeur au vrai ; découragement sceptique ; plus d'indépendance intellectuelle. — Tout cela n'est pas invincible. — Logique vigoureuse, le syllogisme. — Exposition préférée : majesté du vrai. — Démonstration solide : que le doute méthodique ne paraisse pas scepticisme réel. — Discussion subie comme nécessaire : n'humilions point le vrai.

Convaincre dit un effort, une lutte : il faut triompher de la raison d'autrui jusqu'à l'amener à se mettre en équation avec le vrai. Que ce triomphe soit enviable, voilà qui résulte et du prix de la vérité même et de son influence indispensable sur la vigueur des résolutions pratiques ou du moins sur la profondeur et la durée des impressions généreuses. Mais ce triomphe ne s'enlève pas d'emblée. Nous le rappelions tout récemment encore : notre connaissance est successive par nature, notre esprit chemine vers la science à pas comptés. Il demande à être mené fermement et graduellement par toutes les étapes du voyage logique, entre le principe qu'il accepte comme point de départ et la conclusion qu'on lui propose comme terme. C'est le travail même de la conviction. Travail plus strictement commandé à l'écrivain honnête, à l'orateur du bien et du vrai. L'avocat des mauvaises causes est à l'aise : aidé par toutes les passions, à peine a-t-il besoin d'être spécieux pour payer d'illusions les derniers scrupules de la conscience. Quant à nous, c'est notre gloire, gloire laborieuse, d'être tenus à une logique irréprochable. Pour mener au vrai cette raison qui s'effarouche ou se dérobe, il nous faut la tenir d'une main ferme, l'enserrer, pourrions-nous dire, dans un réseau d'acier.

Jamais la conviction ne va sans obstacles : frayeur des suites entrevues, goût bizarre de contredire, par-dessus tout légèreté, frivolité, absence du sérieux, c'est-à-dire d'un amour de la vérité assez puissant pour soulever la pesante inertie de l'âme. Ce sont les difficultés communes ; il en est d'autres propres à ce temps. Quelle est la situation mentale de l'homme moderne, du Français pris dans la moyenne de la classe lettrée et dirigeante ? Nous avons dit ailleurs ce qui lui manque de savoir essentiel, et comment, riche de connaissances variées mais éparses, pauvre de foi et de philosophie, il s'en tient, avec une prodigieuse satisfaction de lui-même, à une docte et superbe ignorance. Dans cet esprit à la brillante surface, où trouver le fond solide ? Peu ou point de principes, de certitudes philosophiques ou religieuses. D'où partirons-nous pour convaincre ? Mais en outre, le point de départ une fois trouvé, comment mener droit sur la ligne du vrai cette raison légère, accoutumée à voltiger autour des choses dans une sorte de papillonnage élégant mais stérile? La France a beaucoup d'hommes d'esprit. Combien en en a-t-elle qui, sur une question un peu relevée, soient capables de discuter cinq minutes, sans perdre le fil et changer d'objet le plus innocemment du monde? Triste rencontre! En même temps qu'on faisait la discussion souveraine, on la rendait nulle, en supprimant partout l'apprentissage sérieux de la logique. Voudra-t-on souffrir une comparaison peu glorieuse à beaucoup de modernes, mais au fond de laquelle, après tout, il n'y a qu'une plainte respectueuse et dévouée? Quand les missionnaires annoncent l'Évangile à certains peuples neufs, il leur faut, pour ainsi dire, créer à l'usage de leurs néophytes une langue spéciale capable de ces hautes notions. Tout de même, l'orateur sérieux, l'écrivain qui raisonne, doit souvent aujourd'hui, pour être entendu, entreprendre à nouveau l'éducation logique de ceux qui le lisent ou l'écoutent; il doit, pour les rendre capables de le suivre, leur refaire un fond d'esprit. Heureux d'ailleurs s'ils veulent bien s'y prêter! Trop souvent l'effort de convaincre se heurte à un pire obstacle, à l'indolence intellectuelle, au manque de goût pour le vrai, bien plus encore, au manque de foi en son existence même, ou tout au moins au désespoir de sa conquête. Nous avons droit de constater avec douleur ce châtiment du rationalisme contemporain. Chez un grand nombre la raison émancipée en est venue vite à l'humiliation de ne plus admettre qu'on puisse trouver, qu'il y ait même, une vérité certaine, absolue, exclusive de toute prétention contradictoire. Pilate est bien de notre siècle et sa question glaciale nous servirait bien de devise. Que le scepticisme se nomme à faux réserve ou tolérance, qu'il essaie de faire vanité de lui-même et qu'il se drape dans son orgueilleuse misère; on voit son faible, mais en même temps la redoutable inertie qu'il oppose à la raison sincère et convaincue.

Un dernier trait achève ce tableau que nous n'avons pas certainement fait trop sombre : c'est un manque étrange d'indépendance intellectuelle; c'est, avec un dédain profond de tout magistère légitime, une docilité aveugle, idolâtrique à l'opinion. Il est des contre-sens à faire frémir la logique, mais pourtant si profondément entrés dans nos habitudes d'esprit que nous les remarquons à peine. On se dit libre-penseur et, du même coup, on proclame la souveraineté de l'opinion. Qu'est-ce donc autre chose que le servage de la pensée individuelle sous la voix présumée du plus grand nombre, en réalité sous la dictature de quelques meneurs ? Servilisme qui se croit liberté, scepticisme sous couleur de tolérance, légèreté déguisée en prestesse et en grâce d'esprit, ignorance des vérités directrices de la vie, mais ignorance éblouie d'elle-même et enflée de toute la morgue du savoir : voilà ce que rencontre bien des fois l'homme qui veut parler religion, philosophie, histoire, haute et saine politique, l'homme qui prétend élever la pensée des autres plus haut que les questions d'intérêt matériel et immédiat.

Difficulté grave sans aucun doute, mais non pas insurmontable; autrement les heureux possesseurs du vrai n'auraient plus qu'à se taire, gardant jalousement leur trésor, sans ambition de le communiquer. Nous croyons, nous, à la possibilité de refaire l'éducation logique des esprits honnêtes. Nous croyons à la rectitude naturelle de l'intelligence, à la chance toujours subsistante de lui rendre le sens et le goût du vrai comme celui du beau. Il y faudra de grands efforts, soit, et notre rôle est d'en avertir l'écrivain ou l'orateur ambitieux d'une salutaire influence.

Par-dessus tout, il y faudra comme préparation nécessaire l'exercice du raisonnement, nous voulons dire du syllogisme. Scolastique ! pense-t-on, et l'on se récrie. Laissons crier. De la scolastique plusieurs ne savent que le nom, d'autres ne connaissent que certaines excentricités, conservées ou grossies par une tradition hostile. Beaucoup y voient justement l'alliance ordonnée de la philosophie à la théologie, et ils improuvent par la raison même qui doit faire approuver. Pour nous, restons dans notre cadre et ne parlons que du syllogisme. Au risque d'être estimés rétrogrades, nous tiendrons que, pour l'homme qui veut convaincre, il est indispensable, non pas certes de parler en syllogismes, mais de savoir au préalable réduire à cette forme maîtresse le fond et le plan de ses démonstrations. Forme maîtresse en effet, non pas méthode entre autres et comparable à toute autre, mais, en vérité, méthode unique et type nécessaire de l'opération rationnelle. L'auditeur, le lecteur est en grand péril si elle lui manque. Un vague instinct peut l'avertir du paralogisme qui passe environné de nuages brillants ; un vague malaise peut lui rester en présence de l'erreur flottant parmi je ne sais quels brouillards littéraires ; mais rien de plus, et ce trouble honnête ne suffit pas à rasseoir l'esprit dans le vrai. Quant à l'orateur, à l'écrivain, s'il honore la raison contemporaine et prétend la bien servir, qu'il use à part soi de ce procédé souverain, qu'il lui en applique le bénéfice malgré qu'elle en ait ou plutôt sans qu'elle y prenne garde. Hors de là, point de logique victorieuse, point de conviction profonde.

Mais voici, pour assurer mieux encore le triomphe de la vérité, une dernière observation pratique. Dans le travail de convaincre il y a trois opérations distinctes : l'exposition, la preuve, la réponse aux difficultés. Or des trois, la première est de beaucoup la plus noble et la plus sûre. Bien des fois l'opposition provient surtout d'une notion inexacte, et c'est beaucoup faire que de montrer purement et simplement la vérité telle quelle. C'est de plus lui garder l'attitude qui lui convient entre toutes, celle du possesseur paisible dans la certitude de son droit. En exposant, l'âme peut déployer à l'aise la généreuse fierté du vrai, la force pénétrante de la conviction personnelle. Est-ce à dire que nous la tenons quitte de prouver ? Non certes. La nécessité est trop manifeste. Mais cette nécessité entraîne des périls et commande des précautions : « Il y a du danger dans les preuves, disait Joubert; car, en argumentant, il est nécessaire de supposer problématique ce qui est en question ; et ce qu'on s'accoutume à supposer problématique finit par paraître douteux. »

Assurément le doute méthodique est une des conditions de la certitude réfléchie. Saint Thomas en use, bien avant Descartes et sans en outrer comme lui l'application. Mais pour la masse des esprits le doute méthodique, s'il n'introduit pas l'incertitude réelle, ébranle tout au moins et inquiète la possession tranquille du vrai. Encore une fois, nous ne conclurons point follement à l'affirmation sans preuve ; mais en argumentant pour convaincre, nous nous prêterons à une nécessité et nous aurons soin qu'on le sente. Nos preuves seront en petit nombre, mais nettes, précises, péremptoires ; et toujours, en produisant les titres du vrai, nous aurons soin de marquer qu'il n'en a pas besoin pour lui-même, qu'il ne gagne rien en soi-même à se justifier devant notre raison, que c'est à lui pure condescendance et que tout le profit en est pour nous. Apportons le même soin et plus attentif encore dans la réfutation, dans la discussion proprement dite. Certains esprits l'aiment pour elle-même; ne vaudrait-il pas mieux s'y résigner comme à un moyen, quitte à y préférer pour soi le vrai contemplé dans sa tranquillité sereine? La lumière peut jaillir de la discussion ; mais à quelles conditions et combien rares ! Il y faut la liberté du cœur et le sacrifice de l'amour-propre; il y faut une méthode exacte, garantie s'il est possible par la direction d'un tiers impartial. Glorifier la discussion comme infaillible en ses résultats, c'est affaire au naturalisme qui ne voit rien au-dessus de l'esprit humain. L'homme sérieux la pratique sans engouement comme sans mauvaise grâce. Pas de dédain non plus. Si misérable que soit souvent l'objection prise en elle-même, elle a ce côté grave qu'elle peut retenir une intelligence loin du vrai. Mais par contre et surtout, l'homme convaincu et qui veut convaincre n'a point cette complaisance, cette faiblesse de caractère et d'esprit qui commet la vérité avec l'erreur dans une égalité injurieuse, qui la fait, pour ainsi dire, comparaître devant l'objection comme un accusé devant son juge, qui donne à la réfutation des airs d'apologie et de pourvoi en grâce. N'humilions pas inutilement un adversaire; c'est charité, prudence, courtoisie; mais prenons garde surtout de n'humilier jamais la vérité. Que l'on sente, à nous entendre, que si elle daigne combattre, c'est en reine conquérante et au bénéfice des esprits qu'elle entreprend de conquérir. Voilà pour étonner, pour révolter même le scepticisme qui, désespérant d'elle, estime présomption et tyrannie l'assurance de la posséder et l'ambition de la transmettre. Mais en même temps voilà qui raffermit et retrempe l'intelligence du grand nombre. Prouvons, soit; discutons, à la bonne heure! mais exposons de préférence, mais affirmons avec une tranquille énergie; mais, quand nous consentons à discuter, portons dans cette arène l'assurance visible qu'inspire la vérité possédée. On nous accusera de parti pris, c'est inévitable; on réclamera de nous l'impartialité que l'on ne comprend plus guère en dehors du scepticisme. Or le premier résultat de notre attitude à la fois modeste et fière sera de redresser en ce point l'erreur commune. Le bon sens finira bien par l'entendre : quand une fois on a conquis la vérité, c'est raison et justice de ne point la remettre sans cesse en question et de porter en tout le parti pris de la soutenir. Pour l'impartialité, qu'est-ce autre chose que la justice même, le soin de n'apporter à la vérité que le secours de la vérité (1)?

(1) Il fait bon entendre le plus illustre des polémistes modernes proclamer la supériorité de l'exposition. Louis Veuillot écrivait au frontispice de sa belle *Vie de Jésus-Christ* : « Il y a différents degrés dans les régions de l'esprit; la discussion appartient aux degrés inférieurs. En discutant, on se place toujours homme contre homme; la raison de l'un semble toujours valoir la raison de l'autre. En exposant, on place Dieu contre l'homme. Cette exposition de la lumière doit se faire de préfé-

II

Plaire. — Agrément intrinsèque du vrai et du bien. — Agrément de l'âme déployée en concours et en ordre. — Agrément de l'âme moralement belle. — Mœurs oratoires ou littéraires. — Les avoir pour les montrer. — Compétence, gravité. — Aisance modeste devant l'auditeur. — Effacement de l'homme derrière le sujet. — Littérature de confidences. — Art et morale ne font qu'un dans la question des mœurs oratoires, du décorum. — Polémique : convenance, modération habile, sagesse chrétienne. — L'abnégation, condition de tout cela.

Il faut, selon saint Augustin, parler de telle sorte que le vrai resplendisse, qu'il agrée, qu'il émeuve. Après l'obligation de convaincre, plaire est donc aussi un devoir, devoir incontestable, mais secondaire.

En littérature, en poésie même, où l'agrément a de droit une place plus large, il ne peut jamais être la fin de l'œuvre ni le terme des visées de l'ouvrier. C'est un moyen, un auxiliaire aimable, puissant, indispensable, mais un auxiliaire du grand dessein de convaincre et de persuader.

D'ailleurs il y tient de près, et nous devons à ce propos dissiper une équivoque. On aurait tort d'imaginer le vrai et le bien comme aliments insipides par eux-mêmes, comme viandes incapables d'agréer sinon par l'assaisonnement. Il est trop vrai que l'âme s'en peut dégoûter ; mais il ne l'est pas moins qu'elle y trouve déjà une franche saveur, un attrait qui ne doit encore rien aux accessoires. Faite pour l'un et l'autre, elle ne s'y unit pas sans plaisir. Entendons-le mieux encore. La grande joie de l'âme est dans la con-

rence lorsque Dieu est absolument et personnellement en cause. Sur ces hauteurs-là, que la voix se taise à propos, qu'elle ne discute pas toujours avec le néant, de peur que l'imbécile raison humaine ne vienne à croire que le néant pourrait répondre, et ne lui prête une voix qui blesse l'oreille de Dieu. Que la beauté de la vérité apparaisse seule en face de la laideur absolue du mensonge. » (L. Veuillot: *la Vie de N.-S. J.-C.* Avant-Propos.) — Un autre militant illustre, Donoso Cortès, pensait de même : lettre au journal *El Orden*, 1852. (*Œuvres*, t. II, p. 178.) — Voir aussi le cardinal Pie: *Troisième instruction synodale.* (*Œuvres*, t. V, p. 62.)

science d'agir vivement et facilement selon sa nature. Montrez-lui le vrai dans une démonstration grave mais victorieuse, à la façon de Bourdaloue par exemple; offrez-lui le bien dans un tableau sévère mais rayonnant de sincérité, de conviction communicative (1) : nous ne dirons pas que cette force souveraine vous dispense d'agrément; elle est plutôt par elle-même un agrément de premier ordre. L'âme, vaincue par la logique presque pure et par la force pénétrante du caractère, aime sa défaite et en jouit avec délices. A le bien prendre, sa défaite est une victoire plutôt. Elle triomphe de s'unir au vrai par la pensée, au bien par l'amour. Elle vous sait gré de lui rendre facile cet exercice éminent de son activité naturelle. Ainsi la conviction et la persuasion peuvent aller sans les ornements proprement dits; elles ne vont pas sans l'agrément; elles le portent en elles-mêmes comme une partie de leur puissance naturelle. Sachons convaincre, sachons émouvoir, et nous aurons plu avant même d'y songer.

Cependant ne nous fions pas de tout point aux séductions du vrai et du bien sur l'âme droite; ne fardons pas cette beauté chaste, mais ne refusons point de la parer. Y faudra-t-il des ornements de fantaisie, appelés du dehors et appliqués par artifice ? Quelques rhéteurs semblent l'entendre ainsi; mais le moindre inconvénient serait d'amoindrir l'effet de la parole, en lui ôtant je ne sais quelle fleur de sincérité. Joubert a dit: « Ayez un esprit où la vérité puisse entrer nue pour en sortir parée. » C'est bien en effet dans l'esprit, dans les vraies et franches ressources de l'âme, qu'il faut chercher cette parure à donner au vrai. Ici la condition première n'est-elle pas ce concours ordonné des facultés, loi souveraine de la parole littéraire? En passant par une âme déployée tout entière et en ordre, les objets prennent son empreinte, ses couleurs. Le vrai tra-

---

(1) Tel est celui que fait Bossuet de la Morale chrétienne : *Sermon sur la divinité de la Religion*, 2ᵉ point.

verse pour venir à nous une imagination vive et précise ; là il se concrète, s'incarne, se fixe dans un emblème sensible, dans une application de détail, qui saute aux yeux et amène le sourire aux lèvres. Au contact d'une sensibilité vive et sage, le bien, l'honnête, le juste s'anime, se dramatise, prend mouvement et vie. Et comme chaque faculté de l'écrivain agit par sympathie sur chacune des nôtres, il se trouve que toutes les nôtres vibrent à la fois à l'unisson des siennes. Par toutes nos puissances à la fois, nous jouissons de cette activité vive, normale, facile et sentie, qui est la meilleure des joies naturelles. Présentés de la sorte, le vrai et le bien prennent l'attrait du plus légitime plaisir. Tout à l'heure nous sentions leur charme intime ; ici c'est de plus le charme de l'âme qui, avant de nous les offrir, les a pour ainsi dire élaborés en elle-même à peu près comme l'abeille son miel.

Ce n'est pas tout. Les objets que nous transmet la parole ne nous apportent pas seulement avec eux l'empreinte aimable de toutes les puissances humaines. Pour achever de nous plaire, il faut qu'ils respirent l'honnêteté, la moralité exacte et généreuse de l'âme par où ils ont passé. Qu'en les voyant, on la sente non pas seulement bien équilibrée en soi et fidèle à sa hiérarchie de nature, mais vigoureusement attachée à la fin de toutes choses, au bien, au droit, au juste ; qu'on la sente belle et estimable en un mot. Les *mœurs oratoires*, tant recommandées par la rhétorique traditionnelle, ne sont après tout que cette rectitude et cette élévation de l'âme, transparaissant dans l'ensemble et dans tous les détails du discours. C'est chose pénible qu'un entretien d'où la confiance est absente ; on souffre de même à écouter ou à lire un homme que l'on n'estime pas. Force est donc à l'auteur de mériter l'estime ou de la surprendre, d'avoir les mœurs littéraires ou de les singer.

Or à ne faire que les singer, on n'a pas longtemps bonne grâce. La feinte n'est jamais si habile qu'elle ne se trahisse à la longue, et ici comme ailleurs, le métier d'honnête homme est encore le plus adroit. Obligés de paraître estimables, soyons-le : c'est le plus court et le plus sûr. Aussi bien les mœurs littéraires se montrent et ne s'affirment pas. On rit d'entendre tel homme politique parler désintéressement ou patriotisme à peu près sur le ton de ce marchand de comédie :

> Monsieur, je suis syndic de ma communauté,
> Et je ne crains personne en fait de probité (1).

Les protestations manquent rarement d'être gauches ; elles mettraient en défiance plutôt. Mais quand Hector demande aux dieux que son fils le dépasse dans la gloire (2) ; quand Henri de La Rochejacquelein dit à ses premiers soldats : « Si j'avance, suivez-moi ; si je recule, tuez-moi ; si je meurs, vengez-moi » ; — quand Montalembert répond à un légiste en goût de menue persécution : « Nous sommes les fils des Croisés et nous ne reculerons pas devant les fils de Voltaire (3) ; » — l'un n'a plus que faire de nous vanter son amour paternel, ni l'autre de nous avertir qu'il est brave, ou le troisième de se déclarer chrétien résolu. Nous savons de reste ce qu'il en faut croire. Faisons-nous donc estimables et parlons de l'abondance du cœur.

Toutefois il y faut quelque attention, et il n'est pas superflu de dégager les véritables mœurs littéraires de l'espèce de banalité où trop souvent on les enveloppe. Qu'exige donc l'auditeur ou le lecteur digne d'être compté pour quelque chose ?

Quant à l'esprit, compétence, gravité. Il veut nous sentir maîtres de notre sujet, mais de plus, respectueux de lui-même et de notre rôle. C'est une gloire aux écrivains

---

(1) Andrieux : *Les Étourdis*.
(2) « Et qu'un jour on dise : Il est de beaucoup plus vaillant que son père ! » (*Iliade*, VI, 479.)
(3) *Chambre des Pairs*, séance du 16 avril 1844.

du grand siècle d'avoir été attentifs, laborieux, consciencieux, scrupuleux même, à force de prendre au sérieux leur art, mais surtout le public et la vérité. Dieu merci, ces qualités ne sont pas encore absolument passées de mode ; on ne réussit pas encore à coup sûr par la frivolité, le persiflage et le mépris évident de ceux à qui l'on parle. Avouons-le pourtant, notre époque n'est pas toujours fière ; et il lui arrive d'applaudir et de bien payer ceux qui la soufflettent lestement.

Mais revenons aux gens qui comptent. L'écrivain doit se montrer à eux compétent et grave. Quant au reste, nous résumerions tout dans ce conseil. Qu'il se tienne à sa place et par rapport au lecteur et par rapport au sujet. Devant le public, sa situation est une supériorité transitoire. Par là même que nous faisons silence pour l'écouter, nous l'acceptons pour maître. Tout à l'heure nous pourrons le discuter, le contredire ; mais en attendant, et au moins sous bénéfice d'inventaire, nous nous sommes constitués disciples. Qu'il soit donc maître ; qu'il porte cette supériorité précaire comme toute supériorité se porte, avec aisance, bienveillance et modestie. Nous lui en voudrions de nous régenter en pédagogue, ou de nous accabler de son génie à la façon grotesque de V. Hugo par exemple, mais nous n'aimons guère plus .

Un auteur à genoux dans une humble préface.

Qu'il nous salue en débutant, c'est chose obligée ; mais qu'il nous parle debout et en nous regardant honnêtement dans les yeux.

Tout autre est l'attitude qui lui convient devant son sujet. Cette fois c'est une réelle infériorité pratique. Ainsi donc qu'il s'oublie, qu'il s'efface ; qu'il mette à part, pour le plus grand honneur de son récit ou de sa thèse, non pas certes son originalité, son caractère, son âme, mais sa personnalité mesquine, égoïste, en somme toutes les formes de la prétention, tout ce qui, dans le livre ou le discours, trahit si vite et si bien l'homme préoccupé de soi plus que de sa doctrine, jouissant de s'entendre bien dire beaucoup plus qu'attentif à saisir et à transmettre la vérité. D'ailleurs rien ne profite mieux que le désintéressement à l'intérêt véritable. Si, au cours d'une lecture, d'un drame, d'une harangue, l'homme disparaît pour ne laisser place dans nos esprits qu'à la thèse qu'il soutient, aux événements qu'il conte ou met en scène, il n'y perdra rien, tout au contraire. Nous saurons bien le retrouver après coup; et quel meilleur hommage que ce retour de la pensée vers un écrivain assez puissant pour nous absorber ainsi dans les objets qu'il nous offre, et assez modeste pour s'y absorber lui-même? « Point de frontispice ambitieux, écrivait à un ami Sulpice Sévère. Que la page, muette sur votre nom, parle de l'œuvre, non de l'auteur (1). »

Mais si l'œuvre et l'auteur ne font qu'un? Si l'écrivain entreprend de se peindre, de se raconter lui-même? Avouons une médiocre tendresse pour cette littérature d'étalage personnel qui commence chez nous avec Montaigne, et, passant par les Confessions de Rousseau, arrive aux Confidences de Lamartine. Qu'un capitaine, qu'un homme d'état dicte ses mémoires; c'est à merveille, pourvu que l'amour-propre de l'écrivain ne s'y impose pas avec trop de hauteur. Il y a plaisir à lire César, Joinville, Commines ou Montluc, ce brave gascon à la jactance si naïvement bonne. Saint-Simon amuse par ses prétentions mêmes. Jusque dans ses injustices, il a la passion trop vive et trop franche pour devenir odieux. Que n'eût-il gagné, du reste, à y mettre un peu plus de modestie? Encore y a-t-il mieux à faire que de

---

(1) « *Titulum frontis erade, ut muta sit pagina et materiam loquatur, non auctorem.* » (Sulp. Sev., *ad. Desiderium.*) — Un pieux et habile artiste, M. J. Hallez, a bien rendu cette abnégation littéraire. Au bas du frontispice de *l'Imitation de Jésus-Christ*, illustrée par lui pour la maison Mame, il a dessiné l'auteur à genoux faisant face au public et de ses deux mains étendues présentant une sorte de bannière où le titre du livre est écrit. On n'aperçoit que les mains du personnage et le sommet de sa tête rasée. Emblème ingénieux et touchant. Les écrivains auraient tout profit à le méditer.

se raconter modestement si on en vaut la peine ; c'est de se confesser pour le plus grand honneur de Dieu, comme ont fait saint Augustin et de nos jours Veuillot ou Schouvaloff par exemple. Mais quand c'est l'orgueil jaloux qui tient la plume ou bien encore la vanité attendrie, nous ne savons rien de plus répugnant à la dignité du lecteur.

Il faut passer vite sur des matières si rebattues, mais sans omettre cependant une réflexion qui a son prix. On a vu ailleurs que, dans plus d'un cas, la loi littéraire n'obéit plus seulement à la loi morale mais s'y confond. En voilà une preuve nouvelle. A quoi reviennent, pour une grande part, ces mœurs oratoires, ces qualités littérairement indispensables? Au désintéressement, à l'abnégation, à l'empire sur le moi jaloux, prétentieux, envahissant. Morale pure. Et que sera le décorum, la convenance, le tact, la proportion délicate à toutes les circonstances de temps, de lieu, de personne, comble de l'art, mais que l'art n'enseigne pas? Pour acquérir cette facile souplesse, il est certes indispensable de se gouverner virilement, de briser par plus d'un effort toutes les raideurs de l'esprit et du caractère : voilà de la morale encore. Joignez-y l'intention plus haute, et vous aurez la charité qui se fait tout à tous.

A propos de conviction, nous avons, en passant, touché à la polémique. Grand péril pour les mœurs littéraires. Dans le feu de la lutte, on a bien vite fait de se montrer moins estimable, et le vrai s'en trouve déprécié d'autant. On sait les lois morales de la discussion. Loi de convenance sociale et de dignité : respect de l'adversaire ou tout au moins de soi-même et de la vérité qui est en cause. Loi de stratégie bien entendue : modération courageuse, énergique possession de soi, par où l'on évite à la fois et d'outrer la thèse et de tourner contre elle les amours-propres. Loi de sagesse supérieure, tranchons le mot, chrétienne : tempérament de fermeté inflexible quant aux principes, et de bienveillance engageante pour les personnes. Voilà qui est passé à l'état de lieu commun, chacun le répétant sans relâche, au moins à l'usage de ses adversaires. Mais peut-être sera-t-il moins banal d'insister sur la condition unique, absolue, d'une polémique ainsi conduite.

Point d'autre qu'une vertu, et de toutes la plus haute, l'abnégation parfaite, l'amour du vrai jusqu'à l'entier oubli de l'amour-propre. C'est cet amour dominant du vrai qui, dans la mesure de l'imperfection humaine, pourra nous sauver, sinon de déplaire, au moins de faillir. Unique sauvegarde contre la faiblesse qui amoindrit la doctrine et l'emportement qui n'est que l'orgueil irrité par la résistance; unique secret de la fermeté douce, de cette fierté modeste si bien de mise chez l'homme qui défend la vérité, surtout la vérité souveraine, la vérité de Dieu révélée par sa parole. Fermeté, fierté pour ce vrai que nous portons par le monde comme un drapeau; modestie quant à nous-mêmes, car le vrai n'est pas notre œuvre, et, dans tout ordre de choses, il reste un don plutôt qu'une conquête; douceur à l'égard des adversaires, car il y a lieu de les plaindre et il s'agit de les gagner. Et pourquoi l'amour du vrai jusqu'à l'oubli de nous-mêmes est-il le meilleur artisan de cette conciliation délicate? C'est qu'il unit dans une sorte d'identité morale les deux intérêts à concilier. Loin de nuire à la bienveillance pour les personnes, l'amour du vrai en est tout ensemble et le principe et la fin. Ces inconnus qui liront mon livre ou qui se pressent au pied de ma tribune, je les aime parce qu'ils sont capables du vrai et pour les amener à l'accueillir. Le vrai ne m'agrée pas seulement comme le charme de ma pensée solitaire; je l'aime à titre de conquérant légitime des intelligences, et quand il m'est donné de le leur offrir, je n'ai point d'effort à faire pour les envelopper d'une bienveillance passionnée. L'amour du vrai devient spontanément l'amour des hommes à qui je parle, et s'il est en moi plus fort que l'égoïsme, tout est sauf. Je puis être véhément, sévère, indigné des oppositions faites, non pas à mon autorité personnelle, mais à la vérité que je propose. N'importe : on sentira toujours que j'aime. Encore une fois, je déplairai : qui aime doit s'y résoudre ; mais je ne blesserai pas ; mais on ne s'éloignera pas du vrai le cœur aigri. Abrégeons. Dieu nous aide à mettre au service de la vérité, non pas le talent seul, encore moins le tempérament avec ses humeurs et ses fougues, mais la vertu ! C'est loi morale, mais c'est aussi loi littéraire : la vertu seule, au moins en germe et en effort, fait l'âme assez complétement estimable, et c'est en passant à travers une âme de cette sorte que le vrai se fait agréer (1).

III

Persuader : émouvoir pour déterminer. — On a droit d'exciter les passions. — Nécessité d'être ému soi-même. — Conditions : d'abord la conviction réfléchie, — aidée par l'imagination, — ensuite l'effort de la sensibilité. — Marche identique pour émouvoir autrui. — Le mouvement. — Apaisement des passions.

Reste non pas précisément qu'il émeuve, qu'il touche, mais qu'il persuade, c'est-à-dire que, par l'émotion employée comme ressource dernière, il fasse vouloir pour faire agir. Là est bien le dernier terme possible et le triomphe achevé de la parole ; il n'est pas à mettre la sensibilité en branle, mais à déterminer la volonté. Or dans nos jugements pratiques sur autrui ou nous-mêmes, il nous arrive quelquefois de prendre le change, de confondre la persuasion avec l'émotion simple, le but avec le moyen qui d'ordinaire y touche le plus. Fénelon rappelle que saint Augustin, prêchant contre une cou-

---

(1) Le faux lui-même ne passe que sous un masque honnête. (Voir liv. I, chap v, § 2.) Mais beaucoup ne lui demandent que de médiocres apparences, qu'un léger prétexte à illusion. Qu'il s'agisse de plaire ou de convaincre, l'erreur a toujours le rôle le plus facile, et il faut au vrai, pour se soutenir, de bien autres efforts.

tume barbare, s'entendit d'abord applaudir et en fut plutôt inquiet. L'instant d'après, il vit des larmes et se rassura. Rigoureusement parlant, ces larmes n'étaient qu'une espérance et il n'eût pas été impossible que le saint orateur s'y fiât trop vite. De nos jours particulièrement, l'occasion n'est pas rare de s'y tromper. A part les blasés, ou encore chez ceux-là même qui s'acheminent à l'être, l'émotion est souvent facile, souvent banale. Ce n'est point, comme chez les braves d'Homère (1), bonté et simplicité de cœur ; c'est plutôt débilité nerveuse. Le prédicateur par exemple n'aurait-il point tort de s'y laisser prendre, et de se croire maître des âmes pour quelques larmes qu'il aurait fait répandre ?

Il faut émouvoir ; c'est, comme l'a remarqué Cicéron, la condition normale du triomphe ; mais là n'est point le triomphe même et il y avait lieu de le noter. Toutefois cette observation faite, occupons-nous de l'émotion et des moyens sérieux de la produire. Pris largement, le mot *persuader* comprend la conviction, l'agrément, l'émotion, l'œuvre totale de la parole. Dans son acception directe et restreinte, il désigne plutôt l'achèvement de cette œuvre par une action douce et forte exercée sur la volonté sensible. Ce sont les lois générales de cette action qu'il faut présentement dégager.

Les stoïques mettaient la vertu dans l'impassibilité, dans une immobilité insensible et farouche. C'était ou bien tuer l'âme ou bien la faire entrer en partage de l'immutabilité divine ; elle devenait un marbre ou un Dieu : sacrilége dans ce dernier cas, mensonge dans l'un et l'autre. Combien il est plus homme, plus grand, plus vrai, Celui qui, au jardin des Olives, s'avouait triste jusqu'à la mort ! Jésus-Christ Notre-Seigneur a connu et ressenti toutes les passions où n'entre point la convoitise. Il achevait par là de nous les montrer indifférentes, coupables seulement quand elles

---

(1) Homère a dit : « Les braves sont prompts aux larmes. »

s'égarent sur un objet indigne ou s'emportent jusqu'à l'excès. Il nous est donc loisible de les exciter ; en présence de ce devoir littéraire, la conscience honnête est parfaitement à l'aise.

Or pour les exciter, mais surtout pour les exciter au sens du bien, la loi générale est de les sentir. On n'émeut qu'à la condition d'être ému. La feinte complète, la pure comédie d'émotion peut duper une fois l'inexpérience, mais l'illusion dure peu. La remarque vaut, bien que dans une proportion moindre, pour cette chaleur demi-factice demi-sincère, facile aux tempéraments modernes et assez commune aux parleurs de métier. Plus d'un s'exalte à volonté par un effort des nerfs et s'attendrit jusqu'aux larmes au son de sa propre voix. Ici la duperie a chance d'un plus long succès ; elle est moins grossière, puisque l'orateur y est pris le premier. Toutefois les résultats de cette émotion ne vont guère plus loin qu'elle-même ; elle agite les nerfs ou les amuse, elle ne remue pas les cœurs. Effets trop bas pour la puissance de la parole et sa dignité. L'ébranlement vrai de la volonté sensible, régulière, intégrale, humaine, ne passe point comme une ivresse nerveuse, et va aux effets pratiques, parce qu'il atteint au profond de l'âme ; voilà ce qu'il faut transmettre et par conséquent créer tout d'abord en nous.

Il est des spectacles qui nous remuent invinciblement et du premier choc : une rixe violente, le sang, la mort soudaine ; mais là n'est point le cas. Prédicateur, député, avocat, historien, journaliste, homme de lettres ou simple homme de bien, en travail d'un discours, d'un article ou d'une brochure, nous voilà établis par circonstance en face d'un objet grave mais sans action immédiate sur nos sens. L'émotion dort là comme l'étincelle dans la pierre et il s'agit de la faire jaillir. Comment nous y prendre ? La nature, attestée par l'expérience, marque dans ce travail intime comme trois degrés. Avant tout, la conviction puissante née d'une méditation profonde ; l'intelligence fortement appliquée, disons mieux, ramenée, maintenue et comme traînée obstinément sur l'objet malgré son impatiente légèreté. Ensuite, en même temps plutôt, un travail de l'imagination pour détacher l'objet de l'obscurité confuse où les premiers regards l'ont vu flotter, pour le saisir, le fixer dans une forme nette et vivante. Enfin, en dernier lieu dans l'ordre du temps comme dans l'ordre logique, l'effort direct de la sensibilité sur elle-même. Comment? A la manière de tout effort, de tout exercice, en faisant tout comme si elle était déjà émue, en produisant les expressions, les actes propres de la passion qu'elle cherche. Mais n'est-ce pas retomber dans la comédie, manquer au moins de sincérité avec soi-même? Nullement. La raison nous avertit que l'objet en question mérite en effet nos sympathies ardentes ou nos répulsions généreuses, et par suite la volonté commande à toutes les puissances de secouer leur torpeur et de se mettre à l'unisson de la raison même. Rien de plus naturel et de plus loyal, rien de moins semblable à l'illusion volontaire d'une âme qui, en dépit du jugement et de la conscience, entreprend de s'émouvoir par delà le mérite des choses, ou pour duper autrui avec soi-même, ou pour se donner hors de propos la joie de sentir. Conviction réfléchie, — vue nette et vive, — effort direct de la sensibilité : voilà par où l'on s'achemine soi-même à l'émotion.

Voilà donc aussi par où l'on y mène les autres. C'est la loi de l'âme, loi commune par conséquent: comme la conviction, l'émotion vraie ne s'emporte pas d'emblée. C'est tout un siége à conduire, au moins un siége à l'ancienne mode, et l'assaut final veut être préparé par de lentes et sûres approches. Dans ce drame quasi militaire, nous retrouvons les trois périodes, les trois efforts indiqués plus haut. Vient d'abord la démonstration. Si l'âme est prise à froid, si c'est en faveur du bien qu'on prétend l'émouvoir, si l'on veut cette émotion profonde, efficace, rien au monde ne supplée le premier travail de conviction. Poussé lui-même avec une vigueur extraordinaire, il lui arrivera de suppléer tout le reste. On sait les *pleurs de raison* que nous arrache Bourdaloue. Ainsi l'intelligence affirme parfois sa royauté sur les facultés inférieures; puissamment remuée, il se peut qu'elle les entraîne dans son branle et dispense l'orateur de tout autre effort. En tout cas du moins, la conviction est indispensable, et, par suite, la démonstration. Et quelle erreur de l'estimer froide par nature ! Tout au contraire, nous la voulons nuancée de toutes les couleurs de l'imagination, car la démonstration ne se fait littéraire qu'en appelant cette brillante alliée au secours de la raison militante. Il y a plus, nous voulons la discussion déjà toute pénétrée de vie, de mouvement, de chaleur intime. Avant de prendre à partie la sensibilité dans une sorte de corps à corps suprême, nous estimons nécessaire de la remuer lentement par ce que nous avons appelé ailleurs le pathétique indirect (1), par la vive peinture des mouvements et affections de l'âme, par l'influence, voilée mais continue, de la sensibilité de l'orateur, par cette passion ardente et mesurée qui fait circuler dans les moindres détails l'amour du vrai, l'amour des hommes pour le vrai. Voilà peut-être qui n'entraîne pas encore l'âme, mais c'est comme un lent et profond ébranlement qui la prépare aux impulsions définitives.

Alors et seulement alors vient l'assaut, l'effort direct au sens de l'émotion à ressentir et de la détermination à prendre, *le mouvement*, qui n'est pas, comme d'aucuns semblent le croire, un passage où l'orateur multiplie les gestes, précipite la parole et hausse le ton. Le mouvement, c'est l'effort tenté directement sur la sensibilité d'autrui par un plein déploiement de la nôtre. La saine rhétorique veut qu'on le prépare et c'est cette préparation que nous venons d'esquisser à grands traits. N'en redoutons point la lenteur. En thèse générale, les résultats sont courts

---

(1) Liv. II, chap. v, § 2.

autant que rapides. Il faut laisser l'impatience aux chercheurs d'effet, à ceux qui poursuivent dans l'émotion moins une condition du vouloir qu'une jouissance pour la sensibilité.

Mais il ne s'agit point seulement de remuer l'âme inerte. Bien souvent elle se présente agitée à faux ou à l'excès, et le grand triomphe de la persuasion est de la calmer bien plutôt que de l'émouvoir. En ce point d'ailleurs, il serait moins aisé de tracer, comme tout à l'heure, une méthode uniforme, une sorte de stratégie complète. Indiquons seulement trois conditions générales. C'est, d'abord et en toute rencontre, le calme, infaillible moyen d'user la passion qu'irriterait la résistance. Parfois la plaisanterie même y peut servir, mais avec beaucoup de précaution et de réserve. Par-dessus tout, il y faut l'insinuation, entendez principalement l'art de substituer une passion à une autre.

> ... Notre esprit, jusqu'au dernier soupir,
> Toujours vers quelque objet pousse quelque désir.

Le cœur ne peut rester vide, et on ne lui ôte le goût d'un aliment qu'en lui en faisant goûter un autre. Secret de nature qu'il ne faut pas oublier. On révolte l'âme en exigeant directement et sans compensation le sacrifice de ce qu'elle aime : que ne lui fait-on aimer autre chose? Tout est là. Telles sont en gros les conditions de l'apaisement. Nous les entendrons mieux en esquissant, dans le chapitre qui va suivre, la façon de traiter chacune des grandes passions humaines. Esquisse rapide, que nous tenterons après Aristote et en partie d'après lui, mais à laquelle tout chrétien peut ajouter çà et là quelques traits ignorés du grand philosophe. Une gloire manquerait à notre foi, si elle n'éclairait mieux que le génie même les mystères pratiques du cœur.

CHAPITRE VIII

Les Passions.

ONZE PASSIONS PRINCIPALES. — A LEUR ÉGARD, TRIPLE FONCTION DE LA PAROLE : PEINDRE, ÉMOUVOIR, APAISER.

On peut réduire à deux les mouvements de la volonté sensible : elle tend vers les objets qui lui conviennent, elle s'écarte de ceux qui lui déplaisent. A ce compte, il n'y aurait que deux passions maîtresses, l'amour, la haine. Encore la haine du mal n'étant qu'une suite et comme une forme de l'amour de soi, on aurait droit de mettre dans le seul amour toute l'activité passionnée de l'âme. Et cependant cette activité une ou double se modifie en plus d'une manière, selon que le bien qui nous attire est prochain ou éloigné, facile ou difficile par exemple ; selon que le mal qui nous repousse est lointain ou menaçant ou inévitable. De là les passions diverses. Après saint Thomas et Aristote, Bossuet en a compté onze principales : l'amour et la haine, le désir et l'aversion, l'espérance et le désespoir, l'audace et la crainte, la joie et la tristesse, la colère enfin, que nous rattacherions volontiers à la haine. Dans la pratique de la vie, aucune de ces passions ne marche seule ; mais pour les mieux entendre, il faut les étudier séparément.

Et comme la parole doit les peindre, les émouvoir ou les calmer, nous marquerons à propos de chacune les caractères, les stimulants et les remèdes. Étude immense, que nous abrégerons autant que possible, ne cherchant qu'à préciser et à lier entre elles des notions familières à tous.

I

L'amour. — Ses caractères: activité, don du sien et de soi. — Exaltation de l'intelligence et de la volonté. — Amour d'intérêt et d'amitié. — Stimulants de l'amour d'amitié: reconnaissance, amour mutuel, estime, compassion. — Ressort à toucher délicatement. — Comment apaiser l'amour. — La haine. — Effets généraux: sur l'intelligence, sur le cœur. — Haine froide. — Haine violente, colère. — Stimulants de la haine. — Apaisement de la haine.

L'amour est la passion mère. Envisageons-le de préférence par rapport aux personnes, et prenons-le, comme il nous sied de le faire, dans sa notion la plus universelle et la plus pure. Du côté de la vérité pratique nos observations n'y perdront rien.

L'amour se traduit en actes. Et comment non ? Il est le mouvement par excellence d'une puissance toute active, la volonté. Or son acte à lui, le terme de son effort délicieux, c'est tout à la fois le bien de la personne aimée et son union avec elle. Pour y atteindre, il donne du sien, cherchant à donner de soi, jaloux de se donner soi-même. Loi simple et haute. L'expérience nous la montre vérifiée entre hommes. Qui aime donne services, fortune, aide, savoir; c'est bien là donner du sien.

> N'auriez-vous point perdu tout votre argent au jeu ?
> En voici. S'il vous est venu quelque querelle,
> J'ai mon épée, allons !.....

Il donne sa pensée, ses secrets, déjà quelque chose de soi. Il se donne soi-même en livrant sa vie : chef-d'œuvre de l'amour, a dit Jésus-Christ; et il a fait gloire de le réaliser dans sa personne. C'est qu'avant tout la loi s'était vérifiée de Dieu à l'homme. L'œuvre extérieure de Dieu n'est qu'un immense et paisible effort pour donner du sien et de soi dans la mesure du possible, et par delà cette mesure première qui est la nature même de l'âme. En créant, Dieu, l'Heureux éternel, cherche à faire d'autres heureux, à donner quelque chose de l'être et du bonheur qui sont en Lui. En nous élevant à une destinée surnaturelle, il nous fait d'autres puissances pour nous rendre capables d'une plus large communication du sien, — car c'est son propre bonheur qu'il nous promet, — de soi, car ce bonheur n'est que la vue et la jouissance immédiate de son essence même. Ce plan ruiné, la réparation sera plus belle encore. C'est Jésus-Christ, le Dieu donné, qui se dépense et, pour ainsi dire, se monnaye tout entier à notre usage. Et comme la loi de l'amour s'accomplit de Dieu à l'homme, elle remonte également de l'homme à Dieu. Qu'est-ce que la sainteté, ce grand fait qui demeurera seul quand, selon Bossuet, « les histoires seront abolies avec les empires (1)? » C'est l'homme rendant du sien et de soi à Celui qui s'est donné tout d'abord. Ceux-là ignorent le monde qui le croient fait pour autre chose.

Mais revenons à marquer en nous les phénomènes généraux de l'amour. Il éveille l'esprit, il l'exalte parfois jusqu'à l'erreur. On sait les vers empruntés par Molière à Lucrèce (2). De même l'amour double les forces de la volonté, l'entraînant par delà les possibilités vulgaires.

> Paraissez, Navarrais, Maures et Castillans !

s'écrie le Cid, sur un mot d'espoir tombé des lèvres de Chimène; et cette chaleur généreuse, il est trop juste que nous la retrouvions dans l'amour divin. A lui surtout la gloire de ne point sentir le fardeau, de ne point compter avec le travail, d'entreprendre plus que ses forces, de ne connaître rien d'insurmontable, d'estimer tout possible et permis (3).

---

(1) Bossuet : *Oraison funèbre de Condé.*
(2) « L'amour, pour l'ordinaire, est peu fait à ces lois... » (*Le Misanthrope*, acte II, scène v.) — La Fontaine nous a dit de même les illusions paternelles du hibou. (*Fables,* liv. V.)
(3) *Amor onus non sentit, labores non reputat, plus affectat quam valet, de impossibilitate non causatur, quia cuncta sibi posse et licere arbitratur.* (*De Imitatione Christi,* III, 5.)

Il y a un amour d'intérêt personnel, de concupiscence, dit l'École, par où l'on s'attache aux personnes ou aux choses, surtout en vue de soi. Pour l'exciter, il n'est besoin que de peindre vivement les avantages présumés de l'objet ou les services à tirer de la personne (1). Tout au contraire, l'âme rêve parfois un amour de pure bienveillance, de complaisance pure dans le bien de la personne aimée, désintéressement absolu où tout se perdrait, jusqu'au désir d'union et de retour. Ce n'est qu'une chimère, et l'Église a condamné Fénelon pour l'avoir présentée comme réalisable. Non, rien ne se peut au-dessus de ce que la philosophie appelle amour d'amitié. Là ce qui nous meut et nous détermine, c'est sans doute le bien de la personne aimée ; nous y sacrifions volontiers jusqu'à la vie, jamais le désir ni même l'espérance du retour (2).

Pour émouvoir cette amitié généreuse, on peut d'abord invoquer la reconnaissance. Chose rare, et parce que l'orgueil aime peu l'obligation, le lien de dépendance que noue le bienfait, et par cette autre raison d'expérience que, dans le bienfait même, c'est le bienfaiteur qui s'attache le plus. Il y a, dit Jésus-Christ, plus de plaisir à donner qu'à recevoir (3). Et nous ne forçons pas le texte en l'accommodant à ce phénomène glorieux à notre nature : le cœur se lie par le don fait, plus que par le don reçu. Toutefois la reconnaissance garde rang, Dieu merci, parmi les choses humaines et l'on a droit d'y faire appel. Mais avec quelles précautions délicates ! Prenons garde aux ombrages de l'orgueil. Ne faisons point peser le bienfait comme une

---

(1) Lacordaire fait aimer la mort comme moyen de réparation et occasion de dévouement. (66ᵉ Conférence.) — Burrhus essaie de réveiller dans Néron l'amour de son innocence première. (Racine : *Britannicus*, IV, 3.)

(2) On peut se dévouer à un ingrat ou dans l'espérance de le changer, ou par sentiment de gloire, ou par générosité chrétienne. Au premier cas on vérifie la loi. Dans les deux autres ce n'est plus l'ingrat qu'on aime, c'est ou soi-même ou Dieu.

(3) *Beatius est magis dare quam accipere.* (Cité par saint Paul, *Actes* XX, 35.)

chaîne et ne donnons pas au plaidoyer l'apparence d'une accusation d'ingratitude :

Un bienfait reproché tint toujours lieu d'offense (1).

Voyez Agrippine fatiguer Néron du souvenir de ce qu'elle a fait pour lui : sublime maladresse de l'égoïsme réclamant de haut une reconnaissance d'ailleurs bien peu méritée (2). Auguste au contraire peut accabler Cinna du souvenir de ses bienfaits : il le doit à la suprématie du rang, et surtout à sa complète indépendance vis-à-vis de celui qu'il humilie de la sorte.

Mais pour exciter l'amour il y a quelque chose de plus décisif et de moins chanceux que la reconnaissance, l'amour mutuel. Voulez-vous être aimé, aimez vous-même ; voulez-vous nous rendre un tiers aimable, prouvez-nous sa bienveillance, montrez-nous du moins en lui quelqu'une de ces circonstances qui présagent, préparent ou commencent l'amour. Telle est la communauté d'origine, d'intérêt, de sympathie ou de haine. Il y suffit quelquefois d'une ressemblance. Andromaque aime dans Ascagne l'image d'Astyanax ; Tyrrel a pitié des enfants d'Édouard parce que le second lui rappelle son propre fils (3).

Reste enfin le stimulant direct de la bienveillance, le tableau des mérites de la personne. Mais prenons garde encore. La louange un peu vive provoque à tout le moins une curiosité malicieuse, quelquefois la défiance ou même une sourde hostilité. Thucydide faisait dire à Périclès, dans son fameux éloge funèbre, que les hommes n'aiment pas à entendre louer au-dessus de la mesure de vertus dont ils se sentent eux-mêmes capables (4). Voilà qui

---

(1) Racine : *Iphigénie*, IV, 6.
(2) Racine : *Britannicus*, IV, 2.
(3) Casimir Delavigne: *Les Enfants d'Édouard*, III, 4. — Perrault nous apprend dans sa jolie prose que, si la mère du Petit-Poucet a un faible pour son aîné, c'est qu'elle est rousse et qu'il est « un peu rousseau. »
(4) Thucydide : *Histoire de la guerre du Péloponèse*, liv. II, 35.

est trop universel. Si nombre d'hommes ne croient pas au mérite qui les dépasse, il en est, grâce à Dieu, bon nombre aussi que l'apparition d'une vertu supérieure élève au-dessus d'eux-mêmes, en les rendant tout d'abord capables de la sentir et de l'apprécier. Louons donc avec une grande réserve, mais supposons l'auditeur ou le lecteur encore assez noble d'âme pour croire à la valeur d'autrui.

Dût-on s'en étonner, nous citerons la compassion parmi les ressorts à toucher pour rendre une personne aimable. La compassion naît de l'amour, mais il se peut aussi qu'elle le précède et l'introduise ; mystère sans doute et l'un des plus beaux que présente la vie morale. En soi-même et indépendamment de sa cause, la douleur est déjà touchante, elle est déjà belle, soit comme occasion de mettre au jour les forces vives de l'âme, soit à raison de ce caractère sacré d'expiation qui se retrouve même chez l'innocent. De là, dans les nobles cœurs, une prédilection assurée d'avance à qui souffre.

Je serai du parti qu'affligera le sort (1).

Méritée par des fautes personnelles, la souffrance désarme l'indignation, produit la pitié, le respect et commence la sympathie. Mais si elle se rencontre avec l'innocence, encore plus si elle vient malgré le bienfait ou surtout comme prix du bienfait, elle couronne la vertu d'un charme irrésistible, et c'est pourquoi sans doute le Dieu-Homme a voulu pour lui-même cette destinée (2).

Le ressort de la compassion veut être touché d'une main délicate. Au fond, point d'autre procédé que la vive peinture de la douleur, et cette peinture émeut d'autant

---

(1) Corneille : *Horace*, I, 1.
(2) Bonald: *Réflexions philosophiques sur le Beau moral; Mélanges*, t. 1. — C. Donoso Cortès : *Essai sur le catholicisme, le libéralisme et le socialisme*, liv. III, chap. II.

plus qu'on devait moins l'attendre (1) et qu'elle contraste plus violemment avec le bonheur d'autrefois (2). Mais en étalant la souffrance, la sienne surtout, il importe de rester digne. La douleur n'est belle qu'à la condition d'embellir l'âme. Donnons lieu de croire qu'elle agit ainsi sur la nôtre; faisons compassion et non point pitié. De quelle délicatesse, par exemple, Andromaque, aux genoux de sa rivale triomphante, l'intéresse au sort d'Astyanax !

> Mais il me reste un fils. Vous saurez quelque jour,
> Madame, pour un fils jusqu'où va notre amour ;
> Mais vous ne saurez pas — du moins je le souhaite —
> Dans quel trouble mortel son intérêt nous jette
> Lorsque, de tant de biens qui pouvaient nous flatter,
> C'est le seul qui nous reste et qu'on veut nous l'ôter (3).

Compassion, estime, reconnaissance, par-dessus tout assurance d'une sympathie qui prévient la nôtre: voilà pour exciter l'amour. Il faudra moins d'efforts à le combattre. Hors le cas d'une passion vraie, c'est chose assurément trop facile que de déprécier l'objet aimé, de dissiper l'illusion qui le fait plus beau que nature. La plaisanterie même y sert.

> Mais au moins dites-moi, Madame, par quel sort
> Votre Clitandre a l'heur de vous plaire si fort (4).

Rien de semblable où le cœur est vraiment pris. En ce

---

(1)
> D'un triomphe si beau je préparais la fête ;
> Je ne m'attendais pas que, pour le commencer,
> Mon sang fût le premier que vous dussiez verser.
> (Iphigénie à son père. *Iphigénie*, IV, 4.)

(2) La Fontaine rappelle l'ancienne fortune de Fouquet: *Elégie aux Nymphes de Vaux*. — Lally-Tollendal en fait de même pour Louis XVI: *Projet de plaidoyer*, exorde. — L'abbé Marcel : *Chefs-d'œuvre d'éloquence*. — Barreau.

(3) Racine: *Andromaque*, III, 4. Andromaque nous apprend du même coup l'usage de ces arguments *ad hominem* si puissants à émouvoir. Je souffre: puissiez-vous ne pas souffrir à votre tour ! — Comme types de dignité, voir encore Iphigénie priant son père (*Iphigénie*, IV, 4), ou Marie Stuart devant Élisabeth (Pierre Lebrun: *Marie Stuart*, III, 4).

(4) Molière : *Misanthrope*, II, 1.

cas l'opposition directe, l'ironie surtout, irrite la passion bien loin de l'éteindre (1). Point d'autre moyen que l'insinuation, la substitution douce et lente d'un amour à un autre.

> Pleurez ce sang, pleurez. Ou plutôt sans pâlir
> Considérez l'honneur qui doit en rejaillir (2)...

Faut-il signaler à la défance des âmes honnêtes un moyen étrange, déloyal, de combattre l'amour, surtout l'amour populaire ? C'est de le pousser à outrance pour l'user et au plus vite. Ainsi la Révolution avait d'abord entrepris d'étouffer Pie IX sous les fleurs.

A l'amour correspond LA HAINE, mouvement de l'âme qui s'écarte d'un mal. Joignons-y la colère : elle n'est, à le bien prendre, que la haine violente, transport à la fois moral et physique, au moins le plus souvent.

En toute rencontre, la haine a sur l'intelligence un effet double. Elle noircit son objet outre mesure, elle en offusque les qualités les plus manifestes. De là les soupçons, la malignité qui empoisonne tout ; de là aussi l'extrême difficulté à reconnaître, à voir même un mérite dans la personne odieuse. Laharpe nous a conté le plaisant dépit de Voltaire amené par surprise à louer une strophe de Lefranc de Pompignan, et enrageant de toute son âme quand on lui eut nommé l'auteur (3). Mais si la haine ferme les yeux aux belles qualités, en revanche elle est merveilleusement perspicace à trouver les points faibles et les moyens de nuire. Clairvoyance fâcheuse, mais qui peut avoir ce bon côté d'aider quelquefois la défense en l'avertissant. S'agit-il de l'Église, par exemple ? Il y a beaucoup à prendre dans

---

(1) Molière : *Bourgeois gentilhomme*, III, 9.
(2) Racine : *Iphigénie*, I. — Pour voir d'ensemble tous les principaux artifices par où s'excite ou s'apaise l'amour, on peut étudier dans *Shakespeare* le duel oratoire de Brutus et de Marc-Antoine après le meurtre de César. (*Jules César*, III, 2.)
(3) Il s'agit de la belle strophe : « Le Nil a vu sur ses rivages... » dans l'*Ode sur la mort de J.-B. Rousseau*.

les jugements des adversaires à propos des institutions ou des événements, des personnes ou des livres. Ce qui agrée aux ennemis notoires du vrai nous doit être suspect, au moins jusqu'à nouvel ordre ; au contraire, où vont leurs attaques, là doivent aller d'instinct nos sympathies : c'est toute sagesse et toute équité.

En même temps que sur l'intelligence, la haine agit sur le cœur. Et d'abord elle se fait aimer, chose étrange! on y tient, on la garde comme un trésor. Homère la dit plus douce que le miel (1) ; et Montaigne: « C'est une passion qui se plaît en soi et qui se flatte (2). » Pourquoi? Sans doute parce que l'amour-propre y trouve une satisfaction intime et comme une première vengeance. Alceste est trop heureux de payer vingt mille francs l'arrêt qui lui donne droit de pester contre la nature humaine ; et c'est, nous le savons, le chef-d'œuvre du christianisme d'obtenir le pardon sans arrière-pensée, le pardon du cœur, le sacrifice de la haine, en un mot.

Mais à part ces traits généraux, tout autres sont les caractères de la passion violente et de la passion froide. La seconde ne prête guère à la description, soigneuse qu'elle est de s'envelopper et de se contenir. Çà et là, tout au plus une ironie discrète, un éclair ; le plus souvent un masque ou un autre, l'insouciance, la raillerie, la folie comme Hamlet, ou l'obséquiosité comme Triboulet. La littérature contemporaine met volontiers sur le visage de ses héros ce masque d'airain ou de marbre. Il semble que plus les tempéraments deviennent incapables des passions fortes, plus les imaginations aiment à s'en donner l'illusion.

Quant à la haine violente, à la colère, il y a plaisir à la prendre sur le fait. Non qu'elle se livre tout d'abord. Elle aussi joue le calme au début et affecte une froideur iro-

---

(1) Homère : *Iliade*, XVIII, 109.
(2) Montaigne: *Essais*, liv. II, 31.

nique, façon de blesser l'adversaire et tout ensemble de paraître au-dessus de l'injure. C'est Hermione devant Pyrrhus infidèle (1). Mais il n'y a là qu'une simple pose et qui ne tient pas. La colère cède vite au besoin d'éclater. Quelle verve alors ! Quelle prodigalité de traits brefs, haletants, de figures démesurées, excessives ! La colère est verbeuse, impétueuse, magnifique parfois et sacrifiant tout au soulagement qu'elle trouve à s'exhaler. Agrippine y oublie toute prudence (2) : elle se perdra, soit, mais on ne lui fermera pas la bouche. A vrai dire, les nerfs jouissent autant que l'âme et l'on entend que M. Jourdain, étant « bilieux comme tous les diables, » ne veuille point apprendre la morale qui le priverait de cette douceur (3). Si impérieux est le penchant de nature, que, faute d'objet réel ou présent, la colère s'en prend aux absents, à une image, à un fantôme, à n'importe quoi. Pasquin, le valet du Glorieux, est soufflété pour une lettre anonyme dont il n'est que le lecteur (4). Quand Chateaubriand eût soumis à la censure de Napoléon son discours de réception à la cinquième classe de l'Institut — c'était alors l'Académie — l'empereur, s'en entretenant avec le comte Daru (5), s'échauffa très fort et très haut contre l'auteur qui n'était point là pour entendre. On saisit du salon voisin quelques-unes de ses apostrophes, et, les croyant adressées à Daru lui-même, on ne douta pas de sa disgrâce. Jolie scène de

---

(1) Racine : *Andromaque*, IV, 5.
(2) *Britannicus*, III, 3, 4. — On peut suivre dans cet admirable rôle tous les effets de la colère et en étudier tous les tons.
(3) Quelle vérité dans ces vers d'Orgon quand M. Loyal lui signifie l'exploit au nom de Tartufe :

> Du meilleur de mon cœur je donnerais sur l'heure
> Les cent plus beaux louis de ce qui me demeure,
> Et pouvoir à plaisir sur ce mufle asséner
> Le plus grand coup de poing qui se puisse donner.

On sent à les lire quelque chose du plaisir qu'il aurait à faire comme il dit.
(4) Destouches : *Le Glorieux*, acte II, scène XII.
(5) Cette jolie anecdote a été racontée par Lacretelle. (Voir Sainte-Beuve : *Chateaubriand et son groupe littéraire sous l'Empire*, t. II.)

comédie, où le grand homme n'avait pas été le moindre comédien. « Nous voyons, dit Montaigne, que l'âme en ses passions se pippe plutôt elle-même, se dressant un fauls subject et fantasticque, voire contre sa propre créance, que de n'agir contre quelque chose (1). »

Et maintenant cherchons comment on excite la haine, afin de savoir comment nous en défendre nous-mêmes ou l'apaiser en autrui. Telle est la triste pente de notre nature, que nous haïssons vite les ennemis de nos intérêts, plus vite encore ceux qui nous haïssent, mais avant tout ceux qui nous humilient. Or nous nous sentons humiliés tout d'abord et directement par le mépris, mais surtout par le mépris de notre amour. C'est le cas de plus d'un personnage épique ou tragique (2); c'est le fond des fureurs éternelles que le damné nourrit contre Dieu. Le mépris! arme redoutable aux mains de qui voudrait nous arracher notre calme. Ainsi Portalis, plaidant contre Mirabeau devant le parlement d'Aix, entreprit de l'exaspérer à force d'outrages et y réussit (3). Par où Narcisse ramène-t-il Néron à la pensée du fratricide? En le disant méprisé d'Agrippine et de Britannicus (4).

Mais notre susceptibilité imagine et redoute mille autres humiliations indirectes; chose triste à dire, volontiers elle haïrait tous les genres de supériorité. Supériorité du bienfait tout d'abord :

On n'aime point à voir ceux à qui l'on doit tant,

---

(1) Montaigne: *Essais*, I, 4. — Lamoricière, exilé à Bruxelles, était un jour en visite lorsqu'il apprit une tracasserie de la police française à l'encontre de Madame de Lamoricière qui était venue passer quelques jours auprès de lui. A cette nouvelle, il brisa un guéridon d'un coup de poing en disant à la maîtresse de la maison: « Madame, laissez-moi casser vos meubles; je vous les paierai, mais cela me soulage. » (E. Keller: *Vie de Lamoricière*.)
(2) Didon, Armide, Hermione.
(3) Berryer: *Leçons et modèles d'éloquence*, p. 551.
(4) Racine: *Britannicus*, IV, 4.

dit Prusias à propos de son fils Nicoméde (1), et Agrippine à Néron :

> Tu voudras t'affranchir du joug de mes bienfaits.

Supériorité de la vertu, du mérite. On bannit Aristide par simple ennui de l'entendre toujours vanter. Nous haïssons la vertu vivante et présente, observe tristement Horace (2), et comme pour répondre d'avance aux rêves de conciliation et de tolérance universelle, le Saint-Esprit lui-même a décrit l'inexpiable haine du méchant contre le Juste (3). Supériorité de l'offensé contre l'offenseur, et cela dans les petites choses comme dans les grandes. « Nous pardonnons souvent à ceux qui nous ennuient ; mais nous ne pouvons pardonner à ceux que nous ennuyons (4). » Par ailleurs, il est dans la nature de haïr l'homme qu'on a lésé (5). L'orgueil en effet n'a plus que cette alternative: ou réparer en s'humiliant ou se soutenir en poussant à bout la victime (6). Combien de ressorts honteux mais puissants dans la main du conseiller malhonnête qui voudrait nous aigrir le cœur !

Et qu'opposer à cette influence facile et funeste ? Comment apaiser la haine ? Violente, il n'est que de la laisser dire, de l'user par le sang-froid. Tel le roman représente Pie VII devant Napoléon à Fontainebleau (7); tel l'histoire montre Consalvi devant les colères à demi calculées du Premier

---

(1) Corneille : *Nicomède*, II, 1.
(2) *Virtutem incolumem odimus.* (Od. III, 24.)
(3) *Sagesse*, II, 12 et suivants.
(4) La Rochefoucauld.
(5) *Proprium est humani ingenii odisse quem laeseris.* (Tacite : *Agricola*, XLII.)
(6) Agrippine dit justement à Néron :

> Seul recours d'un ingrat qui se voit confondu,
> Par de nouveaux affronts vous m'avez répondu.
> (*Britannicus*, IV, 2.)

(7) A. de Vigny : *Servitude et grandeur militaires; La Canne de jonc; Un drame inconnu.*

Consul (1). Quand tombe l'emportement, le rôle de la parole commence; noble rôle et délicat, aussi court à tracer que difficile à remplir. Agissons sur l'intelligence, dissipons les préventions.

> ... Non ; il ne vous hait pas,
> Seigneur ; on le trahit, je sais son innocence (2).

Par-dessus tout, allons au cœur, et comme la haine ne cède qu'à l'amour, faisons-le partout sentir : dans nos paroles, dans les souvenirs mis en œuvre, dans les intermédiaires invoqués. Voyez Phénix d'abord et Priam ensuite aux prises avec le ressentiment d'Achille (3). Dans une de ses meilleures pages, Froissart nous montre les bourgeois de Calais sauvés par la femme d'Édouard III (4). Saint Jean Chrysostôme avait déjà fait revivre la touchante scène où l'évêque d'Antioche désarme Théodose (5). Mais là était intervenue la médiation suprême, celle qui, ayant pu fléchir le Ciel, devait, plus que toute autre, avoir la gloire de vaincre les colères humaines, la médiation de Notre-Seigneur Jésus-Christ.

II

DÉSIR ET AVERSION: leurs caractères. — Conseils pratiques. — COURAGE. — Traits saillants. — Stimulants ordinaires. — Comment apaiser l'audace téméraire. — CRAINTE ET PEUR. — Caractères et effets. — Traitement pratique. — ESPÉRANCE: traits saillants. — Excitation de l'espérance. — Apaisement; combien facile. — DÉSESPOIR morne et violent. — Comment il s'excite, comment l'apaiser.

Ce bref examen des deux passions maîtresses nous permettra de passer plus brièvement encore sur les autres,

---

(1) Consalvi: *Mémoires ; passim.* — Crétineau : *L'Église romaine en face de la Révolution,* t. I.
(2) Burrhus à Néron à propos de Britannicus. (*Britannicus,* IV, 3.) — De même Esther combat les soupçons d'Assuérus. (*Esther,* III, 4.)
(3) Homère : *Iliade,* IX, 24.
(4) Froissart: *Chroniques,* liv. I, 1re partie, chap. CCCXXI.
(5) Saint Jean Chrysostôme: *Homélie pour le retour de l'évêque Flavien.*

simples modifications ou résultats de l'amour et de la haine.

Le désir et l'aversion n'y ajoutent guère qu'une disposition immédiate à l'effort pratique. L'un est l'amour d'un bien absent ; l'autre, la haine d'un mal encore à venir. Tous deux ont sur l'imagination une influence étrange. L'aversion assombrit son objet et, par suite, un peu tous les autres ; point noir qui se fait nuage et envahit l'horizon tout entier. Le Sybarite ne peut dormir pour un pli survenu l'une des feuilles de rose qui font sa couche. Aman trouve ses grandeurs insipides parce qu'un seul Juif refuse de l'adorer (1). De son côté, le désir embellit tout jusqu'à nous préparer bien des mécomptes. La fleur enchante à distance, mais quand elle est cueillie on dit le plus souvent : « Ce n'était que cela ! » L'aveu d'Auguste est un peu celui de tout le monde :

> J'ai souhaité l'empire et j'y suis parvenu,
> Mais en le souhaitant je ne l'ai pas connu (2)....

Tout est beau de loin, tout est légitime aussi et le désir s'érige vite en devoir.

> *Sua cuique Deus fit dira cupido* (3).

Quant à la possibilité du succès, le désir a, suivant les caractères et les rencontres, deux effets bizarrement opposés. Les uns désespèrent à proportion de leur ardeur. « C'est trop beau pour moi, » disent-ils ; ou plus élégamment, avec Andromaque :

> A de moindres faveurs des malheureux prétendent.

---

(1) Racine : *Esther*, II, 1.
(2) Corneille : *Cinna*, II, 1.
(3) Virgile : *Énéide*, IX, 184 — Le désir fait paraître un devoir jusque dans le crime :

> Dieu ne peut oublier et défend que j'oublie,

dit Nemours qui vient venger sur Louis XI le supplice de son père. (C. Delavigne : *Louis XI*, II, 6.)

Pour les autres, pour le plus grand nombre sans doute, c'est le contraire qui a lieu. La satisfaction souhaitée est possible, facile, assurée : on la tient déjà.

> Il était, quand je l'eus, de grosseur raisonnable ;

s'écrie Perrette ; et notre brave Montluc n'est pas moins réjouissant quand il emploie en idée à s'acheter du bien près de Paris la belle rançon qu'il va tirer du seigneur Colonna, lequel est encore à prendre (1). Il est d'ailleurs trop naturel que le désir tourne à l'impatience ; là est son principal effet sur la sensibilité.

> Désir de fille est un feu qui dévore (2)...

et quiconque désire est un peu fille par ce côté.

Manifestement le désir et l'aversion se doivent traiter comme l'amour et la haine. Pour qui les veut apaiser, le grand point est de calmer l'imagination en rétablissant le vrai des choses. Quant au désir, gardez-vous d'une opposition trop directe : elle l'augmenterait plutôt (3); elle le crée parfois où il n'est pas (4). C'est le goût de violer la défense qui donne un charme au fruit défendu.

Mais voici LE COURAGE, l'amour d'un bien absent et difficile, avec une disposition prochaine à l'effort contre l'obstacle. Il est l'amour fort, la plus noble des passions humaines ; ses noms mêmes le disent. En Grèce, à Rome, en France courage, et cœur sont une même chose (5). Tant vaut le courage, tant vaut l'homme; c'est la portée expressive des mots *vaillance* et *valeur*.

---

(1) Montluc : *Commentaires*, liv. IV, chap. I.
(2) Gresset : *Vert-Vert*.
(3) Antoine, dans *Shakespeare*, feint de ne pas vouloir lire au peuple le testament de César.
(4) *La Nouvelle Ève* est un joli conte du P. du Cerceau où l'on voit une femme se plaindre de notre première mère; sur quoi le mari la défie de passer le mois sans aller prendre un bain de pied dans certaine mare voisine. La dame succombe sans autre attrait que la fascination de la gageure même.
(5) *Animus*, Θυμός.

Comme toute passion, le courage met l'imagination en branle. Il amoindrit l'obstacle et montre facile ce qui est à peine réalisable. Achille, avec le seul Patrocle, irait assiéger Troie (1) ; Mithridate vaincu médite une diversion qui le rendra dans trois mois au pied du Capitole (2). On sent le péril : présomption dans la pensée, témérité dans le conseil et dans l'action, enfin mécompte et défaillance. Que la raison contrôle donc les visées de l'imagination généreuse. Mithridate est hardi, mais il calcule : autrement son courage tournerait en audace au mauvais sens du mot (3). Ainsi entendue, l'audace est plutôt provocatrice, arrogante ; le vrai courage a des allures plus modestes et c'est là même un des signes où on le reconnaît. On disait au moyen âge :

> Un chevalier, n'en doutez pas,
> Doit férir haut et parler bas.

Et dans sa retentissante brochure sur l'armée française en 1866, le général Trochu notait justement que, s'il est impossible de répondre à l'avance du courage d'un homme, du moins la modestie en est le meilleur garant. Par contre, la bravade ne promet guère que la défaillance, témoin les moutons de Guillot et ce personnage éternellement populaire sous les noms changeants de *Miles gloriosus*, de *Capitan* ou de *Matamore* (4). Le vrai courage, lui, le courage réfléchi, profond, modeste, fait jaillir de la volonté humaine des ressources inattendues ; on dirait même qu'il les y crée. Par-dessus tout, la confiance en Dieu devient

---

(1) Racine : *Iphigénie*, I, 2.
(2) Racine : *Mithridate*, III, 1.
(3) L'audace, autrefois presque identifiée avec le courage même, a pris de plus en plus une légère teinte de blâme. Au moins faut-il, pour la faire agréer des sages, la déterminer par une qualité qui la relève.
(4) Corneille : *L'Illusion comique*, II, 2 ; III, 7. — Les Italiens excellent à décorer le faux brave de noms terribles : le capitaine *Spavento della valle inferna* ; don *Escarabombardon della Papirotonda*, et autres vocables qui font le meilleur de son prestige. (Voir L. Moland : *Molière et la Comédie italienne*.)

pratiquement une confiance modeste en soi-même qui est la première des forces morales. Alors est vraie la parole célèbre : *Possunt quia posse videntur*. Peu importe d'ailleurs qu'il s'agisse de la valeur militaire ou de ces autres formes du courage plus difficiles peut-être et plus méritoires parce qu'elles donnent moins de place à l'entraînement.

Le courage est amour et désir; excitons donc ces deux passions pour l'exciter lui-même. Cela fait, et par une action plus directe, montrons les chances de réussir, amoindrissons l'obstacle, mais dans une juste mesure : il y a trop de péril à fonder le courage sur l'illusion. Ayons recours à l'émulation, cette générosité active qui ne vise qu'à égaler et à surpasser les avantages des autres, tandis que les en dépouiller suffirait à la jalousie, passion souvent inerte, basse et vile toujours. L'émulation veut nous élever à la hauteur d'autrui ; la jalousie ne veut que ravaler autrui jusqu'à notre propre bassesse. L'émulation peut être le ressort de toutes les nobles entreprises. Hippolyte est jaloux d'imiter son père (1); César pleure en pensant à la gloire précoce d'Alexandre (2); Augustin, dans ses dernières luttes, reproche à sa faiblesse le courage des enfants chrétiens, des femmes chrétiennes : *Tu non poteris quod isti et istæ* (3) ? La loi de toute sainteté n'est-elle pas de rivaliser avec le Fils de Dieu lui-même ? Il est donc un amour-propre légitime et dont il faut employer toutes les ressources, la crainte de la honte comme les autres. Sylla, voyant fuir ses légions, leur criait : « Si l'on vous demande où vous avez abandonné votre général, vous direz que c'est à Orchomènes ». Est-ce rencontre ou réminiscence ? Dans une situation analogue, le vieux Souwaroff se fit creuser une fosse et s'y coucha, répétant à ses Russes la parole du capitaine

---

(1) Racine : *Phèdre*, III, 5.
(2) Plutarque : *César*, XII.
(3) Saint Augustin : *Confessions*.

romain. Le courage naît donc ou renaît de la honte; de même, bien qu'il suppose l'espérance, il peut sortir du désespoir. Voilà pourquoi c'est parfois habileté de se mettre dans une situation sans issue, comme ce peut être une faute d'y mettre ses adversaires. Fernand Cortez brûle ses vaisseaux et il triomphe; les Vendéens, assiégeant Nantes, coupent la retraite aux premiers fuyards et ils échouent. On retrouverait ce double phénomène sur le terrain du courage religieux ou civil. Mais enfin pour qui veut animer autrui, voici la loi suprême. Le courage est contagieux par nature: il se transmet par voie d'exemple. Donc payons de mine, faisons paraître de l'ardeur, du sang-froid par-dessus tout. C'est ici qu'il faut entendre Montluc avec sa franche gaillardise. Commandant la défense de Sienne en 1554, il apprend que les magistrats pensent à capituler. Malade et à bout de forces, il se lève, se met en grande tenue militaire, se frotte les joues de vin grec, paraît devant le conseil, le harangue et, pour cette fois, sauve la place. Là-dessus, il moralise à son ordinaire: « Messieurs mes compagnons, quand vous vous trouverez en telles noces, prenez vos beaux accoutrements, parez-vous, lavez-vous la face de vin grec et la faites devenir rouge, et marchez ainsi bravement par la ville et parmi les soldats...; et de cette sorte, jusqu'aux femmes prendront courage et les soldats pareillement. Mais si vous allez avec un visage pâle, ne parlant à personne, triste, mélancolique et pensif, quand toute la ville et tous les soldats auraient cœur de lions, vous le leur feriez venir de moutons (1). »

Ainsi l'on excite le courage. Il est d'ailleurs trop manifeste qu'on n'a jamais à le combattre. Quant à l'audace irréfléchie, ne la contrarions point directement, louons même ce qu'elle a de louable.

. . . . L'entreprise est fort belle
Et digne seulement d'Alexandre et de vous.

(1) Montluc: *Commentaires*, liv. III, chap. III.

Gagnons du temps, usons-la, puis, une fois l'exaltation tombée, ramenons l'esprit au sentiment vrai des obstacles; mais gardons-nous bien de piquer l'amour-propre en donnant aux avertissements l'apparence du défi.

On aura plus à faire pour apaiser la crainte, la peur. La CRAINTE est la haine d'un mal absent mais possible et prochain : sentiment raisonnable, parfois commandé, qui suppose toujours l'intelligence libre et l'objet précis. La PEUR est un vertige de l'imagination et des nerfs, une sorte de maladie aux accès brusques et soudains. On peut la guérir en la dominant; on ne peut pas à coup sûr l'empêcher de naître.

Crainte ou peur, cette passion est à l'âme ce que le froid est aux organes. Elle glace, dit-on, et ce n'est point banalité. L'âme qu'elle étreint est inerte, engourdie, peu capable de conseil mais encore moins de résolution. Retz observe qu'il est bien plus naturel à la peur de consulter que de décider (1). La simple crainte affecte déjà l'imagination, grossit le péril et tend à éteindre le jugement, c'est-à-dire à dégénérer en peur. Une fois rendue là, c'est une démence véritable. Née de l'inconnu et tout ensemble l'ayant en horreur, elle s'efforce de préciser son objet. Or ce n'est pas la raison qu'elle y emploie, et l'imagination ne l'y aide que trop en créant des fantômes (2). Notez aussi que la peur est une souffrance, et parfois redoutée au delà du mal lui-même. De là mille efforts pour y échapper, mais le plus souvent efforts gauches ou mal concertés qui l'augmentent par l'agitation même. Il en est des dispositions que suggère la peur à peu près comme des conditions humaines;

<blockquote>La pire est toujours la présente (3).</blockquote>

---

(1) Retz : *Mémoires; Première journée de la Fronde.*
(2) Töpffer : *Nouvelles genevoises ; La Peur.*
(3) La Fontaine. — « *Et, quæ natura pavoris est, cum, omnia metuenti, præsentia maxime displicerent.* » (Tacite : *Mort de Vitellius; Histoires,* liv. III, 85.)

Résolutions, mesures, asiles, on change tout sans relâche, incapable de s'arrêter à rien. A cette horreur instinctive de la souffrance de craindre, se rattache un triste phénomène bien connu des âmes faibles. Elles veulent ignorer le péril, elles demandent à la flatterie de le leur voiler; finalement, plutôt que d'en soutenir la vue, elles le laissent grandir jusqu'à devenir inévitable. Mais c'est dans les foules surtout qu'il faut suivre les effets de la peur. Elle s'y propage, elle y court, plus rapide que la contagion ou l'incendie. Manzoni n'a point forcé l'histoire quand il a dépeint les terreurs populaires soulevées par la peste de Milan (1). Les révolutions sont pleines de faits semblables. Et n'a-t-on pas vu, à la fin du dix-septième siècle, la sage Angleterre affolée jusqu'à la fureur par ce complot papiste dont elle devait rire un peu plus tard (2)? Mal étrange que la peur, mal parfois si soudain, si complétement détaché de toute cause sérieuse, que le bon sens y reconnaît une Providence particulière. Les païens sacrifiaient à la Peur; les chrétiens demandent à Dieu de ne pas leur envoyer la peur (3).

Faire peur aux gens peut être une nécessité de circonstance, mais étrangère à l'art de la parole. Pour la simple crainte, nous n'y savons pas d'autre finesse qu'un vif tableau du péril (4). Encore l'honnête homme est-il plus souvent dans le cas de combattre cette passion que de l'émouvoir. Ici le grand point est de montrer soi-même un calme intrépide. Tant que règne la peur, il faut agir plus que parler. Dès que la raison se réveille, c'est le lieu de ramener le péril à ses proportions vraies et de ranimer le courage par les moyens indiqués.

---

(1) Manzoni : *Les Fiancés*, chap. XXXI, XXXII, XXXIII.
(2) Destombes : *La Persécution religieuse en Angleterre sous les successeurs d'Élisabeth*.
(3) Cf. J. de Maistre : *Soirées de Saint-Pétersbourg*, entretien VII.
(4) Burrhus peint à Néron les suites du fratricide. (Racine : *Britannicus*, IV, 3.) — Melvil expose à Élisabeth celles du meurtre de Marie Stuart. (P. Lebrun : *Marie Stuart*, IV, 7.)

Absent, le bien provoque le désir; envisagé surtout comme possible, il fait naître L'ESPÉRANCE. Passion aimable et charmante, passion complexe d'ailleurs en soi-même et dans ses traits principaux. Elle est désir, elle est audace, elle est joie. Du désir elle a l'ardeur impétueuse et féconde en chimères. C'est elle qui montre à Perrette son rêve déjà réalisé. Comme l'audace, elle est active, énergique.

> J'ose espérer beaucoup de mon peu de vaillance,

dit Horace;

> Qui veut mourir ou vaincre est vaincu rarement (1).

Elle a le style de la joie, l'abondance, l'éclat, la pompe (2). Comme la joie, elle est douce au cœur et plus que la joie peut-être; car étant désir, elle fait l'objet plus beau que nature. N'est-elle pas du reste la joie propre de ce monde, et n'est-ce point notre condition d'y vivre *spe gaudentes* (3)? Enfin, mystère étrange d'où sortent parfois des contradictions vraiment étonnantes: frêle comme la joie, elle est tout ensemble tenace comme le désir. Un souffle l'ébranle, un ouragan ne la déracinerait pas. Mille fois déçue, l'âme se reprend toujours; toujours elle renoue la chaîne de ses espérances brisées, pour la traîner, comme dit Bossuet, jusqu'au tombeau. Perdre toute espérance est le plus effroyable des supplices, et voilà comment, sans frais d'imagination, sans monstres ni fantômes allégoriques, Dante a rendu l'entrée de son enfer plus redoutable que n'ont su faire les autres poètes, quand il écrit ces simples mots:

> *Lasciate ogni speranza, voi ch'entrate* (4).

Or, pour mettre l'espoir dans un cœur, ce serait peu

---

(1) Corneille, *Horace*, II, 1. — A plus forte raison l'espérance surnaturelle est énergique et triomphante.
(2) Voir Lamartine: *L'Immortalité; Méditations*, V.
(3) Saint Paul: *Epître aux Romains*, XII, 12.
(4) Dante: *L'Enfer*, chant III.

d'en exposer directement les motifs. Suivons une marche détournée, mais sûre; excitons l'amour, le désir, le courage; l'espérance va suivre bientôt. Elle est d'ailleurs contagieuse comme l'audace. Qui la veut émouvoir doit avant tout la montrer en soi-même, fallût-il refouler un doute amer. C'est le devoir de tout homme qui commande, et le pâle héros de Virgile l'a cependant bien compris.

Spem vultu simulat, premit altum corde dolorem (1).

Ainsi pour émouvoir ou soutenir l'espérance, un véritable héroïsme est quelquefois nécessaire.

Mais qu'il est plus facile de la troubler! Rappelez-vous les abeilles et ces grands combats qu'apaise une poignée de poussière (2). Image de nos fragiles espoirs. L'homme qui espère, qui veut espérer, demande à tout ce qui l'entoure une approbation, un encouragement, un prétexte. Montrez-lui le plus léger doute, répondez d'un sourire ou d'un branlement de tête, ayez seulement l'air de n'entrer qu'à demi dans son rêve; il suffit, vous lui mettez le froid dans l'âme; il semble qu'un nuage ait passé rapidement devant le soleil.

Mais l'éclipse de l'espérance doit-elle s'appeler DÉSESPOIR? Ce serait trop dire, peut-être, et l'usage prête à ce mot une signification plus extrême. Du moins, qu'un seul objet espéré se dérobe à nos prises ou que tous nous manquent à la fois, le désespoir présente deux faces bien différentes. Il peut être morne: c'est l'amour d'un bien jugé impossible, l'amour humilié, désolé, abattu dans le sentiment de son impuissance. Il peut être emporté, violent; c'est plutôt la haine de l'obstacle ou même du bien qui se fait obstacle en se refusant à nous. On entend que telle soit pour Dieu la haine du réprouvé. A ce point,

---

(1) Virgile: *Énéide*, I, 209.
(2)   Hi motus animorum atque hæc certamina tanta
      Pulveris exigui jactu compressa quiescent.
                                (VIRGILE· *Géorgiques*, IV, 86.)

le désespoir n'est que le paroxysme de toutes les haines : colère, douleur, honte, terreur, souvent remords et horreur de soi-même ; un pas de plus et il sort des passions humaines pour tomber dans la convulsion et le délire (1).

Il est trop clair que si l'honnête homme doit combattre au besoin les espérances trompeuses, il ne lui est jamais loisible de pousser une âme au désespoir, même au simple découragement. Qu'il l'afflige, qu'il l'abatte même pour une heure en lui ôtant sa chimère, ce peut être sagesse, courage, bienveillance, charité. Mais qu'il la relève après l'avoir ainsi abattue. A plus forte raison serait-on coupable de la pousser au désespoir violent. C'est où arrive la haine sans scrupule, par mépris, invectives, menaces extrêmes, par tous les signes d'une animosité dédaigneuse, implacable et toute-puissante. Être méprisé, haï, mais surtout l'être sans refuge ni recours possible, voilà qui mène droit au désespoir.

Et qui en ramène, sinon la chaude influence de l'estime, de la sympathie ? A l'âme abattue par l'impuissance ou poussée à bout par l'oppression insolente, rendons l'estime d'elle-même et mieux encore la foi en Dieu. Mais surtout qu'elle se sente aimée, et l'espérance lui reviendra vite avec la conscience des ressources qu'elle ne se connaissait plus. Voilà ce que durent sentir les esclaves antiques auxquels on annonçait l'Évangile, les Indiens de Las Casas ou les Nègres de Pierre Claver.

(1) Son style est la violence même. Voir au théâtre toutes les imprécations célèbres. Seulement l'École rationnelle et humaine le fait taire ou lui laisse quelque suite dans les idées ; l'École de l'effet le traduit *con amore* par des cris incohérents, des rugissements, des râles. C'est de la pathologie, ce n'est plus de la passion.

III

LA JOIE : définition d'Aristote. — Éléments essentiels : repos et action. — Divers effets. — Comment exciter la joie, comment l'apaiser. — LA TRISTESSE. — Les trois temps : la stupeur, la crise, la douleur reposée. — Effets sur l'âme vulgaire. — Effets sur l'âme noble. — L'art de consoler. — LA HONTE.

Nous avons vu l'amour et la haine se modifier et se nuancer diversement selon les positions et attitudes de leur objet. En fin de compte, ces deux mouvements premiers de l'âme tendent à s'arrêter et à se fixer dans deux situations contraires, la joie ou la tristesse.

LA JOIE est l'amour d'un bien présent, amour satisfait d'où résulte un repos actif et délicieux. « Mettons en principe, dit Aristote, que la joie est un ébranlement de l'âme et un rétablissement soudain et sensible dans la situation normale (1). » Rarement le philosophe a été mieux inspiré. Oui, sans doute, le bonheur est bien l'état normal de l'homme ; mais d'ailleurs — et Aristote constatait le phénomène sans en pouvoir deviner la cause qui est le péché originel — cet état normal n'est pas l'état ordinaire. On n'y est donc pas introduit sans une secousse ; l'âme ne rentre dans le bonheur pour lequel Dieu l'a faite, qu'au prix d'une sorte de surprise, de saisissement, d'ébranlement. En outre cette émotion, toujours quelque peu soudaine, a besoin d'être sensible. Le bonheur n'est rien pour qui n'en a pas conscience, et dans les premiers moments où, selon la force du dicton populaire, *on ne se sent pas de joie,* autant vaudrait dire qu'on n'est pas encore joyeux.

Mais tout cela n'est qu'un supposé nécessaire, et, pour qui regarde de plus près, deux éléments surtout font la joie : le repos, correspondant à ce qu'il y a de normal dans le bon-

---

(1) Aristote : *Rhétorique,* liv. I, chap. XI.

heur ; l'action vive et puissante, marquant chez nous la soudaineté du retour mais aussi, et en toute hypothèse, l'attachement de la volonté à son objet, la prise de possession énergique et continue par où elle adhère au bien, comme si, à chaque instant, elle s'en emparait pour la première fois. Repos, action : la joie parfaite est comme une moyenne délicieuse de ces deux éléments. Sur terre et plus elle est terrestre, ce qui lui manque le plus c'est le repos. Fièvre et vertige : les satisfactions mondaines en restent là. Au contraire et dès cette vie, plus la joie est pure, sainte, voisine de son objet véritable qui est l'union à Dieu, plus elle est calme, sereine, reposée, à tel point que les ascètes donnent cette paix intime comme un signe probant de l'action divine sur l'âme. Quant à la parfaite béatitude, comment se la figurer ? Fénelon dit des rois vertueux — et l'Élysée profane où il les place est, à bien peu de chose près, le paradis chrétien tel qu'il nous est donné de le concevoir — : « Ils sont sans interruption, à chaque moment, dans le même saisissement de cœur où est une mère qui revoit son cher fils qu'elle avait cru mort;... ils ont le transport de l'ivresse sans en avoir le trouble et l'aveuglement (1). » Chateaubriand dit des élus : « Ils sont incessamment dans l'état délicieux d'un mortel qui vient de faire une action vertueuse ou héroïque, d'un génie sublime qui enfante une grande pensée, d'un homme qui sent les transports d'un amour légitime ou les charmes d'une amitié longtemps éprouvée par le malheur (2). » De part et d'autre, même effort pour adoucir en l'éternisant tout ce que le transport a de vif; pour rendre fixe et bénigne à l'œil la lumière éblouissante de l'éclair; d'un mot, pour associer et fondre ensemble les délices du repos et celles de l'action. Qu'y aura-t-il au ciel d'après saint Augustin ? Pleine exemption, pleine vacance de peine, de travail, d'effort, mais tout ensemble

---

(1) Fénelon : *Télémaque*, liv. XIV.
(2) Chateaubriand : *Les Martyrs*, liv. III.

pleine activité de la vision de l'amour et de la louange (1).

Autre est la joie de ce monde, avons-nous dit, et surtout parce qu'elle est le plus souvent turbulente et troublée, active jusqu'à l'excès et jusqu'au péril. Sans doute l'âme en est dilatée comme la respiration même, et, dans la pittoresque vérité de son style, Saint-Simon nomme bien la joie « un élargissement, » sans savoir peut-être qu'il copie la Bible (2). Mais cet « élargissement » de la nature satisfaite ne va pas sans inconvénients quelquefois graves. Il anime l'audace, mais facilement il inspire la témérité. Il pousse à la confiance, mais souvent à la présomption.

> L'avenir, l'avenir, l'avenir est à moi !

disait Napoléon, en présentant son fils au monde ; et le poète — grand poète alors — lui répond éloquemment :

> Non, l'avenir n'est à personne,
> Sire, l'avenir est à Dieu (3).

La joie nous rend crédules et jusqu'à l'aveuglement. Écoutez Agrippine après les feintes caresses de Néron :

> Il suffit, j'ai parlé ; tout a changé de face (4).

Illusion de l'orgueil ; mais, à vrai dire, quand la joie ne naît pas de l'orgueil, trop souvent elle le fait naître. C'est par où elle nous met à la merci de qui nous flatte, qu'il soit renard, ou parasite comme celui qui enjôla si bien Gil Blas dans l'auberge de Penaflor (5). Encore si elle ne faisait que rendre les gens aimables ou généreux par delà leurs vrais sentiments, à la manière de Camille souriant à Valère

---

(1) « *Ibi vacabimus et videbimus, videbimus et amabimus, amabimus et laudabimus. Ecce quod erit in fine sine fine.* » (*Cité de Dieu*, liv. XXII, chap. XXX, 5.)
(2) « *Factus est Dominus protector meus, et eduxit me in latitudinem.* » (Ps. XVII.)
(3) Victor Hugo : *Chants du crépuscule*, V.
(4) Racine : *Britannicus*, V, 3.
(5) Lesage : *Gil Blas*, 1, 3.

précisément parce qu'elle se croit sûre d'épouser son rival (1), ou de M. Jourdain, si magnifique envers les garçons tailleurs qui lui donnent de l'Altesse et du Monseigneur (2)! Nous en serions quittes pour mieux veiller sur notre bourse et pour ne nous fier qu'à demi aux caresses d'un homme heureux. Mais la joie nous est souvent plus dangereuse. Force de l'âme en certains cas, elle peut aussi devenir une immense faiblesse. Elle nous déconcerte, elle nous livre, elle est de tous les sentiments le plus difficile à porter et tout d'abord à contenir. Elle éclate dans la parole qu'elle rend alerte, fleurie même et pompeuse au-dessus de l'ordinaire. Si elle se commande le silence, encore se trahit-elle en laissant percer, comme dit admirablement Saint-Simon, « je ne sais quoi de plus libre en toute la personne, un vif, une sorte d'étincelant (3). » Chose étrange! la joie, qui est notre état normal, est si peu notre état ordinaire, qu'elle nous effraie parfois et nous ramène à la tristesse par des revirements inattendus. En dépit des illusions, l'expérience nous découvre en nous une puissance de souffrir presque indéfinie. C'est le contraire pour notre puissance de jouir ; elle est courte, elle est faible ; toute joie intense l'étourdit ou lui fait demander grâce. Mystère, mais pour ceux-là seulement qui ne croient pas au péché originel.

On n'en finirait pas de peindre les caractères et les effets de la joie. Quant à la façon de la traiter, c'est chose facile

---

(1) Corneille : *Horace*, I, 2. — Cela est vrai de toutes les joies et même de cette allégresse d'ordre inférieur que procure un bon repas.

> Êtes-vous comme moi, Raymond? Quand j'ai dîné,
> J'ai besoin de causer à cœur déboutonné.
> Je deviens familier. Les bouteilles vidées
> M'emplissent le cerveau de fantasques idées ;
> Je perds la notion du convenable, et sens
> D'impétueux désirs d'embrasser les passants.
> (Em. Augier : *Philiberte*.)

(2) *Le Bourgeois gentilhomme*, II, ballet. — M. Jourdain n'est pas moins dupe de ce Dorante qui parle de lui « dans la chambre du roi ».

(3) Saint-Simon : *Spectacle de Versailles à la mort du Grand Dauphin*, 1711.

et de moindre détail. Nous pouvons être dans le cas d'apaiser la joie, la joie fausse ou excessive ; et assez ordinairement, il y suffit, Dieu merci, de la moindre chose, car la joie est frêle tout comme l'espoir. Mais aurons-nous jamais à l'exciter ? ou du moins est-ce l'œuvre de la parole plutôt que des seuls événements ? Hélas ! oui. Nombre de gens veulent être avertis de leur bonheur :

> ... *Fortunatos nimium sua si bona nôrint!*

Goût dépravé, distraction, inadvertance ou simple habitude, ils sont injustes à leur sort et à la Providence qui le leur a fait. Nous aurons à leur crier : « Mais soyez donc heureux, et pour cela prenez garde que vous l'êtes ! » Et par un vif exposé des motifs nous aurons à les en faire convenir. Effort difficile, pour peu que la moindre souffrance vienne se joindre à une prospérité d'ailleurs éclatante. Il en est du bonheur comme de la santé ; on ne sent que le membre malade et l'on ne jouit plus de la vigueur des autres. La tâche sera plus ardue encore et plus relevée, si le même événement est tout ensemble disgrâce pour la nature et bénéfice aux yeux de la foi. Mais c'est ici le chef-d'œuvre de la consolation chrétienne, et nous aurons à en parler bientôt.

Abordons enfin LA TRISTESSE, la plus intéressante peut-être des passions et la plus féconde en aperçus. N'est-elle point chose d'expérience quotidienne, et du reste ne va-t-elle pas à révéler les plus intimes profondeurs de l'âme ? Pour l'homme déchu, mais surtout pour l'homme réhabilité par les souffrances d'un Dieu, souffrir est une fonction de premier ordre, parfois une joie, toujours un remède, une sauvegarde et un honneur.

La tristesse a trois périodes naturelles, que l'on retrouverait dans d'autres passions, dans la joie par exemple, mais qui s'accusent et se détachent ici mieux que partout. D'abord et sous le premier coup de l'infortune, c'est *l'étonnement*, mais qu'il faut entendre selon toute la force étymologique. C'est la stupeur, l'éblouissement, l'engourdissement de l'homme qu'a touché la foudre. La sensibilité est dépassée, l'imagination ne se fait pas à la réalité, l'intelligence résiste à croire. Malherbe disait bien : catastrophe récente,

> ..... Dédale où *la* raison perdue
> Ne se retrouve pas (1).

Souvent l'esprit se livre à un étrange travail, remontant le cours des circonstances, essayant d'y trouver prétexte à un doute, voire même de les recomposer au gré du désir et de mettre le malheur à néant par un effort de réflexion. C'est cela même qui rend si vrai, si humain, le cri répété de Géronte : « Mais qu'allait-il faire dans cette galère ? » Il ne sait pas trop si, à force de protester contre le fait, il n'arrivera point à le changer. Notez là et l'instinct qui se refuse à la souffrance et l'amour-propre qui la repousse comme une humiliation qu'elle est le plus souvent. Ce sont alors des silences (2), puis des exclamations brusques.

> Après tant de serments Titus m'abandonner !

s'écrie Bérénice (3). Et V. Hugo après la mort de sa fille :

> Il me semblait que tout n'était qu'un affreux rêve (4).

« Est-il possible ? » Tel est le cri vulgaire, mais combien expressif ! Rare au début, la parole devient plus fréquente. L'âme, d'abord étourdie du coup, commence à se reconnaître ; vaincue par l'évidence, elle prend conscience de son mal ; c'est l'heure de la souffrance vive, l'heure de la crise qui vient après la stupeur, comme la fièvre après le frisson.

La crise se traduit par des plaintes amères, emportées,

---

(1) Malherbe : *Consolations à Du Périer.*
(2) « *Curæ leves loquuntur, ingentes stupent.* » (Sénèque le Tragique.)
(3) Racine : *Bérénice,* III, 3.
(4) Victor Hugo : *Contemplations,* IV, 4.

parfois magnifiques. A la suite de l'âme, la parole s'ennoblit. Noblesse facile d'ailleurs, toute spontanée et inconsciente d'elle-même, car ce que la douleur exclut comme incompatible, c'est précisément l'ornement réfléchi, le jeu d'esprit cherché, l'attention à s'écouter bien dire (1). Dans sa première explosion, elle s'exagère. Nous sommes les seuls malheureux ; ces choses-là n'arrivent qu'à nous. Tout au moins avons-nous la gloire de souffrir plus que personne, et volontiers nous en attesterions, comme le Prophète, les passants du chemin (2). Trop naturellement aussi, l'unique point douloureux nous fait oublier tout le reste : « Rien ne m'est plus, plus ne m'est rien (3). »

> Fleuves, rochers, forêts, solitude si chère,
> Un seul être vous manque et tout est dépeuplé (4).

La douleur, comme un grand nuage, désenchante et assombrit tout (5). Il se peut aussi qu'elle irrite quand elle ne va pas jusqu'à révolter. Tout alors nous semble ligué contre nous.

> Tout m'afflige et me nuit, tout conspire à me nuire (6).

Dans ce moment de violence où nous la considérons, elle exalte et surmène toutes les facultés ensemble (7). En

---

(1) Encore faut-il faire une distinction. L'esprit façonné de longue date à certaines recherches de langage les poursuit, sans y prendre garde, jusque dans la passion la plus vive. Saint Augustin peut pleurer sainte Monique avec des antithèses et des effets de mots. Donc où se rencontrent ces formes, ne concluons point que la douleur n'est pas sincère; il suffit de constater que l'expression en est de soi peu naturelle.
(2) « *O vos omnes qui transitis per viam, attendite et videte si est dolor sicut dolor meus!* » (Jérémie : *Lamentations*, I, 12.)
(3) *Valentine de Milan.*
(4) Lamartine : *Méditations* I.
(5) Impression très bien rendue dans une lettre d'Alexandrine de la Ferronnays écrite aux premiers jours de son veuvage, le 7 juillet 1836. (Madame Craven : *Récit d'une sœur*, t. II.) Tout ce volume peut se prendre comme thème à une admirable étude sur la douleur.
(6) Racine : *Phèdre.*
(7) Voilà pourquoi il est si difficile, impossible même, de vaincre la douleur à ce temps de crise et d'explosion. Voyez la marquise de Montagu essayant en vain de dire le *Te Deum* sur le berceau d'un

même temps elle se soulage par l'expansion, et d'autant mieux que l'expansion trouve pour la recevoir une âme plus sympathique. A défaut de confidents réels, on s'en crée d'imaginaires. Philoctète se plaint aux rochers muets de son île. Ainsi ne fait pas, il est vrai, l'homme parfait, l'Homme-Dieu. Il n'apostrophe point poétiquement les oliviers de Gethsemani ; c'est du côté du ciel et par une prière obstinée qu'il cherche la sympathie que la terre lui refuse. Mais en nous apprenant à nous en passer, il daigne en avouer le besoin pour consoler notre faiblesse et bien marquer sa vraie nature d'homme. « Mon âme est triste jusqu'à la mort : restez donc là et veillez avec moi. » Et par deux fois il retourne à ses Apôtres et par deux fois il s'avoue souffrant de leur abandon.

Mais toute crise est relativement courte. « La douleur aiguë, dit saint Bernard, ne peut durer longtemps. Si nulle autre force ne la chasse du cœur, il faut qu'elle cède au moins à sa propre violence (1). » Après la fièvre, l'abattement ; après la douleur vive, la douleur sourde, relativement calme et reposée.

Arrivée à ce troisième temps, on peut dire d'une façon générale qu'elle resserre et abat ; mais ce double effet paraît tout autre dans l'âme noble et dans l'âme vulgaire. La souffrance juge les hommes et les discerne en les forçant à donner leur mesure, et c'est surtout dans ce dernier période. La stupeur et la crise sont des nécessités moralement universelles ; des faiblesses inhérentes à l'humanité. Dans l'accalmie qui suit, les natures se démêlent et se distinguent ; on voit ce que vaut l'homme, à voir s'il sait ou ne sait pas souffrir.

Dans ce dernier cas, le resserrement devient égoïsme,

---

enfant qu'elle vient de perdre. (*Anne-Paule-Dominique de Noailles, marquise de Montagu*, p. 80.)

(1) « *Dolor continuus et acerbus diuturnus esse non patitur. Nam si non aliunde extunditur, necesse est ut cedat vel sibi.* » (Saint Bernard : *De Consideratione*, I, 2.)

dureté aux maux d'autrui, jalousie qui s'irrite de ses joies. On accepte d'oublier, de se distraire; on le recherche peut-être, jusqu'à fuir toutes les traces et tous les souvenirs de la perte subie : marque évidente que le chagrin est moins amour que haine, que l'âme a horreur de souffrir plus qu'elle ne demeure attachée au bien perdu. Or, si l'égoïsme la resserre jusqu'à lui rendre par moments l'oubli plus aimable que le regret, vous la trouverez d'autres fois abattue, incapable de se relever et de se reprendre à quelque chose, arrêtée dans la rêverie molle et paresseuse, prompte aux effusions excessives, sans réserve ni dignité. Ne nous étonnons point de voir la faiblesse en contradiction avec elle-même : n'est-ce pas son lot ?

Que si l'âme noble n'echappe point absolument à l'infirmité humaine, encore voit-on sa générosité native percer malgré tous les phénomènes communs de la douleur. L'homme bien né qui est dans la peine a le cœur serré comme le vulgaire, mais cet inévitable resserrement n'est point égoïsme. Au contraire, la souffrance tourne l'âme généreuse à la sympathie pour les afflictions étrangères.

Non ignara mali miseris succurrere disco (1).

Bonald exilé demandait à Dieu ce fruit exquis de l'épreuve personnelle.

Fais que de tes bontés conservant la mémoire,
Dans tes membres souffrants je t'assiste à mon tour.

Mais la leçon nous vient de plus haut encore. Celui qui, étant Dieu, avait de nos maux une pitié souveraine sans trouble ni douleur partagée, a ambitionné d'y compatir à la manière humaine ; et dès lors saint Paul nous apprend qu'*Il a dû* souffrir, tant il est vrai que l'âme noble n'arrive

---

(1) Virgile : *Enéide,* I, 630.

pas autrement à la compassion (1). Mais à défaut de l'endurcissement égoïste, quel phénomène répond chez elle au resserrement que toute souffrance produit? C'est le recueillement, l'horreur de la dissipation, de la distraction cherchée. L'âme blessée aime son deuil, elle s'y applique, elle s'y attache, elle le garde avec un soin jaloux comme un trésor que l'on déroberait aux convoitises ou même aux regards de la foule. Et pourquoi? C'est qu'elle fait gloire d'être fidèle; mais il y a plus. C'est que son deuil est son amour même; c'est qu'il tient en elle toute la place de l'objet perdu; c'est qu'il est cet objet même se survivant dans une forme nouvelle, en sorte que laisser tomber la douleur ce serait laisser l'amour s'éteindre et pour ainsi dire perdre l'objet une seconde fois (2). Voilà comment Rachel privée de ses enfants ne veut pas être consolée parce qu'ils ne sont plus (3). Voilà pourquoi nous redoutons ou nous déplorons, comme une humiliation et une amertume nouvelle, cet apaisement inévitable que l'habitude apporte aux regrets.

> Le temps, ce ravisseur de toute joie humaine,
> Nous prend jusqu'à nos pleurs, tant Dieu veut nous sevrer,
> Et nous perdons encor la douceur de pleurer
> Tous ces chers trépassés que l'esprit nous ramène (4).

Ici que le cœur prenne garde : sa propre fidélité lui devient une tentation. Elle peut par un détour étrange le

---

(1) « *Debuit per omnia fratribus similari ut misericors fieret.* » (Hebr. II, 17.) — C'est par elle-même que la souffrance ouvre l'âme noble aux maux étrangers. Sans l'incliner aussi directement à jouir des joies d'autrui, elle lui en laisse ou parfois lui en inspire le courage. A la même heure, la marquise de Montagu perd un enfant et apprend qu'une de ses sœurs vient d'en avoir un. Elle refoule ses larmes et va féliciter la jeune mère sans lui dire un mot de son propre deuil. (*Anne-Paule-Dominique de Noailles*, p. 54.)

(2) Sénèque l'exprime admirablement en se faisant fort de consoler une mère : « *Teneas licet atque amplexeris dolorem tuum, quem tibi in filii locum superstitem fecisti ?* » (*Ad Marciam.*)

(3) « *Rachel plorans filios suos, et noluit consolari quia non sunt.* » (Matth. II, 18.)

(4) L. Veuillot : *Le Cyprès.*

ramener à l'égoïsme, au reploiement inerte, à la volupté personnelle cherchée dans la douleur même. Ce serait l'abattement malsain et faible, et tel n'est pas celui des hautes natures. Éprouvées, elles s'humilient sous la puissante main de Dieu (1) ; par ailleurs elles n'entendent ni rester inertes ni surtout transformer la souffrance en langueur malsaine mais délicieuse. Sénèque note exactement ce plaisir dépravé que l'âme malade trouve à souffrir, mais il veut qu'elle ne s'ouvre pas volontairement à la tristesse ou tout au moins qu'elle sache la bannir vite (2). « En somme, dit saint François de Sales, il faut donner passage aux afflictions dedans nos cœurs, mais il ne faut pas leur permettre d'y séjourner (3). » Le courage, la foi surtout, visent à dominer la douleur. La résignation chrétienne s'élève par là jusqu'à des hauteurs admirables, épurant, sanctifiant, maîtrisant les affections brisées, sans les anéantir jamais. On peut étudier dans plus d'une biographie contemporaine ces merveilleuses « ascensions » du cœur (4). Suivez par exemple la jeune veuve d'Albert de la Ferronnays, depuis cette lettre du 1er août 1836 où elle tremble de survivre au bonheur jusqu'à cet entretien du 13 juillet 1847 où elle déclare que, si tout de nouveau le bonheur lui était offert, elle ne le reprendrait pas (5).

Et maintenant il resterait d'enseigner le grand art de consoler, l'un des plus nobles ministères de la parole. L'Esprit-Saint a dit : « Ne manquez pas de soulager ceux qui pleurent (6), » et lui-même s'appelle le Consolateur, le Paraclet. En ce point les préceptes peuvent être aussi

---

(1) « *Humiliamini sub potenti manu Dei.* » (I Petr. v, 6.)
(2) « *Et fit infelicis animi prava voluptas dolor...* » (*Ad Marciam.*) — « *Dolorem aut admittendum in animum non esse, aut cito repellendum.* » (*Ad Lucilium.* Ep. XCIX.)
(3) *Lettres spirituelles.*
(4) « *Ascensiones in corde suo disposuit.* » (Ps. LXXXIII, 6.)
(5) *Récit d'une sœur*, t. II.
(6) « *Non desis plorantibus in consolatione.* » (Eccli. VII, 38.)

brefs que la matière est haute et le succès parfois difficile.

Dans la première stupeur, il n'y a, ce semble, qu'à précipiter la crise. Les natures fortes sont alors sujettes à se renfermer en elles-mêmes, à se consumer dans un désespoir morne et muet. Il faut les y arracher ; il faut ouvrir la source des larmes, dût-on surprendre brusquement l'imagination et la sensibilité par un appel inattendu, par une parole même affligeante (1). La crise une fois venue, il n'est que de lui laisser son cours en la modérant et la dirigeant autant que possible par les marques d'une affectueuse sympathie. Être là, pleurer avec celui qui pleure : voilà ce que l'on peut faire et c'est beaucoup. Après seulement, quand l'âme s'est rassise et comme reposée dans sa douleur, le moment vient où la parole peut prétendre à l'honneur de consoler. Grand art et qui ne s'enseigne guère par préceptes. Au moins est-il bon de poser ce principe. Consoler, ce n'est pas éteindre l'amour blessé ni l'endormir. La vraie consolation ne peut sortir que de lui-même ou d'un amour supérieur, mais surtout quand cet amour supérieur, loin de détruire l'amour souffrant, l'élève et le consacre. C'est le triomphe du christianisme. Aux cœurs meurtris par l'absence ou par la mort, il laisse un ami plus cher que l'ami perdu, mais encore il offre à l'amitié même des espérances de réunion éternelle. C'était justice d'ailleurs et la religion véritable doit pouvoir montrer parmi ses gloires caractéristiques la puissance de consoler.

Nommons enfin LA HONTE, passion complexe, à la fois haine, douleur, crainte surtout ; passion morne, étouffée, sans expansion, par là même intolérable, menant vite au repentir ou au désespoir. Elle nous est plus cruelle devant ceux que nous aimons le plus : c'est que nous sommes tout particulièrement jaloux de leur estime. Par une raison inverse ou peut-être analogue, il en coûte étrange-

---

(1) Wiseman : *Fabiola*, 2ᵉ partie, VIII. — Oct. Feuillet : *Histoire de Sibylle*, 3ᵉ partie, I.

ment d'avoir à rougir devant un adversaire : on tient à garder sur lui sa supériorité. La honte fût-elle secrète, encore y aurait-il un véritable supplice à perdre sa propre estime, et, comme l'a dit Perse : *à pâlir au dedans de soi devant le spectacle de sa propre abjection.*

La honte naît du mépris subi ou redouté, elle s'attache donc à tout ce qui a coutume de le provoquer parmi les hommes. On rougit du crime, du vice, du mal moral, et c'est trop juste. Ce qui l'est moins, c'est de rougir de la pauvreté ou des disgrâces physiques. Et pourtant, le préjugé d'une part et l'instinct de l'autre sont là-dessus presque invincibles. On sait quelle haine jalouse excite chez certains hommes la conscience de leur laideur. Thersite est révolutionnaire par droit de conformation. Casimir Delavigne prête les mêmes sentiments à son Glocester (1), et il est curieux de les retrouver dans l'un des plus ignobles héros de la Commune de 1871, Théophile Ferré (2). Tout naturellement enfin, la honte s'attache à la honte même : elle est l'aveu d'une souillure ou tout au moins d'une faiblesse, et voilà pourquoi tout son effort est de se cacher aux yeux.

L'honnête homme peut exciter la honte comme prélude au repentir. Qu'il humilie donc le coupable, mais gravement et sans colère. Le moindre emportement lui enlèverait tout son empire avec toute sa supériorité morale. Que le reproche tombe de haut, comme d'Auguste à Cinna par exemple, ou bien encore qu'il soit visiblement tempéré de bienveillance. Il peut même s'allier avec le respect ; Saint-Simon nous en donne un remarquable exemple dans ses trois conversations avec le duc d'Orléans pour lui faire rompre une liaison avilissante (3). D'ailleurs, la même

---

(1) .... O marâtre nature.
En comblant tous les miens, tu fis de leur beauté
Un sarcasme vivant pour ma difformité.
(*Les Enfants d'Édouard*, acte III.)

(2) Maxime du Camp : *Les Convulsions de Paris*, t. I, chap. III, § 3.
(3) Saint-Simon, 1709.

bienveillance qui peut servir à exciter la honte est le grand moyen de l'apaiser. Rendons à l'âme humiliée sa propre estime en lui faisant sentir la nôtre. Alors elle se détend et se desserre ; la honte devient douleur et amène par réaction les résolutions généreuses. C'est l'histoire de tous les repentirs.

Telle est l'esquisse à la fois trop longue et trop incomplète des grandes et générales passions humaines. On peut partir de là pour une étude plus approfondie. Avec une meilleure connaissance de l'homme considéré comme objet de la parole, on y gagnerait une plus entière puissance d'action sur l'homme envisagé comme auditeur. Ainsi s'achèverait cette première élaboration des éléments littéraires qui constitue proprement la composition.

LIVRE III

L AME ET LES CHOSES DANS LE STYLE

CHAPITRE PREMIER.
Le fond et la forme.

I

Le Style. — Qu'il obéit à toutes les facultés ensemble. — Qu'il est l'âme exprimée dans le détail de la parole.

« Le style, a dit Buffon, n'est que l'ordre et le mouvement que l'on met dans ses pensées. » C'est trop peu ; l'ordre et le mouvement ne représentent guère que le rôle de l'esprit et de la volonté sensible, la logique et la passion. Il fallait ajouter au moins la couleur que l'imagination y mêle. Il fallait en outre borner la définition aux pensées prises en détail. Ordonner et mettre en branle de vastes ensembles, concevoir, disposer, mener vigoureusement un discours, un ouvrage, un poème, ce n'est plus affaire de style mais de composition. Buffon a du moins le mérite de présenter le style comme étroitement lié à la pensée, comme un achèvement, une dernière forme, une dernière allure non pas accessoire, mais inhérente à la pensée même et qui la fait vivre et se mouvoir. Vérité féconde : il importe de l'éclaircir.

Ordre, couleur, mouvement de la pensée, le style se

modèle et se façonne sous l'influence de bien des forces distinctes, parfois même rivales, et rien n'est intéressant comme de le voir se travailler pour les satisfaire.

C'est la langue d'abord, avec son génie spécial. Quand on se mêle de produire une pensée, il est trop clair qu'on ne pourra l'ordonner, la colorer, la faire mouvoir, si l'on ne sait la langue où elle se produira. Nous le supposons une fois pour toutes et nous n'y reviendrons plus. Mais cela fait et quelle que soit la langue dont on use, le style obéit tout ensemble aux quatre grandes facultés littéraires. L'intelligence, la raison, y met la qualité souveraine, la logique profonde, la vérité claire et facile qui résulte de la précision des idées et de leur enchaînement. Sur cette trame serrée l'imagination sème des fleurs; nous disons mal, c'est dans la trame et dans le corps même de la pensée qu'elle introduit et place en lieu favorable des images qui ne s'en détacheront plus. A son tour, la volonté sensible intervient à choisir et à grouper les idées, faisant sourdre et circuler, comme à fleur des choses, le sentiment continu, la chaleur d'âme, la flamme de vie. Envisagée comme faculté propre du bien honnête, comme appétit délicat du convenable, la volonté impose encore au style et cette dignité absolue au-dessous de laquelle il n'y a que le trivial et le bas, et cette dignité relative, ce *decorum* qui mesure exactement aux objets l'élévation du ton, la noblesse aisée de la parole. L'oreille enfin a ses exigences: elle ne veut pas être blessée, mais par-dessus tout elle entend servir la raison en guidant la mémoire, et de là naissent dans le langage ces tours symétriques, ces combinaisons demi-musicales, faites bien moins pour flatter un sens que pour marquer et chanter à l'esprit l'ordre et le mouvement de la pensée. Voilà les éléments nécessaires du style, voilà la tâche rude mais attachante de l'écrivain sérieux: trouver entre ces exigences la moyenne la plus heureuse — et il la trouve surtout dans la nature des objets traités; — fondre sans relâche tous ces éléments pour en composer la parole ; — et quelle souplesse d'âme n'y faut-il pas ? On le voit en effet, le style c'est l'âme tout entière se traduisant et pour ainsi dire se monnayant dans le détail.

C'est l'âme telle qu'elle doit être chez tous, avec ses caractères communs de rectitude, de puissance ordonnée ; mais c'est aussi l'âme individuelle, originale, personnelle, avec cette physionomie qui la distingue comme un visage aux traits saillants. « Le style c'est l'homme même, » et Buffon n'entend marquer ici que l'originalité dont le style est capable. Mais la parole est vraie dans l'autre sens. Le style, c'est bien cet homme en particulier ; mais c'est encore l'homme universel, la commune nature, l'âme partout la même, présente et visible dans ces quelques mots où elle a dû se mettre tout entière. Nous comprenons la joie du naturaliste poète découvrant tout un monde sur un fraisier (1), mais qu'on nous pardonne de mettre encore au-dessus celle du littérateur philosophe retrouvant dans une seule phrase bien faite l'âme humaine et toutes ses puissances.

II

Tendance à distinguer trop le fond de la forme. — Elle nuit à tous les deux. — Le fond est pratiquement identique à la forme, soit dans la parole, soit dans la réflexion muette. — Conséquence littéraire : travailler le style, c'est travailler la pensée.

On voit dès lors combien étroite est l'alliance du fond et de la forme, de la pensée et de l'expression. Toutefois nous rencontrons ici un préjugé bizarre, tenace, passé jusqu'à un certain point dans les habitudes mêmes du langage, une tendance à faire beaucoup trop profonde la distinction entre la pensée et la parole. Impossible de passer outre sans nous en affranchir, car elle est la mort du style, ni plus ni moins.

(1) Bernardin de Saint-Pierre : *Études de la nature*, étude I.

L'étrange est qu'on y arrive de deux points opposés. Les uns, effrayés du travail qu'exige la forme, prennent le parti de s'en exempter, ce qui va de soi ; mais en outre ils s'en font un système, ce qui est plus fâcheux. Qu'importe le style ? L'inspiration est tout. Et il ne tient pas à eux qu'on ne prenne le soin d'écrire pour incompatible avec sa franche et libre allure. Il y a longtemps que la négligence, tranchons le mot, la paresse est bien aise de se donner pour génie. Par contre, quelques esprits sérieux semblent croire qu'un léger dédain pour la forme honore d'autant la vérité pure. La forme leur semble un ornement parasite, périlleux même ; et cela non plus n'est pas d'hier, car saint Augustin se plaint d'avoir rencontré des esprits de cette humeur. « Je me suis aperçu, dit-il, qu'une certaine classe d'hommes tient la vérité même pour suspecte et n'y veut pas entendre, dès là qu'elle se présente dans un langage élégant et riche. — Et pourtant, je l'ai appris de vous, mon Dieu : il ne faut ni juger une parole vraie parce qu'elle est oratoire, ni l'estimer fausse parce que le bruit des lèvres sonne mal à l'oreille; mais aussi n'est-elle pas vraie dès qu'elle s'énonce d'une façon rude, ou fausse pour peu qu'il y ait d'éclat dans l'expression (1). » Si l'on ne va pas jusqu'à cette bizarrerie, du moins incline-t-on à faire trop bon marché de la forme, à se piquer outre mesure de préférer le fond à la forme. Nous le disions, le langage même est quelque peu complice de l'erreur. Ne donne-t-il point volontiers l'expression, le style comme le vêtement ou la parure de la pensée ? « Il faut, dit Rivarol, que la sèche raison cède le pas à la raison *ornée*. » Eh bien ! non ; c'est là faire du style je ne sais quoi d'emprunté, d'artificiel, d'appliqué par le dehors. Le vêtement

---

(1) « *Sensi autem aliud genus hominum etiam veritatem habere suspectam et ei nolle acquiescere, si compto atque uberi sermone promeretur... Jam ergo abs te (Deus) didiceram nec eo debere videri aliquid verum dici quia eloquenter dicitur, nec eo falsum quod incomposite sonant signa labiorum ; rursus nec ideo verum quia impolite enuntiatur, nec ideo falsum quia splendidus sermo est.* » (*Confessions*, V, 10.)

ne tient pas à l'homme, il n'est pas un complément de sa vie, on l'en dépouille sans le mutiler; et la forme, la forme sérieuse et naturelle n'est que l'achèvement, la fleur, la chair et le sang de la pensée même. Otez la forme : la pensée peut demeurer vraie comme affirmation d'un rapport exact ; du moins y perd-elle cette autre vérité qui consiste à traduire au naturel l'âme tout entière.

Aussi vouloir l'alliance étroite des deux éléments, c'est plaider l'intérêt du fond aussi bien que celui de la forme, de même que faire le nœud trop lâche, c'est tuer la forme, mais non pas sans blesser le fond.

La forme y perd la perfection où elle pourrait prétendre. Faute de prendre garde à ce qu'elle suppose de sérieuse et profonde philosophie, on ne soupçonne même plus la possibilité de la ramener à des principes certains. Le style ne se compose plus que de l'application de procédés empiriques et de l'imitation à peine réfléchie de quelques modèles. Affaire de convention et de routine, quand il devrait être le fruit d'une réflexion consommée. On écrit à peu près au hasard, pour avoir oublié qu'écrire et penser sont pratiquement la même chose.

Du moins en pense-t-on mieux ? En aucune façon, et le fond souffre autant que la forme. Pourquoi ? Parce que l'on ne songe pas à *l'achever*, à lui donner par la précision absolue de l'idée, par l'image, par le sentiment que l'on pourrait y joindre, tout le développement dont il est susceptible. Vous croyez sacrifier la forme au fond, l'accessoire au principal ; de fait, vous compromettez le principal lui-même, parce que vous oubliez jusqu'où il s'étend ; d'où il suit que vous ne songez même pas à remplir cette étendue. Vous affaiblissez la pensée, parce que vous la croyez complète, alors qu'il y manque encore des éléments de puissance et de vérité.

Écartons d'abord une équivoque assez grossière mais qui peut faire ombre un instant. Comment faut-il entendre au juste ce fond que nous comparons à la forme ? Il arrive parfois qu'on nomme ainsi les quelques pensées premières d'un discours, le sommaire d'un chapitre ou la table d'un ouvrage. En ce sens, il est trop clair que le fond et la forme se distinguent absolument. Mais tel n'est point le cas. Le fond est pour nous tout le détail de la pensée ; la forme, tout le détail de l'expression. A ce compte, il n'existe pas seulement entre l'un et l'autre une connexion intime, il y a une véritable identité pratique. La distinction est réelle, soit ; et à parler en rigueur de doctrine, l'idée n'est point le mot, ni la pensée la phrase. Mais dès que nous passons à l'ordre pratique, dès que commence le commerce des esprits, l'échange des pensées, il n'en va plus de même, et alors tout se passe pratiquement comme s'il y avait identité entre la pensée et la phrase, entre l'idée et le mot.

Assurément, moi qui vous lis ou vous écoute, je ne sais de votre idée que ce que m'en apprend ou m'en indique votre expression ; je n'entends de votre pensée que ce que vous en avez mis dans votre phrase. Que si vous m'obligez de suppléer laborieusement à ce que vous n'avez pas su dire, c'est une faute à vous et une fatigue pour moi. On pourrait s'en tenir à cet argument : il prouve à lui seul ce que nous avancions tout à l'heure. Puisque vous, écrivain, vous ne pouvez, à parler en général, exiger que mon esprit aille habituellement au delà de votre expression pour y chercher votre pensée ; puisque votre pensée ne m'arrivera que dans la mesure de votre expression ; vous voilà bien et dûment averti qu'en pratique, à mon égard, par rapport à la valeur utile de votre pensée, tout se passera comme s'il y avait identité parfaite entre elle et la parole où je dois la lire.

Encore n'est-ce pas tout. Cette identité pratique se retrouve jusque dans nos méditations solitaires. Nous ne pouvons ni construire un raisonnement, ni former un jugement, ni même concevoir soit l'immatériel soit le sensible absent d'une conception réflexe, d'une idée dont nous ayons la claire et actuelle conscience, nous ne pouvons, dis-je, faire tout cela sans le secours de mots intérieurement évoqués. Nous ne possédons pleinement notre idée que si nous pouvons nous la nommer à nous-mêmes. C'est l'expérience, qui d'ailleurs ne favorise en rien l'erreur traditionaliste. Ce n'est point attribuer aux mots la vertu de créer les idées ; c'est constater seulement que, comme le mot entendu éveille l'idée, ainsi l'idée ne passe à la lumière réflexe que dans le mot prononcé tout bas. L'âme humaine est destinée par nature à vivre dans un corps qu'elle informe ; ainsi l'idée humaine semble n'achever sa vie que dans le signe où elle s'incorpore. Et pour l'homme à qui nul sens ne manque, pour l'homme qui a l'usage de la parole, ce signe indispensable à la pleine possession de l'idée, c'est le mot. Signe conventionnel, à la bonne heure ! ou plutôt accidentel, en ce sens que, pour chaque individu ou pour chaque peuple, la même notion pouvait s'exprimer par une autre combinaison de syllabes ; et toutefois, signe nécessaire, en tant que la parole articulée est, en fait, non-seulement le véhicule des idées et leur manifestation normale, mais la condition du travail réflexe de l'intelligence.

Or ce fait d'expérience est encore attesté par la philosophie courante du langage. Tout l'indique, depuis le mot auguste de Verbe, parole et pensée tout ensemble, jusqu'à cette périphrase des Polynésiens pour lesquels penser c'est *parler dans l'estomac* (1). Les Polynésiens se rencontrent avec Platon. N'a-t-il pas défini la pensée « le discours que l'esprit se tient à lui-même (2) ? » Bossuet ne présente-t-il pas comme identiques ces trois termes : Verbe, parole, raison ? Héraclite comparait les mots aux ombres des choses, aux images des arbres et des montagnes reflétées dans les eaux, à notre propre image reproduite par un

---

(1) Max Müller : *Nouvelles Leçons sur la science du langage*, leçon II.
(2) Platon, *Théétète*.

miroir. Démocrite les appelait des « statues vocales, » mais des statues de fabrique divine. Enfin les plus célèbres philologues, d'accord avec l'expérience, avec le bon sens populaire et la philosophie savante, affirment l'étroite solidarité, l'identité pratique de la pensée et du langage. « Le langage et la pensée ne se peuvent séparer, dit Max Müller. La pensée sans les mots n'est rien ; les mots sans la pensée ne sont que de vains bruits. Penser, c'est parler tout bas ; parler, c'est penser tout haut. Le mot, c'est la pensée (l'idée) revêtue d'un corps. » Ailleurs, après avoir longuement démontré contre Locke l'impossibilité de raisonner sans la parole, il conclut : « Sans le langage point de raison, sans la raison point de langage (1). » Conclusion qui serait excessive, si on ne l'interprétait au sens indiqué plus haut, au sens d'une identité pratique dès qu'il s'agit ou du commerce des esprits ou même de l'achèvement réflexe de la pensée.

Et voilà pourquoi l'étude du langage offre un si puissant intérêt. Leibnitz a dit : « Je crois vraiment que les langues sont le meilleur miroir de l'esprit humain, et qu'une analyse exacte de la signification des mots, — ajoutez du tour des phrases, — nous ferait connaître mieux que toute autre chose les opérations de l'intelligence humaine. » En effet, malgré les différences accidentelles et superficielles de race, de temps, de climat, on retrouve dans toutes les langues la trace d'une méthode ou plutôt d'une direction commune, soit pour la composition des mots, soit pour la création des métaphores, soit pour le tour des phrases. Et ce n'est point merveille : une force unique a présidé à la formation des diverses langues, la nature même, l'invariable nature de l'âme humaine directement et immédiatement exprimée dans la parole.

Mais ce qu'il nous appartient surtout de recueillir, ce sont les conséquences qui découlent pour l'art d'écrire de

---

(1) Max Müller : *Leçons sur la science du langage*, leçon IX.

cette identité pratique entre la pensée et l'expression.

Tout se passe comme si le mot était l'idée même. Donc rien de frivole dans le travail des mots ; c'est le travail même des idées. Nodier a dit élégamment :

> Le mot doit germer sur l'idée,
> Et puis tomber comme un fruit mûr.

Or le mot ne germera que sur l'idée complète, achevée, et l'idée ne sera complète, achevée, que lorsqu'elle aura donné le mot qui est sa fleur, son fruit, elle-même dans un sens vrai. Joubert a raison de dire : « Jamais les mots ne manquent aux idées; ce sont les idées qui manquent aux mots. » Est-il aussi heureux quand il ajoute : « Dès que l'idée est venue à son dernier degré de perfection, le mot éclot, se présente et la revêt (1)? » Mieux valait dire, ce semble, que l'idée n'est point venue à sa perfection dernière tant qu'elle n'a point pris corps dans le mot.

Tout se passe comme si la phrase était identique à la pensée. Donc rien de frivole, d'incertain ni de factice dans la composition de la phrase. C'est l'élaboration même de la pensée, pour l'amener au tour le plus heureux et partant à la plus haute perfection. Citons encore Joubert : « Ce n'est pas ma phrase que je polis, c'est mon idée (ma pensée). Je m'arrête jusqu'à ce que la goutte de lumière dont j'ai besoin soit formée et tombe de ma plume (2). » Sacrifier la pensée à la phrase, c'est compromettre la phrase elle-même en lui ôtant ses qualités supérieures de lumière, de force et de vie, au profit d'une élégance banale ou d'une harmonie sans valeur. Sacrifier la phrase à la pensée, ce serait mutiler la pensée même, en lui enlevant quelque chose de sa couleur, de sa chaleur et même de sa lumière.

Tout se passe en général comme si le fond et la forme ne se distinguaient en rien. Donc la forme littéraire n'est

---

(1) Joubert : *Pensées*, titre XXII, 41.
(2) Joubert : *Son portrait par lui-même.*

que l'achèvement, l'épanouissement du fond philosophique ou scientifique. Donc travailler la forme, c'est travailler le fond, et réciproquement, c'est le travail accompli sur le fond qui seul est capable de donner à la forme ses qualités sérieuses. Le style sans la pensée ne serait que mensonge et fantôme : « Quoi de plus fou qu'un vain bruit de paroles, si brillantes et si ornées soient-elles, sans aucun fond de pensées et de savoir (1) ? » Mais par contre la pensée sans le style n'est qu'un squelette, et, tout merveilleux qu'il est, un squelette n'est pas un homme. Mais enfin le style et la pensée ne sont point seulement inséparables. Comme l'âme et le corps, ils se confondent pratiquement dans une vivante unité. Toucher à l'un c'est toucher à l'autre, et, pour achever d'exprimer cet intime rapport, nous n'avons qu'à généraliser ce que saint Augustin disait de l'éloquence des Apôtres : « Tels sont les objets exprimés, que l'expression n'y paraît point surajoutée par celui qui parle, mais comme adhérant spontanément aux objets mêmes (2). »

Voilà pour élever et assurer l'étude que nous entreprenons sur le style ; ou plutôt en voilà toute la raison d'être. S'il était autre chose que la pensée humaine achevée, nous n'en parlerions pas, n'ayant rien à en dire de certain et de sérieux.

(1) « *Quid est enim tam furiosum quam verborum vel optimorum atque ornatissimorum sonitus inanis, nullâ subjectâ sententiâ vel scientia ?* » (Cicéron : *De Oratore*, I, 2.)
(2) « *Tales resdicuntur, ut verba quibus Dicuntur non a dicente adhibita, sed ipsa rebus velut sponte subjecta videantur.* » (Saint Augustin, *de Doctrinâ christianâ*, IV, 10.)

CHAPITRE II

L'idée simple et les exigences de l'esprit.

I

L'idée simple, ce qu'elle est. — L'idée simple pratiquement identique au mot. — Elle subit l'influence de toutes les facultés. — Influence de l'esprit. — L'idée simple n'est ni vraie ni fausse; mais elle importe à la vérité; elle a une sorte de vérité relative : justesse, propriété. — Pas de synonymes parfaits : une idée pour chaque objet, un mot pour chaque idée. — Donc choisir entre idées analogues.

Un jour, interrogé par saint Louis sur ce qu'il pensait de Dieu, Joinville répondit : « Sire, c'est si bonne chose que oncques meilleure ne peut être. » Six siècles plus tard, Proud'hon osait bien écrire : « Dieu, c'est le mal. » Le bon sénéchal et le sophiste blasphémateur énonçaient l'un et l'autre un jugement explicite, une affirmation formelle. Quand nous disons : « *le bon Dieu,* » il y a dans cette alliance de mots un jugement implicite. Nous affirmons de Dieu la bonté, ou plutôt nous la supposons affirmée, prouvée, incontestable. Mais si je dis ou si j'entends dire « *Dieu* » sans plus, ce mot ne m'apporte qu'une idée, une idée simple.

L'idée et la pensée se confondent souvent dans le langage usuel; cependant il les faut distinguer pour raisonner exactement. *La pensée* est toujours un jugement, une affirmation ou une négation formelle et complète, l'énoncé d'un rapport de convenance ou d'incompatibilité entre deux objets. *L'idée* est la représentation intellectuelle d'un objet unique, et nous l'appelons simple quand elle n'implique en soi aucun jugement. La pensée est œuvre de raison ; l'idée est le fruit propre de l'intelligence. Si la pensée ne procède pas nécessairement de la déduction, du moins suppose-t-elle toujours des notions successives et comparées. L'idée, c'est la notion isolée, le terme, c'est-à-dire le résultat et la limite de l'intuition humaine. Une voix fait retentir ces mots : Dieu, l'homme, le monde; — à mesure qu'ils passent devant notre intelligence, elle lit dans le mot l'idée et dans l'idée, l'essence même de l'objet ; autant d'actes d'intuition qu'elle exerce, autant d'idées simples qu'elle perçoit.

L'idée simple est donc le premier élément logique du style, comme le mot en est le premier élément matériel. Nous savons d'ailleurs qu'ils se confondent dans la pratique, ce qui nous autorise à les prendre l'un pour l'autre en tout ce qui va suivre.

Or nous verrons les facultés qui concourent à l'œuvre littéraire exercer à tour de rôle sur cet élément premier du style un droit et une influence. L'idée simple, le mot, relève tout à la fois de l'intelligence, de l'imagination, de la volonté, de la sensibilité.

Voyons-les tout d'abord sous le domaine de l'intelligence, de la raison, de l'esprit. Que veut l'esprit? La vérité. Mais quelle vérité possible dans le mot qui énonce une notion isolée, sans formuler ni impliquer à ce propos le moindre jugement? Joinville dit vrai de Dieu ; Proud'hon ment et blasphème. L'enfant qui dit « *le bon Dieu* » affirme indirectement une vérité profonde et touchante. Mais quand je conçois Dieu, quand je nomme Dieu sans passer outre, n'affirmant rien, je n'ai ni tort ni raison (1).

Toutefois si l'idée simple n'est par elle-même ni vraie

---

(1) Ne confondons point l'idée simple avec *l'idée que nous nous faisons d'une chose*. Ce que le langage usuel nomme ainsi, c'est le jugement que nous portons sur la chose proposée. L'idée simple n'en est que le premier concept, la notion pure, antérieure à toute affirmation explicite ou implicite, extérieure ou intérieure.

ni fausse, on voit combien elle importe à la vérité. La valeur des matériaux ne saurait être indifférente à l'édifice; ou, selon le dire plus élégant d'une femme illustre, « avoir des idées, c'est cueillir des fleurs; penser, c'est en tresser des couronnes (1). » Et comment la couronne ne devrait-elle rien au bon choix des fleurs? La pensée n'est qu'une comparaison entre notions : que vaudra-t-elle si l'on ne compare que des notions confuses, indécises, flottantes?

On l'entend par là même : à défaut de la vérité complète, l'esprit peut réclamer de l'idée simple, l'esprit peut y mettre une sorte de demi-vérité, de vérité relative. Ce sera, dans l'idée, *la précision* par où elle tranche sur toutes les idées avoisinantes. Ce sera dans le mot, *la propriété* qui le fait distinguer et choisir entre ses synonymes. Précision, propriété, qualité souveraine mais presque toujours relative, en ce sens que nous en jugeons par l'ensemble. Entre plusieurs termes analogues, entre plusieurs idées sœurs, nous choisirons l'idée, le terme, qui cadre le mieux avec le sens et le mouvement général de la pensée; ce sera précisément et proprement ce que nous aurons dû et voulu dire dans le cas donné.

« Quand on examine de près la signification des termes, on trouve qu'il n'y en a presque point qui soient synonymes entre eux. » — C'est Fénelon qui parle et nous osons le trouver trop modeste. En effet que veut-on entendre par synonymes? Des mots semblables et différents tout ensemble, ces idées sœurs, ayant le trait de famille mais aussi leur physionomie personnelle? A ce compte, il y en a beaucoup. Est-il question de mots identiques, bons à prendre les uns pour les autres avec une indifférence absolue? En vérité, il n'y en a point de tels, et nous croyons même qu'il ne saurait y en avoir, non par une répugnance métaphysique, mais par

(1) Madame Swetchine : *Airelles.*

une certaine force pratique des choses et en vertu d'une véritable sélection populaire. Imaginez qu'à une période de transition et de bouleversement comme en a traversé notre langue, au temps de Ronsard ou de Malherbe par exemple, deux mots se soient rencontrés absolument semblables; l'un d'eux, étant inutile, a dû promptement disparaître par désuétude, ou, ce qui revient au même, se distinguer de l'autre en recevant de l'usage une nuance nouvelle d'acception. Et la raison en est simple. En pratique, le mot, c'est l'idée même, avons-nous dit. Or il n'y a pas deux idées pour un objet formellement identique. Chaque objet apte à produire en nous sa connaissance, chaque détail des innombrables relations entre objets, chaque être en un mot, quand nous venons à le percevoir, nous impose son idée ou image intellectuelle parfaitement une. Il est vrai, nous ne pouvons rien épuiser d'un regard de l'esprit, et voilà pourquoi nombre d'objets, capables d'ailleurs d'être atteints par une appréhension unique, se décomposent et se subdivisent d'après les aspects divers par où nous les envisageons. Mais alors ce sont, à proprement parler, autant de nouveaux objets, et il reste vrai que chacun d'eux, comme il n'a qu'une essence, ne peut produire qu'une idée. L'amour par exemple, unique objet, notion unique, peut être sympathie, bienveillance, affection, amitié, tendresse. Autant de notions nouvelles, mais à le bien prendre, autant d'objets dont aucun n'est absolument identique à l'autre. En somme, pour chaque objet une seule idée; voilà qui est de nécessité rigoureuse; pour chaque idée un seul mot: voilà qui est de nécessité morale et pratique.

Donc entre les idées qui se touchent, entre les mots qui se ressemblent il faut distinguer et choisir.

II

Importance littéraire de l'idée précise, du mot propre. — Importance morale. — La précision des idées et la vigueur des résolutions. — Le vague des idées favorise le mensonge. — Le règne des mots vagues en France : au dix-huitième siècle, — pendant la Révolution, — l'Empire, — la Restauration, — depuis 1830. — Ne pas les admettre ; ne pas se les permettre.

Il le faut pour la valeur littéraire de la parole, pour cette vérité où le fond et la forme ont un égal intérêt. « Entre toutes les différentes expressions qui peuvent rendre une seule de nos pensées (ou de nos idées), il n'y en a qu'une qui soit la bonne ; tout ce qui ne l'est point est faible et ne satisfait point un homme d'esprit qui veut se faire entendre. » L'homme d'esprit dont parle ici La Bruyère est un homme sérieux, un homme qui a la passion du vrai jusqu'à en avoir le courage. Il se commande à lui-même l'effort d'achever son idée, de regarder assez longtemps et assez fixement pour amener la lueur confuse à l'état de pleine lumière ; il a en horreur *l'à peu près,* ce fléau du style ; il tient en souverain mépris cette déplorable facilité d'une plume vulgaire, voltigeant légèrement à l'entour des choses, brodant sur tout de jolies arabesques, mais incapable de préciser un trait et d'accuser nettement un contour. En un mot, cet homme d'esprit est un homme de réflexion, ce qui lui suppose déjà du caractère.

En outre, pour se soutenir dans le travail habituel de trouver le mot en achevant l'idée, il a plus que le goût de la lumière complète et des pleines jouissances de l'esprit, plus même que l'ambition d'une action profonde et durable ; il a la vue et le sentiment de l'importance morale de son effort ; il sait que la propriété des termes, indispensable au mérite de la parole, influe largement sur la trempe même des âmes. C'est là pour lui une vérité familière et dont la frivolité s'étonne seule. Quoi de plus rigoureux, en effet, que cette série de conséquences? Sans le mot propre, point d'idée précise ; sans l'idée précise, point de principes assurés ; sans principes assurés, point de résolutions vigoureuses. Hélas! comme l'action n'égale pas toujours la résolution, la résolution n'égale pas toujours le principe; c'est dire que la volonté se traîne parfois bien loin en arrière de l'esprit; mais elle ne le dépasse jamais ; jamais la résolution n'est plus ferme que le principe n'est assuré. Joubert avait déjà finement noté que les mots vagues font les pensées flottantes et que les pensées flottantes font les cœurs pusillanimes. L'illustre cardinal Pie voyait là le signe le plus triste de l'époque.

« Les méchants sont le très petit nombre en comparaison des faibles. Et ce qui est effrayant c'est que la faiblesse est dans les intelligences plus encore que dans les volontés et les caractères; ou plutôt les volontés sont sans force, les caractères sans décision, parce que les intelligences sont sans lumière, sans conviction. Les desseins sont mous, les résolutions sont incertaines, parce que l'esprit qui les conçoit n'a pas de vues nettes et arrêtées (1). » Or c'est fatal quand il n'a sur tous les objets que des notions approchantes. Où sont, dit-on, les caractères? Demandez au plus grand nombre des Français d'aujourd'hui un effort d'énergie en faveur d'une cause religieuse, morale, sociale, politique. Ce serait grand'merveille: sur toutes ces questions vitales ils n'ont que des fantômes de conviction, n'ayant que des lueurs d'idées. Mais pourquoi? Entre autres raisons, parce que, dans leurs discussions stériles, parce que, dans les écrits courants où se fait leur éducation quotidienne, rien n'est rare comme une idée claire, comme une chose nettement appelée de son vrai nom. On voudrait rendre à la France honnête la vigueur morale qui lui manque : c'est tout d'abord l'esprit public à refaire. Et comment? En nous ramenant aux idées précises, en nous rendant le

(1) Mgr Pie: *OEuvres*, t. V, p. 4.

goût du mot propre, c'est-à-dire le sens de notre langue si nette et si franche que nous ne savons plus.

Ainsi la précision du langage est d'une souveraine importance morale, parce que le vague des termes et des notions désempare la volonté autant que l'esprit. Mais, par suite, rien ne fait mieux que ce vague la fortune du mensonge. Aristote le remarquait déjà. « L'équivoque sert le sophiste; elle est l'instrument de ses méfaits (1). » S'il eût prévu notre histoire, il eût pu ajouter que désapprendre l'exactitude sévère des termes et des idées c'est tomber vite sous le joug humiliant des grands mots.

Leur règne commence chez nous au milieu du dix-huitième siècle. Ils s'emparent alors de la langue, ils en dénaturent la franchise; ils contribuent largement à lui donner ce ton déclamatoire, fait d'abstraction vague et de sensibilité fausse, ton véritablement unique dans l'histoire des littératures modernes. Mais surtout ils s'emparent de l'intelligence française et en déforment peu à peu la droiture. A l'heure où l'opinion devient reine à la place de la conscience, l'opinion n'est déjà plus, en fait, que la passion de la foule marchant à l'aveugle au bruit de quelques mots sonores. Bonald remarque bien qu'ils sont assez clairs à la convoitise en même temps que trop vagues pour l'esprit. Ils flattent l'une de promesses infinies, et tout ensemble, à raison de leur élasticité complaisante, ils endorment les défiances de l'autre et commencent de l'égarer. « Ces mots sont : *nature, sensations, despotisme, liberté, égalité, fraternité, fanatisme, superstition, tolérance*, qui font toute la philosophie de ce siècle appliquée à l'homme, au gouvernement, à la religion. Ces termes peu définis, que la raison n'emploie qu'avec sobriété et n'applique qu'avec circonspection, prodigués jusqu'au dégoût, étaient clairs, évidents même et sans difficulté pour les passions. Les goûts les plus chers à la faiblesse humaine entendaient à

---

(1) Aristote : *Rhétorique*, liv. III, chap. II.

merveille ce que signifiaient *nature* et *sensations*... L'esprit de révolte et d'orgueil n'hésitait pas davantage sur le sens du mot *despotisme*... L'irréligion voyait tout de suite où étaient les *superstitions* et le *fanatisme*, et appelait *tolérance* de toutes les opinions l'indifférence pour toutes les vérités. Le baron d'Holbach et sa coterie avaient fait leur système avec le mot *nature*; Jean-Jacques Rousseau, Mably, Raynal, leur philosophie soi-disant politique avec *despotisme, liberté, égalité;* Voltaire et Diderot, leur doctrine irréligieuse avec *fanatisme, superstition* et *tolérance*. Dans tous leurs écrits, ces mots sont assertion et preuve; ils tiennent lieu de raison et de raisonnement (1). »

Excellente page d'histoire et combien facile à continuer ! Voici la Révolution, et les grands mots, qui ont tant fait pour lui préparer la voie, pullulent, foisonnent et s'épanouissent comme jamais (2). La Bruyère était déjà frappé, effrayé presque du nom de *peuple*. « Qui dit le peuple, dit plus d'une chose ; c'est une vaste expression, et l'on s'étonnerait de voir ce qu'elle embrasse et jusqu'où elle s'étend (3). » Le peuple, est-ce tout le monde sans en excepter le roi ? Est-ce la foule des sujets par opposition au monarque, ou celle des déshérités qui travaillent, par opposition aux riches oisifs ? Le vague du mot est commode, et c'est la raison même qu'allègue Mirabeau avec une naïveté cynique pour faire adopter aux Constituants

---

(1) Bonald : *Réflexions philosophiques sur la tolérance des opinions ; Mélanges littéraires*, t. I.

(2) « Dans ce grand vide des intelligences, les mots indéfinis de liberté, d'égalité, de souveraineté du peuple, les phrases ardentes de Rousseau et de ses successeurs, tous les nouveaux axiomes flambent comme des charbons allumés et dégagent une fumée chaude, une vapeur enivrante. La parole gigantesque et vague s'interpose entre l'esprit et les objets ; tous les contours sont brouillés et le vertige commence... La magie souveraine des mots va créer des fantômes, les uns hideux, l'aristocrate et le tyran, les autres adorables, l'ami du peuple, le patriote incorruptible ; figures démesurées et forgées par le rêve, mais qui prendront la place des figures réelles... » (Taine : *Ancien Régime*, liv. IV, chap. III, 5.)

(3) La Bruyère : *Des Grands*.

le nom de représentants du peuple. « Ne prenez pas un titre qui effraye. Cherchez-en un qu'on ne puisse vous contester, qui convienne à tous les temps, soit susceptible de tous les développements que vous permettront les événements, et puisse au besoin servir de lance comme d'aide *(sic)* (1) aux droits et aux principes nationaux. Telle est, à mon avis, la formule suivante : *Représentants du peuple français.* » Peut-on dire avec une désinvolture plus achevée : « Prenez un nom équivoque et à tout faire? » Quelques jours plus tard, Mirabeau répondait à une sommation royale : « Nous sommes ici par la volonté du peuple. » On vit dès lors à quoi le mot pouvait servir.

Comme on disait *peuple,* on disait *nation* sans plus se mettre en peine de comprendre ; mais il fallait le dire, et quelquefois sous peine de mort : « Au théâtre... des pièces de circonstance attiraient la foule ; un abbé paraissait sur la scène ; le peuple lui criait : « Calotin, calotin ! » et l'abbé répondait : « Messieurs, vive la nation (2) ? » C'est le cri qu'on demandait à la princesse de Lamballe et qui l'eût sauvée peut-être. Elle s'écria : « Quelle horreur ! » et mourut.

« Quand une fois on a trouvé le moyen de prendre la multitude par l'appât de *la liberté,* elle suit en aveugle pourvu qu'elle en entende seulement le nom. » Que d'échos à cette grande parole de Bossuet, depuis la ridicule définition de la liberté dans la déclaration des droits de l'homme, jusqu'au cri de Madame Roland marchant au supplice : « Liberté, liberté, que de crimes on commet en ton nom ! » Parmi ceux qui frémissent encore à ces syllabes sacramentelles, combien pourraient donner de la chose une idée seulement intelligible ?

Sous l'Empire, on agit plus qu'on ne parle, le maître

---

(1) *Ancien Moniteur* réimprimé, t. I, p. 72. Séance du 15 juin 1789. Nous croirions volontiers que Mirabeau a dit : *égide.*

(2) Chateaubriand : *Mémoires d'outre-tombe.*

ayant en grand mépris les bavards et *les idéologues*. Encore un grand mot vague pourtant, bon pour humilier à la fois les songe-creux et les penseurs.

La Restauration voit renaître les luttes doctrinales et les mots ont un large rôle dans la Comédie de quinze ans. *Jésuitisme, parti prêtre, congrégation, réaction* : utiles épouvantails agités par des mains qui n'étaient pas toujours sincères.

De 1830 à nos jours, la confusion augmente, et, avec elle, cette floraison stérile et malsaine. Les mots perfides sont partout : en religion, *théocratie, cléricalisme, laïque, liberté de penser* et mille autres ; — en politique générale, *droit divin, souveraineté du peuple ;* — en philosophie, *science séparée, émancipée, sécularisée,* et jusqu'aux noms mêmes de la *pensée* et de la *science,* devenus pour un grand nombre ce qu'était, il y a cent ans, le nom de la philosophie, nous voulons dire l'antithèse absolue de la foi. De ce chaos, de cette Babel, se détachent trois ou quatre mots plus retentissants et plus populaires, vrais fétiches adorés par la passion des uns et la frivolité des autres : *progrès, civilisation, libéralisme, principes de* 89, *idées modernes.* Qui a jamais su dire ce que sont les idées modernes, les besoins, les principes, les aspirations modernes, hormis ceux qui nous les donnent bravement comme les noms variés de l'apostasie (1) ?

Les mots vagues sont stériles, car la vérité seule est féconde. Ils sont odieux comme la tyrannie du mensonge ; ils sont humiliants surtout, et quand on les voit suffire à l'esprit moderne, il faut bien s'avouer que cet esprit superbe est trop peu fier (2). Quant au mal dont ils sont

---

(1) Voir Mgr Plantier : Mandement de 1864 sur les périls cachés sous le nom décevant d'idées modernes. *Œuvres,* t. I.

(2) « Il n'y a pas de tyrannie qui me blesse plus profondément que la tyrannie des grands mots : tout ce que je sens en moi de libre, de sensé, d'honnête, se révolte contre cette puissance tyrannique qui peut consacrer avec des mots l'oppression des droits les plus saints. » (Dupanloup : *Pacification religieuse.*)

capables, tout le proclame, et les gardiens en titre de la foi, et les hommes simplement préoccupés du bon sens et de la moralité populaire (1). Mais rien ne les condamne plus éloquemment que le cynisme qui en recommande l'usage. Mazzini écrivait : « Les discussions savantes ne sont ni nécessaires ni opportunes. Il y a des mots régénérateurs qui contiennent tout ce qu'il faut et que vous ne devez cesser de répéter au peuple : liberté, droits de l'homme, progrès, égalité, fraternité. Voilà ce que le peuple comprendra, surtout si on y oppose les mots de despotisme, privilége, tyrannie, esclavage, fanatisme, réaction, etc. (2). »

Saint Paul a dit aux premiers fidèles : « Que personne ne vous trompe avec des paroles vaines (3). » Il a écrit à un évêque, son disciple : « Attachez-vous à l'exactitude des termes (4).» Ce double conseil n'a jamais été plus nécessaire qu'aujourd'hui, et pour le chrétien soucieux de garder sa foi, et pour tout esprit jaloux de rester sérieux et honnête. Situation grave ! La discussion est continuelle, universelle, sans frein ni barrière ; elle fait l'opinion, elle gouverne le monde ; et sur toutes les matières capitales, sur toutes les questions de vie ou de mort pour l'homme, en religion, en philosophie, en politique, en histoire, la discussion tournoie dans le vide comme un oiseau affolé. Presque toutes les notions qu'elle agite sont vagues, flottantes, incertaines. Le mensonge ou l'équivoque ont lentement pénétré la plupart des mots usuels et circulent avec eux comme une monnaie fausse. L'honnête homme, le chrétien, si peu qu'il parle la langue courante de ses journaux et de ses brochures, accueille, répète, propage sans y prendre garde mille sophismes implicites contre ses principes et sa foi.

---

(1) Voir Le Play : *L'Organisation du travail*, § 56 à 60; *La Réforme sociale*, chap. LXII, § 11.
(2) Villefranche : *Vie de Pie IX*, chap. v.
(3) *Nemo vos seducat inanibus verbis.* (Ephes. v, 6.)
(4) *Formam habe sanorum verborum.* (II. Tim. I, 13.)

Le voilà, lui aussi, victime et complice ; car, si ces mots confus attestent l'affaiblissement des esprits, par ailleurs ils l'étendent et l'aggravent. Cela étant, l'homme de conscience et d'honneur a deux devoirs précis, impérieux. En 1848, on pressait Lamartine de proclamer le fameux principe du *droit au travail*, et on lui montrait, pour l'y résoudre, les canons braqués sur l'hôtel de ville. Lamartine répondit noblement : « Vous pouvez me tuer, mais vous ne me ferez point signer une formule que je ne comprends pas. » Sans nous mettre en dépense d'héroïsme, ayons du moins le courage de n'accepter jamais dans la discussion un terme équivoque. Exigeons une définition : c'est notre droit, c'est notre devoir. Bien des discussions en seront arrêtées net : pur bénéfice. La seconde obligation, plus étroite encore, c'est de nous imposer à nous-mêmes la plus entière précision dans les idées ou, ce qui est tout un, la plus sévère propriété dans les termes (1).

Question d'honneur : c'est une âme loyale qu'il faut mettre jusque dans les détails du style, et la loyauté répugne à user d'un mot équivoque aussi bien qu'à se prévaloir d'une allégation douteuse. Question de responsabilité : entretenir, si peu que ce puisse être, le vague dans les idées, c'est coopérer d'autant à l'immense effort qui va se faisant par le monde contre la foi et le sens commun.

---

(1) « Que de choses dans une épithète ! disait Louis XVIII. J'ai toujours été de l'avis de Bossuet qui a dit quelque part que lorsqu'on n'est pas scrupuleux sur le choix des mots, on donne à penser qu'on ne l'est pas davantage sur les choses... Mon peuple est bien persuadé de cette vérité, et les sifflets ne manquent jamais à ceux qui négligent la propriété des termes. Il faut savoir la grammaire et connaître les synonymes, quand on veut être roi de France. » (*Mémoires d'une femme de qualité sous Louis XVIII*, t. IV, p. 93.)

III

Moyens de discerner entre synonymes : la pratique des maîtres, — l'histoire, — l'étymologie, moyen principal. — Dérivation. — Composition. — Étymologie proprement dite. — Exemples.

Plus rigoureux à mesure que les questions sont plus hautes et plus délicates, le devoir de la précision oblige toujours : Devoir littéraire autant que moral et dont l'étude ne nous a point détournés de notre but. Point de vague, point d'à peu près. A défaut d'intérêt supérieur et s'agit-il d'un pur badinage, soyons précis pour l'honneur de notre intelligence ; cherchons l'idée exacte et le mot juste par respect pour nous-mêmes et, si nous l'osons dire, par une hygiène bien entendue de l'esprit.

Affaire de discernement tout d'abord. Il faut distinguer entre idées analogues, entre termes synonymes, à quoi plus d'un moyen nous peut servir. Pratiquons les grands écrivains, les maîtres du dix-septième siècle et, parmi nos contemporains, quelques rares modèles : nous y apprendrons, entre autres secrets de langue et de pensée, la précision habituelle et le vrai sens des termes. En vérité, quand on passe d'un écrit courant et facile, ce qui veut dire ici médiocre, à ce style plein et fort où tout porte parce que tout a sa raison d'être, on est saisi et ravi de la différence, tout comme Montaigne rencontrant une citation exquise au milieu d'un morceau de nulle valeur. « C'était un précipice si droit et si coupé, que, des six premières paroles, je connus que je m'envolais en l'autre monde. De là je découvris la fondrière d'où je venais si basse et si profonde, que je n'eus oncques puis le courage de m'y ravaler (1). » C'est bien en effet un autre

---

(1) Montaigne : *Essais*, liv. I, chap. XXV.

monde pour l'esprit que cette prose nette, ferme et *signifiante* d'un La Bruyère, d'un Pascal, d'un Bossuet, ou chez nos contemporains, d'un de Maistre, d'un Veuillot ou même d'un Sainte-Beuve par exemple, au moins quand nul préjugé ne l'engage au déguisement. S'il était permis d'ajouter une autre image à celle de Montaigne, nous dirions qu'entrer là au sortir de cette littérature légère et faite de rien, qui ne supporte pas l'analyse, c'est quitter un nuage brillant pour un paysage baigné de soleil. Point de trompe-l'œil, point d'ensemble fiévreusement enlevé pour couvrir le faible du détail ; tout est solide et résiste au toucher ; ce n'est point le cas de dire avec Voltaire

Glissez, Français, n'appuyez pas.

Bon pour la plupart de ses œuvres personnelles. Chez un vrai maître, même quand il folâtre comme La Fontaine, on peut appuyer toujours. Le fond est solide, la pensée est nette, parce que tout d'abord l'idée est achevée. Le mot est exact et, en le comparant avec ses entours, on peut en apprendre vite et à coup sûr la signification tranchée. Veut-on la voir encore plus claire ? Qu'on essaie une substitution ; qu'au lieu et place du mot de Bossuet on hasarde un synonyme : excellent moyen de faire saillir la différence par le sens même de la perte. Employé avec suite, ce procédé peut changer un style en peu de temps.

L'histoire elle aussi aide à fixer les divers aspects d'une idée. Rappelons des exemples bien connus. C'est elle qui nous fera détacher de la notion générale de politesse *l'urbanité*, cette distinction de manières qu'on ne trouvait bien qu'à Rome *(Urbs)*, entendez, si vous voulez dans les capitales, dans les grandes villes ; — et *la courtoisie*, cette fleur d'élégance dont le terrain propre était la cour. L'histoire nous servira de même à discerner, pour les appliquer à propos, ces nuances d'un même type toujours aimable, *le chevalier, l'honnête homme, le galant homme, l'homme comme il faut*. Les mots entendus par ailleurs aident à retrouver un siècle et sa couleur vraie (1). Ainsi la rectitude chrétienne de nos pères éclate à merveille dans le titre de *libertins* dont ils flétrissaient ensemble les rebelles à l'autorité divine et les affranchis de la morale; et notre siècle s'avoue trop complaisant et trop dupe quand il accepte à la place l'appellation à la fois prétentieuse et absurde de *libre penseur*. Inversement, l'histoire mieux connue, la vue plus nette des institutions, des mœurs et des opinions courantes de chaque époque, éclaire d'autant le vocabulaire de la langue dans ses transformations et dans la valeur actuelle des mots qui le composent. Combien ont reçu droit de cité entre la première édition du dictionnaire de l'Académie, en 1694, et la septième, en 1877! Combien d'autres attendent, recueillis déjà et comme réunis au seuil dans le dictionnaire de Littré! Mais surtout combien d'acceptions nouvelles, dont il faut au moins tenir compte en fait, ne serait-ce que pour les rectifier et les combattre! Et comment bien démêler tout cela sans posséder l'histoire des révolutions sociales, morales, industrielles ou financières qui ont donné à tous ces mots ou la première existence ou leur signification d'aujourd'hui?

Toutefois l'usage et l'histoire ne sont pas le moyen principal. Pour discerner entre synonymes, pour préciser le sens des mots, nous pouvons les étudier dans leur origine, dans leur étymologie.

Une philosophie profonde a présidé le plus souvent à leur formation, philosophie latente, ignorante d'elle-même, populaire par excellence, naïve habileté de l'esprit humain, absolument distincte de la science proprement dite mais plus savante que la science même. L'esprit, en créant les mots, y a mis nombre d'allusions, de rapprochements, d'analogies. Mais il y a un intérêt tout spécial à le suivre dans la dérivation et la composition des termes.

---

(1) Selon Ozanam, les langues sont destinées à faire l'histoire des temps qui n'eurent pas d'historien. (*Les Germains avant le christianisme.*)

Tout d'abord il perçoit une réalité, substance, mode ou relation, et il la *nomme* dans le substantif ou *nom* par excellence. C'est le *corps, l'âme,* la *bonté* par exemple. Or chacun de ces objets lui présente, réalisée en soi, une qualité universelle, applicable à d'autres individus de même espèce, et il la désigne par l'adjectif que l'adverbe suit de près. *Corps* donne *corporel* et *corporellement.* Enfin à la réalité première correspond une action dont cette réalité même est le principe ou le terme ou enfin le type. De l'idée de corps nous passons à celle d'*incorporer ;* de la notion d'âme à celle d'*animer*, et ainsi de suite. C'est le premier degré de dérivation. Chaque nom se donne ainsi toute une famille ; puis viennent les alliances avec les familles étrangères, les analogies et les rapprochements indiqués tout à l'heure. Voilà qui jette sur les premiers dérivés une variété infinie, à travers laquelle cependant il est facile de remonter à l'origine et de constater la parenté.

Autre procédé de l'esprit humain. Condamné à l'analyse et toujours ambitieux de synthèse, réduit à conquérir les notions une à une et travaillant sans relâche à les unir, il a imaginé d'étendre le champ de sa simple appréhension en liant plusieurs idées en une, et en les enfermant sous un signe unique où il pût les lire à la fois. Le résultat de cet effort est encore une idée simple, car le jugement ne s'y montre pas, même implicite ; mais une idée plus étendue déjà et plus riche. C'est un mot unique, mais un mot *composé.* La Grèce excellait à fondre ainsi en une plusieurs notions simples, et Joseph de Maistre n'a pas tort quand il loue Homère d'exprimer d'un mot : « Ils répondirent par une acclamation favorable à ce qu'ils venaient d'entendre. » Le latin n'aime pas autant les composés. Avec son génie si rigoureusement analytique, le français leur est moins accueillant encore. Les tentatives de Ronsard y ont échoué, et Fénelon n'ose hasarder en ce point qu'un regret timide.

Or si, pour distinguer les termes, nous avons moins que d'autres peuples la ressource de remonter du simple au composé, du moins pouvons-nous bien souvent comparer le mot français au latin d'où il procède. C'est en effet une dérivation d'un autre ordre, dérivation plus vaste et combien lumineuse! On a rêvé de simplifier notre orthographe en omettant les lettres que l'oreille n'entend pas, mais qui conservent dans le mot la trace de son origine et de son histoire. D'autres supprimeraient volontiers le peu qui nous reste d'études latines. Dieu nous préserve de l'un et de l'autre! Nous y perdrions, avec l'étymologie facilement reconnue, la meilleure chance d'entendre la plupart des mots de notre langue. A défaut d'autres motifs, l'amour du français doit nous attacher au latin.

C'est que le latin est notre grand trésor étymologique et que l'étymologie est la meilleure clef du sens propre des termes. Son nom seul nous le rappelle. Dans l'usage, il désigne l'origine des mots; en soi et par sa composition même il dit « *vrai discours,* » signification vraie. Pouvons-nous être mieux avertis de chercher dans l'origine de chaque terme l'idée précise à laquelle il correspond? Ainsi l'étymologie et l'histoire sont d'accord à nous figurer l'*exil* comme une moindre peine que le *bannissement*. L'exil n'est qu'une fuite précipitée *(ex salire)* hors du lieu natal, fuite qui peut d'ailleurs être volontaire et qui, à Rome, sauvait des autres châtiments (1). L'ancien radical germanique *bann,* latinisé au moyen âge, implique une idée de sentence, de publicité (2), d'où il suit que le bannissement emporte l'intervention d'une autorité qui prononce. Je puis m'exiler, mais non pas précisément me

---

(1) « L'exil n'est point un supplice, mais un refuge, un port contre la menace du supplice. » (Cicéron : *Pro Cæciná.*)

(2) *Bans* de mariage. *Ban* et *arrière-ban* de milice. *Bannière,* emblème du droit de convocation, signe de ralliement pour les convoqués. Four *banal,* terrain *banal, banalité,* lieu commun. Partout l'idée de publicité officielle ou de communauté.

bannir, sinon par cet abus de langage, assez rationnel du reste, qui m'autoriserait à dire que je me condamne moi-même à l'exil. L'étymologie fait de même saillir la différence entre les idées de *patrie*, de *nation*, de *pays*. La patrie est avant tout le lieu des pères. Les tribus américaines avaient raison d'emporter dans leurs émigrations les ossements des ancêtres, car

C'est la cendre des morts qui créa la patrie,

et l'on voit tout d'abord combien le *patriotisme* s'allie mal au mépris révolutionnaire des traditions. Le mot *nation* dit surtout communauté de naissance, fraternité entre hommes sortis d'une même race. Quant au *pays*, c'est le village, *pagus*; c'est, selon l'expression moderne, la petite patrie, que la Révolution prétend faire oublier pour la grande, sans prendre garde que la grande sans la petite risque souvent de n'être qu'une abstraction froide. Ici encore les mots parlent. N'est-ce pas le *paysan* qui souffre plus que personne du *mal du pays* ?

C'est pour l'esprit un vif et sérieux plaisir de creuser ainsi jusqu'à la racine de chaque terme. La précision de l'idée est la première récompense de ce travail, mais il y en a d'autres : vérités de bon sens, insinuées tout au moins ; raisonnements simples et de conséquence dormant pour ainsi dire à fleur des mots et que la moindre attention éveille. Combien nous serions mieux armés contre le sophisme, si nous faisions l'effort d'entendre mieux et de parler plus exactement notre admirable langue française (1) ! Par un côté, cet effort ne fut jamais plus aisé. Une philologie sévère nous empêche de nous égarer à la recherche des origines. L'étymologie, qui fut toujours une séduction pour l'esprit, ne lui est plus un piège. Elle a ses lois assurées, pour nous garder au besoin des exagérations

---

(1) Voir Dupanloup : *Haute éducation intellectuelle*.

systématiques de Ménage comme des hardiesses aventureuses qui entraînent parfois le génie, Platon par exemple ou Joseph de Maistre (1). Donc rien de plus facile au bon vouloir que d'apprendre la propriété des termes en apprenant l'étymologie. Ce sera la condition première du style et tout ensemble une garantie excellente pour le bon sens.

IV

Les synonymes distingués, lequel choisir ? Celui qui s'ajuste le mieux à l'ensemble. — Une demi-phrase de Bossuet.

Nous avons supposé l'écrivain arrêté un moment par l'analogie de certaines idées ou, ce qui est tout un, par la synonymie de certains termes. L'usage, l'histoire, l'étymologie ont commencé de lever ses doutes. Il a distingué les nuances ; il peut choisir en pleine lumière.

Mais d'après quels principes ? Les mots une fois connus dans leur signification précise, qui nous fera prendre celui-ci de préférence ? Gardons-nous d'une confusion trop facile. Le choix qui nous occupe n'a rien de commun avec l'effort de mémoire par où nous cherchons souvent un mot qui se dérobe, une idée que nous sentons là, tout près, mais qu'un léger voile nous cache encore, à peu près comme on s'efforce de rappeler un nom propre ou une date. En ce cas, il n'est que l'attention patiente pour rompre l'espèce de charme qui tient le mot captif. Ce que nous supposons présentement est tout autre chose : c'est l'élection réfléchie d'une idée entre plusieurs également présentes, la préférence donnée à un mot, à l'exclusion d'un autre que nous avons en même temps dans l'esprit et pour ainsi dire sous la main.

(1) Voir ces règles dans la préface du *Dictionnaire de Littré*. — Cf. Brachet : *Grammaire historique*, introduction. — A. Loiseau : *Histoire de la langue française*, etc.

Or ce qui nous doit déterminer, c'est la convenance parfaite du mot avec ceux qui l'entourent, ou plutôt — car l'idée est tout — c'est le juste rapport de l'idée avec la pensée où elle entre comme élément. Parmi les divers aspects d'un même objet principal, celui-là fixe notre choix, qu'il est plus à propos de mettre en lumière ; et cet à-propos est chose relative, il dépend de l'ensemble de la pensée.

Nous n'écrivons point un manuel d'écoliers, et toutefois un exemple est ici indispensable. Ne le cherchons pas loin; prenons une phrase qui est dans toutes les mémoires, la première de l'oraison funèbre de la reine d'Angleterre. Tel qui la sait par cœur y a peut-être encore quelque chose à découvrir. Aussi bien n'irons-nous même pas jusqu'au bout.

« Celui qui règne dans les cieux et de qui relèvent tous les empires, à qui seul appartient la gloire, la majesté, l'indépendance... » Pour nous convaincre de l'heureux choix des mots, essayons quelques synonymes : c'est la pierre de touche de la justesse.

Pourquoi Bossuet n'a-t-il pas dit : « Celui qui *commande* aux cieux ? » Ainsi a fait Racine, et avec quelle élégance !

> Ce Dieu jaloux, ce Dieu victorieux,
> Frémissez, peuples de la terre,
> Ce Dieu jaloux, ce Dieu victorieux
> Est le seul qui commande aux cieux.
> Ni les éclairs, ni le tonnerre
> N'obéissent point à vos dieux (1).

Eh bien ! *commander* est à sa place dans la strophe, parce qu'il s'agit de dieux rivaux qui se disputent l'empire du ciel et l'obéissance des créatures. Chez Bossuet, *régner* sera le mot propre. Pourquoi ? En raison de sa corrélation étroite et saillante avec la pensée générale. Roi du ciel, Dieu est précisément à ce titre le maître et le docteur

---

(1) Racine : *Esther*, acte I, chœur.

des rois du monde. Sa royauté nécessaire fait et montre plus immédiatement son droit sur ces royautés d'aventure et d'emprunt « que nous regardons de si bas (1). »

On nous rappelle que de lui *relèvent* tous les empires. Pourquoi ne pas dire qu'ils en *dépendent*? L'expression serait encore juste et forte, mais nous laisserions échapper l'idée de vasselage empreinte dans le mot même. Nous porterions atteinte à la pensée générale, où Dieu nous est présenté, non pas seulement comme le souverain, mais comme le suzerain des rois. C'est la vieille hiérarchie féodale qui s'achève et se couronne. Dieu montre aux princes que « pour être assis sur le trône, ils n'en sont pas moins sous sa main et sous son autorité suprême (2). »

Or à Dieu *appartient* la gloire. Écrivons qu'il la *possède* : quelle différence ! Un pur fait, à la place d'un droit, du droit primordial, unique. A ce compte, Dieu n'a sur les rois qu'une supériorité trop mesquine. Eux aussi possèdent, mais sans que rien leur appartienne : majestés empruntées à qui Dieu communique sa puissance, jusqu'à l'heure où il trouve bon de la retirer à lui-même et de ne leur laisser que leur propre faiblesse. Toutes ces pensées, qui suivent immédiatement dans le texte, font ressortir la propriété parfaite du mot que nous discutons (3).

C'en est assez pour mettre en pleine évidence la loi fort

---

(1) Bossuet : *Oraison funèbre de la duchesse d'Orléans.*
(2) Bossuet : *Oraison funèbre de la reine d'Angleterre.* — Horace avait déjà employé l'image analogue :

Regum timendorum in proprios greges,
Reges in ipsos imperium est Dei.

(3) Serait-il sérieux de dire que Bossuet n'a point songé à tout cela, non plus que les autres maîtres à certaines finesses dont les critiques leur font honneur ? Un musicien habile improvise selon les lois de l'harmonie et de la logique musicale, sans même se laisser le temps d'y réfléchir. Sans avoir soin de s'arrêter à y prendre garde, un esprit puissant et mûr écrit avec plénitude, justesse et vigueur. Mais ces qualités sont réellement dans l'œuvre et c'est fort bien fait à un esprit ordinaire de les y étudier pour les rendre siennes. Encore le musicien et l'écrivain de génie ont-ils dû commencer par la réflexion de détail pour arriver à cette justesse facile qui devance la réflexion.

simple qui préside au choix des termes, des idées. Leur mérite, aux yeux de l'esprit, est dans leur justesse; et leur justesse est pratiquement toute relative, elle consiste dans leur rapport exact avec la pensée d'ensemble. Par là commence la logique du style, sa vérité.

CHAPITRE

L'idée simple et les facultés autres que l'intelligence.

I

Exigences de l'imagination quant à l'idée simple. — Elles sont moralement constantes. — L'image. — L'image mêlée à la notion de pure intelligence. — Échange de lumière entre elles deux : Bossuet. — Charme, puissance, mérite de ce mélange.

L'âme entière a droit et action sur le style et sur ses moindres détails. L'idée simple ou le mot, qui est dans le style l'élément premier, irréductible, subit donc l'influence de toutes les facultés humaines, mais à des degrés divers. L'intelligence du lecteur et de l'écrivain y intervient sans relâche, exigeant la justesse d'une part et s'y efforçant de l'autre. Il n'est permis à aucun terme d'être impropre, à aucune idée d'être seulement approchante, c'est-à-dire au fond, inexacte. L'esprit sérieux qui veut bien nous écouter poursuit sans quartier ni trêve notre naturelle indolence, et ne nous accorde pas un seul instant la molle facilité de l'à peu près. Nous avons dit longuement cette exigence ; il nous sera possible de passer un peu plus légèrement sur les autres.

Celles de l'imagination n'ont pas cette inexorable continuité ; elles ne sont que moralement constantes. Il n'est pas besoin que chaque mot soit une image, c'est-à-dire que chaque notion immatérielle s'enveloppe d'une autre notion sensible pour se présenter tout ensemble à l'esprit et aux yeux. Mais si l'image n'est pas forcée d'être continuelle, encore la faut-il assez fréquente. L'imagination ne veut pas chômer longtemps.

Par suite, l'écrivain préfère souvent à l'idée nue, suffisante pour l'intelligence, le trait sensible qui fait voir et comprendre tout à la fois. Le rival de Joad serait assez bien entendu s'il disait :

> Je ceignis la tiare et *devins* son égal.

Il dit : « Je *marchai* son égal (1), » et son triomphe nous apparaît aux yeux, non-seulement dans cette égalité de rang que le mot nous rend visible, mais encore parce que nous nous représentons comme d'instinct l'allure affectée et majestueuse à faux qui est propre à l'orgueil (2).

Par suite encore, dans la trame continue du discours, on entrelace habilement les images et les notions de pure intelligence. La Bruyère a mis l'art d'écrire à bien définir et à bien peindre. Or le secret de maître est dans le juste tempérament du bien peindre et du bien définir, du dessin et de la couleur, de l'idée nue et du trait sensible, de la notion et de l'image, de l'objet propre de l'esprit et de celui de l'imagination.

Mais quand le tempérament sera-t-il juste ? Quand le sensible et l'immatériel, loin de s'embarrasser, se compléteront et s'aideront mutuellement. En ce point, sans faire tort à personne, Bossuet nous semble le grand modèle. Qu'on l'ouvre à peu près au hasard ; on ne pourra lire une page sans rencontrer ces deux choses : l'image très juste et très signifiante en soi ; puis, entre cette image et les notions intellectuelles qui l'avoisinent, une liaison féconde, un véritable échange de lumière. Tantôt l'idée précède, mais l'imagination suit, qui la fixe, la colore, l'incarne

---

(1) Racine : *Athalie*, III, 3.
(2) A proprement parler, l'orgueil ne marche pas, il se transporte : « *magnâ se mole ferebat*, » dit très bien Virgile. Et sous le premier Empire ne disait-on pas plaisamment : « J'ai vu l'archichancelier qui s'archipromenait ? »

pour ainsi dire. Tantôt l'image vient la première, mais l'idée est là tout près, qui l'explique et en offre à l'esprit toute la substance doctrinale. Tel est le procédé habituel de Bossuet, plus apparent dans la marche et le tour du développement ou de la pensée, mais déjà bien visible dans le détail et dans les mots. Ainsi ce merveilleux esprit, si complet dans sa force et si réellement populaire dans sa hauteur, unit sans relâche le monde sensible au monde immatériel et les éclaire l'un par l'autre.

Or il y a là un ravissement pour l'âme, saisie et investie du vrai par toutes les puissances à la fois. Dieu n'a pas fait la lumière seule, mais encore la couleur et sa riche variété, de même il a fait nos yeux pour la couleur et non pas seulement pour la lumière. C'est joie exquise qu'une vérité de bon sens entrant dans l'esprit comme le rayon dans le cristal ; mais quand la vérité s'enveloppe d'une image vive et parlante, c'est joie plus exquise encore. L'imagination est pour le bon sens une alliée toute-puissante. Le génie, qui le sait et qui ambitionne d'éclairer les esprits inférieurs, met sa gloire à trouver par où la vérité de raison, la vérité abstraite, peut devenir pour ainsi dire vérité d'imagination et partant vérité populaire. Cette visée est manifeste chez tous les écrivains ou parleurs vraiment originaux. Bossuet y excelle, nous l'avons dit, et, plus près de nous mais chacun à sa façon, Louis Veuillot et Joseph de Maistre. Ainsi faisait saint Augustin quand, par exemple, il exposait la Trinité à ses pauvres pêcheurs d'Hippone ; ainsi fait le plus souvent le Maître divin de la parole populaire : l'alliance étroite, l'entrelacement continu de l'imagination au bon sens est l'un des traits à part qui caractérisent l'éloquence de Notre-Seigneur Jésus-Christ.

Ne nous y trompons pas du reste, ce peut être condescendance, mais c'est puissance en même temps. Pour colorer ainsi la doctrine, il faut la posséder jusqu'au fond, en elle-même et dans ses rapports d'analogie avec le monde sensible ; il y faut une science consommée, une double science, pourrions-nous dire. Aussi quand l'orgueil, jaloux de nous éblouir plutôt que de nous éclairer, se joue dans l'abstraction savante et affecte de dédaigner le secours de l'imagination comme on dédaignerait une mésalliance, nous sommes tentés d'y voir plutôt l'impuissance érigée en système (1). Nous pensons que plus de réflexion et d'étude lui permettrait, dirons-nous, de descendre ou de monter à cette région où l'idée reçoit de l'imagination corps, couleur et vie. Volontiers nous lui rappellerons avec Joubert que « la véritable métaphysique ne consiste pas à rendre abstrait ce qui est sensible, mais à rendre sensible ce qui est abstrait, apparent ce qui est caché, imaginable, s'il se peut, ce qui n'est qu'intelligible, intelligible enfin ce qui se dérobe à l'attention (2). » Non certes que nous voulions dissuader le penseur de s'affranchir du sensible et de se faire abstrait, pour plus de sûreté, dans ses méditations personnelles. Nous l'avertissons seulement que là n'est point tout son rôle, qu'après le vrai saisi et fixé dans la réflexion abstraite, il reste de le ramener à un état moins impalpable, de l'humaniser par l'imagination, ce qui n'est point l'altérer ni l'avilir, mais le rendre plus vrai encore.

Ainsi peut-on dire en un sens que la pensée n'est pas achevée tant que l'imagination n'y a point eu part, tant qu'elle n'y a pas à tout le moins semé les images parmi les notions de raison pure.

(1) Le cas n'est point chimère. On verra dans le chapitre suivant que la métaphore nuageuse est une des plaies du style moderne. V. Hugo, l'homme à l'imagination si puissante, n'est-il point, par instants, insupportable par l'abus des abstractions ?
(2) Joubert : *Pensées*, tit. II, n° 26.

II

Exigences de la sensibilité. — Pathétique indirect : force contagieuse du sentiment; elle peut se trouver dans un mot. — La personnification constante; le drame dans le style. — S'accoutumer à penser par tout soi-même à la fois.

Cela fait, reste encore l'obligation d'y mettre le sentiment. L'élément premier du style, l'idée simple, relève de la volonté sensible autant que de l'imagination, et cette autre dépendance a, comme la première, une véritable continuité morale. On ne peut exiger que la sensibilité marque chaque mot de son empreinte; mais ici, comme tout à l'heure, nous avons à satisfaire une faculté qui ne s'endort jamais longtemps. Le sentiment doit donc apparaître sans interruption notable dans toute la trame du discours; et voilà pour influer souvent sur la dernière forme à donner aux idées ou, ce qui revient au même, sur les mots à choisir.

Mais il est bon de mieux entendre comment une idée simple, un terme isolé, peut offrir à la volonté sensible une satisfaction véritable et complète en soi. C'est une erreur de jugement assez commune de ne compter pour quelque chose que *le pathétique direct,* l'effort, l'impulsion immédiate, explicite, manifeste, imprimée à l'âme dans le sens d'une émotion déterminée (1). Il en existe un autre, tout aussi réel que le premier et d'ailleurs singulièrement puissant à lui préparer les voies : on l'appellerait assez exactement *le pathétique indirect;* il est surtout dans la force sympathique du sentiment, non plus imposé

---

(1) Erreur vraiment commune. Que d'auteurs nous jugeons froids parce qu'ils ne s'efforcent pas ouvertement de nous émouvoir, ou seulement quand ils oublient de nous en avertir à grand bruit! Preuve entre plusieurs autres que notre sensibilité s'est appesantie par les excès où l'a condamnée la littérature contemporaine. (Cf. liv. 1, chap. II, § 4.)

par un effort et une provocation manifestes, mais insinué par cela seul qu'on le montre, et agissant par sa naturelle puissance de contagion. En effet, que l'émotion soit contagieuse, c'est l'expérience continuelle. J'entends un récit animé. En dehors même des impressions plus personnelles qu'il peut me donner, je partage sans y prendre garde les passions de tous les personnages mis en scène ; elles retentissent en moi comme un écho affaibli mais toujours sonore, et d'autant mieux que mon âme est plus généreusement ouverte, moins resserrée par l'égoïsme et le scepticisme moqueur. Peindre le sentiment, c'est commencer de le répandre (1).

Or on le peint d'un mot, et voilà par où la sensibilité peut intervenir activement dans le détail du style. Par suite, le mot de sentiment s'ajoute et s'entremêle souvent aux notions d'intelligence, assez heureux quelquefois pour faire en même temps image et satisfaire tout l'homme du même coup. Par suite encore on le préfère souvent à l'idée pure. Qu'est-ce à dire au fond ? Que pour traduire mieux les rapports des objets et leur action mutuelle, on les personnifie eux-mêmes, on leur prête les mouvements et les passions de notre sensibilité. Les voilà doués d'une âme et leur action devient un drame. Chez Virgile, une épée qui se brise dans la main est un traître qui déserte en face du péril :

> ... At perfidus ensis
> Frangitur, in medioque ardentem deserit ictu.

Pour Bossuet, le malheur n'est pas une abstraction, une

---

(1) « Pendant que Philoctète avait raconté ainsi ses aventures, Télémaque était demeuré comme suspendu et immobile... Toutes les passions violentes qui avaient agité Hercule, Ulysse, Néoptolème, paraissaient tour à tour sur le visage naïf de Télémaque, à mesure qu'elles étaient représentées dans la suite de cette narration... Quand Philoctète dépeignit l'embarras de Néoptolème qui ne savait point dissimuler, Télémaque parut dans le même embarras et dans ce moment on l'aurait pris pour Néoptolème. » (Fénelon, *Télémaque*, liv. XIII.)

relation, un mode; c'est un ennemi, un fort armé qui nous *assiége* et nous *investit* de toutes parts. L'ennui devient un maître *inexorable*, tyrannisant de plein droit l'âme qui s'est dégoûtée de Dieu ; la fortune, une prêteuse avare à laquelle il ne faut rien laisser de ce qu'on lui peut ôter par conseil et par prévoyance. La mort surtout n'apparaît guère que personnifiée ; c'est la grande ennemie, victorieuse de toute puissance purement humaine et qui, pour couronner ses triomphes, éteint en nous jusqu'à ce courage par où nous semblions la défier. Dans le langage des maîtres, vous voyez circuler partout le drame, c'est-à-dire le sentiment, la chaleur, l'âme. Nous aurions honte de nous attarder à ces remarques tout élémentaires, s'il n'y fallait encore prendre sur le fait la nature même de l'homme. L'homme se plaît d'instinct à répandre partout sa vie, à la prêter à tous les êtres, à les élever en idée jusqu'à lui, sans doute pour se retrouver en eux. C'est l'imagination qui crée l'illusion, mais c'est la sensibilité qui en profite. Les enfants le font dans leurs jeux et le génie dans son style. C'est que les enfants sont plus près de la vraie nature, plus simples, plus naïvement hommes, et que le génie, de son côté, revient par sa supériorité même à ces instincts légitimes et de race dont l'expression vive est le triomphe de l'art.

Nous l'indiquions tout à l'heure, l'imagination et la sensibilité sont rarement séparables ; elles s'appellent l'une l'autre ; l'image introduit le sentiment, quand elle ne le contient pas en elle-même. Que l'écrivain s'étudie donc à les associer d'ordinaire et à les nouer étroitement à l'idée pure. Mais pour y habituer son style, nous lui demandons comme condition indispensable d'y façonner sa pensée. Qu'il s'accoutume à repasser légèrement de l'abstraction, qui dégage le vrai comme la statue du bloc, à la contemplation, qui l'anime comme les chairs et l'âme font le squelette. Qu'il affine, par l'attention simultanée de toutes ses puissances, le don inné d'observation et l'instinct dramatique. Qu'il s'intéresse à tout, mais de préférence à cette vie morale qu'il lui faudra mettre ou retrouver en tout. Le style est à ce prix, comme la grande conception elle-même ; le style, c'est-à-dire le bien définir, le bien peindre, et le bien émouvoir oublié par La Bruyère. Notons-le une fois de plus : écrire ou parler, c'est donc bien et par excellence œuvre d'homme ; savoir écrire, c'est être un homme naturellement accompli. Nous voilà loin des procédés plus ou moins factices et du préjugé qui réduit là toute la littérature.

III

La volonté considérée comme appétit du bien honnête. — Elle exige constamment du mot la dignité. — Dignité absolue et bassesse. — Qui fait la limite entre les deux ? — Pourquoi insister sur la dignité absolue ?

En pratique et pour une certaine part, la volonté se confond avec la sensibilité qui est son mode naturel dans l'homme. Elle doit s'en distinguer par ailleurs, c'est-à-dire par son objet propre. Elle est l'appétit généreux du bien, mais surtout du bien honnête, de celui qui, par delà l'utilité grossière et les avantages de la vie du corps, agrée à la nature raisonnable et envisagée comme telle. Cet objet supérieur de la volonté, c'est tout ce que nous aimons sous les noms de justice, de droiture, d'élévation, de noblesse, d'honneur.

A ce compte et comme appétit généreux de l'honnête, la volonté va étendre sur le style, sur l'idée, sur le mot, un droit rigoureux, des exigences aussi continuelles, pour une partie du moins, que celles de l'intelligence même. La volonté réclamera de l'idée, et par conséquent du terme, la convenance, la dignité.

Tout d'abord il est pour le langage une dignité absolue, invariable, indépendante de toute circonstance ou hypothèse, dont aucun mot n'a droit de s'affranchir.

> Quoi que vous écriviez, évitez la bassesse,

a dit fort justement Boileau. Qu'il s'agisse du plus grave discours ou du plus simple badinage, il est des libertés d'expression que l'écrivain ne s'accordera jamais, tout comme il en est que la politesse bannit aussi bien de la conversation familière que des relations officielles. La bassesse existe sans doute et quant à l'obligation de l'éviter, qui la contestera? Au nom de quelles franchises? Où fonder une dispense des convenances ou de la pudeur? Saint Paul avertit les chrétiens que certaines choses ne se doivent même pas nommer parmi eux. Le respect de soi n'en dit-il pas autant à l'honnête homme? En cela, du reste, rien de factice. Il est des objets bas et inconvenants par eux-mêmes ; il y a donc des idées essentiellement viles et, par suite, des mots toujours grossiers. Dans les mots, dans les idées, dans les objets, il existe une limite inférieure, toujours la même, toujours infranchissable au goût et à la décence. Voilà qui ne fait pas doute parmi les gens bien élevés.

Mais où la mettre, et comment établir une distinction facile entre le convenable et le bas? Question morale, bien aisée d'ailleurs à la bonne foi littéraire plus jalouse de comprendre que de disputer. Toute idée est basse qui exprime crûment une passion dégradante, l'avarice par exemple ou les emportements de la colère, et il est notable que la passion, aussi longtemps qu'elle garde sur elle-même un certain empire, cherche à se relever en se déguisant sous des termes choisis. On dirait qu'une honte secrète l'empêche d'appeler de leur vrai nom et ses mouvements et les objets qui les excitent. Mais il semble que la distinction cherchée tienne avant tout à celle de l'âme et du corps. Ainsi tout mot est bas qui se rapporte exclusivement ou principalement à la vie animale, mais surtout à ces fonctions de la vie animale où la honte s'est attachée par suite du péché originel. Ainsi rien ne peut excuser littérairement les crudités Aristophanesques ou les détails Rabelaisiens ou certaines gaîtés de Molière. C'est déshonorer la comédie que de les y juger indispensables : la comédie, comme tout le reste, a besoin de dignité.

Pourquoi faut-il appuyer tant sur une vérité manifeste? Parce que le réalisme ou naturalisme du jour ose bien nommer sincérité, courage, — que sais-je encore ? — son audace à braver dans les mots tous les genres d'honnêteté ; parce que la démocratie la moins avouable coule à pleins bords dans le langage et y charrie jusqu'aux termes d'argot ; parce que, depuis longtemps déjà, l'atticisme officiel de la haute critique avait d'étranges faibles pour certaines crudités d'expression (1) ; parce que la grossièreté est un péril autant qu'une laideur et que si, comme le sensualisme, elle révolte la délicatesse de l'âme, comme lui elle éveille par ailleurs des complicités honteuses. N'a-t-on pas vu depuis quelque vingt ans certaines chansons passer du cabaret aux salons les plus aristocratiques, et des romans du même ton trouver la curiosité où ils ne devaient rencontrer que le dégoût (2) ? « Le respect est : incommodez-vous (3), » et l'on aime peu à s'incommoder. Aussi se laisse-t-on facilement engager à mettre bas jusqu'au respect de soi-même, et comme les rois se reposent de l'étiquette, on se repose de la politesse en écoutant des grossièretés, voire même en s'essayant à en dire.

(1) Voyez Sainte-Beuve, se faisant à propos du *Tartuffe* l'avocat du gros rire indécent. (*Port-Royal*, liv. III, chap. XVI.)
(2) Les chansons de Thérésa. — L. Veuillot : *Les Odeurs de Paris*, — et les romans du genre de *l'Assommoir*.
(3) Pascal.

IV

Dignité relative. — Langue noble, langue familière. — Objection. — Exagérations de fait au dix-huitième siècle. — Que la distinction est fondée en raison. — Principe de la distinction. — Buffon : les expressions générales. — Bonald : la société publique et la société domestique. — Plutôt, l'ordre des grandes passions et celui des impressions de surface. — Avantages de ce principe ; sa largeur. — Pratique de l'écrivain.

La dignité absolue du langage est chose facile à entendre. Plus délicate et moins évidente au premier abord est la loi de dignité relative. Toutefois il suffit pour l'éclaircir d'en poser exactement les termes premiers.

En dehors de la bassesse et dans les limites du convenable, le bon sens a toujours reconnu deux ordres de ton, deux styles, deux langues, la langue noble et la langue familière. Il résiste encore sur ce point aux tentatives de nivellement faites par l'école romantique ; il souffre par exemple de voir un mot pompeux trancher sur un récit tout simple ; de même il est choqué si un terme trop familier s'égare dans un morceau de grand vol.

Mais ici le scepticisme littéraire intervient, et il arrive que de bons esprits s'y laissent prendre. Préjugé, dit-on, distinction exagérée, factice même et de convention pure. Pourquoi ce terme est-il noble et non cet autre? Pourquoi tel mot, qui jadis hantait le grand style, n'y paraîtrait-il plus aujourd'hui sans être accueilli d'un éclat de rire? Et l'on rit soi-même des scrupules classiques à l'endroit du mot propre mais simple ; on rit de cet art où s'extasiait jadis la critique, art de relever un terme par voisinage, d'introduire par exemple dans la grande poésie le mot *chien* ou le mot *pavé*, en l'enguirlandant d'épithètes solennelles ou en le cachant, en le noyant pour ainsi dire, dans l'éclat magnifique de ses entours.

Avouons sans difficulté qu'il y eut excès en ce point au

dix-huitième siècle et jusqu'à la réaction romantique. M. de Buffon recommandait comme une condition de la noblesse du style « l'attention à ne nommer les choses que par les termes les plus généraux. » La consigne fut suivie et l'on sait, par exemple, avec quelles clameurs indignées le comité de lecture du Théâtre-Français accueillit en 1819 le *mouchoir* que Marie Stuart léguait à sa suivante dans la tragédie de Pierre Lebrun. De par la loi des expressions générales, le mouchoir devint *tissu*. Plus tard seulement, à une reprise de la pièce, il osa se montrer sous son nom, et ce fut un événement, une victoire (1). Le dix-septième siècle avait-il déjà raffiné en matière de délicatesse? Il est difficile de l'accorder purement et simplement, quand on lit avec attention Corneille, Bossuet, La Fontaine. Racine lui-même ne pourrait-il être justifié de tout reproche ou, ce qui revient au même, défendu contre l'admiration maladroite de quelques commentateurs? Quoi qu'il en soit, l'époque suivante au moins a outré les choses, et nous l'en blâmons absolument.

Mais que vaut la loi même? La distinction entre langue familière et langue noble est-elle factice, la classification des mots arbitraire? Nous ne le croyons pas. Que tel mot soit actuellement identifié à une idée noble ou familière et par elle à un objet simple ou relevé, c'est pur accident et qui dépend de l'usage, maître des langues. Mais qu'il y ait des objets relevés et d'autres plus simples, qu'il y ait par conséquent des idées plus nobles et d'autres plus familières, voilà qui suit de la nature même des choses. On s'explique de même qu'un mot puisse monter ou déchoir, tout comme une famille peut être anoblie ou dégradée : il suffit pour cela que l'usage le fasse passer d'une idée à

---

(1) Il est curieux de noter qu'il est définitivement resté *tissu* dans les œuvres de Lebrun, rééditées en 1867.
  Prends ce don, ce tissu, ce gage de tendresse,
  Qu'a pour toi de ses mains embelli ta maîtresse.
            (*Marie Stuart*, V, 3.)

une autre ; c'est l'accident individuel. Mais noblesse et roture demeurent en soi deux réalités fort rationnelles, et tout de même les idées, sous leurs signes changeants, restent toujours nobles ou familières comme les objets qu'elles représentent, et toujours elles anoblissent ou tiennent en roture le signe, le mot qui leur est actuellement attaché. Quand Ronsard écrivait avec une emphase qui nous amuse aujourd'hui :

> Debout, Muses, qu'on m'attelle
> Votre charrette immortelle !

soyez sûrs que l'usage ne restreignait pas encore le mot à signifier le grossier véhicule qu'il nous présente. Ronsard, le fervent humaniste, avait les Muses en trop grand respect pour en faire des campagnardes allant au foin. De même il lui était loisible de décorer les astres du nom de *célestes chandelles*. Ce terme n'en était pas encore à désigner le luminaire du pauvre ; il ne s'offrait point aux yeux avec tout un cortège d'images quasi grotesques. L'usage l'ayant réduit là, il s'est trouvé dégradé par le fait même, et *flambeau* par exemple est demeuré noble par cela seul que nous n'y avons lié le souvenir d'aucun objet trivial. Ainsi la fortune du mot est changeante parce que son mariage avec l'idée n'est point indissoluble ; mais l'idée est invariable en soi comme l'objet même (1).

---

(1) C'est une vérité universelle que les objets ne changent pas en eux-mêmes, ni par conséquent leur caractère essentiel de noblesse ou de familiarité. Il se peut pourtant que certains d'entre eux, les objets artificiels surtout, acquièrent ou perdent par circonstance un emploi, un symbolisme qui les élève ou les rabaisse, en nous habituant à y lier une pensée noble ou triviale. Ronsard, que nous citions, appelle encore le soleil, le dieu *perruqué* de lumière. Un dramaturge du dix-septième siècle commençant, le capitaine Lasphrise, met dans la bouche d'Assuérus ces vers bizarres :

> Le ciel, qui couvre tout de sa robe étoilée,
> A ceint de ses presents ma perruque enhuilée.

Quoi qu'il en soit de cette dernière épithète, la perruque alors était un ornement, une magnificence ; elle n'est plus aujourd'hui qu'un expédient toujours un peu gauche pour cacher une disgrâce physique. L'objet et le mot qui les nomme tient d'eux sa part de noblesse, jusqu'au divorce toujours possible pour lui.

Ce point éclairci, d'après quel principe ranger les objets, les idées, les mots, dans la classe noble ou dans la classe familière? Fixer l'origine de la distinction sera du même coup en confirmer la réalité. Nous rappelions tout à l'heure la théorie indiquée par Buffon sans commentaire et en passant, à la façon des vérités admises. D'après lui les expressions s'élèvent à mesure qu'elles se font plus générales; l'abstraction est noble et le détail roturier. Le système a fait ses preuves; nous lui devons, pour une part, la pâleur et la froideur du style réputé classique depuis la moitié du dix-huitième siècle jusqu'à Chateaubriand et à l'école moderne. L'imagination et la sensibilité ne vivant que de détails, c'est les tuer d'inanition l'une et l'autre, c'est aller droit contre la première des grandes lois littéraires, celle du concours nécessaire des facultés.

Mieux avisé, Bonald a mis ailleurs la distinction qui nous occupe. Elle est, à son gré, dans la différence qui sépare la société domestique de la société publique. On tiendra pour familier ce qui appartient à la famille, pour noble ce qui se rattache à la vie sociale. L'illustre philosophe apporte à l'appui de sa thèse quelques exemples ingénieux. Mais d'autres pourraient donner à sourire, et, de vrai, Bonald est trop modeste à l'endroit des conventions alors régnantes. Il accepte, en théorie du moins, la langue méticuleuse et solennelle des héritiers de Buffon; il prend la peine d'expliquer, non sans effort, certaines distinctions bien arbitraires et qu'il pouvait récuser tout net. C'est trop de bonté, croyons-nous. Aussi bien la solution proposée nous laisse des doutes. Est-elle absolument certaine? Ne retrouverons-nous pas le noble

---

est resté le même en soi, mais en changeant d'emploi il a perdu sa noblesse. On le voit, il n'y a là qu'une preuve de plus à l'appui de nos observations.

et le familier sans sortir de la société domestique? Dans l'intime de la vie de famille, et en dehors même des points par où elle touche à la grande organisation sociale, ne se rencontre-t-il pas des objets assez hauts et assez graves pour élever de plein droit leur idée et leur nom à la plus incontestable noblesse? En outre la réponse de Bonald pourrait laisser place à une question nouvelle. Tout ce qui est de la société publique est, dit-on, plus noble que ce qui tient à la famille. Quand cela serait rigoureusement vrai, encore pourrait-on demander pourquoi ; car le principe, spécieux peut-être, ne s'impose pas immédiatement comme l'évidence.

Nous aimerions mieux, quant à nous, rattacher la répartition des mots en langue noble ou familière à une distinction déjà posée dans notre premier livre (1). Parmi la variété indéfinie des objets et des événements, on peut, disions-nous, démêler deux ordres moralement séparés l'un de l'autre par la nature des impressions qu'ils nous donnent. Les uns nous remuent, les autres nous effleurent ; les uns atteignent aux profondeurs de l'âme, les autres se jouent à la surface ; les uns font saillir les grandes passions, les autres ne tirent guère de nous que des traits de caractère ou d'humeur. Par là même les uns sont grands, les autres de moindre importance. Cette conclusion paraît suivre : le nom des uns sera noble, celui des autres plus modeste en soi et plus familier. Chacun peut prendre le facile plaisir de chercher des exemples. On n'en trouvera guère, pensons-nous, qui ne se justifient naturellement par notre principe de distinction.

Inutile de faire observer qu'il s'accorde avec la démarcation tracée ailleurs entre l'esprit et le talent, au sens relevé du mot ; que du reste il ne soulève par lui-même aucune question ultérieure. Que chercher au delà de la nature des objets manifestée par l'impression qu'ils

---

(1) Livre I, chap. III, § 4.

nous donnent? Mais, si nous l'osons dire, ce qui nous agrée surtout du principe, c'est sa largeur. Les deux ordres d'objets et d'impressions ne sont point absolument détachés l'un de l'autre ; ils se mêlent, ils coïncident par la plus grande partie d'eux-mêmes et ne se débordent l'un l'autre que par leurs extrémités. Qu'est-ce à dire ? L'âme est incapable d'associer dans ses impressions l'extrême du grandiose à celui du familier. Quand même ils se présenteraient à la fois dans les objets par un de ces contrastes où il semble que la réalité se joue, l'un des deux étouffera l'autre ; c'est la loi. Je suis accablé par un deuil ou saisi d'une inquiétude grave : que le hasard mette sur mes pas l'aventure la plus plaisante, je passerai sans même la voir. Ainsi les extrêmes s'excluent, mais rien que les extrêmes. Entre les impressions trop contradictoires pour s'unir, entre les objets qui s'effacent ou s'élident nécessairement les uns les autres, il y a une sorte de milieu neutre, infiniment vaste, où le grandiose et le simple peuvent se rencontrer sans heurt et frayer entre eux sans malaise. Or telle est précisément la situation réciproque de la langue noble et de la langue familière. Un terme tout à fait pompeux détonne dans un sujet léger, s'il n'y fait pas même un effet de parodie. Par contre, tel mot d'une simplicité trop accusée nous choquera dans un sujet magnifique. Mais de telles incompatibilités sont rares, exceptionnelles, pourrait-on dire ; elles laissent un entre-deux immense, où la langue peut librement monter ou descendre en suivant les inégalités, les courbes indéfinies des choses et des impressions.

On le voit, notre loi de dignité relative tient à rester large, facile, généreuse. Mesurons exactement la parole aux objets ; d'autre part connaissons l'âme, ne prétendons pas la violenter en lui imposant des impressions trop contradictoires et des objets trop disparates ; voilà tout le fond sérieux de nos obligations. Fidèles à ces deux principes, nous n'avons qu'à parler sans songer même à la dignité de notre langage; elle suivra spontanément, guidée par cet instinct délicat et rapide qui s'appelle si justement le tact.

V

Le nivellement de la langue et l'esprit révolutionnaire.— Barrère. Victor Hugo.

Mais autant notre loi est généreuse, autant nous avons lieu d'y tenir. Si nous disions de notre chef que le déclassement universel des mots, que la démocratie égalitaire envahissant jusqu'au langage, sont pour les mœurs publiques un signe fâcheux et une menace, qu'ils sont chose révolutionnaire et périlleuse par le fait, on nous accuserait peut-être d'exagération et de système. D'autres l'ont dit pour nous et avec toute compétence. Ne soyons pas si distraits que de ne point l'entendre, et comprenons ce qu'on prend la peine de nous expliquer fort nettement.

Dans la séance du 8 pluviôse an II, Barrère, au nom du Comité de salut public, lisait à la Convention nationale un rapport dont voici l'exorde :

« Citoyens, les tyrans coalisés ont dit : L'ignorance fut toujours notre auxiliaire le plus puissant; maintenons l'ignorance; elle fait les fanatiques, elle multiplie les contre-révolutionnaires ; faisons rétrograder les Français vers la barbarie; servons-nous des peuples mal instruits ou de ceux qui parlent un idiôme différent de celui de l'instruction publique.

« Le Comité a entendu ce complot de l'ignorance et du despotisme.

« Je viens appeler aujourd'hui votre attention sur la plus belle langue de l'Europe, celle qui la première a consacré franchement les droits de l'homme et du citoyen, celle qui est chargée de transmettre au monde les plus sublimes pensées de la liberté et les plus grandes spéculations de la politique.

« Longtemps elle fut esclave, elle flatta les rois, corrompit les cours et asservit les peuples ; longtemps elle fut déshonorée dans les écoles, et mensongère dans les livres de l'éducation publique ; astucieuse dans les tribunaux, fanatique dans les temples, barbare dans les diplômes, amollie par les poëtes, corruptrice sur les théâtres, elle semblait attendre ou plutôt désirer une plus belle destinée.

« Épurée enfin, et adoucie par quelques auteurs dramatiques, ennoblie et brillante dans les discours de quelques orateurs, elle venait de reprendre de l'énergie, de la raison et de la liberté sous la plume de quelques philosophes que la persécution avait honorés avant la révolution de 1789.

« Mais elle paraissait encore n'appartenir qu'à certaines classes de la société ; elle avait pris la teinte des distinctions nobiliaires, et le courtisan, non content d'être distingué par ses vices et ses dépravations, cherchait encore à se distinguer dans le même pays par un autre langage. On eût dit qu'il y avait plusieurs nations dans une seule.

« Cela devait exister dans un gouvernement monarchique où l'on faisait ses preuves pour entrer dans une maison d'éducation, dans un pays où il fallait un certain ramage pour être de ce qu'on appelait *la bonne compagnie*, et où il fallait siffler la langue d'une manière particulière pour être *un homme comme il faut*.

« Ces puériles distinctions ont disparu avec les grimaces des courtisans ridicules et les hochets d'une cour perverse. L'orgueil même de l'accent plus ou moins sonore n'existe plus, depuis que les citoyens rassemblés de toutes les parties de la république ont exprimé dans les assemblées nationales leurs vœux pour la liberté et leurs pensées pour la législation commune. Auparavant c'étaient des esclaves brillants de diverses nuances ; ils se disputaient la primauté de mode et de langage. Les hommes libres se ressemblent tous ; et l'accent vigoureux de la liberté et de l'égalité est le même, soit qu'il sorte de la bouche d'un habitant des Alpes ou des Vosges, des Pyrénées ou du Cantal, du Mont-Blanc ou du Mont-Terrible, soit qu'il devienne l'expression des hommes dans des contrées centrales, dans des contrées maritimes ou sur les frontières (1). »

Voilà qui est clair : plus d'aristocratie dans la langue puisqu'il n'y en a plus dans l'État. Victor Hugo s'inspirait-il de ce morceau d'éloquence lorsqu'il écrivait sa *Réponse à un acte d'accusation* (2) ? En tout cas, le grand poète se rencontrait avec l'Anacréon de la guillotine, à cela près que Barrère voulait l'égalité entre mots comme une suite logique de l'égalité entre hommes, et que V. Hugo, plus pratique, se vante d'avoir supprimé la langue noble précisément pour insinuer partout l'esprit de la Révolution. Le dessein est logique ; l'aveu est instructif et d'ailleurs sans ombre de réticence. Quand, pour peindre son œuvre de niveleur du langage, le poète emprunte aux souvenirs de 1789 et de 1793 toutes ses façons de concevoir et de dire, n'y voyez pas un caprice ni seulement l'indice d'une analogie très significative. Il y aura plus et mieux. A l'époque où il a commencé d'écrire,

> La langue était l'état avant Quatre-vingt-neuf.
> Les mots, bien ou mal nés, vivaient parqués en castes...
> Alors je vins...

Et que va faire le nouveau Malherbe, le Malherbe au

---

(1) *Ancien Moniteur* réimprimé, t. XIX, p. 317.
(2) *Contemplations*, livre I, nos 7 et 8. Les *Contemplations* parurent en 1856. Nous voulons bien croire sur la foi du poète que la *Réponse à un acte d'accusation* est plus jeune de vingt et un ans (1834). Du reste peu importe.

rebours, qui notifie lui-même son avènement avec cette emphase naïve ?

> Je fis souffler un vent révolutionnaire.
> Plus de mot sénateur ! plus de mot roturier !
> ... Je montai sur la borne Aristote,
> Et déclarai les mots égaux, libres, majeurs... !
> J'affichai sur Lhomond des proclamations ;
> On y lisait : « Il faut que nous en finissions !
> Au panier les Bouhours, les Batteux, les Brossettes !
> A la pensée humaine ils ont mis les poucettes.
> Aux armes, prose et vers ! formez vos bataillons ! »

La Marseillaise eût en effet trop manqué dans ce tapage démagogique. Boileau réclame ; il est traité de *ci-devant* et mis au silence. Puis, comme l'on criait : « Guerre aux châteaux, paix aux chaumières ! » V. Hugo crie à son tour :

> Guerre à la rhétorique et paix à la syntaxe !
> Et tout Quatre-vingt-treize éclata...

Sur ce, l'on met « la lettre aristocrate » à la lanterne, on boit le sang des phrases, on déterre le songe d'Athalie, on jette au vent les cendres du récit de Théramène : allusion d'un goût contestable aux exploits des profanateurs de Saint-Denis. N'importe : cette phraséologie révolutionnaire a je ne sais quel air de gaminerie qui nous amuserait plutôt. Mais voici le sérieux : en terrorisant ainsi la langue française, V. Hugo avait ses raisons.

> Et je n'ignorais pas que la main courroucée
> Qui délivre le mot délivre la pensée.

Il a travaillé à la grande œuvre.

> L'unité des efforts de l'homme est l'attribut.
> Tout est la même flèche et frappe au même but.

Or cette œuvre, c'est bien celle dont Quatre-vingt-neuf a marqué la première phase, celle qui se poursuit depuis ors. Que l'on veuille prendre garde à ces vers :

> Le mouvement complète ainsi son action.
> Grâce à toi, progrès saint, la Révolution
> Vibre aujourd'hui dans l'air, dans la voix, dans le livre.
> Dans le mot palpitant le lecteur la sent vivre.

Hélas! non, il ne la sert pas toujours assez, et tel qui, par frayeur d'être crédule, met son honneur à être dupe, nous en voudra peut-être de prendre au sérieux une boutade. V. Hugo ne plaisante pas cependant, et nous l'en croirons plutôt, lui, *l'enfant sublime* devenu *l'enfant terrible* et qui nous dit bonnement une part de la stratégie révolutionnaire. Il est trop vrai : déjà bien servie par les grands mots vagues, la Révolution l'est encore ici par ce pêle-mêle égalitaire devenu la loi du style.

> Elle prend par la main la Liberté, sa sœur,
> Et la fait dans tout homme entrer par tous les pores.
> Les préjugés, formés, comme les madrépores,
> Du sombre entassement des abus sous les temps,
> Se dissolvent au choc de tous les mots flottants
> Pleins de sa volonté, de son but, de son âme.

Nous savons quelle liberté entre par cette porte et quels préjugés se dissolvent à ce choc. Ces préjugés, c'est tout ce qui gêne la convoitise humaine ; cette liberté, c'est l'orgueil humanitaire, l'émancipation, l'adoration de la nature. En mettant l'égalité dans les mots, en repoussant la dignité relative du langage, la Révolution nous débarrasse de l'une des formes du respect ; mais c'est bien peu. Qu'on la laisse faire, et la dignité absolue ne durera pas longtemps ; on en viendra vite au style du *Père Duchêne* et de *l'Assommoir*. C'est trop juste. La Révolution doit se peindre dans sa langue ; elle est orgueil et sensualisme, sa langue doit être enflure et bassesse.

Du moins entendons bien son poète nous avertir que les questions littéraires sont questions de doctrine et de morale, que le mot est identique à l'idée, la forme identique au fond. La leçon est bonne.

> « ... *Fas est vel ab hoste doceri.* »

CHAPITRE IV

Le mot et les exigences de la langue. — Digression.

I

Mobilité des langues vivantes. — Mots nouveaux, idées nouvelles. — Mots qui passent d'une idée à l'autre. — Mots qui disparaissent, idées qui passent à l'état historique ou tombent dans l'oubli. — La fixité d'une langue est sa perfection. — Double élément : richesse, unité dans une langue dérivée.

Nous ne faisons pas œuvre de grammairien. Que l'écrivain sache sa langue, cela lui est un devoir manifeste ; nous l'avons rappelé une fois, et dans toute la suite de ces études, nous le supposons accompli.

Cependant, avant d'en finir avec l'idée simple, avec le mot, nous aurions tort, ce semble, de ne pas revenir un moment sur cet ordre particulier d'obligations littéraires. Nous avons vu le premier élément du style obéir aux exigences de toutes les facultés humaines, de toute l'âme, capable et jalouse de s'y montrer. C'est là, pourrait-on dire, une dépendance essentielle. Indiquons-en du moins une autre, accidentelle en soi, mais respectable pour des raisons qui tiennent encore de près à la nécessité des choses : dépendance de la langue, de l'usage. En ce point, le devoir pratique est évident. Nous parlons pour nous faire entendre: mettons sous chaque idée le signe qui la fera présentement reconnaître ; n'employons que termes usités et dans l'acception même où ils le sont. Voilà qui est court et net. Mais à ce propos bien des questions surgissent. Empire de l'usage, néologisme, mobilité, fixité des langues, état présent de la nôtre : est-ce là spéculation pure? N'y trouverons-nous pas des vérités bonnes à recueillir? Digression, si l'on veut ; mais nous osons croire qu'on ne nous en fera pas un reproche.

Une langue vivante, — le mot l'indique, — est soumise aux conditions de la vie. Toujours quelques éléments vieillis s'en détachent, échappant pour ainsi dire à son tourbillon vital ; d'autres y entrent pour commencer d'y vivre. Horace en voyait l'image dans les feuilles qui naissent ou qui tombent. Sainte-Beuve y retrouvait sous une forme légère « l'emblème de nos propres générations, de nos vies inégales et inconstantes (1). »

On voit éclore de nouveaux mots. Acquérons-nous donc des idées nouvelles? Oui sans doute. Nous les devons tout d'abord à la nature mieux connue. L'homme, a dit Bossuet, « y fouille partout comme dans son bien (2), » et il a le besoin et le droit de nommer ses trouvailles. Découvertes naturelles, combinaisons et modifications indéfinies de la matière exploitée par l'industrie humaine, voilà pour étendre en ce point les vues de l'esprit et grossir d'autant le dictionnaire. Dans l'ordre intellectuel et moral les acquisitions sont moindres. Sans médire de nos progrès scientifiques, l'âme était déjà, il y a des milliers d'années, mieux explorée que n'est aujourd'hui la terre. Aussi bien, toujours la même en son fond, elle n'a guère que des nouveautés de surface ou même d'apparence. Mélancolie par exemple, vague des passions, spleen, qu'est-ce autre chose que trois nuances bien peu distinctes de l'éternelle convoitise et de « l'inexorable ennui? » Du côté de l'esprit et du cœur, nos idées nouvelles, — quand elles sont nouvelles, — ne doivent pas toujours être tenues pour conquêtes ; ce qui s'est le plus certainement enrichi, c'est le

---

(1) Sainte-Beuve: *Nouveaux Lundis*, t. V. — Vaugelas.
(2) Bossuet : *Sermon sur la Mort*.

catalogue de nos maladies et de nos erreurs. Il serait curieux de comparer à ce point de vue notre vocabulaire et celui du grand siècle, Littré, par exemple, et la première édition du dictionnaire de l'Académie.

D'autres mots se transforment ; ils divorcent d'avec une idée pour s'unir à une autre. Pourquoi ? Quelquefois, c'est caprice de l'usage. Ailleurs le changement accuse une révolution politique, morale, religieuse, et il demeure dans l'histoire comme un signe ou un témoin. Ainsi le christianisme a pris à la langue latine le terme générique d'amour, *caritas,* il l'a tout pénétré de surnaturel et séparé de la masse profane pour en désigner l'amour de Dieu et l'amour de l'homme en vue de Dieu (1). De même, *pietas,* le signe propre des affections de famille, est devenu le nom commun et réservé du sentiment filial et des légitimes relations avec Dieu. Élévation significative : elle nous avertit à la fois et que le sentiment filial doit s'inspirer de Dieu et que nos relations avec Dieu doivent être filiales. Avant Jésus-Christ, *humilité* disait bassesse ; et pour le forcer de dire vertu, il a fallu, sinon changer l'objet lui-même, du moins retourner divinement les sentiments de l'homme par rapport à l'objet. Ainsi, comme la grâce respecte la nature tout en l'élevant, elle semble se plaire moins à créer des mots qu'à diviniser par une sorte de baptême glorieux des termes qu'elle a trouvés tout faits.

Enfin des vocables disparaissent ; l'idée demeure sous un autre signe et l'observateur ne peut que noter une preuve de plus de l'inconstance humaine. Qui pourrait rendre raison de la fortune de certains mots et de la proscription de certains autres ? « *Ains* a péri : la voyelle qui le commence, et si propre pour l'élision, n'a pu le sauver ; il a cédé à un autre monosyllabe, et qui n'est au plus que son ana-

---

(1) Dans la latinité de seconde époque, celle de Tacite par exemple, *caritas* est l'amour, l'acte et la disposition de *chérir : caritas patriæ, parentum.*

gramme... (1). » Y a-t-il des cas où le mot emporte l'idée dans sa chute ? Il peut au moins, en disparaissant, l'effacer elle-même des habitudes et de l'intelligence populaire. Le plus souvent alors elle reste au moins dans l'histoire à titre de monument du passé. La Révolution y a relégué beaucoup de mots et d'idées appartenant aux institutions détruites, et l'on frémit de penser que, pour la foule, nombre d'idées chrétiennes vont tombant de jour en jour avec les mots qui les portaient.

Éclore, changer, disparaître : telle est donc la destinée des mots, nés mortels comme toutes nos œuvres et comme nous-mêmes. Encore ont-ils de plus que nous ici-bas des chances de résurrection et de métempsycose. Mais enfin ne rêvons pas pour les langues une fixité immobile ; elles ne s'arrêtent ainsi que dans la mort. Toutefois ce n'est point absolument mal fait de dire qu'une langue se fixe au moment où elle devient relativement parfaite. « Nul doute qu'il ne se rencontre une époque où l'usage, en fait de langue, exprime un état des esprits plus sain, plus vigoureux, plus élevé, ou plus délicat, plus subtil, plus ingénieusement corrompu. C'est entre ces deux points que se trouvera la belle époque d'une langue ; et si les écrivains de génie ont abondé dans le même temps, s'ils ont agité toutes les questions religieuses ou civiles dont l'intelligence humaine s'occupe sous peine de dégénérer, cette époque ne cessera pas d'agir sur les époques suivantes. Sa langue, lors même qu'elle ne sera plus complétement usuelle, demeurera classique, et on ne pourra, sans emprunter quelque chose à cette langue, se rendre familiers les sujets qu'elle a traités et qui sont incorporés à ses expressions. Qu'elle soit ensuite calquée par des imitateurs sans génie, ou forcée, exagérée par des novateurs sans goût, elle n'en reste pas moins un type de perfection relative. Ce sera le grec d'Athènes depuis Eschyle jusqu'à

---

(1) La Bruyère : *De quelques usages.*

Ménandre, le latin de Rome depuis Térence, César, Cicéron jusqu'à Tacite, et notre français depuis Descartes et Corneille (1). »

Appelons donc point de fixité le point de perfection. Mais où le mettre? Au moment où se produit la rencontre la plus heureuse de la richesse et de l'unité.

Or, si l'on entend ce que richesse veut dire, on peut douter jusqu'où une langue peut et doit être riche. Faut-il lui demander, comme Fénelon, un mot unique et spécial « pour exprimer chaque objet, chaque sentiment, chaque action (2) ? » Mais tout d'abord est-ce possible? et une pareille prétention ne nous jette-t-elle pas dans l'indéfini? Supposez-la réalisable : qui pourra savoir sa langue? Enfin ces tours, ces circuits de parole dont la peur a rendu Fénelon si exigeant, n'ont-ils pas une puissance et une grâce propres? Faiblesse humaine, soit; il serait plus beau de procéder par intuitions vastes, enfermant sous une idée et sous un terme toutes les combinaisons et relations possibles. Mais nous sommes hommes; et, à ce compte, il est curieux de voir l'esprit arriver par l'analyse à une synthèse plus lente; il y a intérêt et profit à le suivre dans cet effort, à retrouver dans l'expression détournée les éléments divers dont il la compose. Quand Homère nous peint Andromaque *souriant d'une façon pleurante*, cette association contradictoire en apparence et pourtant si vraie nous donne peut-être plus de plaisir, ou du moins un plaisir d'autre nature que si le poète avait pu tout mettre dans un mot. Soyons modestes, et, pour estimer une langue riche, ne lui demandons pas une impossible abondance (3). Qu'elle ait des termes spéciaux pour

---

(1) Villemain : Préface du *Dictionnaire de l'Académie*, 1835.
(2) Fénelon : *Lettre à l'Académie*.
(3) Un voyageur conte que son compagnon, Russe de naissance, lui faisait des questions comme celle-ci : « Comment appelez-vous en français un champ de blé dont les épis commencent à se montrer ?... Comment nommez-vous dans votre langue un livre dont on ne coupe les pages qu'à mesure qu'on les lit ? » (V.Meignan : *De Paris à Pékin par*

tous les éléments ordinaires de la vie matérielle, mais surtout de la vie intellectuelle et morale. Qu'elle ait une syntaxe à la fois souple et précise, condition d'aisance et de clarté. Que le bon sens populaire et le génie des écrivains créateurs aient déjà mis en usage un bon nombre d'expressions et de combinaisons de mots nettes et heureuses. A ces trois conditions la langue est riche, la pensée est à l'aise ; elle aurait tort d'accuser son instrument.

Quant à l'unité, d'autres disent à l'analogie, c'est assez de la définir pour les langues dérivées comme la nôtre. Elle suppose tous les mots sortis d'une même source et par une dérivation toujours identique en ses procédés. Le français serait parfaitement un, si tous les termes de son vocabulaire étaient de provenance latine et transformés suivant des lois constantes. C'est au douzième siècle et au treizième qu'il approchait le plus de cet idéal ; et à cette époque, il fallait encore attendre quatre siècles son plus haut point de richesse. On le voit : rien n'oblige ces deux qualités à marcher de pair, et voilà pourquoi le point de fixité et de perfection est celui de leur plus heureuse rencontre. En ce qui nous concerne, l'époque de Louis XIV demeure sans conteste en possession de cet avantage. Alors la richesse étant magnifique et l'unité sans altérations trop sensibles, on put dire notre langue formée, achevée, fixée, parfaite, car c'est tout un.

terre.) Nous en demandons bien pardon à la langue russe ; mais est-ce donc là une vraie et sérieuse richesse ? Cependant, à tout prendre, cette richesse est possible. Ce qui ne l'est pas, c'est l'existence durable de plusieurs mots à la fois pour une seule idée. Aussi faut-il tenir pour une boutade pure et simple les naïves récriminations que Mademoiselle de Gournay opposait aux réformes de Malherbe : « Ces beaux docteurs et poètes du temps ont beau me remontrer qu'ils me fournissent douze mots pour dire ceci ou cela, sans celui qu'ils prétendent déconfire pour me l'arracher. J'en veux quinze ou vingt s'ils y sont, car je ne veux rien perdre. Je suis comme une petite fillette qui se lamentait à hauts cris pour la perte de sa poupée, et sa mère étant accourue à la hâte au secours avec une autre poupée aussi joviale, elle la reçut bien à deux mains ; toutefois elle recommença de plus belle à crier, alléguant que, sans la perte de la première, elle en eût eu deux alors » La comparaison ne vaut pas. (V. Feugère : *Les Femmes poètes au seizième siècle.*)

II

Si la perfection d'une langue est durable. — Les bons écrivains travaillent à la faire durer. — Archaïsme légitime. — Néologisme légitime. — Suivre l'usage en le maintenant.

Il est trop clair qu'elle n'a point su se tenir à la perfection acquise, et nous n'écrivons le présent chapitre que pour en venir à étudier de près cette décadence. L'estimerons-nous d'ailleurs fatale? Est-ce une loi que la période parfaite ne puisse durer bien longtemps? Nous n'en sommes pas convaincus. Pourquoi, tout en continuant d'être mobile, de perdre et surtout d'acquérir, la langue ne resterait-elle point fidèle aux lois qui l'ont formée? Ce n'est pas la richesse qui peut décroître, et quelle force contraint l'unité de s'amoindrir? L'inconstance humaine, dira-t-on. Mais n'est-il rien qui puisse contenir l'inconstance humaine? Certes, le christianisme n'a pas mission directe pour former ou conserver les langues; mais le croira-t-on sans influence médiate sur leur formation et encore plus sur leur maintien? La langue obéit comme la pensée à toute force morale, et la première des forces morales ferait exception toute seule? Otez de l'histoire l'apostasie du dix-huitième siècle et la Révolution qui la couronne : quelle différence pour notre vocabulaire ! Que d'altérations en moins !

Mais peu importe. Fatale ou non, tous les écrivains sérieux s'attachent à retarder la décadence, en maintenant, en rajeunissant de toutes leurs forces la langue de notre âge d'or. Pour ne citer que deux prosateurs illustres, cette préoccupation est visible chez Louis Veuillot par exemple et chez Sainte-Beuve. Nombre de mots et de tours leur sont familiers, qui n'apparaissent jamais dans la petite littérature courante. Est-ce là de l'archaïsme?

Peut-être, mais bien légitime assurément. Il cesserait de l'être là où commenceraient l'obscurité et l'affectation. Pourvu que l'affectation soit absente et que l'expression légèrement démodée reste par ailleurs intelligible, sachons gré aux maîtres de nous garder nos trésors. Il ne tient pas à l'ignorance que nombre de beautés ne périssent par désuétude ; mais, Dieu merci, on peut encore leur prolonger la vie, et, pour qui veut être de son temps, il n'y a pas encore obligation absolue d'oublier le français.

Que si les bons esprits conservent, par suite ils ont peu de goût pour innover. En matière de néologisme, ils s'en tiennent volontiers au vieux précepte d'Horace. Sobriété, prudence à créer des mots ; plutôt des alliances neuves entre termes déjà en usage. Faut-il pourtant nommer de récentes découvertes ? Pas de scrupule ; enrichissons la langue, mais en même temps veillons à son unité. Pour que l'acquisition soit de bon aloi, recourons à la source, à la langue mère, et ne gueusons pas chez les autres idiomes vivants des mots tout faits dont le moindre inconvénient est d'avoir fort mauvaise grâce dans notre bouche.

En somme, le rôle des vrais écrivains est simple : suivre l'usage et tout ensemble travailler à le maintenir dans la voie droite, résister sagement aux impatiences et aux caprices de ce maître incontesté des langues.

Et qui donc le fait, cet usage ? Qui a le droit de le faire ? Est-ce la foule ? Est-ce l'élite, la véritable élite des esprits ? Sans nous attarder aux conjectures et aux théories curieuses, disons qu'à notre gré c'est l'un et l'autre. Créer les mots et les fixer à l'objet, c'est nommer l'objet, c'est en définir l'essence. Or nous pensons avec Platon et Joseph de Maistre que c'est là une des plus hautes fonctions de l'esprit (1). Dès lors elle revient de droit au bon sens popu-

---

(1) « C'est une grande chose que l'imposition des noms et qui ne peut appartenir ni à l'homme mauvais ni à l'homme vulgaire... » (Platon : *Cratyle*.) Pythagore avait dit : « La plus sage de toutes les choses c'est le nombre et, après le nombre, l'imposition des noms. » La même con-

laire et au génie si bien faits pour se rencontrer dans le vrai. Quant au talent de second ordre, quant au demi-savoir, il devient le fléau des langues dès qu'il se mêle de les enrichir méthodiquement et par principes. En ce point Joseph de Maistre a dit leur fait aux prétendus philosophes du dix-huitième siècle, et c'est aujourd'hui un lieu commun en philologie que l'unité de notre langue a été tout d'abord altérée par les pédants du quatorzième et du quinzième (1). Laissez donc faire la foule et le génie. Mais encore le génie est rare, et son vrai rôle, le vrai rôle du talent supérieur, est plutôt de contenir les égarements de la foule et de la rappeler au bon sens. Bossuet attribuait au peuple et l'initiative et la sanction en matière de langage. « L'usage, je le confesse, est appelé le père des langues. Le droit de les établir aussi bien que de les régler n'a jamais été disputé à la multitude ; mais si cette liberté ne veut pas être contrainte, elle souffre toutefois d'être dirigée. » Il ajoutait, parlant aux Académiciens parmi lesquels il prenait place : « Vous êtes, messieurs, un conseil réglé et perpétuel, dont le crédit, établi sur l'approbation publique, peut réprimer les bizarreries de l'usage et tempérer les dérèglements de cet empire trop populaire. » Impossible de mieux dire. Voilà bien l'action conservatrice du talent, et l'Académie, dans la pensée même du fondateur, n'était autre chose que cette action érigée en institution publique.

Mais comment se défendre ici d'une triste réflexion ? La langue doit obéir à la sagesse populaire, à l'admirable bon sens des foules. C'est le principe, c'est l'ordre, et il fallait bien le rappeler. Qu'arrivera-t-il pourtant si la sagesse populaire est corrompue par système ? Qu'en sera-

---

clusion ressort par exemple des observations de Max Müller sur la profonde philosophie du langage primitif, des premières racines connues. (*Leçons sur la science du langage*, leçon IX.)

(1) V. Brachet : *Grammaire historique*. — A. Loiseau : *Histoire de la langue française*.

t-il de la langue et de bien d'autres choses, hélas ! si l'éducation révolutionnaire et la mauvaise presse font descendre jusque dans les masses l'illusion et l'orgueil du demi-savoir? Alors surtout l'écrivain jaloux d'être utile devra lutter de toute son influence contre un néologisme également redoutable à ce qui nous reste de bon sens et de bon français. N'est-ce pas la situation présente? Essayons de la bien concevoir.

III

La langue française. — Néologisme de mots. — Formation quasi française. — Formation plus barbare. — Politique, administration, finances, sciences physiques. — Histoire. — Philosophie. — Arts et industrie. — Barbarisme de fantaisie pure.

Il n'entre point dans notre sujet de refaire l'histoire de la langue française avant Louis XIV. Cette histoire est aujourd'hui partout. Nous rappelions tout à l'heure le pédantisme du quinzième siècle, latinisant à nouveau les termes de pure veine française et nous amenant presque à *despumer la verbocination latiale* dans le ton de l'écolier de Rabelais. On sait les audaces de Ronsard, mais aussi les frayeurs que lui donnait, à ses heures de sagesse, l'application outrée de son principe (1). Malherbe *dégasconne* la

---

(1) « Je te veux avertir de n'écorcher point le latin comme nos devanciers qui ont trop sottement tiré des Romains une infinité de vocables étrangers, vu qu'il y en avait d'aussi bons en notre propre langage. » (*Art poétique, à d'Elbeine.*) — « Mes enfants, défendez votre mère de ceux qui veulent faire servante une demoiselle de bonne maison. Il y a des vocables qui sont français naturels, qui sentent le vieux, mais le libre et le français... Je vous recommande par testament que vous ne laissiez point perdre ces vieux mots, que vous les employiez et défendiez hardiment contre des marauds qui ne tiennent pas élégant ce qui n'est point écorché du Latin et de l'Italien, et qui aiment mieux dire *collauder, contemner, blasonner,* que louer, mépriser, blâmer. Tout cela est pour l'écolier de Limosin. » (Paroles attribuées à Ronsard par d'Aubigné dans la préface *des Tragiques.*)

cour, et, de sa main rude, mutile quelque peu la langue en la réparant. A l'hôtel de Rambouillet, on la *dévulgarise;* tandis que, dans un coin, Vaugelas, le secrétaire du bel usage et le témoin de la censure générale, prend des notes pour ses remarques à venir. C'est l'époque où tout le monde se mêle un peu à tort et à travers de raffiner sur notre langage et de lui infliger une sorte de révision universelle. Prétention périlleuse, mais qu'inspire et dirige en somme ce pressentiment que l'heure est venue de la perfection et des chefs-d'œuvre (1). Les chefs-d'œuvre éclosent en effet et, pour fixer la langue, ils font plus que le travail de tous les cercles littéraires.

Passons vite sur le dix-huitième siècle, funeste assurément au parler français comme aux idées, mais où les tours et le ton général s'altèrent plus que les mots. La Révolution commence la grande invasion du néologisme, et depuis lors le caprice tend à régner en maître, ici forgeant des termes, ailleurs altérant les acceptions, chose plus grave, et confondant les idées par un échange téméraire de leurs signes. De part et d'autre, il obéit, tout caprice qu'il est, à certaines grandes lois morales et leur rend ainsi témoignage sans le vouloir. Voilà par où il nous intéresse beaucoup plus que par ses formes et procédés matériels (2).

---

(1) « La langue française, qui jusqu'à présent n'a que trop ressenti la négligence de ceux qui eussent pu la rendre la plus parfaite des modernes, est plus capable que jamais de le devenir, vu le nombre des personnes qui ont une connaissance particulière des avantages qu'elle possède et de ceux qui s'y peuvent encore ajouter. » (Édit de fondation de l'Académie française.)

(2) Il y a trente ans, un ecclésiastique de mérite préparait sur le néologisme une thèse de doctorat ès-lettres que la mort l'empêcha de soutenir, mais dont les matériaux du moins furent publiés et vont nous être d'un bon usage. (L'abbé Poullet: *Discours sur l'éducation.* Pringuet, 1851, in-18.) En 1877, un membre de l'Université, M. A. Darmesteter, étudiait à son tour la question. (*De la création actuelle des mots nouveaux dans la langue française et des lois qui la régissent.* Vieweg, in-8.) Sans déprécier ce dernier ouvrage, notons une différence bien significative. Le prêtre examinait le néologisme en philosophe ; il y cherchait des idées, des lois intellectuelles et morales, finalement des conclusions

Attachons-nous d'abord au néologisme de mots, à cette facilité d'innover qui jette le barbarisme par torrents dans la circulation quotidienne. Quelquefois il veut bien rester populaire et français d'allures, tirant par exemple de termes déjà reçus des dérivés téméraires, mais assez conformes encore à nos grandes lois de formation : *impartageable, illittéraire, incontrôlable, imperméabilisation,* et autres semblables. On en a patiemment dressé la liste et il y a pour faire frémir un amateur de la belle et pure langue française. C'est bien quelque chose, mais nous verrons pis. Ici l'idiome a droit de se plaindre, mais encore lui garde-t-on certains égards en jetant sur ces intrus quelque chose qui ressemble à sa livrée. Ce qui reste déplorable, c'est le sans-gêne passé en coutume et presque en loi, c'est le droit reconnu à chacun de torturer la langue. Par paresse nous négligeons de l'apprendre, et notre vanité s'accommode mieux de la juger trop pauvre pour suffire à nos conceptions et à nos saillies. Nous sourions peut-être des scrupules de nos pères en matière d'usage ; mais que penser de notre désinvolture et de notre tranquille mépris des traditions ? Excès pour excès, mieux vaut encore celui du respect.

Voici dans les mots un néologisme d'un autre genre, plus étendu peut-être, mais à coup sûr deux fois pire. Le plus souvent en effet, par la barbarie de ses formes, il rompt beaucoup plus ouvertement avec l'unité du langage. Ajoutez que la plupart du temps il touche aux idées de bien plus près, signe et cause de leur obscurcissement, accusant et propageant tout ensemble la confusion universelle, ou tout au moins étroitement lié aux plus contestables de nos progrès.

---

pratiques à l'usage des écrivains. Aujourd'hui le point de vue est autre : on collige des faits, on les range en catégories qu'on appelle lois philologiques et on en demeure là. Est-ce un progrès ? Soyons philologues, à la bonne heure, mais avec l'aide de la philosophie et à son bénéfice.

Triste richesse, par exemple, que ces innombrables appellations de partis, d'opinions, voire même d'institutions politiques, véritable langue nouvelle et matière à un vocabulaire de belle taille. Avons-nous gagné beaucoup à voir et à nommer des *terroristes,* des *modérantistes,* des *fédéralistes* et plus tard des *anarchistes* ou des *collectivistes,* là où l'on n'eût trouvé jadis que des Français? L'administration nous apporte à son tour sa part de conquêtes, *fonctionnarisme, centralisation, réglementation,* et cette *bureaucratie,* véritable monstre philologique où le français et le grec s'unissent contre nature dans un mariage plus forcé que celui de Molière. Ne parlons pas des finances; encore une langue neuve qu'il fallait créer sans doute, mais pourquoi si barbare?

Même regret à l'endroit du néologisme doctrinal. Les sciences physiques avaient à faire ou à compléter leur nomenclature ; soit. Mais fallait-il de nécessité que la médecine parlât grec? La botanique avait-elle besoin, pour se faire savante, de tant de barbarismes polyglottes aussi peu rationnels parfois que *bureaucratie* même?

En histoire, la mode était, chez nos aïeux, de franciser les noms exotiques anciens ou modernes. On sourit d'entendre Auguste dire à Cinna :

> Mais oses-tu penser que les Serviliens,
> Les Cosses, les Métels, les Pauls, les Fabiens, etc.

On rirait volontiers aux éclats de rencontrer chez Froissart la comtesse de Salisbury devenue *dame de Salebrin,* ou chez Madame de Motteville le brillant Buckingham travesti en *M. de Bouchinchan.* Nous en sommes aujourd'hui à l'extrême contraire. Quantité de noms propres bien français, et consacrés depuis des siècles, n'ont plus semblé assez empreints de couleur locale. Joseph de Maistre ne pourrait plus dire de Charlemagne que la grandeur a pénétré son nom. Charlemagne fait place au grand *Karl,* ce qui est bien autrement tudesque. Ainsi Clovis devient

Hlod-Wig (1), Frédégonde et Brunehaut sont plus terribles sous les noms de *Fried-Gunde* et de *Brunichilde*. Il n'est pas jusqu'au vieil Olympe qui n'essaie de se glisser à nouveau dans notre poésie sous des oripeaux de même goût. Voici *Zeus, Héré, Poseidon,* les *Kères*, qui vaudront sans doute un renouveau de jeunesse à Jupiter, à Junon, à Neptune et aux « fatales Parques. » Manie de couleur locale, manie de singularité, partout manie ; effort gauche pour singer dans les mots la nouveauté qui manque dans la pensée; pour tout dire, impuissance mal déguisée sous des procédés de charlatan.

Quant à la philosophie moderne, on en est à regretter pour elle les « *entités, virtualités, eccéités, pétréités, polycarpéités* et autres enfants et ayant-cause de défunt Maître Jean Scot leur père (2). » A-t-elle gagné à s'enrichir des dépouilles de Kant, *objectivité, subjectivité* et le reste ? Est-ce bénéfice pour elle que la pullulation de ces « détestables *ismes* » comme disait si bien Joseph de Maistre, la plupart noms d'erreurs ou de systèmes et qui, malgré qu'on en ait, attachent maintenant presque toujours à la notion où ils s'accolent je ne sais quelle vague nuance d'hypothèse risquée ou de préjugé sectaire ? Mais *catholicisme, christianisme,* dira-t-on ! Avec le prince de Metternich écrivant à Donoso Cortès, nous avouons aimer moins ces appellations depuis que les autres *ismes* ont pullulé (3). Dans un siècle où toutes les distinctions s'effacent, où l'altération des idées mène vite à leur négation pure et simple, il nous déplaît de voir la

---

(1) Qu'on ne nous objecte pas l'avantage de montrer ainsi l'origine de *Ludovicus*. Ne vaudrait-il pas mieux mettre son érudition en note et parler français dans le texte ?

(2) Boileau : *Arrêt burlesque.*—Quoi qu'il en soit de cette boutade, nous tenons la scolastique pour la seule philosophie digne de ce nom et sa terminologie pour excellente, sauf, bien entendu, les excentricités de quelques esprits bizarres. Mais aussi voulons-nous, pour des raisons supérieures, que la scolastique parle latin et que ses termes spéciaux n'entrent que discrètement dans la langue littéraire.

(3) Donoso Cortès : *Œuvres*, t. II, p. 183.

vérité confondue avec les erreurs, ne fût-ce que par une ressemblance matérielle dans la désinence des vocables. C'est à peu près de même que nous souffrons de l'entendre mêler avec les sectes dans ce pluriel insultant, *les Religions*. Il y a les religions fausses, elles foisonnent; mais qui dit *la Religion* entend la vraie, ou ne s'entend pas, ou a le malheur d'être incrédule. Par le même principe nous nous sentons humiliés quand le nom du vrai sonne comme un nom de secte ou de système. Ce n'est point orgueil ni scrupule : c'est fierté légitime, c'est inquiétude bien fondée. Il y a deux siècles, nous n'y aurions point pris garde ; aujourd'hui nous le devons, parce que tout conspire contre la vérité suprême, et parfois jusqu'aux formes de langage en apparence les plus indifférentes.

Les torts du néologisme technique seront plutôt littéraires ; mais combien réels ! Pourquoi, par exemple, certaines modes ou industries se font-elles anglaises d'étiquette ? Viennet disait un peu lourdement mais avec justesse :

> On n'entend que des mots à déchirer le fer,
> Le *railway*, le *tunnel*, le *ballast*, le *tender*,
> *Express*, *trucks* et *wagons*... Une bouche française
> Semble broyer du verre et mâcher de la braise.
> ... Faut-il pour cimenter un merveilleux accord
> Changer l'arène en *turf* et le plaisir en *sport*,
> Demander à des *clubs* l'aimable causerie,
> Flétrir du nom de *grooms* nos valets d'écurie,
> Traiter nos cavaliers de *gentlemen riders* (1) ?

---

(1) Viennet : *Épître à Boileau*. — En général le vocabulaire spécial des arts et métiers sera de mise ou même de rigueur dans certaines parties d'éloquence ou d'histoire. Mais s'agit-il des phénomènes de l'esprit ou du cœur, de cette vie morale, objet préféré de la grande parole littéraire, les termes techniques ne peuvent apporter que des analogies, comparaisons ou métaphores. Encore les faut-il rares, sous peine de matérialiser le style ; et intelligibles, c'est-à-dire empruntés aux arts usuels et connus. En toute hypothèse, rien ne choque la juste dignité du lecteur comme l'érudition étalée pour éblouir. La vanité qui ne se refuse aucun ridicule aime entre autres celui-là. Voyez plutôt dans *les Misérables* de V. Hugo ces jeunes pédants qui, près de mourir sur une barricade, raisonnent de la fonte des canons comme ferait un offi-

Assurément rien n'y obligeait nos amateurs de courses, ou nos constructeurs de voies ferrées. On entend d'ailleurs qu'ils aient trouvé commode d'importer à la fois le mot et la chose. Mais quel prétexte peut invoquer la fantaisie qui semble faire le barbarisme par gageure ou par plaisir? Quand Chateaubriand nous parle des *blandices* des sens et de la *fortitude* des Natchez ou de la *vastitude* des déserts, quand il peint le vieux garde du palais d'Agamemnon chantant pour *solacier* ses veilles; on ne peut l'accuser d'ignorer sa langue (1). C'est caprice, manie de singularité, vanité pour tout dire. Chez un autre, ce pourrait être paresse à chercher le mot qui échappe. En bien des cas c'est matérialisme d'instinct. Que saint François de Sales nous fasse entendre le *frifilis* des feuilles, nous lui savons gré de s'accorder en passant cette joyeuseté de style; mais que chez un romancier réaliste les oiseaux *zinzibulent* (2), à quoi bon? Pour charmer l'oreille il leur suffit bien de gazouiller. Ici l'instinct matérialiste force la langue pour appuyer le trait descriptif; ailleurs il accusera mieux encore sa tendance à ravaler toutes les idées. On disait *caprice* autrefois, et l'on ne rabaissait pas l'esprit outre mesure, de le montrer bondissant de çà et de là comme la chèvre en belle humeur; on dit aujourd'hui *toquade*; les libres saillies de l'âme sont devenues des coups au cerveau (3). C'est matérialiste, c'est fataliste et c'est laid par-dessus le marché.

Or voilà bien le moindre défaut de ce néologisme de mots, de ce droit universel au barbarisme, qui semble une de nos conquêtes. La langue en est enlaidie. Chose plus grave, il y a dans les libertés qu'on prend contre elle un

---

cier d'artillerie. (5ᵉ partie, liv I, chap. VII.) Ailleurs le romancier posera en ingénieur des constructions navales, et décrira un vaisseau en triomphant manifestement de n'être pas compris. (*Les Travailleurs de la Mer*, 1ʳᵉ partie, liv. III, n° 5.

(1) Chateaubriand: *Les Natchez ; Mémoires d'outre-tombe*, passim.
(2) E. Feydeau.
(3) Fr. Sarcey: *Le Mot et la Chose*.

signe, entre autres, du sans-gêne démocratique où nous tendons. La fidélité à l'usage en matière de parole est une des formes de la politesse et du respect. Il est fâcheux d'y renoncer, plus fâcheux de le faire pour les motifs que trahit souvent le parlage moderne : paresse, prétention, sensualisme, ignorance ou erreur.

IV

Néologisme d'acceptions, plus redoutable que le barbarisme. — Diverses tendances qu'il accuse et favorise : déclassement social, — matérialisme, — effacement de la morale, — effacement de la foi. — Vrai péril dans la confusion du profane et du sacré. — Elle implique négation du surnaturel. — Conclusion.

Malgré tout, le néologisme de mots nous paraît moins redoutable que le néologisme d'acceptions. Le barbarisme n'outrage guère que l'unité de la langue ; on risque plus à transporter arbitrairement les vocables d'un sens à l'autre. C'est dans la parole à peu près ce qu'est le déclassement dans la société. Que les emplois soient accessibles à tous les talents, soit ; cependant qu'arrivera-t-il, si personne ne veut se tenir à sa place ? De même, que les mots et les idées fassent entre eux d'heureux échanges, à la bonne heure ! Nous ne voulons point, comme les censeurs de Boileau,

> Huer la métaphore et la métonymie,

et nous savons que l'art du style est l'art des rapports délicats et ingénieux. Mais que deviendront les idées si le commerce entre les mots n'a point de règle, s'il va jusqu'à leur ôter leur signification précise et pour ainsi dire leur être propre ? Or c'est où nous allons. Pêle-mêle de mots, chaos d'idées. Pardon pour ce terme technique : c'est aujourd'hui le triomphe de *la catachrèse,* mais nous le payons cher.

Il arrive souvent que le déclassement des termes suit et accuse celui des choses et des personnes. Il y a longtemps que les portiers sont devenus *concierges*, et les domestiques *gens de maison* ou *employés*. Lisez les *réclames commerciales*. Quelle solennité grotesque ! Tel liquoriste s'érige en distillateur, puis en chimiste, et tient sa fonction pour un sacerdoce ni plus ni moins (1). Le tailleur des demoiselles Benoîton *médite* un vêtement comme on ferait un plan de bataille : la coupe est délicate, elle exige un coup de ciseau *sérieux* (2). Nous avons entendu, pour notre part, un peintre en bâtiments parler de ses *collègues* comme eût pu faire un consul ou un député. Tout cela s'appellerait bien la majesté de la bagatelle : on peut en rire ou en gémir suivant le point de vue et l'occasion.

Presque toujours l'inconvénient est plus grave. C'est le matérialisme, par exemple, qui s'accuse dans l'abus des termes et qui en a finalement le profit. Traduire l'immatériel par le sensible nous est chose naturelle, nécessaire sans doute, mais non pas jusqu'à effacer la limite entre les deux. Laissons la politique emprunter une métaphore à l'anatomie, à la physiologie, à la physique, à la chimie. Mais si l'emprunt tourne au pillage ; s'il n'est question que de *sphères*, d'*horizon* ou de *phases* politiques ; si l'on n'entend plus parler que de *fibre* patriotique, de *fièvre* ou de *crise* sociale, si la vie des peuples devient une suite d'*actions* et *de réactions*, si *les masses* populaires sont soulevées par ce *levier* ou par cet autre ; si *le thermomètre* de l'opinion publique marque ceci ou cela, la profusion de ces métaphores est deux fois dangereuse : elle est matérialiste en soi et fataliste par suite. Ne confondez pas tant les agitations humaines avec les actions chimiques ou les révolutions sidérales : nous oublierions peu à peu la liberté.

---

(1) Fr. Sarcey : *Le Mot et la Chose*.
(2) V. Sardou : *La famille Benoîton*, acte II, scène II.

Le néologisme d'expression nous aiderait encore à oublier la morale. Ainsi l'égoïsme politique s'appellera *non-intervention;* la conquête injuste *annexion,* et si la trahison s'en est mêlée, elle rentre dans *les moyens moraux* auxquels on se vante de recourir. Et pourquoi ? Pour arriver à mettre l'Église dans des conditions *d'extra-territorialité* (1). A quoi bon ces barbarismes hypocrites? A quoi bon se prévaloir d'une ombre de morale quand il n'y a pas de morale et que la mort n'est qu'une *dépersonnification?*

Et comme le néologisme d'acception altère les notions morales, il amoindrit les notions religieuses et par là même il les efface. La matière vaut qu'on y insiste : il importe trop de n'être ni dupe ni complice des ennemis de notre foi. Or elle est bien réellement menacée par ces abus qui transportent les mots sacrés aux choses profanes. Un héros de barricades *confesse* devant les juges *sa foi politique* et se vante d'en être *martyr.* Une femme *adore* la musique. Un Lamartinien attardé rêve de *communier* à la nature ou avec la nature, car l'un ou l'autre est assez de mode. V. Hugo, en 1870, appelait *Concile des idées* le conventicule napolitain qui prétendait singer l'assemblée du Vatican. Autant de termes sacrés avilis par un usage profane. Mais voici l'inverse. Les croyances que nous tenons sur la foi de Dieu même deviennent de pures *opinions religieuses,* ou moins encore ; on les réduit à je ne sais quel *sentiment religieux.* On vante un mourant de n'avoir pas repoussé *les consolations de la Religion.* Qu'est-ce à dire ? Est-il mort muni des sacrements de l'Église ou seulement n'a-t-il pas voulu, par politesse, consigner le prêtre à sa porte ? « Langage creux et païen, » remarquait justement Mgr Pie dans l'oraison funèbre de Lamoricière (2). Un autre grand évêque plaignait certains croyants de n'oser plus même appeler du mot propre les choses de

---

(1) Jules Favre.
(2) Mgr Pie, t. V, p. 502.

leur foi et de leur culte (1). Faiblesse en effet, mais surtout danger, danger d'en perdre la conception précise et du même coup la possession assurée. Par ces abus de langage, par ce pêle-mêle du sacré et du profane, l'idée même du surnaturel est en péril.

On nous juge excessifs peut-être, et — que sait-on ? — en contradiction avec nous-mêmes ? N'avons-nous pas dit que le mot, quand il se détache d'une idée, la laisse immuable en soi comme l'objet qu'elle représente (2) ? Assurément. Mais alors nous parlions de l'idée telle qu'elle doit être, telle qu'elle est en droit et pour l'esprit qui conçoit bien. Ce qui est présentement en question, c'est l'idée vraie ou fausse que l'on a des choses, celle qu'on en prend de fait et à tort ou à raison. La première est immuable comme l'objet, celle-ci changeante comme notre esprit même. C'est elle qu'il importe de maintenir, comme c'est elle que menacent les termes employés à faux. Si je dis *foi* politique, la notion profanée demeure en elle-même ; la foi reste l'adhésion surnaturelle de l'âme à la révélation divine ; elle garde le droit d'être entendue ainsi ; mais dans l'esprit qui m'écoute la voilà bien ravalée, elle tombe au niveau des convictions, voire des opinions humaines. Inaltérable en droit, l'idée est compromise en fait. Notons d'ailleurs que le danger serait moindre si, en passant à un objet nouveau, le terme se détachait absolument et visiblement de son objet propre, si, en s'abaissant à la politique, le mot de *foi* cessait en fait d'ap-

---

(1) « A force d'être plongés dans une atmosphère de scepticisme et de tolérance, leurs lèvres ont perdu la trempe que leur avait donnée le baptême, et n'ont plus assez de ressort pour prononcer ces grandes expressions venues de l'Évangile et du Ciel. Quand l'occasion de les employer se présente, ils s'épuisent d'efforts et font des prodiges de souplesse pour échapper à la nécessité d'en faire usage. Ils n'y réussissent que trop souvent, et rien n'est plus fréquent de nos jours que de trouver des catholiques dont le langage est à peine chrétien sur les questions de foi. » (Mgr Plantier, évêque de Nîmes : *Mandement de 1864* ; *OEuvres*, t. I.)

(2) Chap. III.

partenir à la religion. Mais il n'en est rien. Le mot reste à double usage et dès lors à double entente, ou plutôt de cette équivoque ressort une insinuation perfide : la foi n'est qu'une conviction comme une autre ; toute conviction vaut la foi. Parlez d'*opinions* religieuses et le résultat sera le même : la croyance des chrétiens est donc chose humaine, chose frêle et fugitive comme l'opinion.

Qu'on y prenne garde : l'erreur du temps, le grand péril pour l'intelligence contemporaine est le *naturalisme* (1), la négation de tout ordre surnaturel. Or cette négation est en principe dans les abus que nous dénonçons, elle court et circule avec eux de bouche en bouche. Rien de plus manifeste. Comment concevons-nous l'ordre surnaturel ? Le mot le dit : par différence, par opposition à l'ordre de nature. Effacez la différence et la notion même s'en va. Si j'appelle communion à la vie universelle le rêve sensualiste qui mêle mon âme au grand tout, que devient à mes yeux la communion sacramentelle ? Le même rêve avec un autre objet. Si un Barabbas de club est à mes yeux le martyr de sa foi politique, le martyr de Jésus-Christ sera-t-il longtemps autre chose qu'un entêté de religion ? Si, avec Lamartine, j'appelle grâce l'inspiration du génie, la grâce même de Dieu ne m'apparaîtra plus guère distincte des heureux mouvements de la nature, et la logique aidant, le néologisme m'aura fait pélagien. Avec tout le respect que nous devons au croyant qui voudra bien nous lire, disons nettement que nous le plaindrions de ne voir là que minutie. Non certes ; il importe que la vérité révélée ait sa langue à part : voilà pour garder ses notions inaltérables. Ne rabaissons pas le divin par des assimilations profanes, mais aussi respectons les termes sacrés comme les vases de l'autel. Saint Paul disait : *Depositum*

---

(1) C'est le mot même du Concile du Vatican. (*Constitutio prima de fide. Proœmium.*) Nous ne le confondons pas avec le naturalisme littéraire, nouveau nom du vieux réalisme.

custodi, devitans profanas vocum novitates (1). Nous ne lui faisons pas violence en traduisant de la sorte : « Pour garder le plus cher des dépôts, évitez ces néologismes qui seraient des profanations. »

Aussi bien, n'y eût-il en jeu que des intérêts moindres, le devoir de l'écrivain sérieux est net et simple. Qu'il suive l'usage et en même temps qu'il contribue de toute son influence à le maintenir dans la droite voie. Qu'il résiste aux nouveautés de vogue et se fasse plutôt récalcitrant et retardataire. De grands exemples ont montré que ce n'est pas là renoncer à la renommée, à la gloire même. Qu'il fréquente avant tout les maîtres de notre langue. Il apprendra mieux ensuite d'un petit nombre de contemporains illustres à quelles conditions on peut encore être entendu et goûté du siècle, tout en continuant de parler français.

(1) I Tim. vi, 20.

CHAPITRE V

L'idée complexe et la raison.

I

L'idée complexe ou jugement implicite. — La raison y peut trouver la vérité. — Elle y veut la justesse absolue (vérité) et la justesse relative (opportunité). — Logique du style. — Classification des idées complexes.

Quand Bossuet désigne Dieu par cette périphrase grandiose : « Celui qui règne dans les cieux et de qui relèvent tous les empires...; » quand l'enfant chrétien dit familièrement « le Bon Dieu, » nous avons là de part et d'autre plus qu'un mot et moins qu'une phrase, plus qu'une idée simple et moins qu'un jugement explicite. C'est une expression composée, c'est une idée complexe ; une idée, car tout se borne à représenter un objet unique ; mais une idée complexe, parce qu'elle implique un jugement, une affirmation. Après tout, Bossuet et l'enfant n'offrent à l'esprit que la notion même de Dieu ; mais l'un affirme de lui la royauté souveraine, l'autre lui attribue implicitement la bonté.

Ces idées complexes, ces expressions résultant d'un jugement implicite, sont comme un second élément de la parole. Elles y abondent sous formes diverses ; elles y font une assez large part de ce qu'on appelle le style figuré (1). Cela étant, n'y aurait-il point profit à les réunir sous une loi commune ? Essayons-le.

(1) N'opposons point, comme Rivarol, le style figuré au style naturel :

Il va sans dire que toutes les facultés concourent à la formation de l'idée complexe comme au choix entre les idées simples. Nombre de ces expressions font image ou respirent un sentiment. Mais ici la raison a des droits plus étendus, plus intéressants par le fait même. Dans l'idée simple, elle ne trouvait qu'un germe incomplet de vérité, une pure convenance du mot avec ses entours. L'idée complexe lui peut offrir la vérité proprement dite, l'affirmation, implicite de forme il est vrai, mais réelle et dès lors vraie ou fausse. De même ces expressions peuvent, comme l'idée simple, être choisies avec plus ou moins de bonheur, s'adapter plus ou moins bien, se lier plus ou moins étroitement à la pensée principale où on les rattache. La raison a donc le droit d'y chercher et le devoir d'y mettre une double justesse : la justesse absolue, — c'est la vérité même du jugement implicite, — la justesse relative, — c'est l'heureux accord de ce jugement avec la pensée principale ; — en deux mots, vérité, opportunité. Ainsi avons-nous la loi commune à toute idée complexe, loi simple mais de conséquence et sur laquelle nous devons appuyer un peu.

Il est vrai que Dieu règne dans les cieux et que de Lui relèvent tous les empires. Il n'est pas moins vrai que Dieu est bon. La périphrase grandiose et la formule populaire ont l'une et l'autre une justesse absolue.

Mais Bossuet pouvait, avec la même vérité, désigner Dieu par des attributs tout autres. Pourquoi celui-là ? Et dans les cas analogues, d'après quelle règle devrons-nous choisir ? Un peu d'attention nous fait voir entre l'expression figurée et l'action que prête à Dieu la pensée principale un rapport exact, un lien logique étroit. Pourquoi

---

quoi de plus naturel que les figures ? Opposons-le plutôt au style rudimentaire et de logique pure, qui procéderait par affirmations ou négations directes, uniformes et nues. Avec les rhéteurs, appelons figure tout artifice appréciable de langage, et notons bien que tout ce qui est artifice est loin d'être artificiel.

Dieu se glorifie-t-il de faire la loi aux rois terrestres et de leur donner, quand il lui plaît, de grandes et terribles leçons ? Précisément et directement parce qu'il est le roi céleste et le suzerain des empires. Quel meilleur fondement à ce droit pratique ? Ici donc le rapport de l'idée complexe à la pensée principale est celui de la cause à l'effet. Ailleurs ce sera plutôt opposition.

> Les délices de Rome en devinrent l'horreur,

dit Racine, et la sinistre métamorphose de Caligula est rendue plus frappante par le contraste de sa première popularité. Quand le même Racine écrit :

> Celui qui met un frein à la fureur des flots
> Sait aussi des méchants arrêter les complots ;

c'est la similitude qui fait le nœud entre l'idée du premier vers et la pensée achevée dans le second. Causalité, opposition, similitude : il semble qu'on puisse réduire à ces trois genres le rapport de l'idée complexe avec la pensée principale. Mais ce rapport est nécessaire. Avec et après le bon choix des idées simples, il concourt puissamment à la logique du style, logique voilée au premier regard, mais qui charme la raison bien avant qu'on ait le temps d'y prendre garde. Joubert a noté « qu'il se fait dans l'esprit une continuelle circulation d'imperceptibles raisonnements. » Autant pouvait-il en dire du style. Pour être ferme, nerveux, plein, serré, car toutes ces métaphores se touchent presque jusqu'à l'identité pratique, il lui faut cette logique intime, cette puissante cohésion des détails s'appelant tous et se justifiant les uns les autres, vrais anneaux d'une chaîne souple mais forte et d'où rien ne se peut détacher.

L'idée complexe n'est, à le bien prendre, que l'épanouissement d'une notion simple, et elle se ramène facilement à l'une de ces deux catégories. Tantôt enveloppant l'objet d'un jugement implicite qui le caractérise, elle nous l'offre sous une forme équivalente. Là reviennent surtout la périphrase, la comparaison, la métaphore, l'allégorie. Tantôt elle achève la notion simple en la qualifiant par un des attributs qui lui conviennent : c'est le cas de l'épithète par exemple. Examinons brièvement ces quelques formes. Nous y verrons commandée par le bon sens la double justesse, absolue et relative ; en même temps et par occasion, nous en étudierons la raison d'être et l'emploi dans le style. Quelques-unes, il est vrai, comme la comparaison et l'allégorie, peuvent remplir toute une pensée, tout un développement, en quoi elles dépassent, à parler en rigueur, le cadre de notre présente étude. Mais elles peuvent de même s'enfermer dans les limites d'une expression, d'une idée complexe, et voilà qui nous donne droit de les étudier ici une fois pour toutes.

II

Les équivalents. — La périphrase. — Les colères romantiques. — Où employer la périphrase ? — Pascal et Blanqui. — Les équivalents par similitude. — La comparaison. — Sa valeur devant l'imagination et la raison. — La métaphore. — Sa supériorité sur la comparaison. — L'allégorie. — Sa supériorité sur la métaphore. — Difficulté spéciale des personnifications allégoriques. — Approfondir les rapports sans les outrer. — Métaphores incohérentes.

Au premier rang parmi les équivalents, se présente *la périphrase,* définition ou description partielle substituée au nom propre et simple de l'objet ou de l'action. Nous connaissons cet artifice de langage, et c'est un exemple de périphrase que nous emprunterons tout d'abord à Bossuet. On sait d'ailleurs les colères du romantisme :

J'ai de la périphrase écrasé les spirales,

s'écrie V. Hugo, et le plaisant de la chose est qu'il en fait une en le disant. Mais pourquoi tant de haine ? Par réaction contre les excès de la dernière école prétendue classique.

De fait la périphrase y fleurissait à côté de l'expression générale ; elle servait de même à déguiser mille réalités estimées choquantes. Là-dessus le romantisme poussait le mot propre jusqu'à la bravade : abus contre abus. La périphrase a du bon, mais à sa place. Pascal a dit : « Il y a des lieux où il faut appeler Paris Paris, et d'autres où il le faut appeler capitale du royaume. » Et quels sont-ils ? Quand la périphrase vaut-elle mieux que le nom simple et court ? Quand elle a une grande justesse relative, un rapport étroit avec la pensée principale. Appelons donc Paris « la capitale de la France » si cet attribut met mieux en lumière le rôle que nous donnons actuellement à la grande ville. Nous aurions dit par exemple à l'indolent roi de Bourges : « Vous ne rêvez que fêtes et votre capitale est sous le joug. » Un historien de la Commune pourrait écrire : « La capitale révoltée comptait bien être suivie par les autres villes. » Ici l'attribut de capitale explique, à titre de cause, la présomption parisienne ; dans le premier exemple il rendait le malheur de Paris plus saillant par le contraste. A préférer le nom propre, nous perdrions de part et d'autre l'idée d'une relation significative. Au contraire, quand, le 15 mai 1848, à la tribune de la Chambre envahie, Blanqui, discourant au profit de l'émeute, appelait Rouen « cette ville qu'une voie ferrée relie à la capitale, » il n'y avait là qu'une banalité de langage, insipide en soi mais expressive d'ailleurs. L'homme capable en un pareil moment de faire sa phrase et de s'écouter la faire, parlait évidemment à froid et promettait par là même d'être redoutable à la façon de Robespierre. L'observation est d'un témoin, de Louis Veuillot.

En effet les passions vives s'accommodent rarement de la périphrase, elle est trop lente à leur gré. De même l'écrivain l'évite plutôt comme un poids et une gêne ou l'accueille à regret comme un expédient de style, un remède à d'autres inconvénients, l'équivoque par exemple. Elle ne lui agrée pleinement que si elle le sert par cette exquise opportunité que nous avons décrite : c'est alors une pensée de plus et partant une force. Ainsi la loi de justesse relative ne nous apprend pas seulement à la bien faire, mais à l'introduire à propos.

Il en est de même pour les équivalents fondés sur la similitude, pour la comparaison, la métaphore, l'allégorie. A tous il faut la justesse absolue, la vérité du jugement implicite, la ressemblance de fait entre l'équivalent et l'objet. A tous il faut la justesse relative, le rapport exact à la pensée principale, ce rapport qui fait l'opportunité de telle similitude, voire d'une similitude quelconque, ce rapport sans lequel nous aurions à comparer autrement ou même à ne point comparer du tout.

Venons au détail et remarquons en passant combien la *comparaison* proprement dite est selon le naturel du génie de l'homme. Voilà bien, dans ce procédé de pensée et de style, les deux modes ou, si l'on veut, les deux infirmités de notre connaissance : la succession qui nous oblige au rapprochement perpétuel ; le besoin du sensible qui nous incline le plus souvent à y chercher des analogies pour nos plus nobles conceptions. De là aussi le double charme de la comparaison deux fois juste, c'est-à-dire opportune autant que vraie. L'imagination y trouve son aliment propre, et l'intelligence une lumière facile. Il est vrai que l'analogie est rarement absolue ; toute comparaison cloche, dit-on. A supposer le contraire, encore n'aurait-elle pas force de preuve : comparaison n'est pas raison. Mais en somme l'esprit lui est grandement redevable : insuffisante à prouver, elle vaut du moins pour éclaircir ; incapable d'établir par elle-même un jugement, elle nous aide à concevoir une notion. Il y a plus : à défaut d'un argument proprement dit, elle apporte à la vérité une vraisemblance ; elle lui est une sorte de témoignage, selon la fine observation d'Aristote (1), le témoignage indirect qu'un

---

(1) Aristote : *Problème XVIII*, n° 3.

ordre d'objets rend à un autre dans l'ensemble si bien lié des œuvres divines. Ainsi quand Notre-Seigneur use de la comparaison ou des autres formes de similitude, ce n'est point là une preuve, une base rationnelle à notre créance; mais il y aura plaisir à noter, soit dans la nature, soit dans les relations simples de la vie, des analogies profondes avec ce qu'il enseigne de plus haut. Qu'on nous montre des images de la Trinité gravées dans le monde ou dans l'homme : voilà qui ne prouvera pas la réalité du mystère et qui ne nous l'aurait pas fait deviner. Mais le mystère une fois établi comme il doit l'être, notre foi trouve une jouissance fière à le voir écrit partout.

Joie de l'imagination, lumière de l'esprit : la comparaison n'est tout cela qu'au prix de la double justesse. Le rapprochement est nul quand il porte à faux, encore plus quand il est faux en soi-même. Voyez ces deux évêques allant et venant dans une galerie de Fontainebleau sous la conduite d'un page qui leur en fait les honneurs. Chapelain — car c'est lui qui nous les présente — se rappelle ici que la comparaison est un élément obligé du poème épique. Écoutez plutôt :

> Ainsi quand l'océan s'ébranle vers la grève,
> Et par un flux réglé, sans le secours des vents,
> Se roule toujours plus sur les sables mouvants ;
> Contre mont, flot sur flot, l'onde vive élevée...

Grâce du reste. Où est la vérité du rapport ? En quoi ressemble au flux et au reflux le va-et-vient de ces graves personnages ? Par-dessus tout, où est l'opportunité ? Quel besoin de nous rendre plus sensible la chose la plus naturelle du monde, mais encore d'y employer une similitude si complétement démesurée ? N'est-ce point abuser du

Parva licet componere magnis ?

Bossuet compare justement Henriette de France, intrépide parmi les ruines de la monarchie, à la colonne restée debout sous un palais écroulé. On voit, on comprend, on approuve. Mais voit-on et comprend-on vraiment quelque chose quand on lit cette phrase de Chateaubriand : « Quelquefois une haute colonne se montrait seule debout dans un désert, comme une grande pensée s'élève par intervalles dans une âme que le temps et le malheur ont dévastée (1)? » Est-ce vrai ? Est-ce clair ? et à quoi bon ? C'est que, si la comparaison est fille de l'imagination, elle n'obéit point à la fantaisie. Qu'elle égaie le bon sens populaire, qu'elle aide aux élans oratoires ou aux poétiques peintures ; toujours la faut-il vraie, lumineuse, en accord avec la situation et justifiée par cet accord même. Il y aurait plaisir à la trouver telle dans Homère, dans Virgile, dans Bossuet par exemple ; mais ce serait matière à tout un livre. Avançons.

Plus intéressante encore et plus complétement humaine est *la métaphore*, la métaphore que nous faisons continuellement et sans y prendre garde, comme M. Jourdain faisait de la prose, mais qui mériterait bien ici l'honneur d'un moment de réflexion. La comparaison ajoute à l'objet un équivalent, et elle prend soin d'accuser entre eux la similitude. Plus vive d'allure, la métaphore substitue l'équivalent à l'objet même sans nous avertir autrement de la ressemblance. La comparaison dirait : « Les passions qui bouleversent l'âme comme les orages la nature... » La métaphore dit d'un mot : « Les orages de l'âme. » A nous d'apprécier la similitude qui autorise la substitution, c'est-à-dire la vérité de la comparaison implicite ou la justesse absolue de la métaphore. Dans cette comparaison abrégée, l'esprit trouve de quoi satisfaire et son besoin de rapprochement et, le plus souvent du moins, son goût du sensible, mais de plus son ambition de synthèse rapide, puisque tout se fait en un mot. On entend par suite que le poète s'attarde plus volontiers à déployer ses comparaisons, et que le prosateur les resserre plutôt en méta-

---

(1) *René.*

phores : il a droit d'être plus pressé. Par nature aussi, la métaphore excelle à conclure une comparaison précédente, à en ramasser toute la force, en identifiant par une substitution hardie les deux termes juxtaposés tout d'abord. C'est un artifice cher à Bossuet. A-t-il, d'après Isaïe, assimilé à un lépreux Jésus-Christ souffrant : « O saint et divin lépreux ! » s'écrie-t-il, et nous goûtons dans l'apostrophe toute l'énergie de cette similitude que les développements précédents nous avaient déjà rendue familière (1). Ailleurs, suivant toujours le même prophète, il montre amplement que l'âme pécheresse ressemble à un vase brisé ; puis, se résumant d'un mot, il admire avec une audace originale « l'étrange état de cette âme *cassée* et *rompue* (2). » Ou bien il décrit le pécheur obstiné comme un chêne encore debout mais déjà mort et attendant la cognée : « Bois aride, Dieu n'a pas encore frappé ta racine (3). » La pensée éclate avec toute sa force dans cette assimilation directe. On y voit et la double justesse requise de la métaphore et l'énergique brièveté par où elle l'emporte sur la comparaison (4).

L'allégorie sera la métaphore continuée. Comme la métaphore simple, elle substitue immédiatement l'équivalent à l'objet sans accuser explicitement le lien qui les rassemble ; mais cette fois la substitution ne s'arrête pas à un seul terme ; la pensée comprend plusieurs équivalents empruntés au même ordre de similitude, plusieurs mots métaphoriques justifiés par le même rapport. Citons encore Bossuet : « Quand j'entends quelquefois discourir des mystères du royaume de Dieu, je sens mon âme comme échauffée…; faut-il faire le premier pas de l'exécution : le moindre *souffle* du diable *éteint* cette *flamme* légère et

---

(1) Bossuet : *Premier sermon pour le Vendredi-Saint*, exorde.
(2) *Premier sermon pour le premier dimanche d'Avent.*
(3) *Ibidem.*
(4) *L'allusion* n'est le plus souvent qu'une métaphore fondée sur une similitude historique. Condé dormant au matin de Rocroi est bien, comme dit Bossuet, un autre Alexandre. Rien de plus à noter.

volage qui ne *prend* pas à sa matière mais qui *court* légèrement par-dessus (1). » Ce n'est point ici comparaison, parce qu'il y a substitution directe des notions d'emprunt aux notions premières; en même temps il y a plus qu'une métaphore simple et autre chose que des métaphores successives, puisque voilà dans la même pensée cinq équivalents également fondés sur la ressemblance de la flamme et du désir.

Cette ressemblance, Bossuet ne l'a donc pas vue et touchée en un seul point ; il l'a suivie dans toute son étendue ; il n'a pas effleuré le rapport entre deux objets, il l'a épuisé. Marque de puissance personnelle, de profondeur et d'attention; mais tout ensemble supériorité manifeste de l'allégorie. Accumulez des métaphores diverses : mon esprit, suivant le vôtre, voltige légèrement de similitude en similitude, d'objet en objet; insistez sur un même rapport : je le pénètre, je l'approfondis et il me rend toute sa lumière. Souvent la veine est assez riche pour que l'allégorie dépasse les étroites limites d'une phrase et fasse à elle seule un beau et large développement (2). Mais ample ou resserrée, elle a toujours cette force que donne l'insistance en un même point.

Toutefois cette insistance a des limites dans la nature même des choses. Prenons garde à un certain enthousiasme d'imagination qui nous ferait outrer de bonne foi des ressemblances d'ailleurs réelles, et si les objets se touchent par un ou deux points, n'allons pas vouloir, pour la beauté du fait, qu'ils coïncident par toute leur étendue. Avant tout, prenons garde à l'ambition de trouver merveille. C'est le lieu de se rappeler que l'ordre, c'est-à-dire

---

(1) Bossuet: *Troisième sermon pour le premier dimanche de Carême*, 3ᵉ point. La même allégorie se retrouve dans le premier sermon pour la Conception, 2ᵉ point.

(2) Voir dans Bossuet le célèbre fragment sur la vie humaine comparée à un chemin dont l'issue est un précipice ; ou dans Veuillot le rapprochement de l'aurore et des premières lumières de Dieu dans une âme. (*L'Honnête Femme*, XXXI.)

la fidélité au vrai, est le meilleur garant de la puissance. Ainsi la raison peut sembler une forteresse où l'homme trouve asile. Mais que penser de cette phrase de Danton et d'une époque où elle paraissait éloquente? « Je me suis retranché dans la citadelle de la raison ; j'en sortirai avec le canon de la vérité et je pulvériserai mes ennemis (1). »

Qui rend fausses et glaciales ces personnifications allégoriques si chères au dix-huitième siècle et que, par un juste châtiment de son paganisme poétique, le dix-septième siècle lui-même ne dédaignait pas assez? N'est-ce pas le symbolisme outré qui de cette vertu ou de ce vice vous fait un personnage complet, armé ou vêtu de pied en cap, suivant cette mode ou cette autre? Donnez à ces personnalités fuyantes des contours un peu flottants, un corps plutôt diaphane, et faites-les passer rapidement devant nos regards ; mais n'appuyez pas les traits et ne posez pas devant nous une sorte de statue de marbre dont nous puissions discuter les détails. Quand Klopstock nous montre au bord de l'enfer « la pâle Épouvante, éblouie et muette, contemplant avec des yeux gonflés ces profondeurs, » notre imagination accepte cette vision exacte et rapide. Elle protesterait si le poëte s'avisait de nous dire l'âge de l'Épouvante et la couleur de sa robe et les attributs qu'elle porte en main.

Dans une pièce de la belle époque, Victor Hugo comparait son âme à une cloche qu'il avait vue souillée d'inscriptions impies. Rien de mieux jusque-là ; mais pourquoi, l'instant d'après, nous peindre les passions

> Qui viennent bien souvent trouver l'homme au saint lieu,
> Et qui le font *tinter* pour d'autres que pour Dieu (2)?

Que l'âme ressemble à la cloche par la destination et le baptême, qu'elle soit de même « un vierge métal » où des mots profanes ont défiguré après coup le nom de Dieu : à

---

(1) *Moniteur* réimprimé. 1ᵉʳ avril 1793.
(2) *Chants du Crépuscule.*

la bonne heure ! Mais donnerez-vous à l'âme une robe de bronze, un battant de fer, la ferez-vous tinter, sonner en volée? On nous dira peut-être que tel ascète n'en aurait pas eu scrupule, et qu'il serait facile d'emprunter à la littérature pieuse du moyen âge et du seizième siècle des exemples encore plus étranges. C'est un fait et nous le regrettons. Renouvelées aujourd'hui, ces erreurs de goût pourraient être fort dangereuses ; à distance même et dans leur lointain historique, elles offrent à la sophistique moderne un prétexte contre la foi. Mais après tout, fussions-nous en temps de croyance vive et simple, en plein treizième siècle par exemple, bien que plus inoffensives, ces analogies à outrance nous déplairaient encore. La simplicité chrétienne répugne à l'illusion même innocente, et le vrai ne veut être servi que par le vrai.

La route à suivre est donc entre la puissance fausse qui dépasse les relations réelles des choses et l'impuissance qui effleure sans jamais approfondir. Impuissance dont le pire effet est d'accumuler parfois dans une même pensée des métaphores disparates, de figurer à la fois un même objet sous des traits incompatibles. Est-il besoin de rappeler cette faute grossière? Et pourquoi non? Le génie même y tombe, quand il ne veille pas d'assez près. Corneille a dit de Rome :

> Cette haine des rois, que depuis cinq cents ans
> Avec le premier lait *sucent* tous ses enfants,
> Pour l'arracher des cœurs est trop *enracinée* (1).

Et que d'oublis de ce genre dans le parlage incessant où nous condamnent nos institutions modernes ! Joseph Prudhomme a fait lignée. Tel personnage politique reste littérairement célèbre par son *torrent éclipsé* (2); tel autre,

---

(1) Corneille : *Cinna*, acte II, scène 1.
(2) M. Gambetta. Tout n'est pas chargé dans le discours de réception à l'Académie que prêtait d'avance à cet homme politique un provincial de belle humeur. (V. Pontmartin : *Nouveaux Samedis*, t. IX, p. 71.)

présidant une fête scolaire, fait des études classiques un *foyer de culture,* ou de la Faculté des lettres un *laboratoire* qui *prend du champ* comme un jouteur, *déborde* comme un fleuve, et *campe* sous des baraques à la façon des armées en campagne (1). Plaignons l'homme obligé par situation de parler beaucoup plus qu'il ne lui est possible de réfléchir.

III

Les qualificatifs. — L'épithète. — L'épithète de circonstance. — Un avis de Ronsard. — Vraie valeur de l'épithète de nature. — Conclusion.

Il nous reste à dire un mot bref des qualificatifs. Avec la notion qu'ils déterminent, ils composent, eux aussi, une idée complexe : l'esprit s'arrête sur un objet unique et perçoit tout ensemble l'affirmation implicite d'une qualité. Ici encore, même loi de vérité et d'opportunité, de justesse absolue et relative. Tout serait dit s'il n'y avait à insister quelque peu sur l'emploi de l'adjectif, cet ennemi du nom, disait Voltaire, bien qu'il s'accorde avec lui en nombre, en genre et en cas. De fait, l'adjectif est une des forces du style ou il en est la plaie : il n'y a pas de milieu.

Maury définit *l'épithète*, l'adjectif qui ajoute (2). Pourquoi pas, l'adjectif qui est ajouté ? Ce serait plus étymologique et plus juste. L'épithète est bien ce compagnon utile mais non pas nécessaire, qui s'unit au nom pour lui rendre service, mais pourrait disparaître sans emporter avec lui le fond de la pensée. Dans le beau vers de Racine :

---

(1) M. Jules Ferry : « Les études classiques entretiennent le foyer de culture où se maintient la trempe simple et forte de l'esprit français. » (Distribution des prix au concours général, 1881.) — « Grâce à vous, la Faculté des lettres est devenue, elle aussi, un laboratoire ; elle aussi a pris du champ, elle a débordé son étroite enceinte ; en attendant qu'on la loge, elle campe modestement, bravement, sous des baraques comme il convient à une armée en campagne. » (Même circonstance, 1883.)

(2) *Essai sur l'éloquence de la chaire,* XXXVII.

> Je t'aimais inconstant; qu'eussé-je fait fidèle?

il n'y a point d'épithète; les deux qualificatifs sont indispensables, ils sont tout.

Quant à l'épithète proprement dite, elle est *de nature* ou *de circonstance*. Où est le fondement de cette distinction élémentaire? Dans la différence de la justesse absolue à la justesse relative. Si l'adjectif n'a que la première, s'il n'attribue aux objets qu'une qualité inséparable de leur essence même, nous avons l'épithète de nature, l'épithète qui est toujours de saison. Homère a droit d'appeler partout la mer *infertile* ; Fénelon peut montrer en toute occasion les brebis bêlantes et les agneaux bondissants. Plus riche et plus forte, l'épithète de circonstance unit les deux justesses; elle convient aux objets, c'est le moins; mais en outre elle leur convient précisément à raison de la situation actuelle, ici l'expliquant à titre de cause, ailleurs la relevant par contraste.

> L'heureux Aman a-t-il quelques secrets ennuis?

Dans ce vers, l'épithète plaide contre ces ennuis, inexplicables, ce semble, dans une telle fortune. Au contraire Bossuet en tire un admirable parti pour compléter et justifier sa pensée quand il dit : « Je ne sais pas même déplorer ma misère ni implorer le secours du Libérateur, faible et altier tout ensemble, impuissant et présomptueux. » On voit la supériorité de l'épithète de circonstance : actualité, c'est-à-dire vérité plus accomplie, concours efficace à la logique du style, charme pour l'intelligence en même temps que pour l'imagination. Ronsard écrivait à d'Elbeine: « Je te veux advertir de fuir les épithètes naturels *(sic)* qui ne servent de rien à la sentence de ce que tu veux dire, comme la rivière *courante*, la *verde* ramée... Tes épithètes seront recherchés pour signifier, et non pour remplir ton carme *(poème)* ou pour être oiseux en ton vers; exemple : le ciel voûté encerne tout le monde. J'ay dit voûté, et non ardant, clair ny haut ny azuré, d'autant qu'une voûte est propre pour embrasser et encerner quelque chose... » Il y a plaisir à recevoir cette leçon du poète chez qui l'on trouve les flûtes *doux-soufflantes,* les trompettes *haut-parlantes,* le tonnerre *aigu-tournoyant* et autres dépouilles homériques. Ronsard est plus sage en prose qu'en vers.

Toutefois ne le prenons pas au mot. Encore moins suivrons-nous le tranchant et superficiel Maury qui condamne absolument l'épithète de nature, ou même Quintilien qui ne l'accordait qu'aux poètes. On nous permettra, quant à nous, d'être moins sévères. Elle garde l'avantage de fixer l'imagination, et voilà qui est précieux, même en prose. Reste, bien entendu, l'obligation de se modérer dans l'usage. Bien faite pour la simplicité des peuples enfants, l'épithète de description pure, nous dirions volontiers l'épithète de son et de couleur, agrée pour un tout autre motif au sensualisme des époques raffinées : c'est l'abus. Mais l'abus est facilement évitable et l'épithète de nature n'en est pas déshonorée. A l'origine des langues, les philologues la retrouvent dans quelques-unes des racines connues, appliquant directement à l'objet une qualité universelle qui devient son nom propre (1). Dans nos littératures élégantes et vieillies, elle n'a point encore perdu tout à fait le privilège *d'illustrer* un substantif, comme parle Joseph de Maistre, et il n'y a pas que des qualificatifs de circonstance dans le passage où nous empruntons ce mot : « L'homme, dit le grand

---

(1) Tous les mots ont exprimé originairement un attribut, une qualité perçue d'abord dans les objets, puis conçue par l'esprit comme universelle et tout de nouveau appliquée aux objets comme leur caractéristique. Or le plus souvent ces attributs sont de véritables épithètes de nature. En sanscrit par exemple le soleil s'appelle *l'ardent, le luisant,* etc., les animaux sont *ceux qui paissent.* En anglais, *moon,* la lune, est *le mesureur; sun,* le soleil, *celui qui fait naître,* etc. — De là des conséquences graves pour la nature même de nos connaissances. Notons seulement que l'épithète de nature est là fort en honneur. (Voir Max Müller : *Leçons sur la science du langage,* leçon IV.)

écrivain, n'aime rien tant que de nommer. C'est ce qu'il fait par exemple quand il applique aux choses des épithètes significatives... L'heureuse imposition d'une épithète illustre un substantif qui devient célèbre sous ce nouveau signe. Les exemples se trouvent dans toutes les langues ; mais pour nous en tenir à celle de ce peuple qui a lui-même un si grand nom puisqu'il l'a donné à la franchise ou que la franchise l'a reçu de lui, quel homme lettré ignore l'*avare Achéron,* les *coursiers attentifs,* le *lit effronté,* les *timides supplications,* le *frémissement argenté,* le *destructeur rapide,* les *pâles adulateurs* ?... » De fait, une épithète heureusement choisie a parfois cette fortune de s'incorporer au nom comme un achèvement nécessaire et de passer avec lui par toutes les bouches. L'histoire dit depuis longtemps *Charlemagne.* Le christianisme avait trouvé au fronton des temples païens la belle légende, *Jovi Optimo, Maximo* ; et il a consacré, en l'adoptant, ce témoignage de l'âme naturellement chrétienne. C'est le christianisme surtout qui, en se greffant sur le bon sens français, a uni plus étroitement encore, plus universellement à l'idée de Dieu l'idée de bonté suprême. Chez nous du moins l'une ne va guère sans l'autre et Dieu s'appelle de préférence le Bon Dieu.

Il est un spectacle qui ne devrait pas lasser l'attention des apprentis du style — et les maîtres eux-mêmes n'ont-ils pas lieu d'apprendre toujours ? Nous voulons dire le spectacle de l'esprit humain aux prises avec les menues difficultés de la parole ou plutôt de la pensée telle que Dieu l'a faite en nous. Condamné aux lenteurs de la perception successive, au rapprochement, à l'usage du sensible, son impatience le rend ingénieux. Il se retourne et se replie de cent manières, tantôt déployant une idée en équivalents significatifs, tantôt abrégeant en un mot le résultat d'une longue opération mentale, partout curieux de justesse absolue et de justesse relative, d'exactitude et d'à-propos ; partout habile à nouer les idées mais par des nœuds invisibles, à en composer ce qu'on a si bien nommé la trame du style, mais avec une souple aisance qui cache l'effort et du même coup relève le mérite, au moins pour les yeux attentifs. Nous n'avons pas vu autre chose dans ce chapitre tout plein de détails pratiques. Il nous reste à le voir mieux encore en étudiant le troisième et dernier élément du style, la pensée complète et isolée, le jugement explicite, la phrase, car c'est tout un.

CHAPITRE VI

La pensée, ou phrase, et la raison.

I

Si la phrase est chose sérieuse. — La phrase, pratiquement identique à la pensée. — Toutes les facultés y concourent. — Part de la raison : vérité, clarté. — Condition de l'une et de l'autre, achèvement de la pensée. — S'il faut toujours la livrer tout entière. — Réticences illégitimes : manie de laconisme, profondeur affectée, fraude. — Réticence légitime et agréable. — Elle suppose la pensée achevée dans l'esprit.

Le seul nom de phrase n'éveillera-t-il pas la défiance, le dédain peut-être? Quelques-uns n'attendent guère que des minuties de rhéteur. D'autres sont habitués, et pour cause, à considérer la phrase comme un nuage brillant ou comme un groupe de bruits sonores fait pour couvrir à l'œil et à l'oreille le néant de la pensée. Le pire est que leur mépris passe volontiers jusqu'à l'art d'écrire, et ce n'est leur faute qu'à demi. Tant de gens écrivent ou jugent comme si tout le style était dans la phrase, et toute la phrase dans les sons! Dieu leur pardonne et à ceux dont ils ravalent ainsi les idées! Pour nous, sans réduire là tout le talent de l'écrivain, sans en faire, comme disait Malherbe, « un excellent arrangeur de syllabes, » nous prenons à la phrase un grand et sérieux intérêt. Pourquoi? Parce que, dans le réel et le pratique, la phrase c'est la pensée même. C'est l'âme elle-même prise sur le fait dans la plus courte de ses évolutions complètes ; c'est l'âme entière, ce sont toutes les facultés concourant à faire l'ordre et le mouvement de la pensée, s'en disputant la direction et menant tout à bien si elles tempèrent leur influence d'après leur hiérarchie essentielle et les convenances de leur objet commun. Non, la phrase n'est pas tout l'art d'écrire et, pour tourner bien une phrase, on n'est point d'emblée un écrivain. Par contre, il est rigoureusement vrai que tous les éléments de l'art d'écrire se retrouvent dans une phrase bien faite, c'est-à-dire encore une fois toutes les facultés, toute l'âme, tout l'homme. Qui refuse de l'entendre ainsi est en droit de mépriser la phrase, voire même la littérature; mais nous craignons qu'il ne manque de philosophie et nous l'avertissons à coup sûr que, s'il écrit jamais bien, même une phrase seule, ce sera rencontre et hasard.

Ne soyons, s'il plaît à Dieu, ni rhéteur au bas mot ni métaphysicien à outrance; mais observons et raisonnons. Tout se passe, nous le savons, dans le commerce du langage et même dans la méditation réfléchie, comme si la pensée et la phrase ne faisaient qu'un. Toutefois la logique distingue ces deux éléments que la pratique identifie, et par suite il nous est loisible d'envisager plus immédiatement l'un ou l'autre. Si nous écrivions pour des enfants, nous commencerions volontiers par le côté le plus sensible; nous irions à l'idée par le mot, à la pensée par la phrase. Cherchons plutôt la phrase dans la pensée; c'est suivre l'ordre logique; c'est passer de la cause à l'effet ou plus exactement de la substance au phénomène. Aussi bien pour une intelligence quelque peu mûre il n'y a pas ombre de difficulté.

Toutes les facultés de l'écrivain ont obligation de concourir à l'ordre et au mouvement de la pensée, parce que cet ordre et ce mouvement doivent satisfaire à toutes les facultés du lecteur. Avant tout, la raison exige d'une part et procure de l'autre la vérité, la clarté.

La pensée complète c'est le jugement explicite, l'affirmation ou la négation formelle de la convenance entre deux notions. Ample ou resserrée, simple et directe ou chargée de modifications et d'incidences, en somme elle revient toujours là. Or elle est vraie quand elle affirme des convenances ou des incompatibilités qui sont dans la nature; fausse quand elle contredit aux relations véritables des choses, à leur nature par conséquent.

Mais cette vérité, il la faut claire, c'est-à-dire visible, facile, entrant du premier coup dans l'esprit. Exigence de race, bien humaine, par là même universelle; et cependant on la dirait plus impérieuse en France que partout au monde.

Or à quel prix la vérité, la clarté? Au prix de cet effort de réflexion qui achève la pensée, qui la pousse ferme et droit jusqu'au bout d'elle-même. Le plus souvent ce n'est d'abord qu'une lueur vague : on pressent un rapport, on l'entrevoit tout au plus. Et voilà qui suffit aux talents faciles, c'est-à-dire à ces esprits légers, prompts et courts, à jamais incapables du vrai talent. Mais l'esprit sérieux ambitionne de passer outre. Son regard tendu vers l'objet démêle et fixe les contours d'abord flottants ; il sait attendre et dans cette patience active, ardente, quelquefois inquiète et douloureuse, la pensée s'achève, la lueur devient lumière. Ne voulût-il que jouir plus noblement de lui-même, achever ses conceptions serait œuvre de dignité bien entendue. S'il entreprend de penser pour d'autres, c'est de plus loyauté, justice, respect de l'intelligence humaine et de la vérité. Sans ce courageux travail d'achèvement, la pensée serait-elle claire, c'est-à-dire facile, pleinement lumineuse? Mais encore serait-elle assez vraie quand l'esprit qui la montre ne s'est pas donné le temps d'en égaler lui-même toute la vérité? C'est ici le point capital et la règle souveraine. Pour écrire clairement, prenons la peine d'achever nos pensées. Rude peine quelquefois, mais il faut nous y résoudre. Là seulement sont les profondes jouissances de l'esprit, là se trouve le maître secret du style et de la phrase en particulier.

Mais avant de nous en convaincre dans le détail pratique, répondons brièvement à une question qui se présente. Si l'homme qui écrit ou parle est rigoureusement tenu d'achever en soi-même sa pensée, l'obligerons-nous de la livrer tout entière, d'en achever la manifestation? Non vraiment; il est une réticence permise en bonne morale comme en bonne littérature, et il la faut distinguer avant tout de trois autres qui ne le sont pas. On n'a pas droit par exemple d'exiger que d'autres lisent sous des formules trop incomplètes ce qu'on y veut bien mettre et retrouver pour son propre compte. Certains esprits, en petit nombre, se font à leur usage une sorte d'algèbre littéraire, enfermant sous quelques signes brefs tout un monde d'allusions et d'intentions.

  Moi j'entends là-dessous un million de mots,

diraient-ils volontiers comme Philaminte ; mais de plus ils trouvent fort mauvais qu'on ne les y entende pas comme eux. C'est travers, manie, égoïsme irréfléchi qui ne sait pas se mettre en idée à la place du lecteur. Chez d'autres ce sera plutôt ambition de dominer en éblouissant. De là cette concision affectée, ce laconisme d'oracle où Victor Hugo par exemple se complaît parfois dans sa prose. Mais voici bien la pire des réticences illégitimes : ce n'est plus illusion ou vanité, c'est fraude pure. On laisse la pensée incomplète pour la laisser équivoque; on n'affirme pas mais on insinue; on fait entendre en se réservant de pouvoir ajouter comme Alceste, mais par un dessein tout contraire : « Je ne dis pas cela. » Art hypocrite des demi-jours, des demi-teintes, des *nuances*, art aujourd'hui poussé jusqu'à une perfection incroyable, art qui a savamment, habilement, élégamment vicié la langue française au point de la faire louche et tortueuse, elle qui avait, selon l'heureuse expression de Rivarol, « une probité attachée à son génie. » Qu'on relise dans certains journaux ou revues politiques les articles écrits sur la Question romaine de 1860 à 1870. Qu'on se rappelle la trop fameuse *Vie de Jésus*. C'est en effet contre l'Église et contre Dieu même qu'a le mieux servi cet art de réticence malhonnête et d'élégante perfidie.

Tout cela réprouvé comme il doit l'être, il est une réticence permise, excellente même quelquefois pour faire saillir la pensée. Quand Louis XIV disait à Villeroy vaincu : « On n'est plus heureux à notre âge, » la délicatesse du mot était surtout dans le sous-entendu. Au lieu de se séparer du général malheureux pour l'accabler, le monarque voulait bien ne faire qu'un avec lui dans la défaite. Le vieux Balzac écrit de l'Église : « Cette république naissante s'est multipliée par la chasteté et par la mort... » La pensée est juste et forte ; mais pourquoi ce qui suit ? « ... bien que ce soient deux choses stériles et contraires au dessein de multiplier. » Croit-on que nous ne l'entendions pas ? Glose malencontreuse et qui gâte tout. L'esprit n'aime rien tant que son travail propre ; ce qu'il trouve lui agrée bien plus que ce qu'on lui présente. Par ailleurs il redoute l'effort pénible, et voilà précisément les deux règles simples de la réticence légitime. Laissez-nous dans l'occasion quelque chose à deviner, quelque chose à faire, mais à faire sans trop de peine. Menez-nous par la main jusqu'à un dernier pas que nous aurons le plaisir de franchir seuls. La réticence est permise et utile quand l'esprit y peut suppléer sans effort.

Mais pour nous préparer ainsi la voie, il faut manifestement que vous l'ayez parcourue tout entière ; pour nous ménager le plaisir facile de vous deviner, il faut que vous vous entendiez parfaitement vous-même. Autrement notre esprit et le vôtre marchent au hasard. Ainsi la réticence bien faite suppose et commande l'achèvement intime de la pensée. C'est la loi, et nous allons voir que la clarté de la phrase en dépend.

II

La phrase d'après Aristote. — 1. Son autonomie due à l'achèvement de la pensée. — 2. Sa brièveté relative due à l'achèvement de la pensée. — Louis Veuillot abrégé par lui-même. — Principe de brièveté : les mots idées et les mots liaisons. — 3. Unité visible de la phrase due à l'achèvement de la pensée.

On ne dédaignait point la phrase au temps d'Aristote. Le grand philosophe prend la peine de la définir ainsi : « Un discours ayant par lui-même un commencement et une fin, avec une étendue facile à mesurer d'un coup d'œil. » Ainsi réclame-t-il pour elle trois caractères : existence individuelle ou autonomie, brièveté relative, unité visible. Qui les lui donnera? L'achèvement de la pensée.

Par là tout d'abord on détachera de la phrase tout ce qui n'appartient pas à son unité, tout ce qui de plein droit revient à d'autres phrases; membres parasites ou parenthèses. Mais il faut raisonner sur des exemples. Comment un historien de Bossuet, un homme qui avait longuement pratiqué ce grand modèle, a-t-il pu écrire ce qui suit? « Rester ignoré, ne paraître rien; — mais qu'ai-je dit? — n'être pas en présence de Celui qui seul est véritablement; que cet état, pour lui, eût une inexprimable douceur, on le pourra connaître par tant d'endroits de ses ouvrages où, sur cette disposition, il épanche librement son cœur : dans ses Élévations sur les Mystères, dans ses Méditations sur l'Évangile, dans son discours sur la Vie cachée en Dieu (1). » Comment Sainte-Beuve, lui qui allait être bientôt le svelte causeur du Lundi, a-t-il laissé échapper cette étrange phrase : « Le jour où pour le triomphe d'Auguste on célébrait ces jeux au cirque (les jeux Troyens) et où Virgile, ayant accompli le chef-d'œuvre de ses *Géorgiques*,

---

(1) Floquet: *Études sur la vie de Bossuet*, t. I, p. 244.

venait sans doute de Naples à Rome pour être témoin de tant de magnificences ; ce jour-là, où il ressentait en lui, dans cette âme de poëte qui est au plus haut degré l'âme de tous, cet immense besoin de paix et de félicité dans la grandeur, qui était alors le cri impérieux de tout le monde romain (besoin de paix si puissant et si véritablement sorti des entrailles de la terre, que le pieux et savant Tillemont n'a voulu y voir qu'une soif instinctive et un pressentiment de cette autre paix divine qu'allait apporter dans l'ordre moral le Sauveur du monde) ; ce jour où le temple de Janus enfin était fermé, ce qui ne se voyait que pour la troisième fois depuis la fondation de Rome (non pas qu'il n'y eût encore quelques troubles en Espagne (1)... »
— Nous ne sommes qu'aux deux tiers, mais il suffit.

Or voici l'explication de ces phénomènes de style. Dans la réalité des choses tout touche à tout. Mille relations se découvrent à la fois, entrelacées et luxuriantes comme la végétation d'une forêt vierge. Quelquefois l'esprit aimerait à n'en rien laisser perdre, et il entreprend de tout dire. Plus souvent il manque de force pour s'orienter et marcher droit parmi ces entrecroisements sans fin, c'est-à-dire en somme pour achever sa pensée. Car c'est bien en l'achevant par la réflexion qu'il pourra tout d'abord la démêler, l'abstraire, la séparer de ce dédale et lui donner ainsi son être propre et individuel. Pensées incomplètes et mal venues que celles qui se présentent ainsi emmêlées et enchevêtrées. Avec une réflexion plus patiente, ni Floquet ni Sainte-Beuve n'auraient admis ces phrases impardonnables. L'analyse plus vigoureusement poussée eût détaché les uns des autres ces membres qui s'embarrassent et ces relations qui s'étouffent, à peu près comme on détache le lierre ou les lianes de la branche qu'on veut cueillir. Point capital en matière de style. On dit aux écoliers : coupez vos phrases ; nous disons, nous, aux hommes

---

(1) Sainte-Beuve : *Études sur Virgile*.

qui écrivent : achevez la pensée, pour donner à la phrase l'existence à part, l'individualité, l'autonomie par où elle commence d'être claire et d'agréer à l'esprit.

Notons une autre conséquence. Achever la pensée, ce n'est plus seulement détacher la phrase des éléments étrangers et parasites, c'est l'alléger d'autres éléments bien à elle mais dont elle peut se passer. Tout à l'heure la réflexion séparait la pensée de ses entours, donnant du même coup à la phrase individuelle, sa totalité indépendante. Elle va faire plus.

Nos premières conceptions ont d'ordinaire quelque chose de flottant : elles se présentent à notre esprit et volontiers elles tomberaient de notre plume en formules redondantes et lâches. Le propre de la réflexion est de resserrer. S'agit-il d'un ensemble, d'une doctrine : plus on approfondit, mieux on résume. S'agit-il d'une pensée unique : plus on l'élabore, mieux on la condense. Ainsi la méditation qui achève les premiers aperçus élaguera de la pensée même et de la phrase certaines superfluités, certains compléments de rapports, vraiment inutiles parce qu'on les supplée sans peine, et d'ailleurs nuisibles par là même qu'ils sont inutiles. « *Obstat quidquid non adjuvat,* » observe justement Quintilien. Nous retrouvons donc ici la réticence légitime dont nous nous occupions tout à l'heure et nous la voyons due à l'achèvement de la pensée, à la plénitude de la réflexion.

Nicole dit des hommes : « Ils suivent témérairement les impressions des objets présents ou les opinions communément établies *parmi ceux avec lesquels ils vivent.* » Que perdrait-il à supprimer ces derniers mots ? Plus loin, après avoir établi que la grâce peut seule maintenir la paix, il ajoute : « Mais entre les moyens humains *qu'il est utile d'y employer,* il semble qu'il n'y en ait point de plus propre que de s'appliquer à bien connaître les causes ordinaires des divisions *qui arrivent entre les hommes,* afin de les pouvoir prévenir. » N'y aurait-il pas tout profit à décharger la phrase des deux incises que nous indiquons?

Mais faisons mieux ; voyons aux prises avec lui-même le maître de la concision vigoureuse, Louis Veuillot. Assurément la préface des *Libres penseurs* était, dès 1848, un morceau accompli. Et toutefois, vingt ans après, l'écrivain y trouvait à effacer encore. Citons dans sa première forme un des plus éloquents passages, en soulignant les détails retranchés depuis comme superflus. Il s'agit de 1848 et des frayeurs de la bourgeoisie.

« L'épouvante *(légitime épouvante)* monte au cœur des puissants de la terre ; ils se disent : Que ferons-nous et qu'allons-nous devenir ? La sueur au *front, la pâleur sur le* visage, on refait à la hâte un gouvernement. Mille efforts sont tentés pour écarter de la scène le peuple, cet effrayant acteur qu'on n'y attendait pas sitôt. Mais il veut jouer le rôle auquel la bourgeoisie l'a longuement dressé. Vainement on le refoule *dans la coulisse hérissée de canons :* implacable *et rugissant,* il assiége un rempart qu'il sent trop faible pour le contenir. Vainement on lui jette par-dessus la barrière les promesses, les décrets, les millions ; *il crie à la Bourgeoisie en repoussant ces* offrandes du danger et de la peur : « Ce que je veux de toi, c'est le sang de tes veines. » Et il est toujours là, l'œil hagard, le cœur plein de haine, les mains pleines d'incendies, repassant le souvenir amer de ses injures.

« ... Mon père est mort à cinquante ans. C'était un simple ouvrier sans lettres, sans orgueil ; mille infortunes obscures et cruelles avaient traversé ses jours remplis de durs labeurs, *et parmi tant d'épreuves* la seule joie de ses vertus inébranlables mais ignorantes l'avait un peu consolé... Il avait toujours eu des maîtres pour lui vendre l'eau, le sel et l'air ; pour lever la dime de ses sueurs ; pour lui demander le sang de ses fils ; jamais un protecteur *pour le défendre et pour le secourir ;* jamais un guide *pour l'éclairer, pour prier avec lui, pour lui apprendre l'espérance...*

« Mon père avait donc travaillé, il avait souffert et il était mort. Sur le bord de sa fosse *encore ouverte,* je songeai aux longs tourments de sa vie, je les évoquai, je les vis tous, et je comptai aussi les joies qu'aurait pu goûter, malgré sa condition servile, ce cœur vraiment fait pour Dieu ; joies pures, joies inénarrables et célestes, dont, par le crime d'une société que rien ne peut absoudre, il avait été brutalement privé. *Alors de la tombe du pauvre ouvrier sortit comme* une lueur de vérité funèbre *qui* me fit maudire, non le travail, non la pauvreté, non la peine, mais la grande iniquité sociale, le crime d'impiété par lequel est ravie aux déshérités de ce monde la compensation que Dieu avait attachée à l'infériorité de leur sort ; et je sentis l'anathème éclater dans la véhémence de ma douleur... »

Libre à chacun de pousser plus loin cette instructive étude. Elle est d'ailleurs facile. On voit vite le pourquoi des suppressions même les plus sévères en apparence. L'auteur a montré la Bourgeoisie s'efforçant d'écarter de la scène le peuple « cet effrayant acteur qu'on n'y attendait pas... » Quoi de trop dans cette courte phrase ? Un monosyllabe, une lettre ? Cela valait-il un trait de plume ? Eh ! sans doute ; le monosyllabe accuse un rapport de lieu trop évident par lui-même ; il est bien réellement superflu. Quel modèle ! Mais quelle matière à examen de conscience pour tout homme qui se mêle d'écrire ! Combien d'ouvrages on réduirait d'une grosse part, à ne leur enlever que les superfluités pures et les relations d'une évidence banale ! Mais il faudrait pour cela que les auteurs prissent sur eux de ne plus penser à demi.

Aussi bien peut-on généraliser et voici peut-être le principe de la brièveté savante et forte. Parmi les mots, les uns portent une idée entière ; ils offrent d'abord à l'intelligence un objet total et comme un point solide où se poser. C'est le substantif, le nom par excellence; le verbe, nom de l'action ; l'adjectif et l'adverbe qui nous font passer tout d'abord à la notion de la qualité correspondante. Les autres ne désignent qu'un lien logique entre idées : pronoms, prépositions, conjonctions, simples auxiliaires sans valeur ni signification complète. Pour ceux-là, l'esprit n'aime guère qu'on les prodigue. Ayant hâte de nouer ses idées, il s'impatiente quand le nœud se forme et se serre avec lenteur. En outre, comme il répugne à la peine, il en redoute même le spectacle; il souffre donc de voir la pensée se décomposer et se recomposer, laborieuse et quasi haletante, sous son attirail de pronoms et de conjonctions. Voulez-vous lui plaire ? Abrégez le circuit logique. Voilez l'opération mentale par où s'enchaînent vos idées ; poussez l'effort jusqu'à l'aisance parfaite et l'art d'écrire jusqu'à ce degré supérieur où il ne paraît plus. En pratique, achevez votre pensée jusqu'à simplifier autant que possible le nœud des parties ; élaborez votre phrase jusqu'à réduire le plus qu'il se pourra l'appareil artificiel des liaisons. Ainsi Bossuet en vient parfois à construire une phrase tout entière sans verbe : « Nos péchés contre nous, nos péchés sur nous, nos péchés au milieu de nous : trait perçant contre notre sein, poids insupportable sur notre tête, poison dévorant dans nos entrailles (1). » La Bruyère, au même temps, pratiquait merveilleusement cette brièveté nerveuse du style. A notre époque, nul ne l'a mieux entendue que Louis Veuillot. Il se peut même qu'on la juge excessive dans tel ou tel passage de ces deux maîtres. D'aucuns se plaignent que La Bruyère fatigue, et nous n'oserions pas affirmer que, sur la fin surtout, Louis Veuillot n'est pas çà et là quelque peu tendu. C'est un faible trop naturel à chaque homme d'outrer sa qualité dominante et le génie même n'y échappe guère.

A parler en général, cette brièveté doit être employée à sa place et toujours avec mesure. Elle sied par exemple

---

(1) Bossuet : *Troisième sermon pour le premier dimanche d'Avent*, 1ᵉʳ point.

dans le livre qu'on lit à tête reposée, dans l'article preste et vif d'allure, mais où le lecteur peut revenir. Elle ne serait pas de mise dans le discours qui passe une fois pour toutes devant l'esprit. Elle fait merveille quand il s'agit d'énoncer ou de résumer une doctrine, de poser un tableau sous les yeux ; elle est moins opportune dans un développement de passion par exemple. Trop serrée peut-être pour un début, elle sera mieux accueillie au cours de l'exposition et quand l'intelligence y est profondément entrée. En somme, il faut ici comme ailleurs proportionner la parole aux variétés infinies de l'objet. Mais il demeure vrai que dissimuler le travail logique en en ménageant les signes est dans le style un grand mérite. Or il y faut l'achèvement de la pensée, la plénitude de la réflexion.

Enfin quand la pensée est isolée de toute autre, quand elle est allégée de toute superfluité, il reste d'en ordonner si bien les parties que leur rapport au tout soit manifeste. Quand la phrase est complète en soi et suffisamment brève, encore doit-elle être bien distribuée. Voilà pour faire son unité visible, sa clarté même. C'est, comme tout le reste, œuvre de réflexion et d'achèvement.

Toute phrase, toute pensée, tout jugement revient à ces trois éléments essentiels : un sujet, un verbe, un attribut; deux notions comparées et l'affirmation qui les unit ou la négation qui les sépare : « *Dieu est bon* » — moins encore: « *Dieu est* » (Dieu est étant). Mais on s'en tient rarement à ce type rudimentaire. Tantôt le sujet s'épanouit en une ou plusieurs idées complexes, tantôt c'est l'attribut. Bien souvent l'affirmation ou la négation de leur convenance mutuelle ne sont pas directes ni absolues ; elles se présentent restreintes et modifiées par des circonstances ou incidences diverses : temps, lieu, causalité, similitude, opposition. De là les *puisque,* les *bien que,* les *si*, les *quand*, les *comme*, toute la pesante armée des conjonctions. On se trouve donc en face d'éléments multiples à mettre en bon ordre, et les rhéteurs donnent en ce point d'utiles conseils. Dans la même phrase, ne passez pas d'un sujet à l'autre, c'est-à-dire groupez les parties autour d'un centre unique. — Rapprochez les détails qui se touchent réellement par causalité, opposition ou similitude. — Le plus souvent placez en tête les incidences, afin de circonscrire la position et de déblayer le terrain. Tout cela est fort juste. Mais qu'on nous laisse y ajouter le conseil par excellence : réfléchissez, ne pensez pas trop vite et rien qu'à demi.

Empruntons encore un exemple à la préface des *Libres penseurs*. L'écrivain a montré la Bourgeoisie voltairienne acharnée à ruiner la foi du peuple. Il poursuit ainsi : « Par malheur, parallèlement à ce grand succès du plan bourgeois, se développent des phénomènes imprévus. » *Par malheur* est la transition naturelle et doit commencer la phrase. Le second membre suit immédiatement pour remettre aux yeux tout le tableau qui précède, et du même coup il commande la construction du troisième. Écrivez : « des phénomènes imprévus se développent : » le parallélisme que toute la phrase veut accuser perd en éclat ce que les deux membres perdent en symétrie. Au *plan bourgeois* ne répondent plus pour l'oreille, ni par là même pour l'esprit, ces *résultats imprévus* qui sont d'ailleurs l'idée saillante et où tout le reste doit mener par gradation.

Quelques lignes encore : « Le peuple souffre, il devient méchant, il devient sauvage. L'infériorité de sa condition, qu'il acceptait jadis comme une loi de la Providence, moyennant tous les adoucissements que cette même Providence avait préparés et dont l'Église était la dispensatrice, il ne s'y résigne plus depuis qu'elle est la loi brutale d'un hasard qui n'adoucit rien. » La dernière phrase est longue, mais combien facile, grâce à la distribution des parties ! Tout d'abord l'objet principal, qu'une inversion hardie met en lumière ; puis, à l'égard de cet objet, la situation ancienne et la situation nouvelle, symétriquement opposées. Au cours du développement, deux points d'appui pour la raison, l'un sur l'objet initial, l'autre sur le membre principal « il ne s'y résigne plus. » Qu'on ne dise pas : minutie. Ces minuties-là font le style parce qu'elles font l'ordre de la pensée. Ils sont rares, les esprits où le jugement quelque peu étendu se forme d'abord de toutes pièces et naît pour ainsi dire tout armé. Cela suppose une grande maturité habituelle, mais encore une réflexion actuelle très intense et qui ne serait guère possible dès les premiers moments du travail. Le plus souvent la pensée naissante est quelque peu en désordre, elle ressemble à ces *jeux de patience* où il faut débrouiller les pièces pour les emboîter les unes dans les autres. Assurément la réflexion y aura moins de peine si elle a déjà écarté tous les éléments étrangers ou superflus ; mais alors même il reste quelque chose à faire et c'est elle qui le fera.

III

La phrase française en particulier. — Lutte entre l'intérêt de la clarté et celui du mouvement : avant le dix-septième siècle, au dix-septième siècle, au dix-huitième siècle, au dix-neuvième siècle. — Quelques difficultés spéciales : génitifs équivoques. — Incidences multipliées ou hors de place. — Pronoms personnels, relatifs, possessifs. — Un mot de Cousin.

Allons donc courageusement jusqu'au bout de notre pensée ; voilà le secret de la phrase, secret fort simple mais infaillible et au pouvoir de tous. Par là nous la détacherons de tout ce qui n'y doit pas entrer : elle sera totale, indépendante, une en soi. Par là nous l'allégerons de tout poids inutile : elle sera brève de cette brièveté relative et morale, moyenne variable entre le trop et le trop peu (1).

(1) On prononce souvent qu'une phrase est trop courte, beaucoup plus souvent qu'elle est trop longue, et de part et d'autre on juge

Par là nous la distribuerons dans son ordre de nature : elle sera visiblement une, c'est-à-dire claire. Nous n'y savons pas, quant à nous, d'autre finesse. Tout revient à dire : travaillons, travaillons non pas surtout les mots au bénéfice de l'oreille, mais les idées et leurs liaisons au bénéfice du jugement.

Observations ou conseils, ce que nous avons dit sur la clarté de la pensée et de la phrase peut également s'appliquer à toutes les langues. Nous n'achèverons pas cette étude sans examiner un instant les conditions et difficultés particulières à l'écrivain français.

Les langues dites synthétiques incorporent au mot, à l'idée même, l'indice de ses relations logiques avec ce qui l'entoure. De légères flexions ajoutées au radical déterminent le mode et le temps du verbe, la fonction du substantif comme sujet ou complément. Grande facilité, on le voit, et précieuse au libre mouvement de la pensée. Au contraire, les langues analytiques, telles que la nôtre, décomposent visiblement le travail logique ; elles ont pour le traduire tout un appareil de mots auxiliaires. Et voilà qui avive la lutte entre les deux tendances naturelles de la pensée, entre l'impétuosité hardie du mouvement et la clarté indispensable. L'une redoute les liaisons comme un retard, l'autre les appelle comme une lumière. Le sentiment bondirait volontiers par-dessus tous ces intermédiaires ; la raison veut les franchir patiemment et cheminer pas à pas.

Lutte bien visible, à mesure que la langue se fait plus analytique en perdant les derniers vestiges de déclinaison et de conjugaison. La phrase française se détache peu à peu de la phrase latine, mais avec un embarras souvent manifeste. En passant par Joinville, Commines, Rabelais,

d'après un vague instinct de l'oreille. Mesurons d'abord la longueur aux exigences de la raison. Avant tout, la phrase est trop courte de tout ce qui manque à sa clarté parfaite ; elle est trop longue de tout ce qui n'y sert pas.

Amyot et Brantôme, suivons-la jusqu'aux premières années du dix-septième siècle, jusqu'à la veille des chefs-d'œuvre. A ce moment et longtemps après, du moins sous la plume des moins habiles, elle est encore trop latine et tout ensemble elle ne l'est plus assez. Elle garde l'inversion facile, une aisance réelle à se déployer, à se renouer soudain, quand on la croirait finie, puis à se dénouer un peu n'importe comment. En revanche elle est chargée de relatifs et de conjonctions et laisse trop voir l'effort logique. Elle imite de trop près l'ampleur et les allures périodiques de la phrase latine. Est-ce respect exagéré des traditions? Est-ce habitude irréfléchie? Il est certain qu'on semble ne pas prendre garde à une différence pourtant notable. En latin comme dans toutes les langues à flexions, les rapports logiques entre idées apparaissant vite, la phrase peut s'étendre à l'aise, tout en demeurant, comme le veut Aristote, facile à mesurer d'un regard. Chez nous et dans toute langue analytique, elle ne s'allonge qu'à la condition de multiplier les mots auxiliaires; d'où résulte pesanteur et quelquefois obscurité. Force lui est donc de se faire plus brève; à ce compte elle sera claire et vive tout à la fois.

Balzac, le Malherbe de la prose, paraît l'avoir compris; les maîtres font mieux encore. Pascal et Bossuet marquent le passage de la grande période latine à la phrase française définitive. Chez Bossuet surtout, les extrêmes se rencontrent: modèles de brièveté savante, longues phrases déroulées avec une facilité qu'on prendrait pour négligence. Du moins ne sont-elles jamais obscures. Fénelon, dans la controverse du quiétisme, son chef-d'œuvre littéraire, nous semble avoir atteint la plus parfaite alliance de la précision sévère avec la liberté d'allure. La Bruyère offre comme un répertoire de tous les tours de phrase possibles. Mais le défaut est proche, la précision un peu grêle et un peu sèche, pour tout dire, la tension.

Ainsi, dans la phrase française, l'intérêt du mouvement

et de l'indépendance avait paru l'emporter d'abord sur celui de la clarté. Le grand siècle avait établi l'équilibre. Le dix-huitième le rompt peu à peu en faveur d'une clarté géométrique et souvent glaciale. Nous en demandons bien pardon même à la prose de Voltaire ; mais nous y voyons la prestesse plutôt que l'aisance ; comme l'esprit qui l'anime, elle sautille et gambade plus qu'elle ne court. Tout autre est celle de Rousseau ; mais Rousseau touche par tant de côtés au dix-neuvième siècle !

Or le dix-neuvième siècle nous semble ici en progrès. Tandis que la foule des lettrés écrit à l'aventure, quelques maîtres, les seuls qui comptent, réagissent heureusement contre la froide clarté de l'époque précédente. Fidèles à la précision, ils s'efforcent d'élargir la liberté ; faisant d'ailleurs bonne guerre aux relatifs, aux conjonctions et autres empêchements de style, voilant de leur mieux le travail logique, français d'allure et de syntaxe, mais pliant la phrase française à tous les mouvements de l'âme. Nommons en première ligne Joseph de Maistre, Sainte-Beuve et Louis Veuillot.

L'œuvre n'est pas sans mérite : il faut vaincre bien des difficultés. Qu'on nous permette d'en relever en passant deux ou trois entre les principales. C'est d'abord notre génitif, ou plutôt notre préposition *de* avec les rapports multiples qu'elle peut traduire. On dira : supporter les injures d'un ami ; mais on dira de même : venger les injures d'un ami. Qui n'a lu la fine critique de Joseph de Maistre sur une malencontreuse édition de Madame de Sévigné ? Le génitif équivoque fleurit entre les innombrables fautes de style qu'un méchant lutin paraît souffler à l'éditeur. « Les manuscrits des personnes célèbres intéressent toujours le public. » Apparemment les manuscrits qui ont pu être en leur possession ? Non, les manuscrits de leurs ouvrages, leurs autographes pour tout dire. — Et quel remède à ces embarras d'expression ? Pas d'autre qu'une refonte de la pensée. Faisons ce que disent naïvement les vieilles grammaires, prenons un autre tour.

Est-il besoin d'indiquer les incidences multipliées ou hors de place ? Elles sont partout redoutables, mais tout spécialement peut-être chez nous. Un amateur publie un ouvrage resté deux cents ans inédit, et il écrit intrépidement dans sa préface : « Nous nous décidons, après un sommeil de deux siècles, à publier, etc. (1). » Ici le Français né malin ne peut se défendre d'éclater de rire. L'éditeur était donc parmi les personnages de *la Belle au bois dormant?*

Mais le pronom est le mot terrible. Écueil des écoliers, dit le comte de Maistre. Hélas ! que d'émérites sont écoliers en ce point ! Un professeur, qui fit quelque bruit en son vivant, laisse échapper des phrases de cette force : « Ce n'est pas à *lui* (au jansénisme) que Port-Royal dut ce qu'il y eut en *lui* de salutaire et de grand (2). » Mais ce n'est que bagatelle, et voici mieux. Le même écrivain, qui traite Bossuet de fort haut et avec le sentiment profond de la supériorité qui appartient au libre penseur sur l'évêque, déprécie en ces termes les ouvrages écrits pour l'éducation du fils de Louis XIV : « Il est probable que le Dauphin ne lut jamais les livres que composa pour LUI son éloquent précepteur, la Connaissance de Dieu et de soi-même, le Discours sur l'Histoire universelle, la Politique tirée des propres paroles de l'Écriture sainte, et il est difficile de LUI en avoir quelque reconnaissance (3). » En effet nous ne voyons pas du tout pourquoi nous saurions gré au pauvre prince de n'avoir pas lu les ouvrages de son illustre maître.

---

(1) Nous laissons la citation inachevée pour ne pas désobliger un galant homme qui n'a pas pris le temps de se relire ; mais le texte est sous nos yeux et il n'a pas encore trois ans.
(2) Paul Albert : *La Littérature française au dix-septième siècle*, p. 165. Hachette, in-18, 4° édit., 1880.
(3) Paul Albert : *Littérature au dix-septième siècle*, p. 269.

> J'ai fait un Jacobin du pronom personnel,

dit quelque part V. Hugo. Les professeurs de littérature en font quelquefois bien autre chose.

En soi, le relatif est pire, et il faut, pour n'en avoir souci, toute l'audace de Saint-Simon, par exemple. Après un portrait du secrétaire d'État, Chavigny : « Tel fut l'ennemi de mon père, *qui* lui coûta cher par deux fois. » Quelques lignes plus bas, voyez Condé allant dire son fait au même Chavigny : « Monsieur le Prince partit de l'hôtel de Condé, suivi de l'élite de cette florissante jeunesse de la cour *qui* s'était attachée à lui et *dont* il était peu *dont* les pères ou eux-mêmes n'eussent éprouvé ce que Chavigny savait faire, et *qui* ne s'étaient pas épargnés à échauffer encore Monsieur le Prince. » Voilà bien écrire à la diable ; heureux quand par ailleurs on écrit pour l'immortalité (1).

---

(1) Un styliste contemporain s'est promis à lui-même de bannir absolument le relatif de son langage. Il écrit à un journal : « J'ai juré la guerre aux *qui* et aux *que*, ces lourds conjonctifs de la syntaxe. Cette guerre à toute outrance contre de paisibles pronoms trouble l'économie de la langue et le mécanisme ordinaire des phrases ; mais elle éclaircit la pensée, elle allège la période, elle supprime les longueurs.

« Depuis quatre siècles, l'horrible *qui* tyrannisait les lettres françaises, il infeste les meilleurs écrivains. Rabelais le cultivait dans les bosquets de l'abbaye de Thélème ; Pascal et La Bruyère montrèrent pour lui la plus coupable des indulgences, Bossuet le mettait sur les autels. Ne s'avisait-il pas de dire un jour : « Celui *qui* règne dans les cieux, *de qui* relèvent tous les empires, *à qui* seul appartient, etc. » Cette déclinaison éhontée du *qui* faisait les délices des contemporains.

« MM. de Port-Royal renchérirent sur Bossuet, et les beaux esprits de la cour et de la ville semèrent de *qui* leurs productions. A l'avènement de Voltaire, le *qui* régnait despotiquement. Voltaire le laissa vivre. Il lui abandonna ses vers tragiques, mais il l'éconduisit de sa prose, de sa belle prose si pleine et si vive. Il ne l'expulsa point toutefois avec assez de rudesse et l'ambitieux pronom réapparut au seuil de certaines phrases. Chateaubriand le caressait de sa plume douillette et le berçait avec une mélancolie mignarde. Lamartine lui donna des ailes d'or et le lança dans l'azur de ses rêves. Notre *qui*, rendu insolent par l'hommage de ces grands noms, allait terroriser davantage encore la République des Lettres. Victor Hugo, ému de cette audace, voulut faire bonne justice de cet outrecuidant : il l'appela en champ clos, le rudoya, l'estocada, mais l'autre tint ferme.

Mais le pronom possessif reste encore le grand ennemi. Que de procès de propriété soulevés par l'usage de cet auxiliaire incommode! Que de choses, grâce à lui, *clamant domino?* Retournons à Monsieur de Maistre et à ce pauvre Grouvelle, l'homme « possédé du pronom possessif, » et bornons-nous à un ou deux exemples. « En nous parlant des fameuses fêtes de Versailles, il nous dit que Madame de Sévigné était bien faite pour orner ce théâtre de *ses* propres charmes. » Énigme dont le critique donne trois solutions possibles, à quoi on en pourrait ajouter bien d'autres. Mais rien ne vaut cette phrase où le pronom possessif et le pronom personnel s'entrelacent dans un pêle-mêle inouï. « Attentif à rassembler ici tout ce qui intéresse la gloire de Madame de Sévigné, l'éditeur a pensé que *ses* enfants — évidemment ceux de l'éditeur — tenant d'*elle* leur talent, ce qui reste de *leur* plume (!) était un supplément nécessaire à *sa* collection. » Collection de leur plume ou de l'éditeur ou de Madame de Sévigné? Et dans les trois cas, qu'est-ce que cela peut bien vouloir dire?

On cite de Cousin cette parole : « Quand je ne me donne pas horriblement de mal, j'écris horriblement mal ; quand je me donne horriblement de mal, j'écris un peu moins

---

« J'ai essayé, monsieur, d'approcher ce monstre, d'étudier sa tactique, ses moyens de défense. Enfin, je l'ai surpris et je l'écorche vif : il méritait ce châtiment. La patience fut ma seule arme, la patience, à défaut de génie, une longue patience.

« Avec les *qui*, la phrase s'embourbe, les pensées hautes ou gracieuses revêtent une enveloppe bourgeoise, les virilités de la concision perdent de leur étreinte. Le *qu'il mourût* du vieux Corneille ne me persuade pas. Émancipée des *qui*, la phrase s'en va légère, leste, sautillante, agaçante, provocante, amusante. Elle a le maintien jeune et aisé. C'est une fillette agile et court vêtue, gagnant d'un saut le but de sa course.

« Le parti-pris apparent de mon style, cette rage de l'anti-*qui*, pourrait sembler d'abord une gageure peu digne d'un écrivain d'art, mais cette petite conquête grammaticale me paraît capable d'intéresser les curieux de littérature. » (De Chennevières : Lettre au *Voltaire*, 1883.) — L'auteur de cette spirituelle boutade ne viendra pas à bout du grand *Qui* tout comme les *Précieuses* n'ont pu venir à bout du grand *Car* si bien défendu par Voiture. Du moins nous apprendra-t-il à en user très sobrement.

mal. » Toute hyperbole à part, on comprend la nécessité du travail quand on voit de près quelques-unes des difficultés particulières à notre langue. Ne nous en plaignons pas cependant. Les maîtres nous ont appris à tourner l'obstacle ou à le vaincre. Appositions, répétitions d'un nom propre, phrases coupées et multipliées : autant de secrets qu'un peu d'attention nous livrera. Mais outre que les difficultés ne sont pas insolubles, elles nous servent plutôt en nous obligeant d'élaborer patiemment notre pensée, pour l'amener, quelquefois à travers plusieurs ébauches, à cet achèvement qui en fait la perfection. Nous allons le constater mieux encore : le génie particulier des langues n'est une entrave réelle que pour l'ignorance ou pour la paresse. Quel qu'il soit, il laisse en fin de compte à la pensée son ordre, son mouvement naturel ; à la raison sa fermeté d'allure ; à l'âme entière une magnifique liberté d'essor.

CHAPITRE VII

La pensée, ou phrase, l'imagination et la sensibilité.

I

La raison n'est pas toute l'âme. — La phrase sous l'influence de la raison, de la passion et de la langue. — En quoi l'influence de la langue est secondaire. — Idéal : respect de la langue, mais liberté du tour logique ou passionné. — La traduction y sert ; à quelles conditions. — Principes de la traduction.

A la suite de la raison, en même temps qu'elle, les autres facultés réclament sur la pensée leur part d'influence. Il faut imprimer tout d'abord dans la phrase une raison exacte et vigoureuse, une âme éprise du vrai et capable de le fixer en l'achevant. Mais l'âme n'a pas que le goût du vrai, mais la raison n'est pas toute l'âme, et c'est toute l'âme qu'on doit savoir mettre au besoin dans la pensée isolée comme dans les plus vastes ensembles, dans la phrase comme dans le discours. A la pensée la raison donne plutôt l'ordre ; le mouvement vient plutôt de l'imagination et de la volonté sensible. En effet, le mouvement, bien que gouverné en partie par la raison même, ressort plus directement de l'imagination et de la sensibilité. Puissances d'impulsion, pourrait-on dire, alors que la raison est surtout puissance de direction.

En définitive, le mouvement complet de la pensée ou de la phrase, le mouvement légitime parce qu'il est vif et ordonné tout ensemble, obéit à trois influences.

Influence de la raison, d'où procède *la construction*

logique, celle qui mène immédiatement et exclusivement à la connaissance du vrai. Rien de plus simple que sa marche : le sujet d'abord, puis l'attribut, puis le verbe; c'est-à-dire les deux notions à comparer, puis le prononcé de leurs relations véritables. Tel est l'ordre du jugement type où se rapportent toutes les variétés.

Influence de la passion, imagination et sensibilité réunies ; d'où *la construction* qu'on nomme assez communément oratoire et qui s'appellerait mieux *pathétique*. C'est l'objet propre de ce chapitre.

Influence de la langue avec ses exigences particulières, son génie ; d'où *la construction grammaticale*.

Or cette troisième construction varie seule avec les temps et les lieux ; les deux autres sont partout les mêmes, comme les influences qui les font naître, comme l'âme qui se traduit immédiatement dans ces influences. Autrement dit, le mouvement de la pensée est activement déterminé par deux forces naturelles et constantes, la raison avec son opération déductive, la passion avec ses éléments inséparables, visions de l'imagination, saillies de la sensibilité. Par contre, ce mouvement, que la raison dirige en même temps qu'elle l'imprime pour sa part, est contenu par une force accidentelle, par la langue plus ou moins flexible ou résistante.

Force accidentelle, force changeante par conséquent, mais aussi force de second ordre. Qu'est-ce à dire ? Qu'on s'en affranchit impunément ? Non certes, mais qu'on peut, en y restant fidèle, mettre encore à l'aise le mouvement de la pensée. Au dix-septième siècle et au dix-huitième surtout, quelques écrivains et la plupart des critiques semblent préoccupés du génie de la langue jusqu'au scrupule et même jusqu'à une sorte de jalousie. On dirait qu'ils font gloire d'accuser les différences nationales, fallût-il multiplier les obstacles que la langue oppose aux élans naturels de l'âme. Tels sont les hommes que Fénelon accuse de nous avoir enlevé tant de tours faciles et naïfs, bien français pourtant puisque nos pères en avaient l'usage. C'est, si l'on veut, l'éternelle querelle du grammairien contre l'orateur ou le poëte. C'est Bouhours embusqué derrière Pascal et Bourdaloue et notant sur ses tablettes les imperfections grammaticales qui leur échappent (1). Notre temps voit l'extrême opposé, la syntaxe violentée comme les mots, le barbarisme dans la phrase comme dans les vocables ; affectation de génie, réalité d'impuissance. Mais de meilleurs exemples nous marquent la route entre ces deux excès. Non, la vie du style n'est pas au prix de la correction ni la correction au prix de la vie. Respectons la langue, mais travaillons à l'assouplir en la pliant habilement aux mouvements naturels de la pensée. Restons français par la clarté surtout, par la droiture et la probité lumineuse, vrai génie de notre langue ; mais d'ailleurs étudions-la, cette noble langue, et demandons-lui de se faire assez généreuse pour suivre dans leurs mouvements, nous dirions volontiers dans leurs courbes indéfinies, la raison et la passion humaines.

Et voilà bien l'idéal ; sans violer jamais la grammaire, gagner sur elle assez de liberté pour n'entraver pas l'essor qu'imprime à la phrase l'âme tout entière, raison, imagination, sensibilité. Composer la pensée en prenant habituellement la moyenne la plus heureuse entre les trois influences et constructions indiquées tout à l'heure. Qui entend cela commence d'entendre l'art d'écrire ; qui fait cela est écrivain.

Or pour le devenir, il lui aura grandement servi d'être un peu traducteur. Jean-Jacques traduisait Tacite et même assez mal. Du moins rendait-il hommage à un principe de raison et d'expérience. Pour assouplir une langue analytique, rien ne vaut la reproduction de chefs-d'œuvre appartenant à une langue synthétique. Pour nous, Français, nul exercice comparable à la traduction du latin. La langue

---

(1) Voltaire : *Temple du Goût.*

synthétique est plus à l'aise pour exprimer au vif le mouvement combiné de la raison et de la passion humaines. Il s'ensuit qu'elle le rend plus sensible, qu'elle nous en avertit mieux, mais de plus qu'elle nous provoque à le suivre. Les libres beautés du modèle nous sont un défi et la traduction n'est bonne qu'à la condition d'être une lutte. Lutte sérieuse, non d'habileté seule et de métier, mais de profondeur et de délicatesse d'âme. Lutte où nous avons vu s'essayer des hommes plus graves que Rousseau. Ils avaient la noble ambition d'écrire et ils sentaient qu'un des grands moyens est là.

Mais une condition s'impose : déranger le moins qu'il se pourra la construction latine. Laquelle encore? La construction grammaticale? Non, mais la construction logique et pathétique, celle que la syntaxe latine, moins résistante, a pu suivre avec une si magnifique aisance. Nous osons croire que le dix-septième siècle s'y trompa. Mettons à part Bossuet traduisant l'Écriture sainte; il restera que les traducteurs de profession sont pauvres, quelques-uns même ridicules, ceux de Port-Royal en particulier. La faute en est à leur conception étroite et scrupuleuse du génie de la langue française, mais encore à cette erreur vraiment étrange. On les dirait plus attentifs au matériel de la phrase latine et à l'enchaînement grammatical des mots qu'au mouvement et à la vie de la pensée. Ils semblent jaloux de reproduire l'ampleur, la forme périodique, nous dirions presque a ponctuation du modèle. Mais qu'est-ce que cela au prix de son âme? et s'il faut sacrifier une ressemblance, n'est-il pas clair que la ressemblance grammaticale est ce à quoi nous devons le moins tenir? Brisons en deux ou trois tronçons la majestueuse unité de la phrase latine; faisons d'un sujet un complément et d'un substantif un verbe; mais, à ce compte, serrons de près l'ordre des idées, égalons toutes les nuances du sentiment. C'est la première fidélité, la plus enviable. C'est aussi le meilleur profit. Par là nous plions respectueusement notre syntaxe nationale à une plus vive et plus libre expression des saillies de l'âme ; autrement nous gâtons le latin sans aucun bénéfice pour le français.

En attendant de nous former à mieux écrire, le latin va nous aider à mieux entendre l'ordre que nous avons appelé pathétique, le mouvement de la pensée sous l'influence de l'imagination et de la sensibilité.

II

Rôle de l'imagination dans le mouvement de la pensée : images mises en évidence. — Ordre des visions. — Entrelacement logique de jugements et d'images. — Une phrase de Tacite. — La sensibilité dans le mouvement de la pensée. — Mots de sentiment placés en vue. — Ordre des impressions combiné avec celui des jugements. — Deviner et suivre les impressions de l'auditeur. — Une phrase classique.

Qu'aime à faire l'imagination quand on lui donne part à la direction de la phrase ? Tout le monde sait qu'elle met volontiers en lumière les mots de son choix. Au début, l'image qui saisit tout d'abord et que la mémoire gardera la première. Des coureurs se disputent le prix ; on en voit un qui vole devant tous les autres. Avant même de songer à reconnaître la personne, l'œil est frappé de cet élan vainqueur:

Emicat Euryalus... (1)

L'image ressort bien encore à la fin du membre ou de la phrase, au point d'arrêt. Elle y gagne le bénéfice des dernières impressions. Dans une période à la fois prolongée et rapide comme l'action de cavalerie qui commença la bataille de Rocroi, nous voyons Condé multiplier ses prouesses et pour finir, « étonner de ses regards étincelants ceux qui échappaient à ses coups. » Avec sa

---

(1) Virgile : *Énéide*, V, 337.

puissante imagination qui devinait tout, jusqu'aux batailles, Bossuet a bien vu dans cette dernière attitude le victorieux que la prudence arrête, maîtrisant son cheval, et le bras tendu, l'œil ardent, poursuivant d'une dernière menace les escadrons en déroute. Voilà certes un motif pour le peintre, et, au défaut de la toile, l'imagination garde aisément ce dernier trait.

En somme ne vaudrait-il pas mieux dire que cette faculté, née pour voir le sensible absent, suit l'ordre des visions et les note au passage? Par ailleurs, comme dans l'homme elle n'agit point sans la raison pour coopératrice, la phrase la plus pittoresque devient un entrelacement logique d'images et d'idées, de visions et de raisonnements. Prenons un type et, pour plus de lumière, essayons une traduction. C'est Tacite qu'il s'agit de rendre; nous sommes chez Néron, à sa table; Britannicus vient de tomber mort, foudroyé par le poison. Ici, comme il faut toujours faire, Tacite se constitue spectateur. Et qui le frappe tout d'abord? Un grand trouble, une agitation confuse autour du malheureux prince. *Trepidatur a circumsedentibus.* Parmi les convives, quelques-uns se dérobent, saisis d'horreur. On les voit fuir, et après seulement on réfléchit que c'est imprudence. *Diffugiunt imprudentes.* Mais les plus avisés se commandent de rester immobiles et leurs yeux interrogent le maître. *At quibus altior intellectus, resistunt defixi et Neronem intuentes* (1). Dans ce dernier membre l'historien s'est fait acteur encore plus que témoin. Tout finit sur une image expressive; mais en outre l'explication rationnelle précède la vision, comme, chez les courtisans plus maîtres d'eux-mêmes, la réflexion a précédé l'attitude. Voilà ce que la souplesse latine a pu faire. Mais nous? Volontiers nous traduirions de la sorte : « Tout s'agite autour du prince; les malavisés s'enfuient, mais les plus pénétrants restent fixes, les yeux

---

(1) Tacite : *Annales*, XIII, 16.

sur Néron. » Il a fallu faire un sacrifice à la rigidité de la syntaxe française : nous n'avons pu rendre la fuite avant de remarquer l'imprudence. A part cela, notre langue ne s'est pas montrée si rebelle au mouvement combiné de l'imagination et de la raison.

Ainsi fera-t-elle pour la sensibilité. Laissons aux rhétoriques élémentaires d'énumérer ces figures de passion, ces tours vifs et hardis que le sentiment donne à la pensée elle-même. C'est fort bien fait d'y attirer l'attention des commençants ; mais tout cela est d'ailleurs trop simple et trop spontané pour exiger ici une étude approfondie. Ce qui l'est moins, c'est la construction proprement dite, la distribution des éléments dans la phrase. En ce point, nous croyons faire œuvre sérieuse d'ôter le plus que nous pourrons au caprice et au hasard. Or il suffirait, à propos de la sensibilité, de répéter nos remarques sur l'imagination. Comme l'image, le mot de sentiment aime la place voyante. C'est parfois le cri de passion jaillissant tout d'abord. « Moi ! moi ! voici le coupable !... »

Me, me, adsum qui feci... (1)

D'autres fois, c'est le trait final où la sensibilité ramasse toute sa force, et qui restera comme le fer dans la plaie. Cicéron montre debout au seuil de la prison de Syracuse le gardien de la geôle, le bourreau favori du préteur, la mort et la terreur des alliés et des citoyens, le licteur Sestius (2). A ce propos le bon Rollin, sortant de son impassibilité ordinaire, observe justement qu'on gâterait tout de nommer d'abord le personnage. « Il faut, dit-il, que l'appareil terrible de ce bourreau marche devant lui (3). » En somme la sensibilité tendrait à conduire la phrase selon l'ordre des impressions. Notons d'ailleurs

---

(1) Virgile : *Énéide*, IX ; 426.
(2) Cicéron : *In Verrem*, actio II, lib. V, *de Suppliciis*, 45.
(3) Rollin : *Traité des études*, liv. III, chap. III, § IV.

que cet ordre est le plus souvent identique à celui des visions ; que d'ailleurs les impressions passionnées brodent pour ainsi dire sur une trame continue de notions intellectuelles et de relations logiques. L'art est de concilier tout ; mais qui ne le voit ? dans cette conciliation délicate c'est l'âme qu'il s'agit de mettre en ordre et d'accorder avec elle-même. Qu'est-ce que la pensée dans son mouvement naturel et complet ? Rien que l'âme cheminant par ses perceptions successives à travers les objets, les relations, les accidents de la vie réelle ou imaginaire, et les concevant, les imaginant, les sentant, à mesure qu'ils se présentent et d'après leur importance. Citons, sans l'approuver de tout point, une phrase de Michelet commentée par M. Taine. « Mais le temps noir se dissipe, le jour reparaît, je vois un petit point bleu dans le ciel. Heureuse et sereine région qui gardait la paix au-dessus de l'orage. Dans ce point bleu, royalement, un petit oiseau d'aile immense nage à dix mille pieds de haut. Goëland ? Non : l'aile est noire. Aigle ? Non : l'oiseau est petit. » *Heureuse* doit être le premier mot, parce que l'émotion dominante, première, est un élan de bonheur. Même raison pour la construction renversée de la phrase suivante. Quant à ces mots, « Aigle ? Goëland ? » ce sont des cris d'interrogation qu'on ne pouvait noter d'une autre manière (1). » Il est trop vrai que, dans l'ensemble, Michelet abuse du procédé ; c'est un chercheur d'effet, un véritable sensualiste de style. Mais qui nous empêche d'admettre cette phrase isolée ? La tendance de la sensibilité s'y montre, avec la souplesse de notre parler français.

Souvent aussi, et le cas est plus intéressant encore, le mouvement de la pensée est conduit, moins par les impressions de celui qui parle que par celles de l'auditeur. Dès leur naissance et avant qu'elles aient eu le temps de passer à l'état réflexe, on les devine, on les saisit, on y

---

(1) Taine : *Essais de critique et d'histoire*. Michelet : *L'Oiseau*.

répond. Muet dialogisme, l'une des forces de l'orateur habile, mais aussi l'un des secrets de la construction pathétique et logique tout ensemble. Notre raison et notre sensibilité de concert pressentent, préviennent et satisfont sans paraître y prendre garde les doutes, les désirs, les mille mouvements de l'âme qui lit ou écoute. Prévoir explicitement une objection pour la réfuter c'est l'artifice élémentaire. Dialoguer ainsi avec l'auditeur, lire en lui mieux qu'il ne fait peut-être, et l'avertir de lui-même en dégageant la question par la réponse qu'on y oppose, savoir mettre tout cela dans le détail du style et dans la construction même de la phrase, voilà de l'art et du meilleur. Il en faut un exemple.

Depuis Pharsale, Cicéron a repris sa place dans le Sénat; mais il se tait, à son grand regret sans doute et à celui des amateurs de beau langage. Il garde ce que Lamartine, arrivant pour la première fois à la Chambre, appellera « la rancune décente d'un vaincu. » Enfin, sur un trait de clémence du dictateur, il croit le moment venu d'en finir avec cette gêne. Il se lève, il va parler; c'est un événement politique et littéraire. Que pense-t-on d'abord dans l'assemblée? « Ah! voilà si longtemps qu'il ne disait rien! » — Sa première parole sera la réponse : « *Longtemps je me suis tu, sénateurs.* » — Et pourquoi? Volontiers on se chuchoterait des interprétations malignes. — Écoutez: « *Les circonstances me faisaient cette attitude: Était-ce crainte? Non, c'était douleur, c'était aussi réserve.* » — Satisfaite quant au passé, la curiosité se tourne vers l'avenir. Le discours qui commence va-t-il être un pur compliment sans conséquence? ou bien le Pompéien se rallie-t-il franchement jusqu'à rentrer dans la vie politique? L'attitude qu'il vient d'expliquer est-elle abandonnée une fois pour toutes? — Oui. — « *Ce jour en marque le terme, et du même coup il rend tout de nouveau à mes sentiments et à mes vues la liberté accoutumée de leur expression* (1). » Ainsi la pensée des sénateurs a eu beau marcher vite ; à chaque pas l'orateur lui faisait face. Voilà écrire et parler (2). Or ce qu'il nous a fallu répartir en trois phrases, le Maître l'a pu dire en une seule. En lui abandonnant cet avantage, nous gardons celui de suivre le mouvement de son âme répondant aux muettes impressions de l'auditoire. Bien des conclusions pourraient sortir de cette expérience. Voyons-y du moins, comme tout à l'heure, et la complaisance de notre langue et l'un des jeux favoris du sentiment joint à la raison.

III

Quand l'imagination et la sensibilité peuvent-elles influer sur le mouvement de la pensée et jusqu'où ? — La phrase et les lois universelles de la parole. — Ce que c'est qu'une phrase bien faite.

Ordre des visions, ordre des impressions sensibles : nous avons reconnu où tendent l'imagination et la sensibilité quand on leur permet d'influer sur le mouvement de la phrase. Mais quand le faut-il permettre et sur quoi mesurer la part d'influence qu'on leur accorde ? La réponse est dans la double condition qui règle en tout le déploiement des puissances de l'âme. C'est d'abord leur hiérarchie essentielle ; c'est en second lieu la nature de leur objet commun. Avant tout, l'imagination ni la sensibilité ne doivent jamais prévaloir contre la raison ; donc jamais

---

(1) « *Diuturni silentii, Patres Conscripti, quo eram his temporibus usus, non timore aliquo, sed partim dolore, partim verecundiá, finem hodiernus dies attulit, idemque initium quæ vellem quæque sentirem meo pristino more dicendi.* » (Cicéron : *Pro Marcello*.)

(2) Victor Hugo a dit :
  Au panier les Boubours, les Batteux, les Brossettes !

Et pourtant s'il y a beaucoup à laisser dans le bon et honnête Batteux, il y a aussi quelque chose à prendre. C'est à lui que nous devons au moins l'idée première des observations qu'on vient de lire sur la première phrase du classique *Pro Marcello*.

l'image ou le tour passionné n'auront droit contre la précision logique de la phrase. Point de nuages, dût l'éclair en sortir. En outre la hiérarchie demeurant sauve, les facultés inférieures déploient ou resserrent leur action suivant les variétés infinies de la matière. Ainsi la précision logique une fois garantie et la clarté avec elle, la phrase suivra de plus ou moins près l'ordre des visions ou impressions sensibles. S'agit-il de peindre ou d'émouvoir : il est juste qu'elle s'en rapproche. Vienne la discussion ou l'exposition doctrinale : la logique tiendra plus visiblement les rênes et elle les tiendra plus courtes. L'image ne sera point absente ni le sentiment, ce sentiment né de l'amour du vrai et qui donne de l'élan à la discussion même la plus sévère. Mais la pensée se préoccupera tout d'abord de courir en ligne droite au vrai ; la phrase déploiera dans ce sens toute son agilité, toute son impétuosité d'allure : c'est le bon sens.

Et qu'on nous pardonne d'y revenir et d'y appuyer à l'encontre des préjugés du grand nombre. Nous voilà loin de la phrase telle qu'on se la figure trop souvent, réduite à une sorte d'éclat factice et de sonorité banale. Non, encore une fois, la phrase, c'est la pensée, la pensée complète et bien humaine ; la phrase bien faite, c'est la pensée bien conduite ; c'est, dans un étroit espace mais avec une réalité palpable, le jeu puissant et ordonné des facultés de l'homme, puissant parce que toutes y concourent, ordonné parce que la part de chacune s'y règle d'après leur hiérarchie constante et les exigences mobiles de leur objet ; c'est l'âme enfin, l'âme présente et déployée en quelques mots comme elle peut l'être dans un discours ou dans un livre, l'âme comprenant, voyant et sentant à la fois selon sa nature et celle des choses ; c'est l'âme telle qu'elle doit être, cheminant de son pas naturel à travers les choses telles qu'elles sont.

CHAPITRE VIII

La pensée, ou phrase, et le pouvoir expressif des sons.

En s'incorporant dans la parole articulée, la pensée tombe sous la dépendance d'un sens. Par ailleurs, il est clair que cette dépendance est la dernière entre toutes. En devenant la phrase, en se faisant « air battu » pour retentir au dehors, la pensée commence à relever des exigences de l'oreille. Mais il va de soi que ces exigences doivent céder le pas à toutes les autres. Ou plutôt elles servent les autres. Harmonie, mélodie, rhythme, tout ce qui fait la sonorité de la phrase ne vaut pas surtout comme agrément de l'oreille, mais comme auxiliaire de l'imagination, de la sensibilité, de la raison même. Il est des tours de phrase qui chantent à l'âme ce que l'imagination lui peint, ce que la sensibilité lui inspire, ce que la raison lui enseigne. Par l'harmonie, par la mélodie plutôt, ils imitent de loin les mouvements physiques et les impressions morales ; — quant au rhythme, il y peut servir, mais son plus noble usage est d'accuser l'opération logique, de jalonner fortement la route de l'esprit cheminant d'une vérité à l'autre. Matérielle au premier aspect, cette question de la sonorité des phrases est donc toute psychologique dans son fond. En l'étudiant, nous verrons toujours mieux que rien n'est petit dans le style, à plus forte raison que rien n'est factice. Tout y ressort de la nature même de l'homme, et, comme le reste, cette musique du langage, quelquefois surfaite, plus souvent dédaignée. Elle est un agrément, soit ; mais avant tout, elle est une puissance d'expression, une des voix de l'âme. C'est par là qu'elle mérite l'attention.

I

On ne doit jamais blesser l'oreille. — On n'est pas tenu de la flatter. — De quoi s'offense l'oreille. — Hiatus complet. — Consonnes dures. — Uniformité.

Sans nous extasier avec M. Jourdain sur les beautés des voyelles, rappelons que ce sont elles qui font le son, l'élément agréable et expressif par excellence. La consonne, assez indifférente au son, représente plus directement l'articulation, la logique, l'idée. Avec l'une et l'autre se composent les groupes sonores, mots, membres et phrases, qui, par eux-mêmes et indépendamment de l'expression, peuvent agréer à l'oreille ou lui déplaire. Dans cet ordre tout sensitif, l'écrivain doit se reconnaître envers elle des obligations plutôt négatives : il est tenu de ne la point choquer. Devoir strict et pour l'orateur et même pour qui ne fait qu'un livre. Le lecteur entendra en idée la page muette ; il importe donc de nous écouter écrire, c'est-à-dire de prononcer mentalement ce qui tombe de notre plume, de le soumettre ainsi par avance à la superbe délicatesse de l'oreille, *superbissimo aurium judicio*, dit Quintilien.

Mais c'est là tout : à l'oreille considérée comme un pur sens, nous n'accordons guère de droits positifs. Soigneux de ne la point blesser, nous nous préoccuperons médiocrement de lui plaire, du moins en prose. En poésie même, nous chercherons avant tout dans la musique du vers un auxiliaire de la pensée et du sentiment. Point de cacophonies qui nous distraient, point de magnétisme qui nous endorme ; ni Chapelain, ni Lamartine ; c'est l'idéal.

L'oreille doit chercher son plaisir dans l'expression, ou plutôt c'est l'expression que l'âme doit estimer dans ce que lui apporte l'oreille. Si l'on demandait pourquoi, nous dirions que, dans cet ensemble qui est le style, la sonorité est pour la pensée, comme dans une symphonie l'accompagnement est pour le motif principal ; nous invoquerions la hiérarchie nécessaire des facultés ; nous rappellerions qu'en bonne morale le plaisir sensitif ne peut jamais être terme, Dieu l'ayant voulu comme moyen.

Est-ce là dispenser l'écrivain de soin et de correction ? Nullement, et afin de rassurer les délicats, arrêtons-nous un moment à ce devoir de n'offenser pas l'oreille. Il est bon d'en avertir tout de nouveau notre négligence, et d'ailleurs on l'entendra mieux en le rapportant à un principe.

L'oreille aime le travail facile et pour elle-même et pour l'organe qui lui parle. Voilà pourquoi les aspirations lui agréent peu et l'on sait que, dans toute langue où elles abondent, la prononciation distinguée tend de préférence à les adoucir. La même raison rend l'hiatus désagréable, mais l'hiatus vrai, celui qui, en juxtaposant deux voyelles identiques, oblige d'interrompre l'émission du son ; ainsi dans cet exemple créé tout exprès par Voltaire : « Il alla à Arles (1). » De là encore l'inconvénient de mul-

---

(1) Au contraire deux voyelles différentes juxtaposées se fondent très facilement l'une avec l'autre et seraient plutôt un agrément : *riant, suave, oasis, aérien*. Notre règle de versification est donc peu naturelle et peu mesurée d'interdire partout ce qui a quelquefois un vrai charme. Chose bizarre, qu'on dise bien en vers : « Il tua son ami, » et qu'on ne puisse dire : « Tu as un ami ! » Cependant le comte de Maistre s'amuse, lorsqu'au beau vers de Racine,

    C'est Vénus tout entière à sa proie attachée,

il oppose cette contrefaçon qu'il déclare identique pour l'oreille :

    C'est un croyant soumis à sa foi attaché,

                    (*Paradoxe sur le Beau.*)

L'*e* muet de *proie*, qu'il juge inutile, rend circonflexe l'*a* qui précède. Ce n'est plus la même voyelle que l'*a* aigu qui suit, et la voix passe de l'un à l'autre sans interruption ni saccade.

tiplier les consonnes identiques, fussent-elles douces. Un critique anonyme présente au public un roman nouveau ; promettant que les mœurs du dix-huitième siècle y sont peintes « *avec verve et vérité.* » Ce trait de style trahit aux yeux de Louis Veuillot l'auteur lui-même : « C'est lui qui parle. A ces quatre *v* je sens sa plume (1). » De fait, la simple répétition de la même consonne devient une difficulté pour l'organe, et pareillement celle des consonnes de même ordre. Qui dirait plusieurs fois de suite, sans confusion ni embarras, cette phrase lancée à Robespierre dans la séance du 8 thermidor : « Le sang de Danton t'étouffe ? » A plus forte raison, si la consonne est par nature fatigante pour la bouche, comme l'*r*, ou pour l'oreille, comme la sifflante. La gloire, s'écrie la Pucelle :

> Un seul endroit y mène, et de ce seul endroit
> Droite et roide est la côte et le sentier étroit (2).

Et maint personnage de Voltaire :

> De quel subit effroi tous mes sens sont saisis !

L'oreille, il est vrai, accepte parfois ces duretés ; elle peut même s'y complaire, mais en passant et en vue d'un effet spécial.

> Pour qui sont ces serpents qui sifflent sur vos têtes ?

dit Racine, — et son fils, dans le poème de *la Religion :*

> La lime mord l'acier et l'oreille en frémit.

Cas d'exception, bons à prouver que l'intérêt de l'expression l'emporte sur l'harmonie matérielle, comme nous le verrons bientôt.

Ajoutons que l'oreille aime la variété. N'est-ce pas une facilité de plus ? Aussi bien la monotonie endort. Donc

---

(1) Louis Veuillot : *Les Libres penseurs* ; *Écrivains.*
(2) Boileau : *Dialogue des Héros de Roman.* — Nous ignorons si Boileau n'a pas un peu arrangé son modèle.

variété dans la longueur des mots : ni trop de monosyllabes, ni trop de longs vocables à l'Indienne (1). Variété dans l'étendue des phrases ou membres de phrase, variété dans les tours, variété dans les terminaisons, point de rimes en prose, à part certains effets spéciaux : en outre alternance moralement sensible de finales muettes et fortes. Autant de lois qu'un écrivain sérieux observe par respect pour son lecteur, à peu près comme l'homme de bon ton ne se présente qu'en toilette convenable. Manquer à ces exigences de l'oreille serait du sans-gêne, et le sans-gêne est odieux partout ; les dédaigner serait erreur, car elles sont fondées sur la nature et le jeu de nos organes. Mais à tout prendre, elles sont d'ordre secondaire. Comme les discours d'un orateur importent plus que sa chevelure, tout ainsi la pensée est d'un autre intérêt que les sons, et dans la parole complète la vraie gloire des sons est de servir la pensée. Hâtons-nous de les considérer par là.

II

Triple puissance expressive des sons. — L'harmonie. — Elle existe dans le son réputé unique. — Elle a un germe de puissance expressive. — La mélodie. — Elle existe dans le style. — Il est mélodieux plutôt qu'harmonieux. — Le rhythme. — Sa nature, ses éléments essentiels. — Rhythme et mesure. — Puissance physique et morale du rhythme.

Les sons mettent au service de la pensée une triple force, ils ont comme une triple valeur expressive, l'harmonie, la mélodie, le rhythme : notions à préciser tout d'abord, instruments dont il convient de rappeler la nature, avant d'en étudier l'usage.

(1) Les longs mots n'abondent pas dans la vraie langue française. Au contraire certains néologismes sont effrayants par ce côté : *anticonstitutionnellement, extraterritorialité*, etc. Gardons-nous donc plutôt de prodiguer les monosyllabes ; ne prenons pas exemple sur la célèbre phrase de Bourdaloue à propos des *Provinciales* : « Ce qu'un seul (Jésuite) a mal dit, tous l'ont dit ; ce que tous ont bien dit, nul ne l'a dit. »

L'harmonie est, dans l'acception commune, la proportion entre sons simultanés, elle suppose plusieurs notes, un accord. Mais on sait qu'en rigueur de langage tout son, même isolé, même unique d'apparence, est de fait multiple. Au-dessus de la note fondamentale que nous percevons comme seule et par où nous le désignons lui-même, une attention plus soutenue, aidée parfois d'instruments spéciaux, saisit un accompagnement, un chœur plus ou moins juste et riche d'échos affaiblis, d'*harmoniques*, c'est leur nom. Dès lors il est facile d'entendre comment une seule note chantée, une seule syllabe prononcée, une seule émission de voix, peuvent être ou n'être pas harmonieuses (1). Par là même elles commencent de n'être pas indifférentes au sentiment. Dans la seule harmonie d'un son unique, dans le timbre seul de la voix ou de l'instrument qui ne feraient entendre qu'une note, il y a une puissance expressive, non pas complète mais initiale, une aptitude prochaine à servir l'expression. C'est chose d'expérience:

J'aime le son du cor le soir au fond des bois,

et telle cloche, avec son appel monotone, me rend triste ou joyeux. Tout de même, certaines voyelles, certaines nasales, certaines diphthongues, ont une sonorité particulière encore incapable de rendre par elle-même tel sentiment précis, mais bien faite pour entrer dans un ensemble qui le rendra, mais s'offrant dès lors aux préférences de qui veut le rendre. Sourdes et tristes, les nasales s'adaptent bien à la douleur, à la crainte. Faites-les suivre d'une muette; elles ne sont plus que graves et rendent un effet de majesté. En général, toute voyelle allongée par la spéciale influence

---

(1) L'expérience a rattaché à la richesse et à la justesse des harmoniques *le timbre*, cette qualité si longtemps mystérieuse qui distingue les instruments ou les voix sur une note d'ailleurs identique. On a comparé les voyelles, nasales et diphthongues, à des timbres transitoires que la voix humaine peut se donner.

de certaines consonnes ou combinaisons de consonnes, porte dans sa lenteur facile une aptitude à exprimer les sentiments profonds, recueillis, magnifiques parfois. C'est le charme du vers de Racine :

> Le jour n'est pas plus pur que le fond de mon cœur.

Jour... pur... cœur : la voix s'arrête et se repose trois fois sur une syllabe que l'*r* finale adoucit et prolonge. Voilà comment ces douze monosyllabes de suite ne blessent aucunement l'oreille ; mais surtout voilà qui donne au vers une lenteur grave, une sérénité recueillie en parfait accord avec la pensée (1).

Toutefois l'harmonie de ces syllabes n'y a servi qu'en entrant dans la mélodie de la phrase. Et voilà une seconde et plus complète puissance d'expression, *la mélodie :* la mélodie qui est la succession rationnelle et agréable des sons, ou mieux encore la relation ordonnée entre les sons successifs. Or cette relation, cette mélodie existe dans le style avant même que la voix de l'orateur ou du lecteur y vienne ajouter une seconde vie. Cette mélodie est dans le texte muet, elle y est mieux qu'en germe et en puissance, à tel point que l'oreille en jouit en idée tandis que les yeux lisent tout bas.

Maintes phrases offrent un entrelacement marqué de

---

(1) Notons au moins en courant qu'on aurait bien mauvaise grâce à juger notre langue trop pauvre de ces richesses harmoniques. M. Legouvé, dans son livre sur *l'Art de la Lecture,* cite un jugement tout contraire de Gounod. L'illustre maître y préfère le français à l'italien, à cet italien qui est déjà par lui-même une musique. Et par où notre langue l'emporte-t-elle ? « Elle est moins riche de coloris, soit ; mais elle est plus variée et plus fine de teintes ; elle a moins de rouge sur sa palette, j'y consens ; mais elle a des violets, des lilas, des gris-perle, des ors pâles que la langue italienne ne connaîtra jamais... Savez-vous à quoi je compare la langue italienne ? A un magnifique bouquet de roses, de pivoines, de crocus, de rhododendrons, mais auquel il manque des héliotropes, des résédas, des violettes. » (E. Legouvé : *L'Art de la Lecture,* p. 198.)

syllabes longues ou brèves, sourdes ou éclatantes. Nous le sentons, nous y prenons plaisir; il y a donc succession ordonnée, mélodie par conséquent. Et ici, malgré notre désir de parler comme tout le monde, on nous excusera de ramener les mots à leur signification véritable. On dit d'une phrase qu'elle est harmonieuse, on le dit aussi d'un mot. Abus de langage, assez inoffensif du reste; mais toujours abus de langage. Mélodieux serait le terme propre. Dans la parole, l'harmonie proprement dite n'appartient qu'aux syllabes considérées une à une. Dès qu'il y a succession, enchaînement, l'effet produit sur l'oreille relève de la mélodie. On nous excusera de le noter; nous croyons que, dans ces études, la précision nous est un devoir.

Mais c'est par *le rhythme* surtout que la phrase parle puissamment à l'oreille et à toute l'âme. L'harmonie est l'heureux accord des sons; la mélodie en est la succession rationnelle; le rhythme en est le groupement ordonné. On le définirait bien la proportion sensible entre groupes sonores successifs.

Les syllabes ne sortent pas de nos lèvres à intervalles égaux comme les tintements d'une cloche ou les gouttes d'eau tombant dans un vase. Elles se joignent et se séparent de manière à former des groupes distincts. L'écrivain trouve les uns tout faits : ce sont les mots; sa libre habileté compose les autres : ce sont les incises, les membres, les phrases entières. Quand l'oreille saisit entre eux un rapport appréciable de symétrie, d'opposition, de périodicité, la parole est rhythmée ou rhythmique. Telle est la célèbre phrase de Cicéron sur le droit naturel de défense (1), ou l'exclamation de Bossuet sur la mort foudroyante de Madame : « O nuit désastreuse, nuit effroyable !... etc. » Que si nous décomposons une phrase

---

(1) « *Est enim hæc, Judices, non scripta sed nata lex; quam non didicimus, accepimus, legimus, verum ex naturá ipsá arripuimus, hausimus, expressimus; ad quam non docti sed facti, non instituti sed imbuti sumus...* » (Cicéron : *Pro Milone*, IV.)

de cette nature, l'analyse s'arrêtera nécessairement à un groupe élémentaire formé d'un nombre relativement petit de syllabes ou de sons. Nous remarquerons d'ailleurs que, dans chaque groupe, tout dépend d'un son principal, ou plus intense ou plus aigu ou plus durable. C'est lui dont le retour périodique trahit le rhythme ou plutôt le constitue.

Le rhythme d'ailleurs ne se rencontre pas seulement dans la musique ou dans la parole ; il peut être dans toute sorte de bruits naturels ou artificiels. J'entends un orage, une fusillade, le vacarme d'un atelier de métallurgie : chaos de sons entremêlés, point de groupement, point de rhythme. Au contraire le galop d'un cheval, par exemple, arrive à mon oreille par groupes le plus souvent binaires ou ternaires :

Quadrupedante putrem sonitu quatit ungula campum...

Et du Bartas a certainement cru mieux faire que Virgile quand il dit que le cheval

*... Le champ plat bat, abat, détrappe, grappe, attrappe
Le vent qui va devant....*

Si les puérilités étaient capables de quelque mérite, on pourrait reconnaître ici un rhythme naturel très exactement rendu.

Le rhythme diffère de la mesure. Toute mesure est un rhythme, mais court, constant et immuable. Elle est au rhythme plus libre et proprement dit comme une base, un fil conducteur rigide et pointé d'intervalles égaux, autour duquel il se joue, mais à condition de s'y rattacher par des coïncidences périodiques. C'est, si l'on veut, la ligne de canevas soutenant et guidant les arabesques d'une broderie régulière. Une troupe d'infanterie s'avance : le pas marque la mesure sur laquelle le tambour jette des rhythmes variés. Tout à l'heure du Bartas notait le rhythme du galop ; Madame de Sévigné en bat la mesure quand, pour peindre le carrosse de M. de Reims traversant Nanterre, elle écrit ces deux monosyllabes: *tra, tra* (1). Les vers ont une mesure exacte déterminée par la prosodie, et l'art du poète est d'y superposer des effets rhythmiques divers. La prose, plus libre, a l'avantage du rhythme sans la contrainte de la mesure.

Nous avons insisté quelque peu sur cette troisième force expressive du langage sonore. C'est qu'il y a dans le rhythme une puissance étrange, mystérieuse peut-être comme toutes les forces premières et naturelles. Expression de la régularité dans la succession, il satisfait, peut-on dire, le besoin d'ordre qui est en nous. Mais c'est peu pour expliquer avec quel empire il s'impose à l'oreille, par elle au système nerveux et enfin à l'âme tout entière. Nous savons d'expérience qu'il facilite l'effort physique, et le multiplie jusqu'à le rendre irrésistible; mais surtout qu'il met la sensibilité en branle. M. Taine, décrivant l'insurrection en marche sur Versailles le 5 octobre 1789, parle des tambours qui versaient à la foule « l'ivresse rhythmée. » Rien n'est plus vrai que cette hardiesse de langage. On sent en musique l'ascendant du rhythme et la puissance de ses effets; on ne s'étonnera pas de le voir en littérature servir à la fois toutes les facultés. L'harmonie et la mélodie ne profitent qu'à l'imagination et à la volonté sensible; tout-puissant sur l'une et l'autre, le rhythme a de plus cet honneur d'être associé comme auxiliaire à l'opération logique de la raison.

III

La mélodie et le rhythme, auxiliaires de l'imagination. — Onomatopée. — Imitation des bruits et mouvements physiques. — L'hirondelle chez La Fontaine, Buffon et Michelet. — Jusqu'où user de ces sortes d'effets.

Voyons donc à l'œuvre les trois puissances que nous avons décrites. Ou plutôt réduisons-les à deux, en omet-

(1) Lettre du 15 février 1674.

tant l'harmonie. Celle-ci ne vaut dans le langage qu'à titre d'élément premier de la mélodie : c'est donc la nommer implicitement que de nommer la mélodie elle-même.

Or la mélodie et le rythme, la succession et le mouvement des syllabes sonores, peuvent tout d'abord servir l'imagination. Son rôle propre est d'évoquer le sensible absent, à quoi précisément l'aidera la sonorité de la phrase, en faisant retentir à l'oreille ce qu'une description vive peint aux yeux. Reproduction, imitation des bruits et mouvements physiques, voilà le premier emploi du rythme et de la mélodie. Hâtons-nous de rappeler que c'est le moindre, mais n'en contestons pas la réalité non plus que la valeur. Ni scepticisme ni duperie ; ni dédain systématique haussant les épaules au seul nom d'*harmonie imitative*, ni enthousiasme complaisant pour des effets vagues ou même difficiles à justifier.

L'onomatopée n'est pas tout dans la formation des langues, mais elle y a sa part. En tous pays, certains objets ou mouvements sont nommés par le bruit même qu'ils produisent. Les Latins disaient *fragor ;* nous disons *siffler*. L'écrivain use à propos de ces simulacres sonores déjà tout faits et que lui offre l'usage ; mais de plus, en groupant librement les mots et les membres de phrase, il peut pousser l'imitation au delà et rendre à l'imagination de meilleurs services. Le poète y est particulièrement libre, puisque l'imagination se déploie chez lui plus à l'aise. Écoutons ce vers de Racine :

Sa croupe | se recourbe | en replis | tortueux.

Le rythme est fort sensible ; il reproduit bien le mouvement des derniers anneaux qui se déroulent avec force et pesanteur. Disons plutôt, il se prête bien à le reproduire, d'ailleurs capable en soi d'expressions toutes différentes. Il est binaire et ternaire ; prononcez vite et vous aurez le galop du cheval. Mais vous ne pouvez prononcer vite ; non que la seule signification des mots vous avertisse d'appuyer ; il y a plus, la mélodie vous y contraint, embarrassée, alourdie qu'elle est de diphthongues encore prolongées par la consonne *r*. C'est donc la mélodie qui, dans ce cas, détermine le rhythme à une signification plus précise ; et de leur concours sort une force d'expression, laquelle n'est pas plus à dédaigner qu'à méconnaître.

La prose est moins curieuse de ces effets et il en doit être ainsi. Ordonnée à une action plus immédiatement pratique, elle redoute jusqu'à l'apparence de la recherche, assurée d'y perdre quelque chose de son crédit. A tout prendre cependant, elle est, en fait d'expression sonore, capable de rivaliser avec la poésie même, et elle s'en passe quelquefois la fantaisie. La Fontaine a fait dire à l'araignée :

> Progné me vient enlever les morceaux,
> Caracolant, frisant l'air et les eaux,

et ce dernier vers est, en son genre, une merveille. L'arrêt qui le coupe marque un changement de direction, un crochet de l'hirondelle. Le premier mot d'ailleurs est une véritable onomatopée : on y voit les ailes battre, rapides mais muettes. Dans la suite, l'oiseau plane ou plutôt il rase, allant droit son chemin avec la raideur et l'immobilité de la flèche.

Or voici deux prosateurs dont le premier se souvient du poète et dont le second imite et amplifie le premier.

« Tantôt elle donne la chasse aux insectes voltigeants et suit avec une agilité souple leur trace oblique et tortueuse,... tantôt elle rase légèrement la surface de la terre et des eaux pour saisir ceux que la pluie ou la fraîcheur y rassemble... Elle semble décrire au milieu des airs un dédale mobile et fugitif dont les routes se croisent, s'entrelacent, se fuient, se rapprochent, se heurtent, se roulent, montent, descendent, se perdent et reparaissent pour se croiser, se brouiller encore en mille manières, et dont le plan, trop compliqué pour être représenté aux yeux par l'art du dessin, peut à peine être indiqué à l'imagination par le pinceau de la parole (1). »

On voit du reste qu'il peut être noté pour l'oreille. Michelet, ce poëte en prose, va nous le faire voir encore mieux.

« Si elle n'égale pas en ligne droite le vol foudroyant du faucon, en revanche, elle est bien plus libre, elle tourne, fait cent cercles, un dédale de figures incertaines, un labyrinthe de courbes variées qu'elle croise, recroise à l'infini. » Et rappelant le souvenir de ses observations personnelles, il ajoute : « Souvent elles se précipitaient, tombant presque, rasant la terre, mais si vite relevées qu'on les aurait crues lancées d'un ressort ou dardées d'un arc (2). » Voilà peindre et chanter.

Ainsi peut l'oreille aider l'imagination, et la mélodie jointe au rhythme nous rendre quelque chose des bruits et mouvements physiques. Mais dans quelle mesure faut-il user de cette puissance? Gardons ici comme ailleurs la hiérarchie des facultés et celle des choses. L'imagination n'est pas pour jouir d'elle-même ; elle est pour fixer l'esprit. Entre les objets de l'art, les phénomènes physiques tiennent la dernière place ; les traduire en musique doit faire la moindre préoccupation de l'écrivain. Chose trop facile d'ailleurs et de mince mérite. A s'y étudier trop curieusement il y aurait double mal, affectation d'abord et tendance à matérialiser le style. Nous avons aimé saint François de Sales parlant du *frifilis* des feuilles ; nous admettons le *tra tra* par où Madame de Sévigné accuse le galop d'un attelage. Mais nous haussons les épaules quand nous trouvons dans Ronsard, le *flo-flottant* Nérée, du dauphin la *ba-branlante* échine, et autres

---

(1) Buffon : *Histoire naturelle des oiseaux ; L'Hirondelle.*
(2) Michelet : *L'Oiseau.*

« gaillardises de style. » Du Bartas nous fatigue de ses tours de force, à peu près comme le violoniste quand il noie son thème sous les quadruples croches et d'artiste se fait prestidigitateur (1). Que fera donc l'écrivain qui se respecte? Posons en principe qu'il n'a pas l'imagination terne et qu'il sait sa langue. Décrivons sobrement par le mot propre, celui qui peint le mieux à l'œil, et d'ordinaire la sonorité expressive suivra d'elle-même sans que nous y prenions garde. Si la tentation vient de quelque effet spécial, point de scrupule ; ne la rejetons pas plus que nous ne l'avons cherchée. En tout, respectons la nature des choses et celle de l'âme, soyons hommes, c'est-à-dire libres et sérieux.

IV

La mélodie et le rhythme auxiliaires de la sensibilité. — Conformité lointaine avec certaines dispositions générales de l'âme. — Racine et Pascal. — Règle pratique.

Aussi bien pouvons-nous employer les sonorités du langage à mieux encore. Servantes de l'imagination, elles le sont pareillement de la sensibilité ; si elles rendent les

---

(1) Veut-on entendre l'alouette ?

> La gentille alouette, avec son tire-lire,
> Tire l'ire à l'iré (la colère à l'irrité), et, tirelirant, tire
> Vers la voûte du ciel, et son vol vers ce lieu
> Vire, et désire dire : « Adieu, Dieu ! adieu, Dieu ! »
> (Du Bartas.)

C'est merveilleux et ridicule... *Cum risu miror et idem indignor.* Nos réalistes se devaient à eux-mêmes d'imiter ces folies. Les personnages de leurs romans « jouent avec les onomatopées comme des enfants avec une sonnette. On se croirait presque à l'exposition d'agriculture, tellement on est étourdi par les chevaux qui piaffent, les vaches qui beuglent, les moutons qui bêlent, les chiens qui aboient, les poulets qui gloussent, les coqs qui déchirent l'air de leurs cris, sans compter les bourdonnements des mouches, le ramage des chardonnerets, le babil des mésanges, les piaillements des moineaux, le sifflement des pinsons, les gammes éclatantes du rossignol, » etc... (G. Merlet, à propos d'E. Feydeau : *Réalistes et fantaisistes,* p. 157.)

bruits matériels, elles peuvent chanter les mouvements de l'âme. Puissance réelle et manifeste comme celle de la musique proprement dite. Mais de la parole comme de la musique n'exigeons pas d'effets précis, exclusivement propres à ce sentiment et non à cet autre ; ce serait une grave erreur. La musique exprime avec une merveilleuse puissance trois ou quatre dispositions générales de l'âme, rien de plus ; et l'on conçoit dès lors que le même ensemble de rhythme et de mélodie musicale s'adapte bien à des sentiments d'ailleurs assez divers. Il en va de même pour la parole. Assurément il y a des combinaisons de syllabes et des mouvements de phrase qui s'ajustent fort heureusement à la tristesse ou à la joie, par exemple. Mais la même combinaison, le même mouvement, pourront être également tristes, graves, magnifiques ou au contraire s'harmoniser bien avec l'allégresse, l'audace, l'ardeur inquiète. Ne demandons en ce point au langage que ce qu'il peut donner, une conformité assez lointaine et générale avec les grandes passions.

Autre fait d'expérience : la conformité dont nous parlons s'accuse bien mieux dans le rhythme. Autant la mélodie vraie, celle de la voix, est puissante à rendre les nuances multiples, ou, si l'on veut, les courbes indéfinies du sentiment, autant le style s'y trouve gêné, avec sa mélodie sourde et pour ainsi dire implicite. Il semble d'ailleurs que dans les deux cas, le rhythme soit bien plus directement sous l'influence de l'âme. Le rhythme, c'est le mouvement, le mouvement que, d'elle-même et comme par instinct, la passion presse ou ralentit, prolonge, traîne, interrompt ou brise. Conséquence immédiate de la passion même, il en sera le meilleur indice. En voici deux exemples, d'où la mélodie ne sera pas absente pourtant. Phèdre répond à Œnone qui la veut ranimer par des pensées ambitieuses :

> Moi régner ! moi ranger un état sous ma loi,
> Quand ma faible raison ne règne plus sur moi,
> Lorsque j'ai de mes sens abandonné l'empire,

Quand sous un joug honteux à peine je respire,
Quand je me meurs (1) !

L'abattement se peint au naturel dans cette coupe brisée, et nos bourreaux de versification y pourraient apprendre que, pour rendre un vers expressif, pas n'est besoin de le *déhancher*. D'ailleurs mélodie excellente : le rejet finit à merveille sur ce monosyllabe demi-sourd et traînant. Mais malgré tout, l'effet ressort principalement du rhythme ; chacun le peut sentir.

Pascal médite sur le vide qui s'étend au delà du monde. Par un effort de raison et d'imagination tout ensemble, il en éprouve le même saisissement, la même *horreur sacrée* que nous sentons quand, le soir, au détour d'un chemin, à la crête d'une dernière colline, nous découvrons à l'improviste un panorama immense, désert, muet, faiblement éclairé. Pascal écrit : « Le silence éternel de ces espaces infinis m'effraie. » Des trois groupes rhythmiques où se réduit cette courte phrase, les deux premiers représentent assez bien l'objet lui-même. Quant au dernier, il est tout psychologique. Détaché, traînant et comme haletant, il semble accuser l'inertie, la torpeur, l'action interrompue par une soudaine impuissance. Effet de mélodie sans doute, mais de rhythme encore plus.

Que la sensibilité profite donc ainsi que l'imagination de cette sonorité expressive du langage. Que la mélodie et le rhythme sachent noter ou plutôt accompagner fidèlement l'énoncé précis des mouvements de l'âme. Ici le matérialisme de style est moins à craindre et l'emploi de ces artifices grandit avec l'objet. Encore faut-il cependant éviter l'affectation, garder le décorum, le sens exquis des opportunités et convenances. Plus libres s'il s'agit de rendre les émotions d'autrui, nous devrons, ce semble, être plus réservés quant aux nôtres. C'est modestie et sagesse. Que si l'on nous surprend à enjoliver nos senti-

---

(1) Racine : *Phèdre*, III, 1.

ments, à les caresser de la plume, à les mettre complaisamment en musique, nous paraîtrons nous en jouer à demi, on les jugera peu profonds, si tant est qu'on les veuille bien estimer sincères. En fait de sentiment comme de description, la grande loi reste la même : soyons vrais sans affectation ni recherche. Ayons l'impression exacte et vive, l'expression fidèle et simple, et laissons venir sans y songer la sonorité expressive : rarement elle nous fera défaut.

V

La mélodie et le rhythme auxiliaires de la raison. — Par l'intermédiaire de la mémoire. — C'est le meilleur emploi des figures de mots. — Du style périodique. — Règle de l'usage pratique.

Reste à lui reconnaître une troisième fonction, de toutes la plus noble, celle d'accuser l'opération logique et par là même de la rendre plus facile à suivre. Toute sensitive d'apparence, la sonorité du langage est pourtant l'auxiliaire puissante de la raison. Nous trompons-nous de penser qu'on ne lui en fait pas assez honneur? Ouvrez les rhétoriques élémentaires : tous ces artifices de style, symétries, oppositions, assonances, toutes les figures dites de mots, tout ce qui vient sous le nom de style périodique ou de période proprement dite, tout cela vous est présenté surtout comme ornement du discours et agrément de l'oreille. Osons le reconnaître, sans oublier le respect dû aux grands rhéteurs de l'antiquité : ils semblent eux-mêmes s'en tenir trop volontiers à ce point de vue quelque peu étroit. Qu'en résulte-t-il pour nous? Un léger dédain à l'endroit de ces effets de parole, formules de pur agrément, sortes de hochets de l'enfance littéraire et qu'une main d'homme ne touche plus. Erreur encore. Toutes ces formes de style ont une valeur naturelle et haute ; ce n'est point cliquetis sonore, musique pure; ou plutôt cette musique a l'honneur de servir très efficacement la plus haute et la plus sévère des facultés humaines.

Rien de plus facile à entendre. L'homme connaît successivement, mais il aspire à connaître d'ensemble. Pour venir au vrai, la raison chemine à travers les notions diverses; mais en même temps la mémoire tend à laisser des jalons sur la route, afin de pouvoir la mesurer plus aisément d'un coup d'œil. Or la mémoire y est puissamment aidée par l'oreille; c'est la mélodie, c'est le rhythme surtout qui plante les jalons de la marche rationnelle. Ainsi la mémoire est guidée, et par suite l'esprit, dans ce coup d'œil rétrospectif nécessaire à la possession de la pensée. Ainsi tout se tient dans l'homme : les combinaisons sonores ont vivement frappé l'oreille; l'oreille a soutenu la mémoire; la mémoire a facilité la tâche de la raison (1).

Et voilà qui justifie, voilà qui relève ce que nous dédaignons quelquefois, manque d'en bien apprécier l'usage. S'agit-il des figures de mots? On sait que la logique aime les répétitions, les accumulations entre autres, parce qu'elles agissent fortement sur l'esprit en le frappant toujours au même point. Or pour que la répétition ou l'accumulation aient leur valeur totale, il faut que tous les éléments en soient ensemble présents à la mémoire. Et qui les rend mieux présents que l'assonance, artifice mélodique, et la symétrie, affaire de rhythme? La même assonance, les mêmes symétries directes ou inverses font encore saillir les comparaisons et les contrastes, ces deux moyens si chers à la logique. Non qu'elles soient par elles-mêmes directement expressives de la ressemblance ou de l'opposition. Leur emploi se borne à retenir sous l'œil de la mémoire les termes de l'une ou de l'autre, et l'opération de l'esprit est plus aisée d'autant. Écoutons bien, pour la

---

(1) Cela est si vrai, que le syllogisme bien fait, avec ses termes répétés à certains intervalles obligatoires, est un modèle d'assonance et de symétrie. La mélodie et le rhythme se retrouvent donc là même où il n'y a plus de place pour l'imagination et la sensibilité.

mieux comprendre, la célèbre phrase de Cicéron sur le droit de légitime défense : partout nous y verrons la similitude mélodique et rhythmique renforcer l'accumulation ou accuser l'antithèse (1). Le français, en tout moins musical, offre pourtant des exemples analogues.

« Le monde a menacé, la vérité est demeurée ferme ; il a usé de tours subtils et de flatteries, la vérité est demeurée droite. Les hérétiques ont brouillé, la vérité est demeurée pure. Les schismes ont déchiré le corps de l'Église, la vérité est demeurée entière. Plusieurs ont été séduits, les faibles ont été troublés, les forts même ont été émus ; un Osius, un Origène, un Tertullien, tant d'autres qui paraissaient l'appui de l'Église sont tombés avec un grand scandale ; la vérité est demeurée toujours immobile (2). »

— « On dit au peuple qu'il est souverain, il montre ses maîtres ; on lui dit que sa condition s'améliore, il répond qu'il a faim ; on lui jette des livres pleins de beaux raisonnements et de beaux chiffres sur la nécessité de l'inégalité des conditions humaines, il ne les lit pas (3). »

Qui n'est un peu tenté de sourire au nom seul de style périodique, de période ? Erreur et faute, mais dont les rhéteurs sont en partie responsables. Pourquoi nous vanter la forme périodique à titre d'artifice musical ? En vérité, c'est là son moindre mérite. Dites plutôt qu'elle sert admirablement la logique. Par son balancement prolongé, par ses suspensions, provoquant et annonçant une résolution finale, elle guide, elle aussi, la mémoire et la raison à travers l'ample développement de la pensée. Elle procure

---

(1) *Est enim hæc, Judices, non scripta sed nata lex ; quam non didicimus, accepimus, legimus, verum ex naturá ipsá arripuimus, hausimus, expressimus ; ad quam non docti sed facti, non instituti sed imbuti sumus...* (Cicéron : Pro Milone, IV.) — Impossible d'essayer une traduction, ce serait perdre immanquablement tout ce qui fait exemple dans la phrase.

(2) Bossuet : *Deuxième sermon pour le deuxième dimanche d'Avent,* 1ᵉʳ point.

(3) L. Veuillot : *Libres penseurs,* avant-propos.

à l'oreille, et par l'oreille à l'intelligence, des demi-satisfactions, des attentes qui tout ensemble reposent en route et préparent la satisfaction totale. Cette forme, en un mot, permet à la pensée d'être ample et claire. L'ampleur du circuit peut nous faire perdre de vue l'ensemble; c'est ici que la mémoire a besoin d'aide et que le rhythme est d'un grand secours. A lui de faire que la phrase, alors qu'elle se développe et embrasse des rapports plus vastes, demeure pourtant, comme le veut Aristote, capable d'être mesurée d'un coup d'œil.

Estimons donc à leur vraie valeur ces ressources pratiques du langage. Mais jusqu'où en user? Voici qui va nous le dire.

Supposons-nous auditeurs. Nous aimons pour nous-mêmes le travail facile; donc nous saurons gré au rhythme et à la mélodie de nous aplanir et de nous jalonner le chemin du vrai. D'autre part nous redoutons jusqu'au spectacle du travail difficile. Voilà pourquoi nous en voulons au style de paraître laborieusement ciselé. A ce compte d'ailleurs, au lieu d'aider notre esprit à mieux entendre, il risque de l'amuser, de le distraire, de l'endormir; il pourrait tout aussi bien nous agacer, nous mettre en défiance par une séduction trop visible, nous offenser par l'affectation.

Et maintenant supposons-nous écrivains ou orateurs. Tous les états d'âme ne permettent pas cette curieuse élaboration de la parole. Il y faut d'ordinaire une certaine liberté du jeu réflexe de l'esprit, un degré d'attention calme et de reploiement sur soi-même, incompatible avec la grande passion par exemple. Ajoutons les circonstances diverses, tenons compte du grand devoir de mesurer le style aux objets. Mais par-dessus tout, pensons juste et allons jusqu'au bout de notre pensée. C'est en s'achevant par le travail intime qu'elle se distribue suivant l'ordre logique et l'ordre pathétique heureusement combinés. C'est par là aussi qu'elle se répartit en groupes sonores capables de servir à la fois toutes les facultés supérieures. Vraie et totale pensée d'homme, elle juge, elle peint, elle sent, elle chante, et, grâce à ce concert d'énergies, elle entre dans l'âme par toutes les avenues, la saisit et la domine tout entière. C'est le but du style, c'en est le sérieux et la grandeur.

VI

Conclusion du présent livre. — En fait, le style, c'est l'âme, modifiée à sa surface par des différences communes, ou individuelles, mais toujours l'âme. — En droit, le style c'est l'âme puissante et ordonnée. — Ce sont les choses montrées à travers cette âme. — Nombre de styles différents, ou mieux, un seul qui se plie aux objets.

Aussi, après avoir longuement étudié l'art de l'expression, nous ne pouvons mieux conclure qu'en revenant au point de départ de ce livre et aux principes universels établis dans le premier. Qu'est-ce que le style, en fait et en droit?

En fait, « le style c'est l'homme, » et en plus d'un sens ; le style, c'est l'âme telle qu'elle est, puissante ou faible, bien ou mal ordonnée, saine ou vicieuse. C'est l'âme, telle que la modifient à la surface les influences du climat ou de l'époque. Ne parlons que de nous, Français. Au dix-septième siècle, le style est, dans son ensemble, équilibré, sain, reposé, paisible ; c'est que les âmes sont telles. Dans l'âge suivant, il deviendra sentencieux, poseur, pédant et sensible à faux. De nos jours, il est presque partout excessif, tendu, nerveux, malsain, accusant, jusque dans ses beautés incomplètes, le désordre et la fièvre. Qui ne reconnaît les déplorables transformations de l'âme française ?

Le style c'est l'homme individuel, avec son cachet, sa physionomie, et tel est le sens précis de Buffon. C'est l'âme toujours, mais l'âme déterminée en chacun par certaines notes originales, par certaines dispositions de moralité, d'esprit, de cœur, de tempérament, de caractère. Le style est, comme la pensée même, sobre, spiritualiste ; on pourrait l'appeler chaste, non pas seulement pour n'évoquer jamais d'images troublantes, mais pour n'agir pas trop vivement sur la partie sensible de l'âme. Tout au contraire, il y a un langage tout matérialiste et sensuel qui démoralise alors même qu'il n'est pas immoral au sens vulgaire et grossier du mot. Net ou obscur, ferme ou lâche, vif ou traînant, pâle ou coloré, froid ou chaleureux, le style prend toutes les nuances de l'intelligence, de l'imagination, de la sensibilité individuelle, il en porte à bon droit tous les titres. Il accuse de même le tempérament, le caractère, et fait saillir les différences entre les hommes d'ailleurs semblables en bien des points : franc, naïf et rude chez Corneille ; délicat et tendre chez Racine ; également fort dans Pascal et dans Bossuet, mais ici paisible et cordial comme la charité chrétienne, là sombre et amer comme le rigorisme de secte ; — souvent emporté, colère, bilieux chez Voltaire, toujours empreint chez Rousseau d'une corruption ardente, mais surtout d'un orgueil lâche, ombrageux et jaloux.

En définitive, le style se confond avec l'âme telle qu'elle est : image fidèle, expression spontanée, immédiate, jusqu'à ne se distinguer plus pratiquement de l'original qu'elle représente. Expliquons donc le style par l'âme ; surtout entendons que, pour former le style, c'est sur l'âme qu'il faut travailler. Écartons de plus en plus cette conception basse qui fait de l'art d'écrire un procédé, une habitude purement artificielle et appliquée à l'âme par le dehors. C'est le confondre avec la connaissance technique de la langue, préliminaire indispensable, mais rien de plus. Posséder sa langue ce n'est pas encore savoir écrire ; écrire c'est faire usage de la langue possédée, et c'est ici que l'âme intervient, qu'on la sent et qu'on la juge, variée à l'infini dans sa surface par les différences énumérées tout à l'heure, et cependant partout la même en son fond, en son activité de nature, en ses lois essentielles, partout reconnaissable sous les différences légères dont les langues embarrassent plus ou moins son expression.

Passons du fait au droit. Qu'est-ce que le style? — L'âme. Que doit-il être ? — L'âme puissante et ordonnée. C'est-à-dire que, dans le mouvement de la pensée ou de la phrase, que, dans le choix même des idées ou des mots, l'âme doit tendre à se déployer tout entière, mais d'après sa légitime nature, d'après la hiérarchie essentielle de ses facultés.

Or, en se déployant de la sorte, l'âme n'apparaît pas seule : du même coup, elle nous montre les objets tels qu'ils sont par rapport à elle, ces objets dont elle a reçu l'empreinte et qu'elle a tout ensemble marqués de la sienne. C'est pour elle, c'est pour le style un devoir de s'ajuster à eux, de les suivre et de les égaler sans relâche dans leur variété indéfinie. De là toutes ces classifications de la rhétorique élémentaire : style de ce genre ou de cet autre, style de la poésie, de l'éloquence ou de l'histoire, style simple, tempéré ou sublime, style de la discussion ou du mouvement, du début ou de la conclusion. Distinctions fondées, utiles à fixer l'attention des commençants, mais qu'il faut toujours entendre avec une largeur généreuse. Assurément le langage poétique n'est pas le langage oratoire, le ton de la tragédie ne convient pas à la comédie ni celui de l'ode à la satire ; mais qu'on y prenne bien garde : tous ces styles différents ne s'excluent que par leurs extrémités, ils coïncident par la plus grande partie d'eux-mêmes. Quelques mots et quelques tours sont trop simples et trop nus pour la poésie, quelques-uns trop gracieux et brillants pour l'éloquence ; la masse est commune aux deux genres et il en va de même partout. Donc pas de rigueur exclusive. Rien de factice non plus. Ne traitons pas ces distinctions mécaniquement pour ainsi dire, comme chose de convention et de pur usage. Ramenons tout au principe, à la proportion nécessaire de la parole aux objets. A ce compte, il y a trois styles ou dix ou cent ou mille, comme on voudra l'entendre. Disons plutôt, il n'y en a qu'un, mais infiniment souple et mobile, comme il n'y a qu'une âme toujours identique, mais capable de se plier à la mobilité des choses, les égalant par son impression toujours exacte, égalant d'ailleurs son impression par une expression toujours fidèle. C'est le style, c'est la nature, c'est l'homme ; ce sont les choses telles qu'a dû les voir et les sentir l'âme vive et saine, l'âme comme Dieu la veut.

LIVRE IV

L'AME DANS LE DÉBIT

CHAPITRE PREMIER

Idée générale.

I

Deux sens esthétiques : l'ouïe et la vue. — Deux langues correspondantes, sons et mouvements expressifs. — Leurs relations avec la parole. — Nécessité d'en bien user. — Diction, action : art du débit.

L'homme à qui s'adresse la parole n'est pas seulement intelligence et vouloir, imagination et sensibilité. Parmi nos sens, deux sont capables du beau. La vue et l'ouïe apportent à l'âme, non plus seulement, comme les autres, l'impression d'objets tout matériels, mais celle de l'immatériel rendu sensible. Tandis que les autres s'arrêtent au phénomène purement corporel, l'œil et l'oreille perçoivent l'âme à travers deux de ses manifestations les plus significatives. Ce n'est point à dire seulement que par eux on lit et on entend la parole articulée. Il y a plus : l'âme se chante dans la voix, elle se peint dans le geste. Ainsi tombe-t-elle plus directement et comme immédiatement sous les prises de l'ouïe et de la vue. C'est la dignité supérieure de ces deux sens. Encore n'est-elle pas égale dans tous les deux. L'oreille entend et n'a pas d'autre ministère ; elle perçoit l'âme et ne la montre pas. L'œil la perçoit et la montre ; il est fait pour voir et pour être vu : instrument de choix pour saisir les reflets extérieurs de la vie morale et tout ensemble miroir où ils se reflètent avec le plus de précision et d'éclat.

Par suite, voici, dans l'homme qui parle, deux langues nouvelles, celle des sons expressifs, celle des gestes expressifs.

Elles sont distinctes de la parole articulée. Ce qui le prouve, c'est qu'elles peuvent s'en détacher sans périr et signifier par elles-mêmes : l'âme s'exprime assez dans le geste d'un muet, dans un vagissement, dans un cri, dans un sanglot. Elles peuvent même contredire la parole qu'elles accompagnent :

> ... Hum ! Visage de traître.
> Quand la bouche dit : Oui, le regard dit : Peut-être (1).

Par leur impuissance à traduire la pensée précise, l'opération complète de la raison, elles restent absolument inférieures à la langue articulée. Mais elles ont l'avantage dès qu'il s'agit du sentiment. Bien autrement souples et rapides à le suivre dans ses modifications, dans ses courbes indéfinies, elles arrivent où la parole n'atteint pas, mais surtout elles la devancent toujours. Que de nuances morales dans une inflexion de voix, dans un geste ! Essayez de les traduire en mots : l'exercice est attachant et singulièrement utile ; mais il faut passer par bien des lenteurs, et quelquefois pour aboutir à l'insuccès.

Jointes à la parole articulée, ces deux langues ont un pouvoir merveilleux pour achever l'expression de l'âme. Aussi quel tort une diction froide ou fausse ne peut-elle pas faire à un texte d'ailleurs excellent ! Combien pâle est le plaisir de la lecture comparé à celui d'entendre un

---

(1) Victor Hugo : *Ruy Blas*.

acteur ou d'assister à la représentation d'un drame ! C'est pourquoi le lecteur sérieux écoute et voit en idée, pour se restituer à lui-même la part de jouissance que les mots seuls ne lui donnent pas.

Enfin telle est dans le domaine du sentiment la puissance expressive du ton et du geste, que rien ne les supplée, tandis qu'ils peuvent suppléer eux-mêmes à bien des choses.

Mais l'excellence même de ces deux forces nous oblige à les bien gouverner, ne fût-ce que pour n'en rien perdre ; et plus ces deux langues sont parlantes, plus il importe d'en bien user. Le gouvernement de la voix et du geste est *l'action* oratoire dans son acception la plus large. Toutefois l'usage nous conduit à restreindre le mot pour en désigner le port, le geste, l'attitude; et il ne nous défend point d'appliquer au maniement de la voix le terme un peu flottant de *diction*. Soit donc *la diction* l'usage des ressources musicales de la parole, et *l'action* le gouvernement de toute la personne visible en tant qu'expressive de l'âme. De l'une et de l'autre se composera l'art du *débit*, car il vaut mieux, ce semble, écarter le terme de déclamation comme équivoque et d'assez fâcheuse renommée.

II

L'art du débit et la nature. — Il la développe en l'ordonnant. — Le naturel à la fois spontané et réfléchi. — Liberté, originalité. — L'art et l'inspiration du moment. — Il la seconde et même la provoque. — Il est sincère et naturel.

Or avant d'établir sur leur vraie base les lois générales de cet art, il y a lieu de le défendre contre un préjugé radical qui tendrait à le supprimer ou à peu près. Chose étrange ! tandis que les uns en poussent les principes jusqu'au système et l'étude jusqu'à la minutie, d'autres le dédaignent, faisant profession de compter beaucoup plus sur la nature et ses inspirations spontanées. En cette matière principalement, tout ce qui est art les met quelque peu en défiance. Ne sera-ce pas autant de pris sur le naturel? Et cependant les relations entre la nature et l'art sont les mêmes ici qu'en fait de composition et de style. Ici comme là, comme partout du reste, qu'est-ce que l'art sinon la nature prenant conscience et possession d'elle-même? Nous pourrions nous en tenir à cette observation générale ; mais regardons-y de plus près.

C'est une loi universelle que l'ordre augmente la puissance en la dirigeant. Si donc l'art du débit est incapable de suppléer les aptitudes natives, il les développe et les fortifie dans un degré parfois merveilleux. La voix s'assouplit et s'étend ; le geste s'enhardit et se dénoue en même temps qu'il se corrige. Toutes les puissances expressives grandissent et le sentiment même y gagne. Telle est l'unité de notre nature, l'action mutuelle du corps et de l'âme, que nous nous formons à mieux sentir en traduisant mieux ce que nous sentons.

Ne l'oublions point du reste: le naturel exclut le factice, mais il peut et doit être réfléchi. L'écrivain qui se respecte ne trace pas un mot dont il ne sache rendre compte. L'orateur digne de ce nom doit en venir à pouvoir justifier chaque inflexion, chaque geste. On entend bien que nous ne lui demandons pas sur chacun une attention actuelle et distincte, non plus qu'au violoniste, par exemple, sur chacune des notes qu'il lit et des mouvements par où il l'exécute. Mais si la voix, la main, le regard vont plus vite que toute réflexion, il reste que l'auditeur qui s'y arrête doit pouvoir se rendre raison de tout ; il reste que l'orateur doit savoir, au besoin, tout justifier devant l'auditeur et devant lui-même. Or pour atteindre à cette rapide justesse dans le ton et dans l'attitude expressive, il n'est que l'exercice, l'étude menée longtemps et à froid; tout comme il n'est que la longue pratique du style pour former l'improvisateur. A ce compte seulement, on aura le droit de livrer aux chances de l'improvisation sa voix, son geste et sa parole. Autrement, sous prétexte de naturel, on marche à l'aventure et l'on trahit vite son faible, fût-on richement doué par ailleurs.

Il n'est pas moins évident qu'enseigner l'art du débit ce n'est point tout régler d'une façon géométrique, noter d'avance la mélodie de la voix, tracer les angles et les courbes que le bras devra décrire. Quel maître en littérature prétendit jamais dicter à ses élèves leurs futurs ouvrages? C'est ici la même chose. Des deux parts, l'enseignement provoque la réflexion et la guide; et la réflexion à son tour ordonne et étend l'opération naturelle. D'ailleurs nul péril pour l'originalité légitime. En fait de débit comme de style, elle ne commence jamais que par l'imitation et l'étude réfléchie. Aussi bien les vraies lois du débit comme de la composition littéraire sont larges et généreuses; elles laissent au génie personnel une liberté dont nul homme sérieux n'osera se plaindre. La médiocrité seule ou la paresse accusent le bon sens de gêner l'originalité. Ainsi ne faisaient point les maîtres, Démosthène par exemple et Cicéron ou Talma dans son genre (1). On sait en ce point leur doctrine et surtout leur opiniâtre labeur.

Ils n'auraient pas accepté davantage de s'abandonner sans autre garantie à l'inspiration, à la chaleur du moment. Certes nous ne prétendons méconnaître ni le fait de l'inspiration ni son admirable puissance. L'inspiration vient ou manque dans le débit aussi bien que dans l'improvisation ou la composition même. Selon les jours et les heures, on est ou l'on n'est pas en veine, en voix, en train. On sent ou l'on regrette cette vibration intérieure, ce tres-

---

(1) Plutarque : *Vie de Démosthène*, VII à XI. — Cicéron : *Brutus*, LXXXIX. — Nettement : *Littérature sous la Restauration*, t. II. — Legouvé : *L'Art de la lecture.*

saillement, cette transparence d'émotion qui donnent à la voix et aux mouvements leur vérité facile et frappante. Heureuse disposition et que rien ne supplée, au moins de façon durable et pour l'auditeur sérieux. On a vu des comédiens duper le public à force d'art, scander par exemple d'aparté bouffons des tirades étudiées qui faisaient frissonner une salle entière. C'était là jouer avec leur talent et peut-être aussi avec l'inexpérience de la foule ; mais la règle demeure en dépit des surprises et des exceptions.

Toutefois si l'art exercé à froid ne vaut jamais l'inspiration véritable, il la sert grandement. Quand les organes sont dès longtemps assouplis par l'exercice, vienne l'inspiration et elle se trouve à l'aise, comme le courage aidé d'une bonne armure. Mais elle ne vient qu'à ses heures, dira-t-on. Non pas absolument. Le travail méthodique, l'art n'est pas tout-puissant à la faire naitre, mais il y sert beaucoup. L'effort antérieur nous a formés à l'analyse des passions diverses et à leur expression réfléchie. C'était nous préparer à entrer plus aisément et plus vite dans la vérité d'un sentiment. Quant à l'effort actuel, il arrive souvent à forcer les résistances de l'inspiration et à la conquérir de haute lutte. Nous rappelions tout à l'heure l'action mutuelle du corps et de l'âme. En voici une conséquence intéressante. Comme les sentiments vifs se traduisent par des gestes déterminés, inversement ces mêmes gestes faits à froid tendent à produire les sentiments auxquels ils correspondent. Le recueillement nous prosterne, mais il n'est pas moins vrai que le prosternement nous recueille. Ainsi de tous les mouvements liturgiques par exemple : ils sont effet et cause, ils naissent logiquement de l'adoration intérieure ; pratiquement, ils la préparent ou l'augmentent. Étant donné ce principe d'expérience humaine, on entend que la mimique de l'inspiration absente ne serve pas seulement à la suppléer tant bien que mal, mais tende réellement à la produire. Quoi de moins rare qu'un orateur froid et factice au début, mais qui peu à peu ou tout à coup entre dans le vrai et commence de saisir l'auditoire ! En commandant par un effort de volonté à son appareil expressif l'imitation de la chaleur qu'il ne sentait pas, il a réellement échauffé ses facultés engourdies, mis en branle son imagination et sa sensibilité; d'un mot, il a conquis l'inspiration. La méthode n'est point infaillible, mais elle est souvent efficace, et en dehors d'elle il n'y a rien.

Craindra-t-on de n'être pas sincère avec soi-même, de jouer la comédie ? Non vraiment. Il ne s'agit point ici de nous tromper sur nos sentiments véritables. Dans la circonstance donnée, notre intelligence voit qu'il conviendrait d'être ému pour émouvoir. Mais nos puissances expressives sont plus lentes. La volonté souveraine leur commande alors d'agir quand même et de secouer cette torpeur. En tout cela, rien que de rationnel et de loyal.

Mais n'est-ce pas là selon le mot vulgaire, se battre les flancs? Oui, si l'effort est gauche, s'il est trop visible. Ici comme ailleurs le triomphe de l'art est de se cacher.

III

Lois premières du débit, identiques à celles de la composition et du style. — Expression complète de l'âme. — Expression mesurée : sur la puissance des organes, — sur la hiérarchie essentielle des facultés, — sur les objets ou plutôt sur les sentiments qu'ils doivent inspirer. — L'effet et le beau. — Lois du débit fondées sur la seule nature. — Donc invariables comme elle. — Le débit et la morale.

Il y a donc un art du débit, art légitime, sérieux, loyal, auxiliaire excellent de la nature dont il dégage et déploie toutes les ressources et de l'inspiration qu'il sert ou provoque dans l'occasion.

Où chercher les lois de cet art? Où nous avons trouvé celles de la composition et du style, dans la nature de l'homme et des choses, de l'homme surtout. Expression de l'âme et des choses par l'intermédiaire de l'âme, le débit, pour être ce qu'il doit, ce que Dieu veut, traduira pleinement l'âme ordonnée, la seule qui ait droit de rester définitivement en lumière et de poser sous nos regards. C'est dire qu'il obéira comme le reste aux deux règles de plénitude et d'ordre qui régissent toute action.

Que l'expression doive être complète, que la voix, le geste, l'attitude, le regard doivent saisir toute l'âme de l'auditeur en lui dévoilant par tous les moyens à la fois l'âme de l'orateur : cela est trop manifeste. Il suffit de le rappeler d'un mot.

Quant aux proportions à garder dans cette action vive et totale des puissances expressives, elles importent d'autant plus que ces puissances appartiennent à l'ordre sensitif.

L'énergie du débit se mesurera tout d'abord à celle de l'organe qui agit et du sens qui perçoit. Mesure surtout physique et en dehors de la justesse d'expression proprement dite. Elle revient à éviter tout ce qui serait gauche, disgracieux, choquant, contraire à notre goût inné d'harmonie, les vociférations, les gestes raides, anguleux, vastes et autres disproportions de même sorte. Elle est différente suivant le local ou l'auditoire. Elle varie avec les conditions physiques de la personne qui parle. Une voix trop grêle, une taille trop exiguë doivent renoncer aux effets grandioses ou redoutables. On sait les débuts de Thiers et leur succès plutôt comique. Le « nain spirituel » jouait au tribun. Mais il s'aperçut vite de la méprise et devint orateur le jour où il s'avisa de causer.

Sans manquer aux grands rhéteurs de l'antiquité, à Cicéron ou à Quintilien par exemple, il doit être permis d'observer que leurs préceptes en fait de débit s'en tiennent à cette première proportion. Ils disent longuement ce qui choque et par où on l'évite. Ils s'occupent moins de l'expression proprement dite et ne marquent pas, au moins d'une manière assez précise, les deux mesures qu'il nous reste à indiquer.

Il importe en effet que la puissance expressive du débit respecte la hiérarchie ou subordination essentielle des facultés. Orateurs, nous avons à gouverner là deux forces magnifiques mais sensitives et dès lors particulièrement exposées au matérialisme pratique. Et cependant le débit est fait, non pour montrer le corps au corps, ainsi que l'a dit Buffon par une erreur vraiment trop grossière, mais pour montrer l'âme à l'âme, et l'âme ordonnée, qui plus est. Que la beauté matérielle ou plastique, la beauté des formes, des mouvements, des attitudes soit donc entièrement subordonnée à l'expression. Que la mélodie de la voix ne dégénère pas en une musique énervante, capable d'endormir l'activité de l'esprit. Que l'action ne soit ni une sorte de gymnastique athlétique ni une danse molle ni un magnétisme sensuel, mais bien l'achèvement de la pensée et du sentiment, l'indice de l'âme.

Cela fait, après avoir proportionné le débit à la puissance des facultés et à leur hiérarchie de nature, il reste de l'adapter aux objets, de le mesurer à leur importance réelle. A cette loi de bon sens joignons une observation qui nous semble capitale dans la matière. On se tromperait fort d'estimer la voix et le geste faits pour exprimer surtout les objets, les choses que nomme la parole. Pareille idée mène droit à la mimique outrée et puérile, à la bouffonnerie, au grotesque. Non, le débit ne donnera le plus souvent des objets qu'un indice léger, lointain, médiat. Ce qu'il traduira d'abord et directement c'est l'âme, ce sont les impressions de l'âme à propos des objets eux-mêmes. Voilà son rôle ; c'est par là qu'il devient chose sérieuse et digne d'étude, par là qu'il a l'honneur d'achever sur les âmes cette action morale puissante et ordonnée qui est le triomphe de la parole et la suprême visée de l'art.

La vérité maîtresse où il convient d'insister encore avant d'aborder les détails, c'est que le débit n'est point affaire de fantaisie et de hasard, pas plus que de convention et de routine ; c'est qu'il est un art sérieux, certain et précis dans son admirable souplesse, ayant pour raison d'être et pour règle souveraine la nature de l'homme et celle des choses, mais celle de l'homme surtout. Et de même qu'il suit nécessairement les deux lois de plénitude et d'ordre communes à toute action légitime, ainsi peut-on lui appliquer nombre d'observations qui tiennent à ces lois fondamentales comme le corollaire au principe.

Qu'il s'agisse de voix et de geste comme de composition et de style, nous devons écarter tout d'abord la vulgaire illusion qui confond l'effet avec le beau. Une voix sonore ou caverneuse, un geste emphatique ou véhément, une manière impétueuse, précipitée, pleine de soudainetés et de surprises : voilà pour duper la foule, voilà l'effet. Quel homme de goût s'y laissera prendre?

C'est que le débit comme la parole doit satisfaire à la vraie et légitime nature de l'homme, non point, hélas! la seule qui existe, mais la seule qui ait droit, la seule où s'adresse l'artiste honnête ou simplement bien inspiré. Les règles du débit sortent de là, et tout ce qui ne sort point de là, traditions, aphorismes consacrés, conventions passées en routine, est à nos yeux arbitraire et sans valeur. Observons, formulons, conseillons les procédés naturels par où la voix et le geste saisissent toute l'âme sans la violenter ou l'amollir. Mis en formules, ces procédés pourront s'appeler des artifices, mais assurément ils n'auront rien d'artificiel.

Ils seront d'ailleurs immuables et universels comme ce fond de nature vraie où ils s'appuient. Ni ce fond ne peut varier, ni les exigences qui en sortent, ni les procédés qui les peuvent satisfaire, ni par conséquent le jugement à porter sur la manière de cet orateur ou de cet autre. Voilà le droit strict, la thèse pure, la vérité absolue, qu'il est pratique, non d'écarter, comme chimère, mais de n'oublier jamais, pour l'appliquer dans la mesure du possible, sans exclusivisme ni raideur. En matière de débit comme de style, les habitudes et les goûts se partagent en fait. Au Nord, l'action oratoire est plus sobre et contenue ; au Midi, on la veut plutôt abondante, pittoresque, passionnée. Les climats influent ici encore plus directement que sur le goût littéraire. Ils ont grande part au tempérament et l'action oratoire est, chose de tempérament encore plus que l'opulence de l'imagination ou l'ardeur de la sensibilité, par exemple. Donc, rien de plus facile à entendre que ces différences de fait. Mais elles n'empêchent point l'existence du droit, de la perfection, de la mesure exacte, du goût légitime et vraiment humain. Mais elles laissent encore saillir les grands traits communs de la nature et l'invariable efficacité de certains procédés de ton et de geste : voilà pour l'évidence des lois premières et la certitude des premiers principes de goût. Mais sans pouvoir déterminer avec une précision mathématique les jugements de détail, il n'est ni impossible ni téméraire de marquer entre les extrêmes, entre l'exubérance méridionale, si l'on veut, et la sobriété des peuples du Nord, une certaine moyenne d'expansion expressive, plus en accord avec ce que nous concevons rationnellement des exigences de la nature. Il serait aisé de reprendre, en les appliquant à l'objet de notre présente étude, toutes les observations présentées ailleurs sur la certitude en littérature. Les détails qui suivront nous ramèneront indirectement à le faire. Nous y retrouverons cette alliance quelque peu mystérieuse, mais indéniable de l'absolu qui fait la loi moralement assurée avec une largeur qui laisse place à toute originalité de bon aloi.

Mais au-dessus de toutes ces règles absolues qui s'imposent au débit comme au reste, il faut nommer le respect de la fin dernière, la moralité. Voilà qui étonnera peut-être et qui pourtant devrait être superflu à force d'évidence. La voix, le geste, l'action oratoire vraiment expressive : autant de forces qui agissent sur l'âme, qui la frappent d'impressions bonnes ou mauvaises, au moins médiatement, qui par là même vont à l'élever ou à l'abaisser plus ou moins directement mais sans milieu possible. Dès lors la morale intervient en souveraine, enfermant le débit, comme la parole, dans un cercle de devoirs négatifs ou positifs, lui défendant de flatter les sens ou de les violenter, lui commandant de faire définitivement saillir l'âme belle, l'âme ordonnée, afin d'élever d'autant celle de l'auditeur. Tout cela est pour nous hors de doute.

Nous avons rappelé les principes et montré le débit soumis à leur influence comme la parole. Appliquons-les en détail au gouvernement de la voix et du geste, à l'action et à la diction.

CHAPITRE II

L'âme dans la voix.

I

Double séduction de la voix : harmonie, expression. — Harmonie. — Devoirs négatifs, ne pas choquer. — Principe : épargner à l'auditeur l'effort et le spectacle même de l'effort. — Conséquences : volume de voix, articulation. — Lenteur suffisante, respiration ménagée. — Voix contenue. — Variété.

La voix humaine a deux influences, deux séductions. Elle agit par la douceur, l'harmonie, le timbre : puissance vraie, quelquefois enchanteresse. Mais encore elle traduit l'âme. Dieu ne l'a pas faite uniquement pour charmer l'oreille par une proportion mathématique entre vibrations simultanées ou successives. Il lui a donné pour premier rôle de chanter avec une admirable souplesse tous les phénomènes de la vie morale. C'est où elle triomphe et par où il y a plaisir à l'étudier.

Il convient cependant de nous arrêter d'abord à sa fonction inférieure et de pur agrément physique. Là les devoirs sont plutôt négatifs ; il s'agit de ne pas déplaire, de ne pas choquer. Nous l'avons dit : les rhéteurs anciens s'en préoccupent fort et multiplient à ce propos des prescriptions ou prohibitions qui pourraient sembler minutieuses. Essayons, quant à nous, de réduire tout à un principe.

Nous aimons le travail facile pour nous-mêmes et pour autrui, ou, si l'on veut, nous redoutons l'effort et le spectacle même de l'effort. Voici qui est net et simple, mais les conséquences abondent.

Ainsi d'une part, l'orateur s'efforcera d'épargner à notre oreille une tension trop pénible. Il évitera tout ce qui rendrait l'audition moins aisée : ton trop bas, trop aigu, trop faible, mais par-dessus tout articulation molle, incomplète ou précipitée. On sait à quel point l'articulation corrige la faiblesse de l'organe, combien aussi elle est nécessaire à proportion même de la force et du volume de la voix. Ce que l'on paraît moins savoir dans la pratique, c'est le sang-froid et l'énergie qu'elle suppose. Il y faut rompre entièrement avec les habitudes nonchalantes de la conversation familière, par exemple restituer toutes les muettes que la conversation supprime et qui, pour l'auditeur éloigné, emportent en disparaissant la syllabe tout entière. Encore y a-t-il lieu de marquer une différence entre les phases d'un même discours. Le début, par exemple, veut une articulation plus lente et plus ferme. Alors ni l'oreille ne devine rien, n'étant pas encore accoutumée à la voix de l'orateur, ni l'esprit ne supplée rien, faute d'être familiarisé avec la matière. On comprend de même que, dans une exposition ou une discussion serrée, il importe de prononcer avec plus d'exactitude, afin que le travail de l'oreille ne complique point celui de l'esprit. En tout, l'articulation réclame un effort d'attention, de volonté, de muscles et de nerfs, que l'inexpérience ne soupçonne pas et dont la mollesse prendrait peur ; mais autrement la parole est comme non avenue, ou plutôt elle n'agit que pour fatiguer. Or nous ne voulons ni éprouver la fatigue ni même la voir. Donc tout ainsi que, chez l'athlète ou le gymnaste, le chef-d'œuvre de la force est de disparaître dans l'aisance du mouvement, de même chez l'homme qui parle en public, le travail de l'articulation doit être poussé à ce point de perfection où personne n'est plus tenté d'y prendre garde. Pas de ces prononciations martelées, sifflantes, nous dirions volontiers, colères, qui supposent la grimace et choquent l'œil autant que l'oreille même. Articulons assez vigoureusement pour être entendus, mais non pas assez laborieusement pour être remarqués.

Autres conséquences du même principe. On aime le travail facile pour l'oreille. Donc point de cette volubilité fiévreuse que certains orateurs, certains prédicateurs surtout, prennent assez volontiers pour élan oratoire ; pas de ces cris aigus qui assourdissent, pas de ces brusques éclats qui agacent et irritent au lieu de toucher. Mais on aime aussi le travail facile pour la poitrine de celui qui parle. On souffre d'entendre une diction haletante, entrecoupée. Talma disait : « Tout artiste qui se fatigue est un artiste médiocre. » On peut en dire autant de l'orateur inhabile à ménager son haleine. C'est manque de sang-froid et d'empire sur soi-même, qu'il oublie d'aspirer largement, sans bruit et avant l'épuisement total. Soin tout matériel en apparence, mais qui tient à un art plus délicat, celui des repos bien distribués, de la phrase bien faite, c'est-à-dire en somme de la pensée bien conduite. Il implique, avec la vigueur attentive de la volonté, les habitudes logiques de l'esprit.

C'est encore ce principe du travail facile qui oblige la voix de se tenir, au début surtout, dans un certain *medium* propre à ménager les ressources de l'organe, mais qui en outre épargne à l'oreille les notes trop sourdes ou trop aiguës. Nous avons peine à nous figurer exactement la flûte de C. Gracchus et l'usage qu'il en pouvait faire (1), mais la loi générale est bonne et on en voit le motif. En résumé, l'esprit ne veut être distrait par aucun désagrément d'oreille, et, pour le dire en passant, voilà qui rend funestes au meilleur discours une prononciation fautive, un accent provincial ou personnel.

Enfin l'oreille aime la variété. C'est que la variété faci-

---

(1) Cicéron : *De Oratore*, III, 60. — Quintilien, XI, III, 43.

lite le travail et pour l'oreille et pour la voix tout ensemble. Elle délasse l'homme qui écoute en ménageant les forces de l'homme qui parle (1). Mais la diversité du ton vient plutôt de celle des objets et surtout des sentiments de l'âme. Elle tient donc à l'expression et nous introduit naturellement à cette partie plus intéressante de notre étude.

II

Puissance expressive de la voix : mélodie, rhythme. — Plein usage de l'une et de l'autre. — Triple fonction de la voix : 1° Traduire le texte. — 2° Achever le texte, dégager les sous-entendus. — Méthode pratique. — Caractère rationnel de ces détails. — 3° Accompagner librement le texte.

Quelles que soient les paroles prononcées, la voix a par elle-même deux puissances expressives de premier ordre, la mélodie et le rhythme. Le rhythme, par ses accélérations et ses ralentissements, marque et scande pour ainsi dire les mouvements de l'âme. La mélodie est peut-être plus riche encore, avec sa triple variété possible dans l'acuité, l'intensité et l'inflexion. Employée comme accompagnement de la parole articulée, elle l'achève, la précise, la renforce ou la restreint. « Le ton fait la chanson » dit l'adage populaire ; combien ne change pas une même parole au gré des inflexions différentes ! Il y a plus, à elle seule et sans mots articulés, la mélodie de la voix peut, pour un temps du moins, exprimer une idée précise. Nos interjections, simples cris, deviennent bien souvent des exclamations prolongées, renforcées ou dégradées mélodiquement, qui doutent, acceptent, embrassent d'enthousiasme, s'étonnent, admirent, rejettent, protestent. Que de choses par exemple un comédien de goût peut faire entendre dans

---

(1) Cicéron : *De Oratore*, III, 60.

les « ah! » de M. de Pourceaugnac recevant les compliments de Sbrigani !

Mélodie, rhythme, voilà donc nos richesses, et la loi de plénitude, loi première de toute action littéraire ou autre, nous prescrit d'en user le plus largement possible, surtout pour traduire nos sentiments.

Mais il faut détailler, et, pour cela, bien entendre toutes les fonctions possibles de la voix par rapport au texte, c'est-à-dire à la parole prononcée de mémoire ou d'improvisation.

Avant tout, la voix peut et doit traduire le texte, c'est-à-dire chanter le sentiment écrit dans la parole articulée, dire à l'oreille ce que la parole dit à l'esprit. Point de chant vague, monotone ; point de finales indécises, partout les mêmes, n'accusant guère que le mouvement grammatical, le balancement périodique de la phrase. Le texte impose d'ordinaire une intention mélodique large mais précise. Joad dit :

> Celui qui met un frein à la fureur des flots
> Sait aussi des méchants arrêter les complots ;

et il serait ridicule de ne point le dire avec une force calme. Le charlatan de rhétorique s'engage à rendre disert

> ... Un badaud,
> Un manant, un rustre, un lourdaud. —
> Oui, messieurs, un lourdaud, un animal, un âne.

Ce dernier vers, sublime en son genre, est plein d'une présomption enthousiaste que la voix ne peut se dispenser d'accuser.

Soit encore le plus classique et le plus connu des exemples : nous y reviendrons plus d'une fois. Voici d'autres personnages du même fabuliste, les deux Pigeons. Honni soit qui mal y pense ! Prenons-les bonnement comme deux amis dont l'un, s'ennuyant d'être heureux, annonce tout à coup le dessein d'une absence prolongée.

> L'autre lui dit : Qu'allez-vous faire ?

et sa voix exprime nécessairement une surprise profonde.

> Voulez-vous quitter votre frère ?

L'étonnement doit se nuancer de tristesse et de terreur.

> L'absence est le plus grand des maux.

C'est ici une conviction attendrie ; mais quelle douleur dans ce rejet :

> Non pas pour vous, cruel !...

Il y a donc des nuances de mélodie et de rhythme que le texte enjoint comme d'autorité ; mais il en est d'autres qu'il indique et insinue. L'office de la voix ne s'arrête pas à le traduire sans le trahir jamais. Plus rapide et plus souple, elle peut et doit le compléter en restituant les sous-entendus inévitables, en dégageant ces mille intentions que la parole fait pressentir sans les accuser. Que d'ellipses dans le mieux achevé des textes, ellipses de sentiment ou de raison, de cœur ou d'esprit ! Et comme il importe à notre satisfaction plénière que la voix qui nous parle nous aide à les suppléer !

> .... Qu'allez-vous faire ?
> Voulez-vous quitter votre frère ?

Entre le premier vers et le second, il y a un sous-entendu manifeste, un effort de l'âme pour se convaincre de la réalité de son malheur. « Eh quoi ! Est-ce possible ? Ai-je bien entendu ? » — Comment le rendre ? Par le silence, par une pause bien sensible. Le texte même y convie et il semble qu'il y aurait faute à y manquer.

Mais encore, après l'interrogation pleine d'angoisse et avant cette vérité générale :

> L'absence est le plus grand des maux...

un nouvel arrêt n'est-il pas opportun, quasi nécessaire, soit pour attendre l'effet de la question posée, soit pour continuer de laisser à la douleur le temps de se concevoir et de se raisonner elle-même ?

Suit la restriction amère :

> Non pas pour vous, cruel !...

Si le texte disait tout, il la ferait précéder de ces mots : « Mais hélas ! » ou autres semblables. Il appartient au débit de les rendre, tout d'abord par une pause nouvelle, puis directement par le ton même dont ce rejet sera prononcé, ton de la découverte douloureuse : « Il paraît que ce n'est plus vrai de vous à moi. »

Avant le mot *cruel,* ellipse encore. « Pourquoi l'absence ne vous semble-t-elle plus, à vous, le pire des maux ? Parce que vous aimez moins, et en cela vous êtes cruel. » Si l'on veut donner à ce mot toute sa force, outre une légère pause précédente qui le détache et le prépare, n'est-il point naturel que la voix retombe, comme l'âme se replie sur elle-même pour savourer l'amertume de sa pensée intime ?

Mais nous sommes au milieu du vers et le second hémistiche nous introduit dans un autre ordre d'idées :

> .... Au moins que les travaux,
> Les dangers, les soins du voyage
> Changent un peu votre courage !

Cette fois encore, une transition manque dans le texte : « Allons, quittons ce sujet, ne parlons plus de moi, parlons de vous. » Voilà qui se traduirait bien, après un silence obligé, par une sorte de reprise vive, résolue, sentant l'effort pour s'arracher à un sentiment amer et stérile, en se jetant dans un autre plus généreux et plus désintéressé.

Et voici une règle générale pour la traduction de ces continuelles ellipses : attachons-y l'attention par une pause précédente, puis accusons-les dans leur nuance propre par le ton donné aux mots suivants.

On voudra bien le noter du reste. De tels détails, si minimes au premier aspect, ne sont, à le bien prendre, que de l'analyse psychologique et morale. S'ils nous forment à bien dire, c'est qu'ils nous apprennent à mieux raisonner les mouvements de notre âme, et nous y voyons en même temps que le débit sérieusement compris devient le meilleur des critériums littéraires.

Dira-t-on : « Tout n'est pas là d'une certitude absolue, on peut se partager sur la façon d'entendre tel sous-entendu, voire même sur le fait de son existence. » Nous répondrons : soit, pourvu qu'on admette en principe l'obligation où est l'orateur de remarquer les ellipses réelles et d'y suppléer par la voix. Quant à la nuance propre de chacune ou à sa réalité même, rien d'étonnant que l'on se partage ; le texte indique, il insinue, il ne prescrit point. C'est donc affaire de goût et de sagacité personnelle, et nous commençons d'entrevoir quelle liberté la parole la plus nette de sens et la plus finement comprise laisse encore au jeu expressif de la voix.

En effet la diction est capable d'un troisième rôle. Dans une symphonie par exemple, toutes sortes de dessins mélodiques secondaires peuvent, au gré de l'artiste, voltiger par forme d'accompagnement autour du motif principal. L'harmonie n'est point pour cela compromise et le motif lui-même en reçoit un caractère qui achève son originalité. De même pour le débit. Le texte est ici comme la mélodie dominante, la pensée musicale, *l'air* que l'âme dit à d'autres âmes. Tout d'abord la voix s'y conforme, elle s'y harmonise par une traduction suffisamment exacte. En outre, elle y supplée en accusant et rétablissant les ellipses de la parole, à peu près comme il arrive que l'accompagnement musical se continue pendant les rapides intervalles où la mélodie se tait. Enfin la voix peut souvent, sans le devoir toujours, ajouter aux injonctions formelles du texte ou à ses indications probables d'autres nuances libres mais en harmonie avec lui. C'est par là surtout que l'orateur achève la valeur de sa propre parole et que l'interprète d'une œuvre étrangère devient grand artiste et créateur.

Pour nous en rendre compte, attachons-nous au même thème d'expériences ; ne nous lassons point d'écouter le pigeon de La Fontaine ou plutôt l'amitié consternée à l'aspect d'une séparation imprévue.

Voulez-vous quitter votre frère ?

Ici le ton de l'étonnement est de rigueur. L'âme lutte par un effort d'esprit contre la brusque apparition de la souffrance ; elle refuse de croire ; elle veut se faire répéter l'annonce fatale. Mais assurément la surprise peut se nuancer de tristesse et la tristesse même aura plus d'une forme possible. Se tournera-t-elle en reproche direct ou peut-être, malgré sa forme d'apostrophe, craindra-t-elle de s'adresser au fugitif et se repliera-t-elle sur elle-même comme si La Fontaine avait écrit : « Veut-il vraiment quitter son frère ? »

— L'absence est le plus grand des maux.

Cette maxime de sentiment commande à la voix un accent de conviction profonde. Mais qui dominera dans la conviction même, douleur, tristesse, reproche, affection ?

Non pas pour vous, cruel !...

Évidemment restriction douloureuse. Mais encore une fois sera-ce plainte ou reproche ? Et si c'est reproche, y mettrons-nous douceur ou ironie ?

Il suffit : on entend parmi quelles richesses d'expression la voix peut choisir. Que choisira-t-elle ? Question d'àpropos et de goût. Du moins en lui montrant qu'elle doit traduire le texte et l'achever par la restitution des ellipses, voire même l'entourer d'une sorte d'accompagnement libre, nous l'avons jusqu'à présent avertie de ses ressources et conviée à en tirer le plus large parti.

III

Cas spécial de l'exposition ou de la discussion. — Source d'admirables richesses expressives : la passion du vrai pour nous-mêmes, pour nos auditeurs.

Mais les vers que nous avons pris pour exemple offrent une série de sentiments. Supposons un texte relativement plus froid, une exposition, une discussion, quelque chose de doctrinal et de serré comme une page de Bourdaloue. Comment varier les inflexions? Ne sommes-nous point nécessairement monotones, ramenés de force à cette mélopée fastidieuse qui, pour toute expression, scande lourdement le balancement logique et grammatical?

C'est là une crainte qui ne tient pas devant la réflexion et l'expérience. Dans ce cas, au contraire et précisément parce que le texte commande ou indique moins par lui-même, nous allons voir mieux ce que l'âme et la voix y peuvent mettre du leur. Nous y apprendrons tout ensemble combien il est facile d'animer, d'échauffer, de passionner oratoirement l'exposition ou la discussion la plus sévère.

Le vrai est le premier bien de l'homme; et chez qui n'est point ravalé jusqu'à l'insouciance ou dépravé jusqu'au scepticisme, il provoque l'amour. Voilà donc, à son occasion, la passion maîtresse entrée dans l'âme, et toutes les autres font nécessairement cortège. Or comme c'est l'âme qui s'exprime par le débit bien plus que les objets mêmes de la parole, l'amour du vrai va se produire, avec toutes ses modifications possibles, dans l'exposition, qui est la déclaration du vrai, et dans la discussion, qui est le combat pour le vrai. Fallût-il établir scolastiquement une thèse philosophique ou démontrer sans un mot de trop un théorème de géométrie, nous pouvons et nous devons y mettre une passion réelle, passion du vrai pour nous-mêmes, ardeur à le trouver une première fois ou à le découvrir tout de nouveau par une réflexion plus actuelle ; passion du vrai pour les autres, laquelle devient tout naturellement amour des autres à cause du vrai, ambition de le communiquer afin qu'il règne, mais aussi afin qu'on en jouisse et qu'on en soit heureux. Dès lors, comment être en peine d'échauffer la discussion ou l'exposition doctrinale ? Si aride soit-elle dans les termes, la voix y peut mettre toutes les passions gracieuses ou fortes parce que l'âme s'y attache d'amour.

J'aime le vrai pour moi-même. Je désire donc le trouver, le conquérir, soit qu'en effet je le cherche encore, soit que, le possédant déjà, je recommence, par une sorte de fiction méthodique, tout le travail de la recherche ; soit enfin que, sûr de la vérité substantielle, je poursuive à son bénéfice une expression plus lumineuse ou un argument plus péremptoire. Sous l'influence de ce désir, la voix est tout naturellement tendue, ardente, résolue et comme lancée à l'assaut du vrai. Si la passion est contrariée, la voix dit l'hésitation, la crainte, l'abattement. Si la passion est satisfaite, ce sera le cri de la fierté, du bonheur, de l'enthousiasme, ou, chose plus frappante encore, l'accent de la possession calme, du repos magnifique dans la certitude. Ce sera par exemple le P. de Ravignan terminant un jour une peinture des angoisses du doute par ces mots dits avec une simplicité pleine de force : « Et nous, messieurs, nous croyons. »

J'aime le vrai pour mon auditeur, et, par suite, mon auditeur à cause du vrai. La mission que j'ai d'instruire devient une sorte de paternité intellectuelle où le cœur prend vite sa large part. Alors, tandis que les mots argumentent, la voix flatte, insinue, caresse ; elle offre le vrai avec cette ardeur à la fois suppliante et ravie dont on offre un bienfait où l'on voudrait mettre toute son âme. Quelquefois cette ardeur est satisfaite par les sympathies manifestes des écoutants. Aussi la voix, tout en formulant les démonstrations les plus abstraites, chante la joie de l'unanimité sentie, l'enthousiasme du vrai triomphant, l'émotion fière et douce que donne la conscience d'être à la fois l'écho du vrai et l'écho d'une assemblée vibrant tout entière à l'unisson du vrai. Plus souvent cette ardeur est contrariée. Elle rencontre des opposants ou en imagine, ou bien encore elle s'épuise à soulever la pesanteur insouciante de l'auditoire. En ce cas la voix se fait pressante, elle s'étonne ou s'indigne, supplie ou menace ; elle respire en un mot toutes les passions du combat.

Et voilà pour les débutants une utile expérience. Que l'on prenne un morceau didactique de Bourdaloue, voire même un autre texte plus difficile et plus ingrat d'apparence, et qu'on s'essaie à le dire d'après les indications que nous venons de donner. Si l'on reste en peine de varier les inflexions expressives, c'est que, suivant le préjugé vulgaire, on cherche à rendre les objets et non les sentiments qui s'y rattachent, ou bien que l'on n'est pas assez pénétré de cet amour du vrai qui peut rendre éloquente par le débit l'exposition la plus froidement sévère dans les termes. Mais que faire pour acquérir cette passion sainte ? Méditer le prix du vrai et sortir de soi par une défaite, au moins commencée, de l'égoïsme. Il importe d'ailleurs d'avoir dès longtemps assoupli l'organe pour le plier à toutes les nuances d'expression. Ainsi féconder sa nature par l'exercice et l'élever par l'habitude des pensées généreuses, voilà où peuvent aboutir tous nos conseils. Ils vont à guider l'effort, ni plus ni moins, et cela vers une perfection, qui n'est celle de l'art qu'en étant celle de l'homme lui-même.

IV

Gouvernement de la voix expressive. — Ordre et mesure.

Tout ce qui précède se rapporte à notre loi d'action complète et revient à dire : ne laissons rien perdre des ressources de la voix. Mais il est trop évident que cette plénitude d'action veut être dirigée.

On y tiendra compte des exigences universelles du décorum. L'orateur mesurera le déploiement expressif de l'organe à sa situation personnelle, au nombre des auditeurs, à leurs qualités, à leurs dispositions connues, à la nature de l'objet dont il les entretient actuellement.

Mais il faut appliquer ces généralités à la triple fonction de la voix par rapport au texte.

Qu'elle l'interprète donc naturellement, sans demeurer plus froide et moins significative que le texte même, mais d'ailleurs sans le dépasser par un effort visible pour outrer ou forcer la valeur vraie des objets qu'il énonce. Là serait proprement la déclamation.

Qu'elle achève la parole et en accuse les réticences, mais à condition de lire entre les lignes ce qu'il y a et non ce qu'il n'y a point. C'est affaire de sagacité, de finesse, de logique et de sentiment tout ensemble. En ce point, impossible de tracer une règle absolue, mathématique; mais n'est-ce rien que d'avertir et de guider la réflexion ?

Enfin la voix, nous le savons, peut ajouter au texte une sorte de libre commentaire. Or ce qu'elle y ajoute immanquablement et le plus souvent à notre insu, c'est l'expression exacte de notre âme, de ses dispositions actuelles à l'endroit du vrai et de l'auditoire. Le ton dit vite si nous parlons de conviction ou par routine et manière d'acquit. Il dit parfois, du moins à une oreille un peu fine, ce qui domine chez nous, l'amour du juste ou l'amour-propre. Il décèle, sans qu'on y songe, l'homme poli, doux, bienveillant, modeste avec assurance et dignité. Il trahit, sans qu'on s'en puisse longtemps défendre, la gaucherie, la bassesse ou tout au contraire la suffisance, le caractère hautain, rude, cassant, impérieux. En tout, et jusque dans la plus simple conversation, le ton, la voix livrent à un interlocuteur expérimenté le secret de notre valeur intime. Ici reparaissent une fois de plus les rapports de connexion, parfois d'identité entre l'art véritable et la morale. Toujours le ton bien gouverné suppose l'âme belle, et d'ailleurs il ne peut pas longtemps la singer. Voulons-nous donner à notre voix toute sa puissance expressive, et d'ailleurs garder toutes les convenances et les mesures ? Supposé l'organe assoupli par l'exercice, nous n'avons qu'une chose à faire : aimer le vrai plus que nous-mêmes, et parler de l'abondance du cœur.

CHAPITRE III

L'âme dans le geste.

I

Double expression de l'âme par le corps. — Expression lointaine : élégance des formes et mouvements. — Devoirs négatifs : ne pas choquer. — De la danse. — Elle exprime au moins l'ordre, le nombre. — Elle peut rendre quelques sentiments généraux de l'âme. — Elle est inférieure à l'action.

Comme l'âme est pour l'âme le plus intéressant des objets, de même la physionomie et l'attitude humaine sont pour l'œil le plus agréable des spectacles. Cet agrément se peut-il détacher de toute signification psychologique ? Un visage peut-il plaire à l'œil sans rien exprimer de l'âme ? Nous sommes en droit de répondre négativement, mais à charge de noter que la personne visible est capable de deux expressions psychologiques distinctes et inégales. C'est d'abord la manifestation prochaine, précise, mobile, de cette disposition puis de cette autre, le jeu varié qui traduit les impressions successives ; c'est, à proprement dire, l'action. Mais il y a de plus une expression lointaine, vague, générale, quelquefois passagère, tenant par exemple à tel mouvement spontané, à telle contraction irréfléchie du visage, quelquefois constante à l'égal des traits eux-mêmes. Avant de sortir de son repos, la physionomie, par tout ce qu'elle a de beau, éveille déjà l'idée lointaine d'une beauté morale, et par tout ce qu'elle a de laid, celle d'une difformité de même ordre.

> Garde-toi tant que tu vivras,
> De juger les gens sur la mine.

Ces indices peuvent tromper, mais ils se présentent comme invinciblement à l'esprit observateur, preuve que la physionomie, même au repos, et l'attitude, même inconsciente, semblent toujours trahir quelque chose de l'âme. En fait et dans la vérité pratique, la personne humaine n'offre donc jamais à qui la voit des beautés ou des laideurs de pure forme, puisque nos impressions spontanées cherchent toujours au delà. L'observation n'est point superflue. Tel est ici le danger du sensualisme, qu'il fait bon rappeler tout d'abord cette vérité d'expérience: immobile ou en action, la personne physique n'intéressera jamais sans que, au charme des formes harmonieuses ou au désagrément des formes irrégulières, il se mêle à tout le moins l'idée prochaine ou lointaine, exacte ou décevante, d'une signification psychologique et morale.

Cela dit, arrêtons-nous tout d'abord à la plus lointaine des deux expressions de l'âme ou, si l'on veut, à l'élégance des formes et mouvements, abstraction faite de leur valeur expressive directe. En ce point, comme lorsqu'il s'agissait de la voix, les devoirs de l'homme qui parle sont plutôt négatifs : il s'agit de ne point choquer.

Il est des laideurs et des difformités indépendantes de la volonté humaine, incurables par conséquent. Il suit qu'à certains hommes trop disgraciés la parole publique est impossible, avec cette différence toutefois que la simple laideur est un moindre obstacle. C'est que la passion, en éclairant l'œil, transfigure le visage, tandis qu'elle ne saurait masquer des vices trop sensibles de conformation générale. Mirabeau devenait magnifique à la tribune; le Paysan du Danube pouvait s'y produire ; Thersite et Scarron ne l'auraient point osé deux fois.

Mais passons vite à ce qui tombe sous la liberté de l'orateur.

Quant au visage, il lui arrive de pécher par défaut, c'est-à-dire par inertie et mollesse : œil fermé, vague, errant, bouche languissante, prononciation paresseuse et comme dégoûtée, physionomie plate, ennuyée, morte. Cependant chez les habitués de la parole publique, l'excès semblerait plus à craindre. Entendez la mimique ou la grimace de la passion mal réglée, les airs farouches, les yeux roulés de façon terrible, la bouche effroyablement ouverte, à la manière de Santeuil lisant ses vers ; ou bien encore les contorsions d'un travail trop pénible, un effort visible d'articulation, une sorte de mastication laborieuse des syllabes, un visage contracté comme par la douleur physique. Défauts, excès : l'un et l'autre se retrouvent aussi bien dans le mouvement de toute la personne. On sera mou, gauche, hésitant faute d'énergie, ou tout au contraire outré, raide, brusque, violent, manque d'énergie encore, mais de cette énergie complète qui va jusqu'à se gouverner.

Évitons toutes ces fautes, ne choquons point ; à la bonne heure ! Y joindrons-nous le souci positif de plaire ? A quoi bon ? Ou plutôt il faut s'entendre. Poursuivons l'agrément dans l'expression, dans l'expression précise, complète et non pas simplement lointaine et confuse. Ne cherchons directement ni les belles poses ni les beaux gestes. Ayons, Dieu aidant, une âme belle et façonnons nos organes à la traduire au naturel : tout est là.

Avant de quitter ce terrain de l'agrément pur et simple, il peut n'être pas superflu d'étudier un moment la danse. Autrefois comptée parmi les beaux-arts, aujourd'hui déchue au point d'être insignifiante dès qu'elle est inoffensive, nos auteurs d'esthétique en sont venus à l'omettre ou à peu près (1). Elle a pourtant de quoi compléter nos idées sur la valeur expressive de l'action.

---

(1) Cousin n'en dit mot. — Ch. Lévêque y touche à peine. (*La Science du Beau*, 3ᵉ partie, chap. v.) — Lamennais y insiste quelque peu. (*De l'Art et du Beau*, chap. vi.)

Elle est à l'action oratoire ce que les vers sont à la prose, ou mieux, la musique à la parole ; elle est le mouvement uniformément rhythmique ou mesuré. Aussi bien par l'entremise du rhythme s'unit-elle tout naturellement à la musique, au chant. Nous savons la place qu'elle avait en Grèce dans les chœurs dramatiques ou même lyriques (1) ; on dansait les odes de Pindare en même temps qu'on les chantait.

Mais la danse ne peut être un art qu'à la condition d'exprimer une beauté immatérielle. Et d'où lui vient cet honneur ?

A tout le moins et au plus bas degré, elle exprime l'ordre dans le mouvement physique, et parce qu'elle l'exprime, elle le commande, et parce qu'elle le commande, elle l'y exerce. De là cette première sorte de danse, conseillée par Platon (2), simple gymnastique rhythmée, faite pour assouplir le corps. Peu importe du reste qu'il s'agisse du mouvement individuel, ou des évolutions d'ensemble, depuis les plus simples, comme le pas militaire, jusqu'aux figures les plus compliquées. Peu importe également que ces dernières soient purement géométriques comme les desseins du kaléidoscope ou symboliques à la manière de celles que Dante a vues au Paradis (3). Dans tous ces cas, la danse est expressive de l'ordre, de l'harmonie, du nombre, loi qui régit la matière, mais de haut et en la dépassant.

Toutefois la grande valeur possible de la danse serait dans l'expression de l'âme, expression réelle, puissante, mais quelque peu lointaine et indéterminée comme celle de la musique, ne rendant par suite que les mouvements

---

(1) A Croiset : *La poésie de Pindare*, 1re partie, chap. I, § 1.
(2) Platon : *Les Lois*, liv. VII.
(3) Dante offre l'exemple des deux formes. Il voit dans le soleil les Saints Docteurs exécuter une danse toute géométrique, une ronde simple, puis double, puis double et inverse. (*Paradis*, X, XII, XIII.) — Ailleurs les Saints Guerriers, sous formes d'étincelles brillantes, s'unissent et se rangent de manière à tracer des lettres, des inscriptions et enfin la figure d'un aigle. (*Paradis*, XVIII.)

les plus généraux de la vie morale. A ce point de vue, Platon distinguait deux ordres de danse, l'un noble, solennel, quasi tragique, figurant par la beauté grave des attitudes les mouvements élevés de l'âme, en tout digne instrument d'éducation ; — l'autre plutôt comique et traduisant les ridicules de l'esprit par la bouffonnerie des attitudes, bon à titre de contraste et de repoussoir, mais d'ailleurs trop vil pour les citoyens qui le laisseront exécuter aux étrangers et aux esclaves (1).

On le voit, l'illustre païen voulait la danse partout immatérielle de signification et de portée. Il la concevait spiritualiste à l'égal de tous les arts, et d'ailleurs il sentait combien, par sa nature, elle incline au sensualisme pratique. Leçon bonne à recueillir au profit de l'action oratoire, où tout cela reste vrai et à plus forte raison. Car ainsi que la musique est au-dessous de la parole, la danse est inférieure à l'action, et par là servitude d'un rhythme uniforme, et surtout par une impuissance plus entière d'exprimer l'idée précise. Il est vrai qu'elle s'y est essayée quelquefois ; mais en s'exagérant ainsi elle perdait sa propre nature et devenait pantomime. La décadence romaine s'en amusa fort et le temps vint où l'on mima, où l'on *dansa* les tragédies au lieu de les dire (2). Le genre n'en était pas moins faux ; ce n'était plus la danse mais l'action oratoire qui, faite pour accompagner la parole, entreprenait de la remplacer. Simple prétexte au tour de force, pur objet de curiosité banale, comme serait la musique si elle avait la prétention d'exprimer tout à elle seule. Laissons donc à leur vraie place et la danse et l'action. La seconde surtout a un assez beau rôle si elle en veut bien entendre la grandeur, et cette grandeur est tout entière dans l'expression vive de l'âme ordonnée. C'est où nous devrons insister plus longuement.

---

(1) Platon : *Les Lois*, liv. VII.
(2) *Saltare Nioben*. — V. Dezobry: *Rome au siècle d'Auguste*, lettre CXV.

II

Étude de l'appareil expressif. — L'organe exprime directement son opération sensitive aisée ou pénible. — Il peint le sentiment par la sensation correspondante. — L'action est une continuelle métaphore. — Exemples : expression métaphorique de l'amour immatériel, — de l'orgueil. — Ressources indéfinies pour la traduction sensible de l'âme.

Et d'abord connaissons mieux l'instrument dont nous aurons à tirer parti (1).

Il y a dans notre personne physique deux centres ou deux appareils d'expression morale : le visage, où dominent les yeux et la bouche ; le reste du corps, mais surtout le bras. Analysons le jeu de l'un et de l'autre.

Qu'expriment nos organes directement et immédiatement ? Rien que la facilité plus ou moins agréable ou la difficulté plus ou moins pénible de leur opération propre, sensitive, matérielle. L'œil exprime directement la vision facile ou difficile, agréable ou pénible ; entraînant d'ailleurs dans son mouvement expressif le front, les sourcils, les muscles de la face, quelquefois la tête et le corps tout entier. L'oreille, ou plutôt la pose obéissant aux exigences de l'oreille, trahit de même l'audition aisée ou laborieuse. La bouche indique, soit la respiration facile ou contrariée, soit la jouissance d'une saveur agréable, ou, au contraire, la répulsion, le dégoût. Les bras, les mains, les doigts, exécutent un nombre indéfiniment varié d'expériences, de travaux, d'efforts qui appartiennent tous directement et en premier lieu à l'ordre matériel. Ils cherchent, tâtent, palpent, mesurent, examinent, ou montrent. Ils menacent, frappent, percent, unissent, ou séparent, poursuivent ou

---

(1) Dans tout ce chapitre nous devons beaucoup à la belle étude de Gratiolet sur la Physionomie. Le point de vue du physiologiste n'est pas le nôtre, mais il ne nous a laissé que la peine d'appliquer ses observations et de les transformer souvent en principes d'art.

saisissent. Ils développent, étendent, lancent, attirent, repoussent ou écartent. Voilà le geste pris en soi, dans son élément matériel et sa signification immédiate. Pour le déterminer il suffit d'un objet imaginaire. On pense à quelque chose de répugnant, et l'on ébauche, sans y réfléchir, la mimique de l'horreur. Si un objet nous échappe par la distance, il nous arrive de nous comporter comme l'ayant sous la main ou d'exécuter le mouvement que nous voudrions lui imprimer à lui-même. Qui n'a souri, par exemple, de l'illusion du joueur de billard se creusant les reins avec effort pour faire dessiner une courbe à sa bille? Et qui, dans l'occurrence, ne se prend à son tour en flagrant délit d'imagination?

Mais il faut voir maintenant tous ces mouvements, sensitifs par nature, se transformer en indices de l'opération spirituelle. Aussi bien tenons-nous déjà le secret de la métamorphose : il est dans la nature de l'homme, dans l'union personnelle et substantielle de l'âme au corps. L'esprit incorporé ne perçoit pour lui-même l'objet immatériel qu'en l'attachant à un signe sensible d'ordre quelconque. De même et d'instinct, il le présente toujours à autrui sous une image sensible. Or quelle image plus naturelle et plus immédiate des opérations et affections spirituelles que les opérations et affections sensitives? Qui peindra l'âme plus naïvement et plus vite que le corps dont elle est la forme et qui devient par là même son meilleur reflet?

Et voilà comment l'œil, la bouche, le bras, la main, la ersonne entière, en viennent à traduire l'âme. C'est en transportant aux modifications intellectuelles et morales le signe expressif des modifications correspondantes dans les sens. Procédé légitime à coup sûr, fondé qu'il est sur la nature de l'homme ; d'ailleurs fait incontestable et d'expérience continue ; enfin donnée simple et singulièrement féconde pour le gouvernement réfléchi du geste. L'action oratoire n'est plus qu'une perpétuelle série de métaphores.

Il ne s'agit plus que de les bien entendre et de les placer à propos tout comme celles du langage. Elles sont, au fond, les mêmes, et d'ordinaire l'action va reproduisant avec une curieuse fidélité les tours métaphoriques de la parole.

Par exemple, s'agit-il de conquérir une vérité immatérielle, morale, philosophique, mathématique ? Style et geste vont recourir aux mêmes symboles. Je dis *voir* la vérité en question, et mon œil donne en même temps tous les signes de la vision facile. Je dis l'*entendre*, en être *frappé*, la *saisir*, la *toucher du doigt*, la *sentir*, la *goûter*, et mes organes répètent à leur façon toutes ces métaphores d'ailleurs empruntées d'eux-mêmes. Ainsi l'on parle de *caresser* une idée, d'*écarter*, de *repousser* une assertion, de *parer* une objection. Le geste suit naturellement ; peut-être dirait-on mieux qu'il précède : est-ce lui qui traduit le langage ou le langage qui le traduit ?

Soit maintenant une passion, l'amour, et le plus haut de tous, l'amour de Dieu. Il est extatique ou recueilli, nous portant hors de nous-mêmes pour y chercher notre objet, et nous ramenant en nous-mêmes pour en jouir par une concentration muette. Et combien d'autres nuances possibles ? Est-ce le désir qui domine, l'union cherchée avec l'objet suprême envisagé comme extérieur à nous (1) ? Alors l'œil seul est vivant ; tout le corps agenouillé, immobile sans raideur, suit la tension du regard ; les mains avancées et jointes veulent attirer et saisir, toute la personne se penche et se soulève comme pour s'élancer. Ailleurs l'admiration l'emporte ; l'âme est accablée de Dieu, sans découragement toutefois. L'œil alors demeure

---

(1) Nous savons qu'il est près de nous, en nous-mêmes ; mais il est naturel que l'imagination, le langage, l'attitude, expriment la distance qui sépare son Être de notre néant. A ce compte, il est hors de nous, infiniment loin de nous. Jésus-Christ même autorise cette conception et ses traductions naturelles quand Il nous fait dire : « Notre Père qui êtes aux cieux. »

fixe, tendu, extatique ; mais tout le corps s'affaisse et recule suivant une courbe inverse de celle du désir ; les mains ouvertes ou jointes pendent comme impuissantes. Jusqu'ici rien que l'admiration accablée. Ajoutez seulement l'œil baissé ou demi-clos ; c'est l'abattement, la tristesse, le Christ à Gethsemani. Le corps dans cette situation peint comme le langage l'âme repliée sur elle-même.

Étudions enfin la métaphore de l'attitude et du geste dans un sentiment mauvais, l'orgueil. L'orgueil a deux voluptés principales : jouir de soi-même et dominer autrui. Pour ne rien perdre de la première, il se recueille et se rengorge, *dégustant* à la lettre le sentiment de son excellence propre. Souvent l'œil est demi-clos pour favoriser la contemplation intime. Quelquefois c'est un regard complaisant promené de haut en bas sur soi-même, une sorte de revue triomphale de toute la personne. Chez Homère, quand un dieu rentre dans l'Olympe, il s'assied « joyeux de sa gloire. » Qui ne voit cette expression de fierté satisfaite ? Et qui n'a ri de la retrouver quelquefois dans un salon, en chemin de fer, en omnibus ? Joignez-y les indices qui souvent échappent, trahissant le monologue intérieur, le dithyrambe ininterrompu que l'orgueilleux se chante tout bas. C'est le Ménippe de La Bruyère : « Il se parle souvent à lui-même et il ne s'en cache pas ; ceux qui passent le voient et il semble toujours prendre un parti ou décider que telle chose est sans réplique. »

Mais l'orgueil sort de lui-même pour dominer, et ici la métaphore se complique avec la passion même. Cette domination s'affirme, s'impose ; en même temps elle craint la résistance et la soupçonne, mais en se gardant de le laisser voir. Que de traits à rendre ! La métaphore corporelle y suffira. La démarche sera prétentieuse, lente, raide, balancée d'un côté sur l'autre, majestueuse à faux. L'honnête homme marche, le vaniteux sautille, l'orgueilleux se transporte, *magna se mole ferebat,* disait Virgile.

Il regarde de haut et de côté (1), sans ouvrir l'œil tout à fait, soit parce que les hommes n'en valent pas la peine, soit pour ne point se détacher entièrement de la contemplation de soi. On croit saisir dans ce regard je ne sais quel dédain provocateur, cherchant si quelque atôme révolté ne va pas se lever de la poussière ; à quoi se joint un sourire qui semble dire : « Ce serait plaisant. » Que si pourtant la révolte se produit, si la domination est contestée, voici toutes les métaphores de l'étonnement, de la colère, de la menace : mouvement de recul, bouche contractée, c'est-à-dire énergie qui se concentre pour la résistance, narines gonflées et repoussant l'air avec force comme pour se délivrer d'une odeur répugnante. Si la timidité ou un reste de sagesse empêchent la violence de faire explosion, l'orgueil se retire en lui-même, il se réfugie dans l'admiration muette de soi. Mais il couvre sa retraite en exécutant toute la mimique du dédain : par exemple, geste de la main gauche écartant doucement un objet qui gêne mais sans mériter l'honneur d'un effort ; haussement d'épaules comme pour rejeter un fardeau sans conséquence, sourire qui soulève la lèvre supérieure et adoucit quelque peu le souffle nasal de répulsion dont nous parlions tout à l'heure ; le tout disant d'une façon catégorique : « Si vous méritiez ma colère ! »

Quant à l'amour-propre satisfait, loué, flatté, on n'en finirait pas d'analyser sa mimique. Vaniteux, il s'enfle comme pour respirer plus à l'aise.

Crescentem tumidis infla sermonibus utrem (2).

---

(1) « Arsène, du haut de son esprit, contemple les hommes, et dans l'éloignement où il les voit, il est comme effrayé de leur petitesse. » (La Bruyère.)

Et les deux bras croisés du haut de son esprit
Il regarde en pitié tout ce que chacun dit.
(Molière.)

(2) Horace : *Satires*.

Il avale l'encens, il se caresse, il se roule voluptueusement sur lui-même. Orgueilleux, il se rengorge, il daigne accepter le tribut des hommages. Attitude, regard, sourire montrent un mélange singulier de bienveillance hautaine et de satisfaction jouant l'indifférence.

Qu'on nous pardonne le développement donné à ces analyses de détail. Trop d'orateurs abandonnent le geste au hasard ou ne l'étudient qu'au point de vue d'une banale élégance. Pour qui veut le gouverner, il faut le raisonner tout d'abord, et, pour le raisonner, il est indispensable de dégager partout sa signification métaphorique. Notons du reste que les impressions morales, et, par suite, les métaphores correspondantes, se succèdent avec une extrême promptitude, qu'elles se compliquent même et se superposent au point de défier parfois l'attention. Concluons du moins que, dans l'action ainsi comprise, nous possédons une puissance vraiment indéfinie d'expression morale, puissance d'ailleurs soumise à des lois certaines, puisque nous y pouvons appliquer en pleine lumière la réflexion et la volonté.

III

Cas de l'exposition et de la discussion. — Spéciale richesse. — Amour du vrai pour nous-mêmes, — pour autrui. — Amour satisfait, — contrarié.

Continuons de nous en convaincre, en examinant tout de nouveau à ce point de vue le cas pratique de l'exposition et de la discussion doctrinales. Cette fois encore, l'amour du vrai nous donne, avec toutes les nuances possibles des passions, toutes les expressions métaphoriques imaginables, c'est-à-dire une infinité de gestes et d'attitudes à choisir.

Nous aimons la vérité pour nous-mêmes et souhaitons passionnément de nous l'assurer. Aussi, voyez l'œil tendu par une contemplation ardente, ou concentré dans la méditation, selon que nous nous imaginons rencontrer le vrai hors de nous ou en nous-mêmes. Voyez la main chercher, écarter les voiles, tâter, palper, poursuivre, saisir quelque vérité de détail et la planter solidement pour jalonner le chemin. Le désir de lumière est-il contrarié par une difficulté de démonstration, par un doute qui se présente? L'amour devient crainte, angoisse, dépit, désenchantement, le tout sensible en autant de métaphores : bras qui tombent, œil errant, inquiet, fixé douloureusement en signe d'impuissance. Au contraire, supposez satisfaite la passion personnelle du vrai : voici reparaître les trois temps notés ailleurs à propos de la tristesse, mais qui se retrouvent plus ou moins nettement accusés dans toute émotion forte. Il y a d'abord éblouissement devant la vision qui se montre, devant l'éclair; c'est un tressaillement, un recul, puis un moment de fixité et de stupeur. Suit une prise énergique de possession : l'œil illuminé contemple et pénètre sa conquête; la main s'en empare et la cloue pour ainsi dire sur place de crainte de la laisser échapper. Vient enfin la contemplation sereine et délicieuse, mêlée d'exaltation et de profondeur calme : toute l'attitude est élevée, magnifique, étincelante de fierté.

Nous aimons le vrai pour l'auditeur, et cet amour devient pratiquement celui de l'auditeur même. Aussi le regard et le geste enveloppent-ils d'une continuelle caresse l'âme qu'il s'agit de conquérir. Le désir se trahit par un effort constant de communication, d'expansion personnelle. Le corps se penche pour se rapprocher; l'œil et le geste parcourent les rangs, rallient les esprits qui se dérobent, tiennent tout le monde en éveil et en haleine. En même temps l'action s'emploie à faire accepter ce que la parole établit. L'œil sollicite et perce les intelligences. La main offre la vérité; — c'est ce qu'on appelle le geste d'exposition; — elle l'apporte, la déploie comme une étoffe de prix, la disperse comme une semence, la lance comme un dard ou la jette comme un filet.

Imaginons le désir satisfait, et tout d'abord par la facilité même de l'exposition, d'où naît l'espoir d'une adhésion sans obstacle. Une complaisance visible anime alors le travail logique ordinaire des mains et des doigts, démêlant, triant, composant, avant de les offrir, les éléments de la pensée. L'orateur la dessine en courbes gracieuses, la balance, la caresse, la tient suspendue entre deux doigts, puis la laisse échapper en les ouvrant. Est-il soutenu par la sympathie accoutumée de l'auditoire : son action se fait naturellement aisée, calme, bienveillante. La doctrine est alors déployée, développée, déroulée avec une joie tranquille et une ampleur sereine. Mais quand il y a sympathie actuelle et conquise sur place ; quand, à la fixité des regards et à la profondeur du silence, l'homme qui parle sent qu'il tient les intelligences et qu'il est maître d'y implanter le vrai ; alors la communication devient ardente et passionnée. L'orateur est soulevé par l'auditoire et il s'établit de l'un à l'autre une influence croissante qui peut aller jusqu'au transport. L'action prend alors un caractère général d'enthousiasme ; toute la personne fait effort pour se hausser et s'étendre, comme impuissante à égaler ses impressions. Tout frémit, frissonne, tressaille ; c'est l'heure de la belle fièvre, de la belle ivresse oratoire!

Heure courte et rare! Il est difficile au vrai de conquérir ces adhésions enthousiastes et unanimes : sa condition ordinaire est le combat. Le désir de le faire accepter aux âmes sera le plus souvent contrarié par mille résistances. Objections, préjugés, défiance, inertie, routine, simple et profonde paresse : voilà où se heurte la plupart du temps l'effort de l'homme de bien qui parle pour le bien. L'action devient donc une lutte, et elle en offre tous les caractères successifs. Au début, aux premières approches, on voit surtout la force qui se recueille et se réserve. Le geste déploie la preuve avec ampleur et l'établit solidement sur le terrain. Plus tard, voici la mêlée, le corps à corps, toutes les phases naturelles de l'offensive et de la défensive. Les coups sont multiples, rapides, redoublés, progressifs. L'œil ne cesse de lancer des éclairs. La main frappe sans relâche et souvent au même point. L'attitude est souple, mobile, faisant face à l'ennemi de tous les côtés à la fois. Chaque argument victorieusement établi est comme une position emportée où l'action et la voix se reposent un peu en attendant de fournir ou de repousser une charge nouvelle. S'agit-il de défendre le vrai attaqué? L'œil voit venir l'objection, la toise, la défie, la perce à jour, la dédaigne. La main la pare, l'écarte, la fait sauter du revers comme un brin de paille. L'attitude entière exprime l'indignation, la colère superbe du droit méconnu, mais aussi peut-être la tristesse de l'impuissance, l'angoisse du désir combattu, les reproches de la bienveillance repoussée. On voit si, malgré le sérieux de l'objet et la sévérité du texte, nous sommes en pénurie de gestes ! Encore une fois aimons le vrai et, à propos de la discussion la plus aride, nous en viendrons naturellement à parcourir, avec toute la gamme des passions, toute celle des manifestations expressives.

IV

Loi de puissance: plein usage de nos ressources expressives. — Collaboration sympathique des organes. — L'action traduit le texte, l'achève, l'accompagne librement. — Si le geste peut précéder la parole. — Encore les quatre vers de La Fontaine.

Nous sommes donc en possession de traduire par le regard, le geste, l'attitude, d'abord nos sensations, en second lieu et métaphoriquement nos pensées, mais surtout nos sentiments à propos de toutes choses. Ainsi des sensations ou des sentiments d'autrui, que nous faisons nôtres par un facile effort d'imagination. En un mot, nous pouvons peindre à l'œil et notre âme et celle d'autrui diversement impressionnée par tout objet qui se présente. Voilà de belles richesses, et la première des grandes lois littéraires, la loi d'action puissante ou complète, nous avertit d'en user largement. Que le jeu de notre personne physique exprime de notre âme tout ce qu'il en pourra exprimer.

Notons d'abord à ce propos que chacun de nos organes expressifs entraîne dans son mouvement, sinon tout le reste, au moins certains autres organes plus étroitement sympathiques et solidaires. Que dans la discussion par exemple, l'impression du moment, lumière ou obscurité, détermine en nous, par manière de métaphore, un phénomène de vision facile ou difficile ; elle nous impose du même coup tel changement dans l'attitude générale, telle pose de tête, tel mouvement du corps ou du bras. Aussi, pour le plein effet à obtenir, faut-il garder cette loi de nature, cette collaboration sympathique des organes. Point d'œil inerte quand le bras travaille ; point de tête immobile, de visage mort. Sauf les cas spéciaux où l'immobilité même devient significative, point de bras enchaînés et muets tandis que la passion parle par les yeux ; point de torse immobile et raide alors que les bras sont en mouvement. En résumé, que la personne physique parle tout entière afin de nous rendre de l'âme le plus qu'il se pourra.

Et maintenant l'action, comme la voix, est faite pour traduire le texte, pour l'achever en en dégageant les ellipses, pour y ajouter, en manière d'accompagnement libre, telle ou telle intention qu'il n'impose, ni ne sollicite, mais à laquelle il ne répugne pas. A moins de remplir à la fois ces trois fonctions dans la mesure du convenable, l'action n'aura pas déployé toute sa puissance et produit tout son effet.

La doctrine vaut surtout par l'exemple et l'exemple par le détail. D'autre part la variété des objets n'a ici qu'un intérêt secondaire. Tenons-nous-en donc au pigeon de La Fontaine. Puisqu'il parle, il gesticule ; au reste, dans ces quelques vers, il est — pardon du mot — aussi peu pigeon que possible. C'est une personnalité humaine que nous voyons en jeu.

L'autre lui dit : « Qu'allez-vous faire ? »

Il semble que ce premier cri demande seulement une traduction exacte. Rien encore, sinon l'étonnement soudain, expansif, mêlé d'effroi. L'œil est ouvert, dilaté, fixe, commandant l'expression analogue de tout le visage. Assise ou debout, toute la personne éprouve une secousse, un recul. Les bras s'ouvrent comme si une terreur soudaine venait interrompre un travail ou faire tomber un objet des mains (1).

Une question se présente. Cet ensemble de mouvements expressifs a-t-il accompagné ou précédé la parole ? En thèse générale, convient-il au geste de la devancer ? Jamais, dit un auteur (2). Toujours, dit un autre (3). Nous dirions, nous : quelquefois, suivant l'occasion. Dans celle-ci, le doute n'est guère de mise. Le tressaillement précède l'exclamation, retardée qu'elle est par la surprise même ; la parole traduira le geste après coup.

Or il est impossible de ne pas détacher ce premier cri de l'interrogation suivante :

Voulez-vous quitter votre frère ?

De l'un à l'autre il y a un circuit manifeste de la pensée : « Est-il donc vrai ? Vous en croirai-je vous-même ? » — L'attitude l'exprime en se prolongeant telle quelle. Le regard interroge, et, comme nulle réponse ne vient, la

---

(1) Ainsi la mère d'Euryale.
Excussi manibus radii revolutaque pensa.

(2) A. Rondelet : *L'Art de parler*, p 342.
(3) Delsarte : *Pratique de l'art oratoire*, p. 53.

voix pose enfin la question directe. Mais de quel geste l'accompagner? Ici en effet l'action n'est plus seulement obligée de traduire ou sollicitée d'achever une nuance. Elle peut varier avec les sentiments accessoires que l'âme a droit de broder pour ainsi dire sur le principal. Est-ce l'étonnement qui persiste, mêlé d'effroi et de douleur? En ce cas, presque tout est dans les yeux. Le regard, en se fixant sur l'ami, semble dessiner une courbe, par le jeu du sourcil abaissé jusqu'à ne laisser que l'ouverture strictement nécessaire à la vision. La tête suit ce mouvement, légèrement penchée dans une attitude de crainte et de douleur. Peut-être les mains se soulèvent pour s'exclamer puis retombent abattues. Aime-t-on mieux donner à la question une nuance de reproche tendre? Le regard demeure à peu près le même, plus pénétrant toutefois et plus chargé d'affection et de tristesse. La tête reste immobile ou peut-être se balance-t-elle légèrement en avant, signe expressif qui indique la réflexion profonde et la commande à la fois.

Nouveau sous-entendu avant la maxime générale qui va suivre :

L'absence est le plus grand des maux.

La bouche se tait, mais le geste esquisse la pensée muette. « Et pourtant !... Mais enfin !... Mais vous l'avez donc oublié?... » Sera-ce par forme d'exclamation nouvelle ou de méditation douloureuse? Dans cette dernière hypothèse, on voit l'œil fixé à terre; la tête balancée négativement, peut-être une légère secousse de l'épaule, avec un soulèvement de la poitrine et une sorte de demi-sanglot nasal. Quant au vers lui-même, il est du moins deux façons rationnelles de l'entendre : comme réflexion personnelle ou comme argument. Supposez que vous vous l'adressiez plutôt à vous. Tout dira votre conviction formée par plus d'une leçon amère et qui n'avait pas besoin de cette nouvelle expérience. L'œil est encore fixé à terre ou tendu dans l'espace sous la paupière à demi close. La tête se balance affirmativement comme pour approfondir, ou encore négativement, comme pour repousser une opposition imaginaire : « Non, vraiment, on a beau dire, il est trop réel. » — Mais voulons-nous faire des mêmes paroles un appel direct, une quasi-apostrophe ? C'est alors la voix surtout qui rendra le mélange de conviction, de supplication, de reproche. En même temps l'œil interroge avec une réserve douloureuse ; les mains supplient ou s'exclament en s'ouvrant, s'élevant et retombant avec tristesse, et les épaules peuvent suivre ce mouvement successif d'efforts et d'impuissance.

Le sentiment et son expression visible ont donc pu librement choisir entre deux voies. Mais que l'on adopte l'une ou l'autre, il faut s'y tenir et rendre en conséquence soit le rejet final soit l'ellipse qui le précède.

Non pas pour vous, cruel !...

Ai-je surtout médité pour moi-même la rigueur du mal d'absence ? Je continue de le faire, tout en marquant par une tristesse plus abattue la différence qui me sépare en ce point du voyageur. Le sourire y peut beaucoup, sourire légèrement ironique, accompagné du balancement négatif de la tête. Mais l'œil osera-t-il se lever ? Craindra-t-il de rencontrer le regard ? ou bien regarderai-je à la dérobée, désirant voir l'effet de mes paroles et le redoutant à la fois ?

Au contraire, si la précédente maxime a été dans mon intention un argument direct, le regard expliquera l'ellipse ; il interrogera d'abord. — « Ne le pensez-vous pas ? » — Puis il se détournera, faute de réponse. Mais alors on est engagé dans le sens de l'amertume. La restriction douloureuse qu'énonce le texte s'accompagne d'un léger soupir, d'une sorte de rire convulsif et nasal qui est à proprement parler le frémissement, de toute l'expression correspondant à cette réflexion amère : « Il paraît que j'ai parlé pour moi seul. »

Il serait aisé de prolonger cette analyse. Espérons du moins que le lecteur sérieux ne la jugera ni excessive ni minutieuse, que bien plutôt il prendra plaisir à voir quelles sont nos ressources expressives, et combien l'attention à bien dire nous aide à mieux connaître notre âme, tout en n'allant directement qu'à la mieux exprimer.

V

Loi d'ordre: mesures de l'expansion expressive. — Mesures constantes: capacité de perception chez l'auditeur. — Sobriété du geste. — Dignité absolue, mœurs oratoires. — Hiérarchie essentielle des facultés, spiritualisme pratique. — Mesures variables : la personne qui parle, l'auditoire, le local, l'objet. — Le vrai de l'âme et des choses, premier et dernier mot.

« Rien de trop. » Ordre dans l'usage de la puissance, mesure dans le déploiement de la richesse ; il faut, malgré qu'en puisse avoir la fantaisie, revenir toujours à ce tempérament de raison. C'est l'irréflexion qui empêche la puissance expressive de se gouverner comme de s'étendre, et, en s'efforçant d'analyser à fond l'action oratoire, on ne l'aide pas seulement à s'enrichir, on commence à la discipliner. Quelques détails encore et notre tâche sera remplie.

L'expression vive de l'âme par le regard, le mouvement, l'attitude, obéit d'abord à certaines proportions constantes. Par exemple, elle se mesure à la capacité de perception chez l'auditeur. Comme toutes les facultés auxquelles s'adresse la parole littéraire, celle de suivre et de comprendre le geste a ses limites, et on ne les dépasse point impunément. Rien ne lasse comme le spectacle d'une action continuellement rapide, de bras sans repos, de mains toujours flamboyantes. Nous parlions tout à l'heure des belles fièvres de l'éloquence ; elles n'ont, Dieu merci, rien de commun avec cette sorte de convulsion incessante et vague, sans laquelle, chose triste à dire, quelques-uns ne conçoivent plus le sentiment. Ce qui s'impose comme conséquence pratique, c'est une certaine sobriété dans le geste proprement dit, dans le mouvement du bras. Marque de bonne éducation, d'empire gardé sur soi-même jusque dans l'entraînement de la passion oratoire. Condition de puissance d'ailleurs, car les gestes prodigués s'affaiblissent l'un par l'autre. Enfin le bras agit par nature plus lentement que la voix et la physionomie. Donc ne lui demandez pas de tout rendre. Le débit pris d'ensemble est comme une symphonie où le mouvement du bras représente plutôt les notes de basse. Qu'il les pose d'ordinaire comme on doit les poser, avec des intervalles qui leur permettent de ressortir et de prolonger leur influence. Car voici une compensation nécessaire. Ce geste rare, il faut en général le soutenir. Mais de plus, en le soutenant, on peut et l'on doit souvent le modifier. C'est une gaucherie de débutant que de ramener toujours les bras au corps après une sorte d'excursion courte et rapide. Avant de revenir à sa position de repos, il peut varier son geste et le renouveler de mille manières. Encore dût-il lui-même demeurer un temps immobile dans telle ou telle situation expressive, l'attitude d'ensemble, l'expression d'ensemble change avec la moindre modification dans le regard, la physionomie, la pose de la tête, le déplacement de la main. Aussi, pour le dire en passant, nous paraît-il malaisé de compter exactement les gestes, telle est la rapidité dont ils se succèdent, ou plus exactement, la souplesse dont ils se transforment. A quelle unité les ramener?

Autre mesure invariable : la dignité absolue de la personne qui parle, les mœurs oratoires. Comme la voix, l'action donne de l'âme une traduction vive, immédiate, qui souvent, pour n'être que trop fidèle, devient une véritable trahison. Elle fait par exemple la discussion dure, hautaine, provocante; la véhémence colère, haineuse, brutale; la communication commune, triviale, par désinvolture et excès de familiarité. Si nous n'y prenons garde, l'œil, le geste, la pose peignent au naturel tous nos défauts. Suivons-nous donc nous-mêmes d'assez près et ne livrons de notre âme que ce que nous voulons y garder, c'est-à-dire ce qui la fait belle, noble, maîtresse d'elle-même et de ses plus fougueux élans.

Que l'action la plus chaleureuse respecte encore et en toute hypothèse la subordination nécessaire, la hiérarchie essentielle des puissances et des impressions. Le sensible est pour l'immatériel, l'action pour l'âme, c'est la grande loi. Si donc notre nature d'hommes nous oblige de traduire le sentiment par la mimique de la sensation, du moins faut-il spiritualiser le plus possible cette traduction inévitable. Un exemple nous le fera mieux comprendre en nous signalant le danger. Dans la narration et surtout dans la narration plaisante, l'action peut devenir bouffonne ou grotesque, la mimique peut tourner en singerie. Comment y échapper? En gardant cette loi générale que le débit est fait pour rendre moins les objets que les sentiments qu'ils inspirent. C'est par là qu'il reste fin, distingué, spiritualiste et spirituel. J'ai à dire *le Coche et la Mouche*.

Je m'efforcerai — c'est chose évidente — de reproduire le trait de caractère, le sérieux comique de la prétention, l'impétuosité vigilante, le papillonnage tumultueux de la mouche piquant les chevaux dès qu'ils mollissent, la conscience qu'elle a de son rôle, l'air de satisfaction digne dont elle s'assied sur le timon, sur le nez du cocher, « toute joyeuse de sa gloire » à la manière des Olympiens. Mais elle est mal secondée, dont elle enrage :

> Le moine lisait son bréviaire...

Céderai-je à la tentation de parodier quelque peu son recueillement, peut-être gauche d'apparence, ou son marmottage plus ou moins routinier? Dame mouche l'a dû faire par dépit, et j'aurais un certain droit de le faire d'après elle ; mais prenons garde : la bouffonnerie n'est plus loin. Quant à imiter le bourdonnement de l'insecte chantant aux oreilles des gens, c'est affaire à un ventriloque et non pas à un conteur homme d'esprit. Pourquoi? Parce que la grimace remplace là le caractère; parce que le trait d'observation morale s'efface devant le phénomène tout matériel.

D'autres proportions, variables celles-là, règlent encore la vivacité de l'action oratoire. L'homme qui parle se rappellera sa condition personnelle. Jeune homme, il mettra de la modestie dans sa véhémence; vieillard, il y gardera quelque gravité. Prêtre, il n'aura pas en chaire les poses d'un tribun dans un club ou d'un officier haranguant sa troupe; ce qui ne le condamne point, Dieu merci, à la solennité froide et compassée que d'aucuns prennent à faux pour la dignité du genre. Gardons les convenances de notre situation, mais par contre oublions-en, s'il est possible, les habitudes trop caractéristiques, les tics professionnels. Avocats, ne plaidons pas dans une conférence historique. Professeurs, ne portons pas à la tribune la férule et le martinet que Guizot, à ses débuts au moins, ne savait pas toujours cacher. — Tenons compte aussi de notre stature, du local, du mobilier même. Autre sera l'action si nous parlons à une tribune, derrière une simple table, ou — situation difficile — en pied et toute la personne demeurant visible.

Il est trop manifeste qu'on n'oubliera pas la nature et la composition de l'auditoire. Plus contenue en présence d'une élite ou simplement d'un petit groupe, l'action s'abandonnera plus amplement devant une foule, surtout devant une foule populaire, où le bon sens, d'ailleurs exquis parfois, a besoin d'images voyantes pour se soutenir.

Quant aux objets, nous le savons, ils n'apparaissent

dans le débit sérieux qu'au second plan et par intermédiaires. Mais encore que rendre d'eux et jusqu'où le rendre ? C'est demander, au fond, quelle impression ils doivent produire, et le dernier mot est le même en fait de débit ou de composition et de style. Pour bien dire, sentons exactement. Qu'il y ait harmonie, équation aussi parfaite que possible, d'abord entre nos impressions intimes et la vraie valeur des objets d'où elles naissent, puis, entre l'expression et l'impression intime. C'est l'ordre, la mesure, le naturel, vérité des choses et de l'âme tout à la fois.

Ainsi le cercle se ferme et le terme de nos études se confond avec le point de départ. L'homme qui débite bien est aussi l'homme qui sait bien composer et bien écrire. Comme nous supposons qu'il s'est fait par l'étude une langue riche et maniable, ainsi l'exercice l'a-t-il rendu maître des forces expressives de sa voix, de son geste, de sa personne tout entière. Au fond et avant tout, c'est une âme largement ouverte aux objets extérieurs, mais aussi les dominant comme elle-même ; autant vaut dire qu'elle reçoit vivement leur empreinte et qu'elle les marque puissamment de la sienne propre. On lit cet homme ou on l'écoute. Qu'y a-t-il dans sa parole, dans sa voix, dans son geste, dans son regard ? Les objets, les choses, la vie, vus aussi complétement et aussi sainement que possible à travers une âme belle, une âme puissante et ordonnée ; ou bien encore cette âme même s'emparant des objets, et, sans les dénaturer, les transfigurant à son image pour nous élever par eux à la beauté supérieure, à l'idéal, c'est-à-dire, si l'on ose parler de la sorte, dans la direction et sur le chemin même de Dieu.

TABLE DES MATIÈRES

                                              Pages

AVANT-PROPOS V

LIVRE I

L'AME ET LES CHOSES, MESURE DE LA PAROLE LITTÉRAIRE.

CHAPITRE I

ACTION PUISSANTE. — CONCOURS DES FACULTÉS.

I. — La parole signe de race, instrument de l'action sociale. — Conditions générales de cette action : puissance et ordre. — Définition de la parole littéraire.......... 1
II. — L'homme sur lequel agit la parole. — Premier aspect : unité, dualisme. — Conséquences littéraires.......... 4
III. — L'homme mieux connu. — Ses facultés : intelligence, imagination, volonté, sensibilité. — Leurs exigences constantes, simultanées. — Première loi fondamentale : déploiement constant et simultané chez l'écrivain... 6
IV. — Les facultés et leurs exigences. Détail. — L'intelligence, la raison. — Intuition et déduction. — Caractère discursif ou déductif de la connaissance humaine. — Conséquences littéraires. — La volonté, tendance au bien. — Conséquences littéraires. — Le sensible nécessaire à la connaissance humaine. — Conséquences littéraires. — La sensibilité : marche ordinaire des impressions. — Conséquences littéraires. — L'éloquence parlée : exigences de l'oreille et de l'œil. — Pleine puissance de la parole oratoire................... 10

CHAPITRE II

ACTION ORDONNÉE. — HIÉRARCHIE ESSENTIELLE DES FACULTÉS.

I. — L'âme qu'il faut mettre dans la parole est l'âme *ordonnée*. — La part d'action des facultés est mesurée par la nature de l'homme et par celle des choses : seconde loi fondamentale.................... 19

II. — Nature de l'homme : hiérarchie essentielle des facultés. — L'imagination inférieure à l'intelligence. — La sensibilité inférieure à la volonté. — Négations modernes. — Violations pratiques de la hiérarchie essentielle.. Prédominance de l'imagination, de la sensibilité.   21
III. — Conséquences de la hiérarchie rompue. — Abaissement de la raison, de la volonté.....   25
IV. — Conséquences pour les facultés inférieures elles-mêmes. — Elles se matérialisent. — Les facultés sensitives se fatiguent de leur objet ; — donc l'imagination et la sensibilité. — Leur dépravation croissante. — Le goût de la beauté sobre généralement perdu.............   27
V. — Une forme de la hiérarchie rompue : *le vague des passions*. — Histoire. — Nature. — Causes. — Antipathie profonde avec le christianisme............ ...   34

CHAPITRE III

ACTION ORDONNÉE. — PROPORTION DE LA PAROLE AUX OBJETS. NATUREL.

I. — Influence de l'objet sur la parole. — L'objet mesure la part d'action des facultés. — Résultats : la variété, — le naturel   40
II. — Le naturel : vrai des choses et de l'âme. — Ses nuances diverses. — Le naturel chez l'auteur, double équation : — de l'expression avec l'impression ; — de l'impression avec l'objet, — par l'intelligence, — l'imagination et la sensibilité..................................   42
III. — Le manque de naturel. — L'originalité fausse. — L'originalité vraie compatible avec le naturel. — L'originalité est inégalité et dissemblance. — Le naturel n'entrave ni l'une ni l'autre. — Unité et diversité dans la beauté physique, intellectuelle, surnaturelle. — Quelle originalité ambitionner dans la pratique...........   45
IV. — Esprit, talent, génie. — Deux ordres de faits et d'impressions : l'un grandiose, l'autre familier. — Esprit, originalité dans l'ordre familier. — Talent, génie, originalité plutôt dans l'ordre grandiose................   49
V. — Triomphe de l'originalité vraie : élever les âmes à son niveau. — Pouvoir assimilant du vrai, du beau et du bien. — Mission providentielle du talent...........   54

CHAPITRE IV

CONDITION DE L'ORDRE. — LA FIN DERNIÈRE. — MORALE ET LITTÉRATURE.

Pages

I. — Nouvelle condition d'ordre, *la fin dernière.*— Si c'est le lieu d'en parler. — Théorie de l'art indépendant. — Différence entre l'art et la morale, — mais relations nécessaires 58

II. — Subordination de l'art à la morale. — Hypothèse d'un conflit. — Elle est chimérique. — Accord réel du beau et du bien. — Métaphysique et expérience. — Preuves de détail. — Différence entre *l'effet* et le beau. — Objections : l'œuvre immorale et belle tout ensemble ; — le talent uni au vice. — En certains cas la loi morale et la loi artistique ne font qu'un. — Divers exemples... 62

III. — L'art doit à la morale un concours direct ou indirect, mais positif. — Pas de milieu pratique entre nuire et servir directement ou indirectement. — Preuve tirée des impressions communiquées. — Objection. — Preuve tirée de l'action exercée sur les facultés............ 68

IV. — Détails pratiques. — La parole a trois moyens pour servir la morale : *La leçon, la thèse, l'impression.* — Par l'impression au moins, on peut toujours servir la morale. — Dernière obligation pratique de l'écrivain : élever l'âme par l'admiration, — ou l'épurer par le bon sens. — Vraie situation de l'écrivain par rapport à la loi 72

CHAPITRE V

DE L'ABSOLU EN LITTÉRATURE.

I. — La littérature est un art certain. — On lui conteste le titre d'art. — Principe de l'objection : combien il est faux. — La littérature est un art, — le premier des arts : Pourquoi ?................................... 81

II. — Caractère absolu des grands principes littéraires. — Étrange frayeur qu'inspire aujourd'hui l'absolu. — Elle est déraisonnable et périlleuse. — Vérité absolue de nos principes. — Jusqu'où nous admettons l'autorité. — Rôle et importance des théoriciens en littérature. 85

III. — En droit il n'y a qu'un goût. — Objection de fait. — Son danger. — Sa valeur. — La vraie nature et la fausse 89

IV. — Si nous sommes classiques et comment.—Si le romantisme vit encore. — L'école de la puissance quelconque et l'école de la puissance ordonnée. — L'esprit classique. — L'esprit français. — L'esprit chrétien...... 95

LIVRE II

L'AME ET LES CHOSES DANS LA COMPOSITION.

CHAPITRE I

L'AME RECEVANT L'EMPREINTE DES CHOSES. — CONNAISSANCE. INVENTION.

I. — L'âme se donnant l'empreinte des choses : — de loin par la science. — Que doit savoir quiconque veut écrire ou parler ? — Ce qui manque à la science moderne... 105
II. — Empreinte actuelle des choses. — Méditation. — Comment on peut la guider. — Les lieux communs selon la critique et selon la rhétorique. — Les lieux communs de la rhétorique, chose sérieuse et naturelle. Étude des objets en eux-mêmes. — Définition. — Analyse des parties. Étude des objets par leurs relations. — Affinités. — Oppositions. Puissance particulière du contraste. — Hiérarchie logique. — Causalité. 110
III. — Application. — Objets principaux dont l'âme peut avoir à se donner l'empreinte. — Une notion. — Un mot. — Richesses logiques enfouies dans le langage. — Application des lieux communs à l'étude des mots. — Un texte. — Un fait. — Un personnage, un caractère. — Conclusion... 116

CHAPITRE II

L'AME DONNANT SON EMPREINTE AUX CHOSES. — TRIAGE. DISPOSITION.

I. — L'âme n'est point toute passive sous l'impression des choses. — Elle leur rend une double empreinte : celle de sa propre nature, — celle de la fin qu'elle poursuit. — Triple aspect de cette action de l'âme : choix, ordonnance, idéalisation........................... 122
II. — Choix entre les objets. — Choix spontané, inévitable. — Choix réfléchi d'après un but, obligation pour qui écrit ou parle. — Ce double choix, indice et mesure de la valeur et de l'esprit. — Choix réfléchi, nécessaire à l'unité et, par elle, à la profondeur de l'impression. 125

Pages

III. — Ordonnance imposée aux objets, spontanément d'abord, — puis à dessein et d'après un but.— Y a-t-il une forme générale de disposition ? — Le moule artificiel. — La vraie méthode guidant la réflexion. — Une loi fixe, la gradation. — Directions pour l'application pratique. — Deux cas principaux. — Large influence des choses combinée avec les émotions naturelles de l'âme et la logique spontanée. — Disposition dans la poésie lyrique, — dans le récit. — Influence prédominante du dessein réfléchi. — Ordonnance philosophique : la logique pure. — Ordonnance oratoire : la logique combinée avec les dispositions de l'auditeur. — Clef de tous les problèmes pratiques. — Conclusion : l'âme ordonnant les choses ; préparation lointaine, effort immédiat.................................. 130

CHAPITRE III

L'AME DONNANT SON EMPREINTE AUX CHOSES. — IDÉALISATION.

I. — L'idéalisation, empreinte supérieure de l'âme. — Le beau : notion usuelle. Tout être est beau métaphysiquement — mais non pas sensiblement. — Si l'art doit rechercher de préférence le beau. — Réponse du sensualisme (réalisme ou naturalisme). — Réponse du spiritualisme conséquent. — Principe : l'art doit tendre à l'élévation morale. — Conséquence : il doit tout diriger au rayonnement définitif du beau. — Puissance du beau pour élever : admiration, inspiration, création.   140
II. — Tendre au beau : loi certaine. — Loi précise et pratique. — Loi universelle........................   146
III. — Liberté supérieure du poète ; donc obligation plus étroite à l'idéal. — L'idéal, sens large. — Sens précis ; la beauté supérieure. — Défiances que soulève le nom même d'idéal : en matière de conduite pratique, — en fait d'art et de littérature. — Formation de l'idéal dans l'esprit : abstraction, assemblage, idéalisation proprement dite. — L'idéal entre deux réalités. — L'idéal plus *vrai* que le réel. — Si l'idéalisation exclut *la vie*. — Idéal et vraisemblance. — L'idéal fait la vie de l'art. — Retour à l'obligation commune d'élever l'âme.   149

CHAPITRE IV

LE MONDE PHYSIQUE, OBJET DE LA PAROLE LITTÉRAIRE.

Pages

I. — Triple aspect de la nature : le phénomène, le rapport à l'âme, le rapport à Dieu. — Matérialisme qui s'attarde au premier. — Description sans but, profusion d'images, d'épithètes voyantes. — La nature est le cadre de l'homme................................ 157

II. — Harmonies (ressemblance, sympathie) entre la nature et l'âme. — Double fait : tel site agrée à telle disposition morale préexistante ; — tel site incline l'âme à tel sentiment déterminé. — Double conséquence : nous assimilons les phénomènes moraux aux phénomènes physiques, — nous prêtons notre vie morale aux êtres inférieurs. — *La vie universelle* et son attrait. — Abus contemporains : par imagination, par sensibilité, par égoïsme................................. 159

III. — La nature et Dieu : premier regard. — Fausses conceptions, paganismes divers, leur influence littéraire. — Naturalisme grossier. — Polythéisme hellénique. — Panthéisme. — Le rêve. — Comment le spectacle de la nature porte à rêver. — Ce qu'est le rêve. — En quoi il tient au panthéisme. — Ce qu'il vaut. — Tout finit au sensualisme................................. 169

IV. — La nature et Dieu. — Conception vraie : quatre horizons successifs : — Dieu créateur ; — Dieu présent dans la nature ; — Dieu agissant dans la nature, — conservation, — concours ; — Dieu archétype de la nature. — Oppositions matérialistes. — La vraie conception religieuse et le phénomène. — La vraie conception religieuse et les sympathies de l'âme pour la création. — Si les lettres l'ont souvent réalisée................. 178

CHAPITRE V

L'HOMME, OBJET DE LA PAROLE LITTÉRAIRE.

I. — L'homme physique. — La physionomie au repos intéresse par un semblant au moins d'expression morale. — Réelle influence de l'âme sur le corps. — La physionomie en mouvement intéresse par le sentiment exprimé. — L'écrivain doit savoir la peindre. — C'est l'âme qu'il faut rendre visible par la peinture du corps. — Procédés contraires du sensualisme. — Description abusive. — La laideur. — Ce qu'on en pourrait faire. — Spectacle de la souffrance physique. — La passion même tournée en convulsion.................... **187**

II. — L'homme moral. — Raisons de le peindre. — Pathétique indirect. — Observer l'âme chez autrui. — Dans quelles dispositions? — L'observer en soi-même. — Dans quel esprit? — Dans nos peintures faire ressortir définitivement l'âme ordonnée. — Le spectacle de l'âme quelconque produit l'effet; il n'est pas le beau. — **195**

III. — La peinture du vice, inévitable et dangereuse. — Exclusion absolue du sensualisme; sobriété pour tout le reste. — Tourner au bien le spectacle du mal. — Triple effort des lettres contemporaines en sens contraire : — Le mal innocenté: la culpabilité déplacée. — Le mal confondu avec le bien : — adoration de la puissance naturelle brute. — Le mal glorifié progressivement: spirituel, — fort, — audacieux, — triomphant, — proclamé le bien **200**

IV. — Dernier mot pratique avouer la puissance naturelle qui s'affirme dans le mal. — L'empêcher de séduire. — La juger. — Montrer ce qu'elle perd d'elle-même en abusant. — En regard du mal faire briller le bien.... **211**

CHAPITRE VI

DIEU, OBJET DE LA PAROLE LITTÉRAIRE.

I. — Vue générale. — Dieu et les autres objets de la composition littéraire. — Différences. — L'âme ne reçoit pas l'empreinte directe de Dieu. — Elle ne peut se défendre de lui donner son empreinte à elle, mais elle doit s'en défier. — Beautés qui naissent de ces difficultés combattues.................... **216**

II. — Notre conception de Dieu est nécessairement médiate. — Dangers qui en résultent : panthéisme, anthropomorphisme. — Services rendus à la vérité par l'idéalisation. — Beaux efforts de la parole littéraire distinguant Dieu des créatures, — affinant et sublimant les créatures employées comme emblèmes de Dieu.................... **219**

III. — Notre connaissance de Dieu est successive et fragmentée. — Elle met en Dieu multiplicité, — succession, — opposition. — Danger: imaginer des dieux multiples et rivaux. — Beaux efforts de la parole contre elle-même : — reliant les attributs opposés d'apparence, — excluant de Dieu la succession, reconstituant la simplicité divine....................... **224**

IV. — Le sensible, élément nécessaire de notre connaissance de Dieu. — Danger: la figure prise pour la réalité, le mythe; — au moins, Dieu rendu matériel. — Beaux efforts de la parole se défendant de l'imagination, tandis qu'elle l'emploie, — en tirant même parti, — pour rendre notre impuissance, — pour exprimer les perfections de Dieu par effets, analogies, contrastes: — puissance créatrice, — immensité, — éternité, — Trinité même.................................... 229
V. — L'Incarnation: ses résultats littéraires. — Jésus-Christ, objet excellent de l'art. — Que nous ayons le droit de le concevoir d'après nous-mêmes. — Jésus-Christ et les grands genres littéraires: — éloquence, — poésie, — poésie lyrique, — tragédie, — épopée héroïque et didactique... 235

CHAPITRE VII

CONVAINCRE. — PLAIRE. — PERSUADER. — ACTION DE L'AME SUR LES AMES.

I. — Convaincre, nécessité. — Difficultés constantes. — Difficultés spéciales à notre époque: — peu de principes, — de logique, — d'ardeur au vrai. — Découragement sceptique. — Peu d'indépendance intellectuelle. — Tout cela n'est pas invincible. — Logique vigoureuse, le syllogisme. — Exposition préférée: majesté du vrai. — Démonstration solide: que le doute méthodique ne paraisse pas scepticisme réel. — Discussion subie comme nécessaire: n'humilions point le vrai..................... 243
II. — Plaire. — Agrément intrinsèque du vrai et du bien. — Agrément de l'âme déployée en concours et en ordre. — Agrément de l'âme moralement belle. — Mœurs oratoires ou littéraires. — Les avoir pour les montrer. — Compétence, gravité. — Aisance modeste devant l'auditeur. — Effacement de l'homme derrière le sujet. — Littérature de confidences. — Art et morale ne font qu'un dans la question des mœurs oratoires, du décorum. — De la polémique: — convenance, modération habile, sagesse chrétienne. — L'abnégation, condition de tout cela.. 250
III. — Persuader: — émouvoir pour déterminer. — On a droit d'exciter les passions. — Nécessité d'être ému soi-même. — Conditions: d'abord la conviction réfléchie, — aidée par l'imagination; — ensuite l'effort de la sensibilité. — Marche identique pour émouvoir autrui. — Le mouvement. — Apaisement des passions......... 258

CHAPITRE VIII

LES PASSIONS.

Pages

I. — L'amour. — Ses caractères: activité, don du sien et de soi. — Exaltation de l'intelligence et de la volonté. — Amour d'intérêt et d'amitié. — Stimulants de l'amour d'amitié: — reconnaissance, — amour mutuel, — estime, — compassion, — ressort à toucher délicatement. — Comment apaiser l'amour. — La haine. — Effets généraux: sur l'intelligence, sur le cœur. — Haine froide, — haine violente, colère. — Stimulants de la haine. — Apaisement de la haine.............. 265

II. — Désir et aversion: leurs caractères. — Conseils pratiques. — Courage. — Traits saillants. — Stimulants ordinaires. — Comment apaiser l'audace téméraire. — Crainte et peur. — Caractères et effets. — Traitement pratique. — Espérance: traits saillants. — Excitation de l'espérance. — Apaisement: combien facile. — Désespoir morne ou violent. — Comment il s'excite. Comment l'apaiser............................. 276

III. — La joie: définition d'Aristote. — Éléments essentiels: repos et action. — Divers effets. — Comment exciter la joie et comment l'apaiser. — La tristesse. — Les trois temps: la stupeur, — la crise, — la douleur reposée. — Effets sur l'âme vulgaire. — Effets sur l'âme noble. — L'art de consoler. — La honte................ 287

LIVRE III

L'AME ET LES CHOSES DANS LE STYLE.

CHAPITRE I

LE FOND ET LA FORME.

I. — Le style. — Qu'il obéit à toutes les facultés ensemble. — Qu'il est l'âme exprimée dans le détail de la parole. 301

II. — Tendance à distinguer trop le fond de la forme. — Elle nuit à tous les deux. — Le fond est pratiquement identique à la forme, — soit dans la parole, soit dans la réflexion muette. — Conséquence littéraire: travailler le style c'est travailler la pensée................... 303

CHAPITRE II

L'IDÉE SIMPLE ET LES EXIGENCES DE L'ESPRIT.

Pages

I. — L'idée simple, ce qu'elle est. — L'idée simple pratiquement identique au mot. — Elle subit l'influence de toutes les facultés. — Influence de l'esprit. — L'idée simple n'est ni vraie ni fausse, — mais elle importe à la vérité ; — elle a une sorte de vérité relative, justesse, propriété. — Pas de synonymes parfaits. — Une idée pour chaque objet, un mot pour chaque idée. — Donc choisir entre idées analogues...................... 314

II. — Importance littéraire de l'idée précise, du mot propre. — Importance morale. — La précision des idées et la vigueur des résolutions. — Le vague des idées favorise le mensonge. — Le règne des mots vagues en France : au dix-huitième siècle, — pendant la Révolution, — l'Empire, — la Restauration, — depuis 1830. — Ne pas les admettre, — ne pas se les permettre.......... 315

III. — Moyens de discerner entre synonymes : la pratique des Maîtres. — L'histoire, — l'étymologie, moyen principal. — Dérivation. — Composition — Étymologie proprement dite. — Exemples..................... 323

IV. — Les synonymes distingués, lequel choisir? — Celui qui s'ajuste le mieux à l'ensemble. — Une demi-phrase de Bossuet... 329

CHAPITRE III

L'IDÉE SIMPLE ET LES FACULTÉS AUTRES QUE L'INTELLIGENCE.

I. — Exigences de *l'imagination*, quant à l'idée simple. — Elles sont moralement constantes. — L'image. — L'image mêlée à la notion de pure intelligence. — Échange de lumière entre elles deux : Bossuet. — Charme, puissance, mérite de ce mélange............ 333

II. — Exigences de *la sensibilité*. — Pathétique indirect : force contagieuse du sentiment. — Elle peut se trouver dans un mot. — La personnification constante, le drame dans le style. — S'accoutumer à penser par tout soi-même à la fois.............................. 337

III. — *La volonté* considérée comme appétit du bien honnête. — Elle exige constamment du mot, la dignité.— *Dignité absolue* et bassesse. — Qui fait la limite entre les deux? — Pourquoi insister sur la dignité absolue?.......... 340

IV. — *Dignité relative*. — Langue noble, langue familière. — Objection. — Exagérations de fait au dix-huitième siècle. — Que la distinction est fondée en raison. — Principe de la distinction. — Buffon : les expressions générales. — Bonald : la société publique et la société domestique. — Plutôt, l'ordre des grandes passions et celui des impressions de surface. — Avantages de ce principe ; sa largeur. — Pratique de l'écrivain........ 343
V. — Le nivellement de la langue et l'esprit révolutionnaire. — Barrère. — Victor Hugo...................... 349

CHAPITRE IV

LE MOT ET LES EXIGENCES DE LA LANGUE, DIGRESSION.

I. — Mobilité des langues vivantes. — Mots nouveaux, idées nouvelles. — Mots qui passent d'une idée à l'autre. — Mots qui disparaissent, idées qui passent à l'état historique ou tombent dans l'oubli. — La fixité d'une langue est sa perfection. — Double élément : richesse, en quoi elle consiste ; — unité dans une langue dérivée...... 354
II. — Si la perfection d'une langue est durable. — Les bons écrivains travaillent à la faire durer. — Archaïsme légitime. — Néologisme légitime. — Suivre l'usage en le maintenant............................. 360
III. — La langue française. — Néologismes de mots. — Formation quasi-française. — Formation plus barbare. — Politique, administration, finances. — Sciences physiques. — Histoire. — Philosophie. — Arts et industrie. — Barbarismes de fantaisie pure................... 363
IV. — Néologisme d'acception, plus redoutable que le barbarisme. — Diverses tendances qu'il accuse et favorise. — Déclassement social. — Matérialisme. — Effacement de la morale. — Effacement de la foi. — Vrai péril dans la confusion du profane et du sacré. — Elle implique négation du surnaturel. — Conclusion..... 370

CHAPITRE V

L'IDÉE COMPLEXE ET LA RAISON.

I. — L'idée complexe ou jugement implicite. — La raison peut y trouver la vérité. — Elle y veut la justesse absolue (vérité) et la justesse relative (opportunité). — Logique du style. — Classification des idées complexes. 376
II. — Les équivalents. — La périphrase. — Les colères

romantiques. — Où employer la périphrase? Pascal et Blanqui. — Les équivalents par similitude. — La comparaison. — Sa valeur devant l'imagination et la raison. — La métaphore, sa supériorité sur la comparaison. — L'allégorie, sa supériorité sur la métaphore. — Difficulté spéciale des personnifications allégoriques. — Approfondir les rapports sans les outrer. — Métaphores incohérentes.................................. 379

III. — Les qualificatifs. — L'épithète. — L'épithète de circonstance. — Un avis de Ronsard. — Vraie valeur de l'épithète de nature. — Conclusion.................... 388

CHAPITRE VI

LA PENSÉE, OU PHRASE, ET LA RAISON.

I. — Si la phrase est chose sérieuse. — La phrase pratiquement identique à la pensée. — Toutes les facultés y concourent. — Part de la raison : vérité, clarté. — Condition de l'une et de l'autre, achèvement de la pensée. — S'il faut toujours la livrer tout entière. — Réticences illégitimes: manie de laconisme, profondeur affectée, fraude. — Réticence légitime et agréable. — Elle suppose la pensée achevée dans l'esprit....... 393

II. — La phrase d'après Aristote. — 1° Son autonomie due à l'achèvement de la pensée. — 2° Sa brièveté relative due à l'achèvement de la pensée.—Louis Veuillot abrégé par lui-même. — Principe de brièveté : les mots idées et les mots liaisons. — 3° Unité visible de la phrase, due à l'achèvement de la pensée........................... 398

III. — La phrase française en particulier. — Lutte entre l'intérêt de la clarté et celui du mouvement : avant le dix-septième siècle, — au dix-septième, — au dix-huitième, — au dix-neuvième. — Quelques difficultés spéciales : génitifs équivoques; — incidences multipliées ou hors de place.— Pronoms personnels, relatifs, possessifs. — Un mot de Cousin........................ 406

CHAPITRE VII

LA PENSÉE, OU PHRASE, L'IMAGINATION ET LA SENSIBILITÉ.

I. — La raison n'est pas toute l'âme. — La phrase sous l'influence de la raison, de la passion et de la langue. — En quoi l'influence de la langue est secondaire. — Idéal: respect de la langue, mais liberté du tour logique ou passionné. — La traduction y sert, à quelles condi-

tions. — Principes de traduction................ 414
II. — Rôle de l'imagination dans le mouvement de la pensée : images mises en évidence. — Ordre des visions. Entrelacement logique de jugements et d'images. — Une phrase de Tacite. — La sensibilité dans le mouvement de la pensée. — Mots de sentiment placés en vue. — Ordre des impressions combiné avec celui des jugements. — Deviner et suivre les impressions de l'auditeur. — Une phrase classique...................... 418
III. — Quand l'imagination et la sensibilité peuvent-elles influer sur le mouvement de la pensée et jusqu'où ? — La phrase et les lois universelles de la parole. — Ce qu'est une phrase bien faite....................... 423

CHAPITRE VIII

LA PENSÉE, OU PHRASE, ET LE POUVOIR EXPRESSIF DES SONS.

I. — On ne doit jamais blesser l'oreille. — On n'est pas tenu de la flatter. — De quoi s'offense l'oreille : — hiatus complet, — consonnes dures, — uniformité.......... 426
II. — Triple puissance expressive des sons. — L'harmonie. Elle existe dans le son réputé unique. — Elle a un germe de puissance expressive. — La mélodie. — Elle existe dans le style. — Il est mélodieux plutôt qu'harmonieux. — Le rhythme. Sa nature, ses éléments essentiels. — Rhythme et mesure. — Puissance physique et morale du rhythme...................... 429
III. — La mélodie et le rhythme auxiliaires de l'imagination. — Onomatopée. — Imitation des bruits et mouvements physiques. — L'hirondelle chez La Fontaine, Buffon et Michelet. — Jusqu'où user de ces sortes d'effets ?.... 434
IV. — La mélodie et le rhythme auxiliaires de la sensibilité. — Conformité lointaine avec certaines dispositions générales de l'âme. — Racine et Pascal. — Règle pratique. 438
V. — La mélodie et le rhythme, auxiliaires de la raison, par l'intermédiaire de la mémoire. — C'est le meilleur emploi des figures de mots. — Du style périodique. — Règle de l'usage pratique....................... 441
VI. — Conclusion du présent livre. — En fait, le style, c'est l'âme, modifiée à la surface par des différences, communes — ou individuelles, — mais toujours l'âme. — En droit, le style, c'est l'âme puissante et ordonnée. — Ce sont les choses montrées à travers cette âme. — Nombre de styles différents, ou mieux, un seul qui se plie aux objets........................ 445

LIVRE IV

L'AME DANS LE DÉBIT.

CHAPITRE I

IDÉE GÉNÉRALE.

I. — Deux sens esthétiques. — Deux langues correspondantes : sons et mouvements expressifs. — Leurs relations avec la parole. — Nécessité d'en bien user. Action, diction, art du débit...... 449

II. — L'art du débit et la nature. — Il la développe en l'ordonnant. — Le naturel à la fois spontané et réfléchi. — Liberté, originalité. — L'art et l'inspiration du moment. — Il la seconde et même la provoque. — Il est sincère et naturel............................. 451

III. — Lois premières du débit, identiques à celles de la composition et du style. — Expression complète de l'âme. — Expression mesurée : sur la puissance des organes, — sur la hiérarchie essentielle des facultés, — sur les objets ou plutôt sur les sentiments qu'ils doivent inspirer. — L'effet et le beau. — Lois du débit, fondées sur la seule nature. — Donc invariables comme elle. — Le débit et la morale............................. 455

CHAPITRE II

L'AME DANS LA VOIX.

I. — Double séduction de la voix : harmonie expressive. — Harmonie. Devoirs négatifs : ne pas choquer. — Principe : on craint l'effort et le spectacle même de l'effort. — Conséquences : volume de voix, articulation. — Lenteur suffisante. Respiration ménagée. — Voix contenue. — Variété.. 461

II. — Puissance expressive de la voix : mélodie, rhythme. — Plein usage de l'une et de l'autre. — Triple fonction de la voix : traduire le texte, achever le texte, dégager les sous-entendus. — Méthode pratique. Caractère rationnel de ces détails. — Accompagner librement le texte. 464

III. — Cas spécial de l'exposition ou de la discussion. — Source d'admirables richesses expressives : la passion du vrai. — Pour nous-mêmes. — Pour nos auditeurs. 470

IV. — Gouvernement de la voix expressive : ordre et mesure. 473

CHAPITRE III

L'AME DANS LE GESTE.

I. — Double expression de l'âme par le corps. — Expression lointaine : élégance des formes et mouvements. — Devoirs négatifs : ne pas choquer. — De la danse. Elle exprime au moins l'ordre et le nombre. — Elle peut exprimer quelques sentiments généraux de l'âme. — Elle est inférieure à l'action 475

II. — Étude de l'appareil expressif. — L'organe exprime directement son opération sensitive aisée ou pénible.— L'organe peint le sentiment par la sensation correspondante. — L'action est une continuelle métaphore. — Exemples : expression métaphorique de l'amour immatériel; — expressions métaphoriques de l'orgueil. — Ressources indéfinies pour la traduction sensible de l'âme 480

III. — Cas de l'exposition et de la discussion : spéciale richesse. — Amour du vrai pour nous-mêmes. — Amour du vrai pour autrui. — Amour satisfait. — Amour contrarié... 485

IV. — Loi de puissance. Plein usage de nos ressources expressives. — Collaboration sympathique des organes. — L'action traduit le texte, l'achève, l'accompagne librement. — Si le geste peut précéder la parole. — Encore les quatre vers de La Fontaine............................. 488

V. — Loi d'ordre. — Mesures de l'expansion expressive. — Mesures constantes : capacité de perception chez l'auditeur. — Sobriété du geste. — Dignité absolue. Mœurs oratoires. — Hiérarchie essentielle des facultés. — Spiritualisme pratique. — Mesures variables : la personne qui parle, — l'objet. — Le vrai de l'âme et des choses, premier et dernier mot.......................... 493

3822. — ABBEVILLE, TYP. ET STÉR. A. RETAUX. — 1885.